U0962579

高职高专规划教材

Public relations 公共关系学

（第二版）

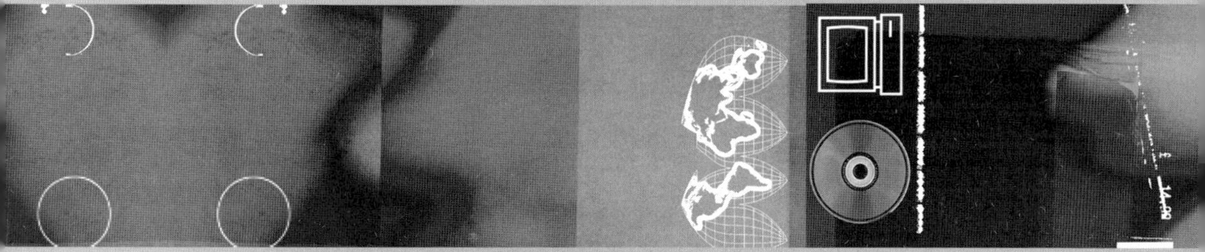

主　编　黄曼青
副主编　黄海云　程时用　李　婉

暨南大学出版社
JINAN UNIVERSITY PRESS

中国·广州

图书在版编目（CIP）数据

公共关系学／黄曼青主编；黄海云，程时用，李婉副主编．—2版．—广州：暨南大学出版社，2015.7（2017.1重印）
（高职高专规划教材）
ISBN 978－7－5668－1363－3

Ⅰ.①公… Ⅱ.①黄…②黄…③程…④李… Ⅲ.①公共关系学—高等职业教育—教材 Ⅳ.①C912.3

中国版本图书馆CIP数据核字（2015）第048476号

公共关系学
GONGGONG GUANXI XUE
主编：黄曼青　副主编：黄海云　程时用　李　婉

出 版 人：徐义雄
责任编辑：潘雅琴
责任校对：黄志波　王嘉涵
责任印制：汤慧君　周一丹

出版发行：暨南大学出版社（510630）
电　　话：总编室（8620）85221601
营销部（8620）85225284　85228291　85228292（邮购）
传　　真：（8620）85221583（办公室）　85223774（营销部）
网　　址：http://www.jnupress.com　http://press.jnu.edu.cn
排　　版：广州市天河星辰文化发展部照排中心
印　　刷：佛山市浩文彩色印刷有限公司
开　　本：787mm×960mm　1/16
印　　张：22.375
字　　数：431千
版　　次：2011年8月第1版　2015年7月第2版
印　　次：2017年1月第5次
印　　数：10001—13000册
定　　价：44.50元

（暨大版图书如有印装质量问题，请与出版社总编室联系调换）

再版前言

本书自2011年出版以来，因其实战性、职业性、针对性、适用性和开放性等特点深受广大读者的欢迎和好评，因而被多所高职院校采用。读者的厚爱与支持，对编写者来说是鼓励也是责任，我们本着出精品、出特色的精神，力求为读者提供更为成熟、完善的教材。较之三年前，社会的政治、经济、文化生活均发生了较大的变化，而公关实务本应具有科学性、创新性的特点，因此教材必须跟上时代的步伐，及时反映时代的特征并适应公关实践的最新挑战。为此，作者在多年教学积累的基础上，结合最新公关理论及公关实战成果，对教材部分内容进行了适当的修订，以体现教材内容的科学性、时代性。

本次修订的基本思路是：

1. 保持原有的体系和特点

一部相对成熟的教科书，其体系和结构是经过深思熟虑的，章节安排和文字也合理得当，所以，增减内容必须谨慎，再版修订不宜作大增大减。本次再版修订沿袭第一版以项目导向、任务驱动的教学模式，对公关学科体系进行构建，以体现职业教育的特点。每个项目分解为若干具体的工作任务，每个工作任务由知识目标、能力目标、任务导入、任务分析、理论要点、实践启迪、项目训练、思考练习八个部分组成。体例精心设计，形式活泼，符合“目标—兴趣—知识—能力—提高”的认知过程，便于课堂教学，尽量实现与课堂教学的无缝对接。

2. 以精益求精的态度对待书中的文字表达

本次修订对文字表达进行精雕细琢，增删部分段落，使内容更加精简。

3. 更新案例，以保证教材的时效性和可读性

随着新媒体的不断涌现和信息传播速度的加快，社会化媒体和移动媒体的发展影响并改写了公共关系网络传播的规则，我国公共关系的发展进入了一个新阶段。公关需求主体发生变化，公关受众多元化，公关活动多样化、立体化、层次化。这些变化促使我们思考包括公关战略、公关策划、公关评估、公关人员素质培养等在内的网络时代新媒体的“新公共关系学”。所以，此次修订时，结合当前最新的公关发展趋势，对大部分的案例进行了更新，对部分课后练习进行了增加和删减，以期实用、创新和与时俱进。

本书在再版修订过程中，参阅和引用了近年来国内外同仁的珍贵资料，在此谨向有关作者和版权所有者表示诚挚的谢意！同时要感谢暨南大学出版社编辑对本书再版给予的大力支持！此次再版，也是全体编写者的又一次学习和提高的机会。然而，限于水平，难免有疏漏之处，敬请广大读者和专家不吝赐教。

黄曼青

2015 年 1 月于广州

前　言

根据高职高专院校的教学大纲要求及教学特点，本着职业性、实用性、适用性和开放性的教学要求，依照发展学生智力与培养学生能力相统一的基本原则，我们编写了《公共关系学》，力求该书能体现以下特点：

1. 以项目导向、任务驱动的教学模式对公关学科体系进行重新的解读，体现职业教育的特色

本书在内容编排上侧重体现公共关系的应用性和现实性，注重知识的学习、运用与技能的培养。按照公共关系学内容的发展逻辑，将全书内容概括为公共关系概论、公共关系要素、公共关系四大工作模块、公关危机管理、公共关系专题活动、现代企业组织形象设计——CIS 战略六个项目，每个项目再梳理出若干具体的工作任务。

2. 体例新颖独特，尽量实现与课堂教学的无缝对接

每个项目分解为若干具体的工作任务，每个工作任务由知识目标、能力目标、任务导入、任务分析、理论要点、实践启迪、项目训练、思考练习八个部分组成。

知识目标与能力目标——项目任务重点与精髓预先知晓；

任务导入与任务分析——精选案例以引起学生的兴趣；

理论要点——重点介绍公关的基础理论与方法，内容力求精简，做到举一反三；

实践启迪——筛选最新资料进行案例设计、点评；

项目训练——引导学生将知识转化为技能；

思考练习——加深学生对本项目任务内容的理解和掌握。

本书体例设计精心，形式活泼，符合“目标—兴趣—知识—能力—提高”的认知过程，便于课堂教学。本书还根据需要，穿插应用例证、知识拓展等内容。

本书作者均是长期从事公共关系理论研究及教学工作的经验丰富的教师。历经十多年的教学摸索，汇集了长期的思考和体会于本书的编写之中。本书具体的编写分工如下：

黄曼青撰写项目一、项目二、项目六。

黄海云撰写项目三、项目四、项目五。

本书最后由黄曼青统稿。

程时用和李婉也参与了书稿的编写工作。

本书在编写过程中引用和参阅了近年国内外同仁的研究成果，限于篇幅，不能全部列出，在此谨向这些作者和版权所有者表示衷心的感谢。

由于水平有限，书中疏漏之处在所难免，敬请大家不吝赐教。

黄曼青

2011 年 1 月于广州

目　录

项目一　公共关系概论

- 任务一　公共关系的含义、要素及分支概念
- 任务二　公共关系的原则及基本职能
- 任务三　公共关系的产生与发展

任务一　公共关系的含义、要素及分支概念

知识目标

◆ 正确理解和把握公共关系的含义及其构成要素。

◆ 辨析公共关系的分支概念。

能力目标

◆ 培养运用现代公共关系理念解决公共关系问题的能力。

◆ 从实践中辨析公共关系的含义、特征及界定。

任务导入

解读北京成功申奥背后的公关力量

2001 年 7 月 13 日是中国人民永远难忘的日子。随着国际奥委会主席萨马兰奇的一声“Beijing”，全中国都沸腾了，举国上下成为一片欢呼的海洋。中央电视台随即在屏幕上打出了“我们赢了”四个大字，各地也举办了多种多样的庆祝活动，可以说，北京申奥的胜利也是中国政府公关的胜利。

北京申奥过程是经过精心策划后实施的。公关主体是中国，是北京。李岚清副总理在申奥报告陈述时说：“在过去 20 年改革开放的过程中，中国已成为世界上经济发展最快的国家之一。我们将继续保持政治稳定、社会进步和经济繁荣。”国际奥委会执委何振梁则说：“选择北京，你们将把奥运会第一次带到拥有世界 1/5 人口的国家，让十几亿人民的创造力和奉献精神为奥林匹克服务。”任职国际奥委会主席长达 21 年之久的萨马兰奇卸任时最大的心愿就是把奥运会带到人口最多，又有巨大经济潜力的中国。正如刘淇市长在申奥成功报告会上所说：“北京申奥成功是因为有了日益强大繁荣的祖国作后盾。”由此可见，中国已经成为备受世人关注、有重要影响力的大国。

任务分析

成功申奥的公关力量分析

1. 目标公众的支持

公共关系成功的关键之一是目标公众的支持。北京申奥成功的一个重要原因是具有最高的民众支持率。95%支持北京申奥的北京民众和受中国奥运情绪感染的国际奥委会委员，这两者是北京申奥最重要的目标公众。挪威籍国际奥委会委员乔恩·奥拉夫感慨万分地说："北京申奥给我印象最深的是中国民众的支持。就我个人来说，我从北京得到的申奥信息是其他四个城市之和的两倍。所有这些信息都包含着同一个主题，那就是再给正在腾飞的中国一个全面腾飞的机会吧!"

2. 申报理念深入人心

北京奥申委确定了"新北京，新奥运"的申办口号，提出了"绿色奥运，科技奥运，人文奥运"的申办理念，提交了一份长达500页，涉及17个主题的申办报告，并把"95%的公众支持率"的调查结果写进其中，还制作了精美的北京申奥宣传片。

3. 成功的活动策划

2001年4月4日，是申奥揭晓倒计时100天，北京奥申委提出了确立4月4日为全国支持北京申奥统一行动日的倡议。这个倡议得到了全球华人的积极响应，申奥热潮风起云涌。5月8日，全球华人支持北京申奥联合委员会在德国杜塞尔多夫市举办了以"全球华人心连心，齐心协力申奥运"为主题的系列活动。6月16日，中华全国体育总会和中国台北田协共同举办了"北京奥运·炎黄之光"海峡两岸长跑活动。6月23日，美国西部华人在雄伟的居庸关举办了祝北京申奥成功的"奥运龙——大地艺术作品展示"活动。所有这些都是加强内部公共关系行为的体现。

2001年6月23日晚上，古老的紫禁城飘荡起世界三大男高音歌唱家帕瓦罗蒂、多明戈和卡雷拉斯激昂高亢的歌声，全世界都为这种中西文化合璧之美而赞叹，这是一个不眠的"6·23"奥林匹克之夜。作为国际奥委会副主席、北京申奥代表团顾问，何振梁在2001年2月以来的5个多月里，有69天在国外和飞机上，出访11次，走了20多个国家和地区。所有这些都是为发展外部公共关系而作的努力。

4. 以情感人、舆论认可

北京申奥团的陈述与众不同，它包含了三个基本方面：一是坚实的保证，二是明确的优势，三是调动国际奥委会委员的情感。看似平淡却隐含着"玄机"，那就是中国人民的真诚、朴实和实在。2001年7月13日，北京申奥代表团第一个出场陈述的李岚清副总理庄严承诺："如果此次奥运会产生盈余，我们将用它来建立一个奥林匹克友谊基金，来帮助发展中国家的体育事业。如果发生赤字，将由中国政府承担。"这不仅增强了国际奥委会委员对北京办好2008年奥运会的信心，而且激发了国际奥委会委员对中国的好感和敬意。这为中国塑造了良好的公众形象。

任何组织的发展和成功都有赖于良好的公众环境，都需要得到公众舆论的认可和支持。北京奥申委秘书长在申奥投票前的新闻发布会上陈述了北京能够申奥成功的六点理由：第一，北京市民对申奥的支持率达到95%，北京奥运会的确代表“人文奥运”；第二，近20年来，越来越多的北京市民参与到文化与体育交流中，渴望成为国际体育大家庭中的一员……北京在申奥投票第二轮就以56票的绝对优势胜出，其中很多票源自亚、非、拉国家，因为中国政府力所能及的帮助，使这些国家中的部分国家的体育基础设施状况有了极大的改善。不仅如此，中国政府还承诺用奥运会所得来发展这些国家的体育事业，这些国家虽然不大，影响力有限，但在国际奥委会大家庭中却享有平等投票权。中国奥申委的这一系列举措使这些国家的民众大为感动，所以他们支持北京申奥也就理所当然。

5. 注重传播、双向沟通

社会组织往往借助各种传播手段实现与公众之间的双向沟通。由著名导演张艺谋执导的北京申奥宣传片《新北京新奥运》，成功地在短时间内把北京辉煌的成就、迷人的风采和中国人民对奥运的期盼表现得淋漓尽致。由于国际奥委会委员中至少有一半从未来过中国，该片除了从运动员、运动会角度展现外，还从历史的角度来展示中国的历史和现状，来展示北京的历史和现状，从而满足了国际奥委会委员对中国、对北京深层的心理文化需求，使他们对中国、对北京更加了解，更为中国、为北京的变化而惊叹，深深地被中国、被北京所吸引，该片起到了很好的宣传作用。

资料来源：http：//www. blog. tianya. cn/blogger.（略作修改）

问题：

1. 何为“公关”，根据案例，谈谈你对公共关系含义的理解。
2. “为何公关”，了解公共关系的职能。
3. “有何作用”，谈谈学习公共关系学的现实意义。

四 理论要点

一、公共关系定义

（一）需要澄清的误解

公共关系是20世纪初发展起来的一门新兴学科。作为一门现代管理科学，在风靡世界80多年之后，于20世纪80年代末随着改革开放的浪潮进入中国内地，此后迅速从沿海地区向内陆广泛传播，受到极大的关注：企业争相效仿，高等院校积极研究，有识之士为之鼓劲，华夏大地兴起前所未有的“公共关系热”。公共关系以其独特的魅力在各类社会组织及各级组织部门，在经营管理、市场营销、大众传播及社会交往等领域发挥着独特的作用，受到人们的高度重视。尽管如此，到底什么是公共关系，依旧是众说纷纭，莫衷一是，本书从以下五个方面加以辨析：

1. 公共关系 = 公关小姐

22 集电视连续剧《公关小姐》在 20 世纪 90 年代初风靡全国。该剧以宾馆、酒楼的公共关系活动为题材，讲述了一家酒店公关部七位公关小姐的工作与爱情故事。这是我国最早反映改革开放、公关行业及女性群体生活的电视连续剧。该剧推出后，凭借其时尚性、生活性征服了全国观众。该剧不仅把广州的形象以及岭南的文化推向了全国，更带旺了一个刚刚兴起的行业——公关，在当时介绍公关的书籍及了解公关的渠道很少的情况下，让观众从最直观的电视剧中接触到了“公关”这个新名词，但同时也造成了一些误解，即以为公关人员就是“公关小姐”，接待科改名公关部，迎来送往等于公关工作的全部内容。随着中国市场经济的发展、公共关系职业化进程的加快，现在人们对公共关系的认识已超越了“公关小姐”以及与此相关的内容。

2. 公共关系 = 人际关系

人际关系主要研究的是个人与个人之间的关系，包括以血亲关系、亲属关系、朋友关系、地缘关系、业缘关系等为基础而建立起来的种种关系。而公共关系主要是研究社会组织与公众之间的关系，组织与公众均为群体，因此公共关系是群体关系。这两者容易混淆，但公共关系并不等于人际关系。下面我们进行简单的比较：

公共关系与人际关系

	公共关系	人际关系
从构成比较	组织与公众之间的关系	纯粹的个人与个人之间的关系
从性质比较	是一种公利性关系，体现的是组织群体的价值取向	是私利性关系，具有较强的私密性和人情味
从角色比较	公关人员利用人际关系开展公共关系工作时，公关人员扮演的是非个性化角色，尽管公共关系有时从表面上看是个人与个人的交往，但是公关人员代表的是组织而不仅仅是个体	代表个性化的角色，主要体现的是私利

3. 公共关系 = 庸俗关系（拉关系、走后门）

有人认为，公共关系就是“庸俗关系”，俗称拉关系、走后门，从而使认识与实践又进入一种误区。

庸俗关系是一种不健康的、庸俗化的人际关系，是个人为了达到不正当的目的或为了获取私利，采用不光明磊落的手段与人交往所建立起来的或违法或违纪或违反社会公德的一种人际关系。它与公共关系有着本质上的区别：

公共关系与庸俗关系

	公共关系	庸俗关系
产生的条件不同	公共关系是商品经济、市场经济高度发达的产物。组织赖以生存的基础是塑造良好的形象，构建良好的公共关系	庸俗关系是在社会经济不发达、生产力低下，人们的道德水准、文明水平不高的条件下产生的
目的、手段不同	公共关系靠的是科学的、系统的、真实的、艺术的双向信息沟通，以提高组织在社会上的信誉，在与社会公众利益相一致的前提下追求组织自身价值的实现	庸俗关系靠的是拉关系、走后门、拉帮结派、小恩小惠、行贿受贿等不正当手段，暗地进行以权谋私、损公肥私的活动，以损害他人或集体利益为代价满足私欲
道德效果不同	公共关系以公平、正义、互惠的特点，以宽容、友善、信用、诚恳的态度，以实事求是、扎扎实实的作风，谋取公众的理解、谅解、信任和支持。它有助于为社会带来一种以诚相见、互利互惠的合作风气，有利于形成和谐团结的人际关系，有助于提高社会双文明程度，有益于促进社会主义市场经济发展	庸俗关系不择手段、损人利己、损公肥私，造成人际关系紧张，使社会失去平衡、失去标准、失去公德、失去公理，为社会舆论所抨击，为党纪国法所不容

4. 公共关系＝广告

有的社会组织出现公共关系重心倒置的现象，把公共关系简单等同于广告宣传，于是他们把销售部换成公关部，把广告科变成公关科。在广告宣传上下大本钱、大功夫，却舍不得在内部、外部公关上下力气，忽略了组织形象的塑造。这是我国目前公关认识与实践上的一个最大的偏差与误区。

当然，公共关系的出现并不会动摇广告的地位，它们两者是互补的关系，它们都是利用传播媒介来传递信息的。公共关系可能会采取广告的形式进行宣传，称为“公关广告”，但“公关广告”在宣传目的、内容、效果、方式等方面均不同于“商品广告”。除了“公关广告”之外，公共关系与一般广告至少有以下区别：

公共关系与广告

	公共关系	广告
宣传目的不同	借助传播媒介树立整个组织的形象和信誉，协调组织与公众之间的关系	借助传播媒介向公众进行的一种有助于商品或劳务销售的宣传活动，以促销为目的
传播方式不同	双向沟通	单向传递
追求效益不同	关注长远的社会效益，依靠对公众的真诚关心与周到服务获得公众的喜爱	营销中的具体策略，可以在某一阶段使用，注重近期的经济利益

【应用例证】

例如，一家航运企业为某高校贫困生设立了奖助学金，帮助许多品学兼优的学生顺利完成了学业。这家企业的行为仅仅是为了向公众证明它的社会责任感、爱心和对教育事业的关注，仅仅是树立了一种良好的企业形象而已，并不要求直接的回馈。当然，从长远来看，这家企业也赢得了优秀学生的信任，得到了它所需要的人才。这就是公共关系的应用。

再如，一个产品连续做了几个月的广告，销量大增，获得了直接的经济回报，这就是好广告。

因此，有人形象地比喻说：公共关系是让人“爱我”，交朋友、树形象。广告是让人“买我”，卖产品、做生意。

【知识拓展】

《广告退潮　公关潮起》一书的作者将公关与广告的特点进行了形象生动的比较：

广告阵风吹，公关春光浴；

广告寓于形，公关在于实；

广告自以为是，公关以众为是；

广告狂轰滥炸，公关日积月累；

广告办多少事就得花多少钱，公关花小钱就办大事；

广告创意难寻，公关新意不断；

广告钟情老品牌，公关热恋新品牌；

广告形迹可疑，公关诚信有加；

广告诡异，公关严谨；

广告维护品牌，公关树立品牌；

广告退潮，公关潮起。

资料来源：http：//www.chinapr.com.cn/web/NewsCenter.

5. 公共关系＝宣传

公共关系与宣传联系密切，主要表现在：

（1）两者性质均为传播，公共关系要塑造组织形象，在公众中扩大知名度，提高美誉度，引起公众的注意，就需要开展广泛的宣传。

（2）两者工作内容也有相同及交叉的部分，比如每个组织都有团结内部成员，增强群体凝聚力、向心力、荣誉感等方面的任务，这既是组织内部宣传工作的内容，也是组织内部公共关系工作的目标。

但是，公共关系并不等于宣传。公共关系与宣传的区别如下：

公共关系与宣传

	公共关系	宣传
工作性质不同	公共关系作为一种特殊的管理职能，其目的是塑造组织形象，建立组织与公众的良好关系，除了宣传、鼓动以外，其工作的主要内容是信息交流、协调沟通、决策咨询、危机处理等	传统的宣传工作属于政治思想工作范畴，是政治思想工作的手段和工具。宣传的目的主要是改变和强化人们的心理状态和精神状态，获取人们对某种主张或信仰的支持
传播方式不同	公共关系工作是一种双向传播过程（组织↔公众）；公共关系传播或提供某种信息，只具有影响力。而且对公众的影响力大小取决于组织的产品或服务的质量及组织自身的素质，这些在很大程度上取决于组织的内部公关水平	宣传工作是单向传播过程（组织→公众），带有灌输性和强制性；目的在于鼓动、激发群众的某种热情的倾向性，使群众自觉地去信任、服从某种思想或执行某项法规。有时为了获取目标对象的支持，宣传容易出现夸张渲染的片面效应

【应用例证】

美国公关专家弗雷泽·西泰尔在《公共关系实务》中举了这样一个例子，形象地说明了公共关系与广告、促销、宣传之间的关系。

当马戏团进城来表演时，如果你想让所有人都知道这件事，可采用的方式有：

A. 广告：打出一块广告牌，声明马戏团将在城里演出。

B. 促销：让大象带着这块广告牌沿着城区游行一圈。

C. 宣传：当这头带着广告牌的大象践踏了市长的花园时，报纸、杂志等传媒纷纷进行报道。

D. 公关：让市长对花园被践踏的事一笑了之，并毫无怨言地加入游行队伍。

孔子说过，“名不正，则言不顺”，对于公共关系的种种误解，或一知半解，往往会给公关带来负面的影响，危害公共关系的传播，也使公共关系的开展出现一些偏差和错误，这对于公共关系事业的健康发展是不利的，所以，我们有必要对公共关系进行界定，并给出正确的概念及认识。

（二）公共关系的定义

“公共关系”一词源自英文的“Public Relations”（PR）。

“Public”一词可理解为形容词“公共的”、“公开的”、“公众的”，表明它不是私人的；也可译作名词“公众”、“社会”，表明它不是个体，而是集团、群体、组织。

“Relations”译作“关系”，它以复数形式出现，故而表示多种关系、多方面的交往；表示关系是在复杂的交往中体现出来的多种关系，可能是直接关系、间接关系、单向关系、多向关系等。因此，可用中文表述为“公共关系”，也可表述为“公众关系”。

以上的解释还不足以阐释公共关系的全部内涵，因为公共关系学科的历史较短，人们对公共关系的研究还存在着较大的分歧。由于每个人认识的角度不同，且公共关系与其他学科的联系也比较紧密，加上公共关系活动内容很丰富，形式多样，因此，对公共关系内涵的理解也各有各的观点，在公共关系学界为人所正式引用的概念就有几十甚至上百种，这些定义从不同的角度、不同的层次描述了公共关系。

【知识拓展】

四种最有影响力的定义

1. 管理职能说

在国外流行的公共关系定义中，被公认最有代表性和最全面的是美国的公共关系研究和教育基金会的雷克斯·F. 哈罗博士的定义。哈罗博士收集了从20世纪初到1976年之间有关公共关系的定义，确定了每个定义的要素，并将其核心要素进行归类，最后解释为：公共关系是一种独特的管理职能，它帮助组织和公众之间建立传播、理解、接受和合作关系；它参与各种事件和问题的处理；它帮助管理部门了解公众舆论，并及时作出反应；它界定并强调管理部门为公众利益服务的责任；它帮助管理部门及时了解和有效地利用情况的变化，并预测变化的趋势，公共关系使组织与社会变化同步发展；它以良好的、符合职业道德的传播技术和研究方法作为主要的手段。

2. 传播说

这一类定义侧重于从公共关系的运作过程及特点来考虑，强调公共关系是组织的一种特定的传播管理行为和职能，认为公共关系离不开传播沟通。

在国外，持这种观点的学者不在少数。在美国的大学中，公共关系专业往往设在新闻传播学院内。

英国人弗兰克·杰夫金斯在《公共关系》一书中提出：公共关系是由为达到相互理解等特定目标而进行的各种有计划的沟通联络组成的，这种沟通联络处于组织与公众之间，采用一切向内的和向外的沟通方式。

《韦伯斯特新国际词典》则提出：公共关系通过传播大量有说服力的材料、发展邻里的相互交往和估计公众的反应，从而促进个人、公司或机构同他人、各种公众以及社区之间的亲善友好关系。

3. 特定关系说

持这种观点的人认为，“关系”体现公共关系的本质属性，公共关系是一种特定的社会关系，是社会组织与社会之间的一种关系，是为优化社会互动环境所作的一种努力。正确认识公众关系、处理公众关系是开展公共关系的出发点和归宿。

美国普林斯顿大学的资深公共关系教授希尔兹认为：公共关系就是我们所从事的各种活动所发生的各种关系的通称，这些活动与关系是公众性的，并且都有社会意义。公共关系是为了公众的利益而协调和修正我们个人和企业那些具有社会意义的行为。

英国公共关系学会的定义是：公共关系是在组织和它的公众之间建立和维持相互了解的、有目的、有计划的关系的持续过程。

4. 经营艺术说

持这种观点的人认为，公共关系还只是一门不精确的学科，许多公共关系问题不存在唯一正确的答案，公共关系是一种综合性的艺术，公共关系在实际运作中要讲究创造性，讲求形象思维，我们需要从整体上来把握公共关系及其工作。因此，公共关系是一种艺术。

1978 年 8 月，在墨西哥城召开的世界公共关系协会大会上，代表们经过商讨，在《墨西哥宣言》中提出了这样一个公共关系的定义：公共关系是一门艺术和社会科学，公共关系的实施是分析趋势、预测后果、向机构领导人提供意见、履行一连串有计划的行动，以服务于本机构和公众利益。

我国学者余阳明认为：公共关系是社会组织为了塑造组织形象，通过传播、沟通来影响公众的科学和艺术。

当然，除了以上的几种说法外，咨询说、协调说、形象说等说法也分别从不同的角度去揭示公共关系的本质，各有其合理性。其实，各个定义之间并不矛盾，只是侧重点不同，这些定义均有利于我们理解和把握公共关系的含义。

此外，还有一些具体从事公关工作的人，提出了很多直观的、通俗生动的表述：

公共关系就是讨公众喜欢；

公共关系是“人和”的学问；

公共关系 90% 靠自己，10% 靠宣传；

公共关系是争取对你有用的朋友；

公共关系是说服和左右社会大众的技术；

公共关系就是努力干好，让人知晓；

公共关系就是先要自己做好，然后才能因此而得到好处；

公共关系是生产力；

公共关系是创造风气的艺术；

公共关系是和气生财的秘诀；

公共关系是内求团结、外谋发展、树立形象、推销自己的艺术；

广告是大家买我，公共关系是要大家爱我。

北欧联合公司一位公关经理在培训班给学员讲解什么是公共关系时，作了这样的比喻："好比一名青年追求伴侣，可以用许多办法：大献殷勤是一种，这不算公共关系，而是推销。努力修饰自己的外貌和风度，讲究谈吐举止，也是一种吸引人的办法。不过，这也不是公共关系，是广告。如果这位青年经过周密的研究思考，制订出计划并埋头苦干，以实际成绩获得他人的赞许，然后通过他人之口将对自己的评价传播出去，这就是公共关系了。

至此，结合前人对公共关系定义的众多表述，我们可以分析归纳出公共关系概念的基本要素：

（1）公共关系的本质是建立和维持组织与公众的双向交流，是一个组织借助于传播手段开展的一种管理活动。

（2）公共关系的目标是塑造组织的良好形象，保证为组织的生存与发展营造一个良好的舆论环境。

（3）公共关系的任务是协调一个组织和它的各类公众之间的关系。

（4）公共关系的职能是收集信息、评估政策影响、提出计划、实施传播、反馈信息、修正设计计划。

综上所述，本书对公共关系的概念作出了如下的表述：

公共关系是社会组织在经营管理过程中，为了塑造良好的社会形象，借助于信息传播沟通媒介，实现组织与公众之间双向信息交流的科学及艺术。

二、公共关系的构成要素

将复杂的公共关系过程简化以后可以发现，公共关系活动过程的三个基本要素是组织、传播和公众。任何公共关系活动都是由这三个要素构成的。

在公共关系的这三个要素中，组织和公众分别是公共关系的主体和客体，这两者之间的相互作用方式是传播（Communication，也译作沟通），而现代公共关系传播的本质即组织与公众之间信息的双向交流，组织与公众沟通交流的双向性是现代公关传播的本质特征。

这三个要素既有各自特有的功能，又互相影响，形成一种整体效应，使组织保持良好的公共关系状态。

（一）组织——公共关系的行为主体

在人类社会生活中，人与人之间会发生各种各样的联系和交往，在这些交往活动中，人们发现单个人的活动往往会受到种种限制，因而逐渐产生了各种社会组织。社会组织是按照一定的目的、任务和形式建立起来的社会机构。它有清楚的界限、明确的目标，内部实行明确的分工，确立了协调内外部各种关系的组织机构。比如，政党、国家、政府、各个社团、企业、学校、医院等，都是社会组织，均可以成为公共关系的主体。

社会组织是公共关系的承担者、实施者、行为者。

公共关系是组织的活动，不是个人的事务、技巧；公共关系是组织的目标、战略、政策、计划、方法、产品、人员、环境等，不是停留在个人活动的层面；公共关系是追求整体的公关效应，不局限于个人的印象、情感、利益；公共关系处理组织的关系与舆论，以及非个人的事务和关系。

【应用例证】

某公司总裁以个人名义向野生动物基金会捐款，这是个人行为，而不是公共关系行为；但当他以公司的名义捐这笔款时，我们便可把这种行为理解为一种旨在提高组织（公司）的知名度和美誉度、扩大组织影响的公共关系行为。

（二）公众——公共关系的客体

正如前面有些定义所说的那样，公共关系是一种特定关系；而当我们谈到关系时，必然要涉及双方。对于公共关系而言，相互影响、相互作用的双方便是组织与公众。因此，从这个角度来说，公共关系就是公众（与组织）的关系。

简单地说，公众就是公共关系的对象。它与一般意义上的“群众”、“大众”不同，指的是任何因面临某个共同问题而形成的，有着某种共同利益并对某一特定组织的工作产生互动效应的社会群体。它包括三个方面的含义：第一，它是因面临某个共同问题而形成的社会群体；第二，有着共同的利益；第三，对于某一特定的组织的工作产生互动效应。

也就是说，公众作为公共关系的对象、客体，并不是完全被动的，也不是可随意摆布的，各种公众都是有意志、有愿望、有行动的个体、群体或组织，会主动地采取行动来表达自己的意志和要求，主动地对公关主体的政策、行为作出相应的反应，而对公共关系主体造成压力和舆论力。

比如，当公众对公关主体不满时，他们可能不会当面抗议，也不会大吵大闹，但他们会抛售企业的股票，不再光顾某一商店、某一银行、某一饭店、某一旅游点等。

（三）传播与沟通——公共关系的行为中介与手段

传播、沟通（Communication）既是公共关系的方式，也是公共关系的过程。公共关系中的传播是指组织通过传播媒介向公众进行信息或观点的传递和交流。这是一个观念、知识或信息的共享过程，其目的是通过双向的交流和沟通，促进公共关系的主体和客体（组织和公众）之间相互了解、达成共识、分享信息、产生好感进而合作；主要有人际传播、组织传播和大众传播等形式。

传播是组织和公众之间建立关系的一种手段，传播媒介则是实现这种手段的工具，如报纸、杂志、广播、电视、计算机网络等。值得注意的是，只有这两者有机结合、共同作用，才能产生整体大于部分之和的协同效应，才能使组织的公共关系活动得以顺利开展，使组织得以在公众面前建立和维持良好的公共关系形象，从而形成较高的知名度、美誉度和认可度。

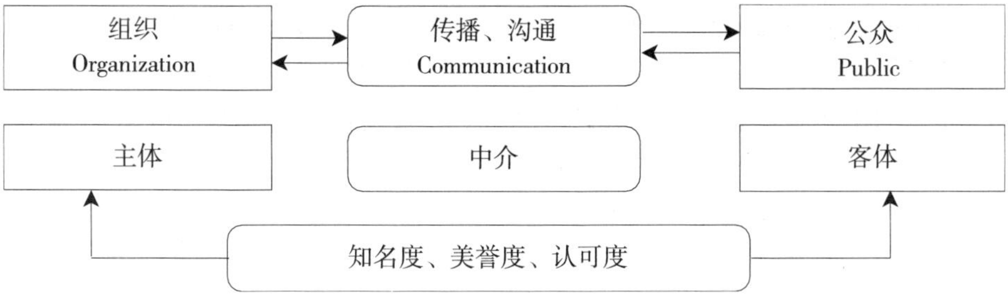

公共关系构成要素

三、需要区分的公共关系分支概念

为了完整地理解“公共关系”这一概念，我们需要分析从这一概念延伸出来的一些分支概念和范畴，因为这些概念和范畴在公共关系学中的使用率很高，而且被用来直接解释“公共关系”这一概念。

【应用例证】

（1）长城饭店的公共关系不错。（指静态评价）
（2）张先生是干公关的。（指职业）
（3）李四是学公关的。（指学科）
（4）王五很有公关头脑。（指观念意识）

(5) A公司赞助希望小学是在搞公关。(指专项活动)

(6) 尼克松下台是公共关系的失败。(指形象和舆论环境)

(7) 黄老师写了本《公共关系》。(指公关理论)

(8) 有人说，张骞通西域、郑和下西洋就是中国的公关。(指古代不自觉的“公关萌芽”)

下面我们对三种需要区分的公共关系概念作简单的介绍。

(一) 公共关系状态——从静态的角度去理解

有人说：世界上有了两个人就有了人际关系，有了两个集团、组织就有了公共关系。这是说公共关系是一种客观存在，是自古就有的，不管你承认与否，它都会影响组织的生存与发展。

公共关系状态是指一个组织所处的社会关系和社会舆论状态，也就是这个组织在公众心目中的现实形象。

社会关系状态，是指一个组织与其相关公众之间的联系程度，如社会组织的知名度，以及与公众的联系是紧密还是疏远、是融洽还是紧张、是合作还是对抗等。

社会舆论状态，是指一个组织在公众中的反响如何，如社会组织的美誉度是否高，公众对其是赞赏还是反对、对其是热情还是冷漠等。

一个组织，无论能否以公共关系观念来支配自己的行为，都有公共关系状态的存在。当人们说“要注意组织的公共关系”的时候，就是指要注意维护组织的公共关系状态。

【应用例证】

某饭店饭菜质优价廉，服务态度好，环境幽雅，于是受到消费者的好评，大家相互介绍，慕名而来，满意而归；饭店回头率高，天天顾客盈门。如此，这家饭店的公共关系状态就处于一种良好的状态，知名度及美誉度均高。

(二) 公共关系活动——从动态的角度去理解

动态的公共关系是一种活动，是组织机构长期进行社会交往、沟通信息、广结善缘、树立自身良好形象的过程，是一个组织为营造良好的社会环境，争取公众舆论支持而采取的政策、行动、手段，也就是以创造良好的公共关系状态为目的的一种信息沟通活动。

比如，人们经常会问：“贵单位是如何开展公共关系的?”这里的“公共关系”就是指公共关系活动。

公共关系活动的分类有三种：自觉活动与自然活动；日常活动与专门活动；单一活动与系列活动。

【应用例证】

某些企业并未真正了解公共关系，没有专门的公关策划部门，没有专门从事公关工作的人员，领导也没有形成公共关系的观念，但是，在日常的生产、销售、经营管理等各种关系中，却能时时处处维护组织在公众中的良好形象，以最好的产品、最好的质量展示在公众面前，并注重及时的宣传，以便在公众心目中留下深刻的好印象。

这就是自然的公共关系，这种公共关系往往处于一种“知其然，而不知其所以然”的状态，往往缺乏理论上的总结及深化。

1964 年东京奥运会前，瑞士的欧米茄（OMEGA）表一直垄断着国际市场，相比之下，日本的精工表是那样的微不足道。为了改变人们对日本表的偏见，精工决定开展一场公关活动，争取被 1964 年的东京第十八届奥运会采用为大会的正式计时器（Official-Timer），以取代历来的欧米茄表，让全世界都知道日本精工的一流技术并不比瑞士欧米茄差，借此进一步把精工表推向世界。为此，他们在 1960 年罗马奥运会上派出专家，对欧米茄表在奥运会上的使用情况、技术状况和各种设施进行深入调研。经过分析，精工认清了自身的竞争实力，并研究确定适应运动会特殊要求的产品开发和技术攻关项目。经过调研，精工提出以“世界的计时——精工表”为主题的历时四年的公关计划。

这一计划的执行分三期。第一期的目标是争取国际奥委会通过并宣布精工表为 1964 年东京奥运会的大会正式计时器。第二期的目标是争取在东京国际运动会（相当于奥运会的预演）上试用成功，以建立各界对精工的信心。接着开始着手以“东京奥运会将用精工计时设备”为主题的宣传，先造成舆论，把这一消息传遍全世界。第三期的目标是成功地使精工进入世界最先进的计时器行列。

这次公关活动不仅奠定了精工的世界地位，而且其影响一直延续到今天，精工表成为畅销世界的产品。这次活动规模十分浩大，投入工程师 85 人，工作人员 890 人，直接制作费用达 2 亿美元，总费用超过了 10 亿美元。

这就是自觉的公共关系，抓住时机，目标明确，计划周密，措施得当。自觉公共关系是我们学习和研究的重点，通过对公共关系系统的学习，应当将原来的自然经验型的公共关系上升到理论型的自觉的公共关系。

（三）公共关系意识——从价值观念、行为准则的角度去理解

公共关系意识也可理解为公共关系观念、公共关系思想，是一种现代化经营管理和行政管理的思想、观念和原则，是一种开明的经营和管理理念，是一种全新的思维方式和行为准则。

公共关系观念或意识的核心实质上是一种以人为中心、以人为根本、以公众

利益为出发点的公众导向的观念或意识。它是指一种尊重公众，自觉致力于塑造组织形象、传播沟通、争取公众理解与支持的观念和指导思想。

公众导向的观念或意识的建立，标志着公共关系从不自觉到自觉、从经验型到科学型的进一步转化。

公共关系意识有三层基本含义：对公众地位、作用的认识，对影响公众和争取公众支持的必要性和能动性的认识，以及对公共关系如何影响公众的认识。

【应用例证】

某个炎热的夏天，松下幸之助在日本大阪天王寺附近散步，那一带家家户户都在门前装有自来水龙头。他看到一个板车夫，把板车停下走到路旁，就用嘴巴对着住户的水龙头喝起水来。

自来水是河水经水厂的过滤处理之后可饮用的水，所以当然要花钱去买。然而，板车夫大咧咧地喝水，却不见有人阻止他，显然是默许板车夫盗水饮用。

事情虽小，却引起了当时39岁的松下幸之助的思索：

——为何不见有人出来指责那个擅自饮水的板车夫呢？

——假如住户出面指责，一定不会要他赔偿，顶多说他太不客气或不懂规矩而已吧！

——私有的自来水对口渴的板车夫而言属最佳饮料，当然是高价之物。可是不经同意公然盗饮，却没有当他是贼，道理何在？

——自来水固然是高价值之物，可是一旦到处都取之不尽、用之不竭，其价值就下降到几乎等于零。对于取用价值几乎等于零的东西，当然不会有人责怪他啊！

想到这里，松下突然悟到：所有的罪恶几乎都由贫穷而生，而自来水因其来源丰沛而价廉；世界上的其他物品，倘若也能像自来水一样无限量供应的话，定能嘉惠贫民，消除许多的贫穷与罪恶。

因此，松下幸之助从自来水又想到了他的电器生产，他深有所感地说："我的使命就是把电器产品制造得像自来水一样多、一样便宜，以嘉惠贫民。"

松下认为，要把电器产品制造得跟自来水一样多、一样便宜，事实上不容易办到。可是，企业家仍然要运用大量生产的方法，降低成本，使产品的价格降到最低，然后才能创造一个安康、富足的社会，这是企业家的使命。

企业家应不断地努力生产，把所有的产品制造得跟自来水一样丰富与低廉，取之不尽、用之不竭，这就是松下的"自来水经营哲学"。

一个伟大的企业家，在考虑价值与利润的同时，不能忘记的必定是芸芸众生。

从此，"自来水经营哲学"成了松下电器的经营哲学和整体公关意识，松下电器也因此获得了巨大的社会效益和经济效益。

这种理念或者哲学，至少要有以下两个特点：

(1) 为社会服务，又结合自己的业务特点。将自身的利益与广大公众的利益联系在一起，使之形成密不可分的因果关系，这便是"服务意识"的精髓所在。"服务于公众"并非纯粹的“慈善行为”，而是一种进入市场经营的竞争意识。

(2) 实实在在，不是专门讲给别人听的空洞口号。将理念转化为实际的行动，用行动争取公众的支持，用真诚的服务获得公众的信任，最终在市场竞争中取得胜利。

【知识拓展】

公共关系意识从一定程度上来讲是一种意识体系，或称观念群、观念链，带有明显的综合性特征，它是公众意识、形象意识、沟通意识、信誉意识、服务意识、责任意识、合作意识、创新意识、时效意识、战略意识、审美意识和信息意识的总和。

下面介绍六种最主要的现代公关意识的构成要件：

1. 形象意识

形象和信誉是现代社会组织的生命线，塑造形象的意识是公关传播工作的核心，其他方面的公关意识是在尊重公众意识这个逻辑核心的基础上围绕着如何塑造组织形象的实务而展开的。

形象意识要求社会组织或企业以及它的决策者、执行者以塑造组织形象为重要的目标，注意树立并维护良好的组织形象，并能经常自觉地意识到组织的一举一动、组织成员的一言一行都代表了组织形象、展现着组织形象、影响到组织形象，从而懂得用良好的形象为自身发展营造最佳的社会关系环境，赢得公众信任和支持，获得发展机会。

2. 公众意识

有人说：公共关系不像一台打字机可以买到，也不像一张订货单可以延期。它是一种处世方式，每时每刻表现在态度和行为中，对员工、顾客乃至整个社会均有影响。因此，公众思想便成为组织机构以何种态度对待公众的标志，公众意识便成为公共关系意识中十分重要的一个观念。

在现代企业中，组织与公众之间可以说是唇齿相依、共存共荣的关系。

公众意识要求社会组织或企业把自己看成是公众的产物，把公众看成是自己生存和发展的前提条件，把能否处理好公众关系看作自身事业是否成功的标志，时时刻刻以公众的利益为出发点来设计自己的行为。

3. 沟通意识

传播、沟通的意识实际上也是一种重视信息的意识，一种平等民主的意识。沟通意识要求社会组织或企业的活动或运行始终自觉地处在一种开放系统、动态系统、反馈系统中，使组织清醒地认识到封闭、隔离状态都会使组织陷于束缚、窒息的绝境中，从而不断调整自己的行动姿态，适应变动着的社会环境，并努力使环境适用于组织的生存和发展。

组织为了塑造良好的形象、实现其目标，必须做到：重视信息传播；当组织与外界发生矛盾时，要具备民主意识；塑造形象要深入细致，不局限于表面功夫。

4. 信誉意识

信誉是组织形象的基础，只有建立良好的信誉，才能树立起良好的组织形象；同时，信誉又反过来反映了组织形象。

信誉意识要求社会组织或企业把自身的组织信誉、产品信誉、服务信誉看得比什么都重要，把信誉看作组织或企业的生命。

5. 服务意识

俗话说：说一千，道一万，不如实干。为公众解决实际问题、提供最便捷的服务是公共关系中必备的意识。

服务意识是重要的公关意识之一，它是指企业组织及其成员为公众服务的态度和观念，包括对公众的情感、服务的积极性、责任心等。具有服务意识的公共关系人员会时时刻刻把顾客的利益放在绝对重要的位置上，也会在服务的深度和广度方面下功夫，进而使顾客对自己产生信任感和亲近感。

此外，还有战略意识、责任意识、合作意识、创新意识、时效意识、审美意识和信息意识等。

实践启迪

媒体也需要公关——凤凰卫视从公关的视角寻找形象塑造之路

一、案例回放

凤凰卫视自1996年3月31日开播以来，如一股清新之风，以其与中央电视台和中国内地各省卫视台完全不同的风格征服了观众，这个当初名不见经传的小台在激烈的传媒竞争中，在几乎被分割殆尽的媒体市场中硬是闯出了自己的道路，如今已经成为媒体中的一块金字招牌，成为华语电视中的佼佼者。

1999年，美国《财富》杂志刊出国际知名的盖洛普调查公司“中国对品牌的认知”的调查结果：凤凰卫视入选“中国人认知的45个国际品牌”，与麦当劳齐名，并且是唯一入选的传媒机构；2001年，北京美兰德信息公司在北京、上海、广州、成都、南京、西安、武汉、沈阳八大消费先导城市对凤凰卫视的品牌知晓率以及对频道、栏目、主持人的喜爱情况进行了电话调查。调查结果表明，81.3%的被访者知道凤凰卫视，凤凰卫视已成为人们心中的名牌电视节目，70.1%的凤凰卫视观众认为“凤凰卫视是国内最受欢迎的境外媒体”，74.7%的观众认为“凤凰台是正在走向世界的国际传媒”，65.2%的观众认为“凤凰卫视是最具影响力的商业华语卫视”。

紧接着：

1998年8月，凤凰卫视启播凤凰卫视电影台。

1999年8月，凤凰卫视欧洲台在英国伦敦正式开播，全面覆盖欧洲。

2001 年 1 月 1 日，凤凰卫视美洲台开播。

2001 年 1 月，凤凰卫视资讯台开播。

凤凰卫视资讯台是当时大中华地区唯一一个 24 小时全普通话报道财经新闻和时政新闻的频道。资讯台做到了八个第一：

（1）全球第一个覆盖了两岸三地的全天候华语资讯频道。

（2）第一个地处香港，聚集了两岸三地及海外电视人的电视媒体。

（3）第一个跨洲进行同步联播的华语电视台。

（4）第一个每天在京、港、台连线制作电视节目的传媒机构。

（5）第一个在亚洲、欧洲、美洲拥有制作基地和记者站的华语频道。

（6）东南亚第一个采用光纤网络采集、编辑及播出系统播放节目的电视台。

（7）亚洲区第一个拥有低温照明系统、自动遥控摄录系统、全方位旋转式取景演播台录影棚等高科技设备的电视机构。

（8）高薪聘用的来自中国大陆、台湾和香港两岸三地人气极旺的主持人和资深评论队伍荟萃于此，他们在香港、亚洲乃至整个华语传播界中都是首屈一指的。

二、启迪与分析

凤凰卫视品牌的形成，与其品牌策略和系统的公关策划是分不开的，主要表现在以下四个方面：

1. *以内容为基础，以议题为切入点*

默多克喜欢将“内容为王”挂在口上，电视传媒人必须清醒地意识到一件事情：形式是内容的一部分。

凤凰卫视的优势之一是“快”——全球性，直播，这正是当代全球电视传媒发展的趋势。以下是六个直播的片段：

（1）直播报道伊拉克战争：突破连续直播 100 个小时的纪录。

（2）独家播出系列节目《中国人民解放军驻港部队大纪实》：凤凰卫视中文台独家播出的系列节目《中国人民解放军驻港部队大纪实》，使驻港部队首次在香港市民前“亮相”。

（3）直播“柯受良飞黄”：1997 年 6 月 1 日，创办不久的凤凰卫视和央视合作，对柯受良“飞跃黄河”进行现场直播，借助央视的影响力，凤凰卫视很快被观众认识。

（4）直播香港回归祖国仪式：“九七”香港回归世纪报道 60 小时不停播。

（5）直播克林顿访华：直击报道美国总统克林顿访华，直播国家主席江泽民和克林顿记者会等重大场面。在克林顿到访前，推出前奏特辑《江泽民访美回顾实录》、《中美半生缘》等特别节目。

优势之二是独特精辟的评论。凤凰卫视不仅全程报道，而且对发生的国际时事等作精辟深入的分析，凤凰卫视独创评论员制，对局势进行独特的、冷静的分析，使新闻的魅力发挥得酣畅淋漓，吸引了一大批观众。

2. 主持人明星化，全员攻关

对于电视媒体而言，主持人可以说是它的形象代言人，成功地塑造主持人的形象，从某种意义上说也就是塑造了电视媒体的品牌形象。1998 年 3 月 19 日，在朱镕基当选总理的记者招待会上，朱镕基总理点名凤凰卫视女主播吴小莉："你们照顾一下凤凰卫视的吴小莉，我非常喜欢看她的节目。"随后，不仅吴小莉成为家喻户晓的电视明星，凤凰卫视在广东和香港的知名度也节节提升。可以这么说，凤凰卫视是先有了主持人的品牌，才有了凤凰卫视的品牌。

其实，吴小莉被点名的事件，恰恰是凤凰卫视公关策划的成果。媒体都希望得到提问的机会，为此，凤凰卫视首先策划了多个问题，一旦其中的问题被别人问了，就马上转入下一个问题；其次是在会议当天，要抢占到第一排的座位；还有在服饰方面，让吴小莉特地穿一件红色的衣服，达到醒目的目的。"工夫不负有心人"，精心的策划终于达到了被总理点名的目的。随后，媒体对总理点名凤凰女主播的主动报道自然也无须凤凰卫视的主动公关了。

如果说"吴小莉事件"具有一定的偶然性的话，那么凤凰卫视主持人在其他媒体的曝光则更像是刻意所为。一是为主持人量身定做，依据个人特色定制节目，既发挥个人的特色，也使节目与主持人个性特征融为一体，相得益彰，甚至直接以主持人的名字作为节目名称，如《小莉看时事》、《鲁豫有约》、《文涛拍案》等，在主持人的个人魅力和能力得到充分发挥和展示的同时，也凸显了凤凰卫视的与众不同；二是在频道中大量播出主持人形象宣传片，基本上凤凰卫视的每一个主持人都有为其量身定做的形象宣传片，宣传片的播出频率也非常高。例如，凤凰卫视曾推出过孟广美等主持人的形象宣传片，还推出过介绍阮次山等几位评论员的宣传短片。

3. 理念渗透，打造品牌

成功的企业形象策划，基本核心在于理念的创新，它是传播企业文化、品牌精神的最直接有效的手段之一。在理念的渗透方面，口号功不可没，口号是品牌形象的一面旗帜。

凤凰卫视最初开播时的口号是"开创新视野，创造新文化"，在节目内容上也吸收了众多港台节目的精华，给人一种新鲜感。在创办了欧洲台和美洲台之后，凤凰卫视又提出"拉近全球华人的距离"的口号，传达一个"向华人提供世界的资讯，向世界发出华人的声音”的理念。而在推出凤凰卫视资讯台的时候，凤凰卫视通过推广会的形式，用“掌握资讯，拥有未来”的口号把“24 小时华语新闻频道”的概念传达给大家。

另外，凤凰卫视在一些大型户外活动和时事直播活动中，还要求从业人员统一着装来突出频道气质。凤凰卫视的频道识别系统还不放过任何容易被遗漏的细节，比如它的演播厅背景布置既风格相似，又稍有不同；随凤凰卫视远征车队开拔“千禧之旅”和“欧洲之旅”的吉普车队，因车身绘有凤凰图案而成为流动全球的户外广告，所到之处皆向众人宣告“我是凤凰卫视”，给观者留下强烈的视觉印象。

4. 抓住契机，借力高飞

俗语说得好，“好风凭借力，送我上青云”。凤凰卫视打出“活动兴台”的口号，旨在通过举办具有较大社会影响力的活动，强势推广媒体品牌，提高媒体的美誉度和影响力。

以下是凤凰卫视的成功策划：

1997 年 9 月，凤凰卫视向中国传媒大学捐款 100 万元人民币，设立“凤凰研究生教育发展基金”。

2000 年 6 月 30 日，凤凰卫视有限公司在香港成功上市。

为了纪念明代郑和下西洋活动六百周年，凤凰卫视组织了“凤凰号下西洋”活动，并在电视节目和网站上密切关注活动的进展。

从 1999 年开始，凤凰卫视先后组织了探寻五大文明古国、世界主要宗教发源地的“千禧之旅”，深入欧洲各国民间生活的“欧洲之旅”，纵穿地球南北两极的“两极之旅”等专题节目活动。

2004 年 3 月 31 日是凤凰卫视八周年纪念日。在八周年纪念活动中，凤凰卫视推出了一系列引人注目的公关活动：推出畅销书《解密凤凰》；组织著名主持人参加网络聊天；协办“北京大学：前进中国——观察家论坛”；在马来西亚举办八周年庆典晚会及庆祝活动。

凤凰卫视举办的活动都声势浩大，活动自始至终都伴以密集的宣传攻势，大大提高了凤凰卫视的知名度和收视率。在活动开播之前，凤凰卫视就推出一系列可视性极强的宣传片，并且高密度地播出，还举办并播出为活动壮行的文艺演出。在活动进行过程中，凤凰卫视在整个频道构建起一个立体化、多层面的传播框架，充分利用了可能采集到的所有新闻资源，满足不同层面受众的收视需要，同时也使单一节目的热效应扩散到整个频道，提高了整个频道的市场热度，形成规模传播效应。

项目训练

一、实践训练

实训内容：要求学生调查本校的学生社团，收集社团的主要成员对公共关系活动的看法和对公共关系概念的理解，并谈谈他们社团自觉地运用公共关系活动树立社团形象、开展社团活动的实际案例。

实训目的：加强对公共关系内涵的把握，加深对公共关系定义的理解和认识。

实训组织：把全班分成若干小组，每小组选出一名学生对调查结果进行总结性讲解，其他成员补充。

二、下列有关公共关系的说法，你是如何理解的？请结合这些说法谈谈你对公共关系的看法

1. 公共关系是塑造组织或个人形象的艺术。
2. 公共关系最基本的、核心的概念是双向传播与沟通。
3. 公共关系是争取对你有用的朋友。
4. 公共关系的目标是实现组织与公众利益的最大化。

思考练习

1. 如何理解公共关系的内涵？
2. 公共关系的构成要素有哪些？
3. 公共关系会扼杀广告吗？为什么？
4. 公共关系与人际关系、社会关系是一回事吗？为什么？

任务二　公共关系的原则及基本职能

知识目标

◆ 了解和掌握公共关系的原则及基本职能。

◆ 培养公共关系意识和现代公共关系观念。

能力目标

◆ 学以致用，鼓励组织成员将每一次的社会实践活动都作为一次锻炼公关能力的机会，自觉地运用公共关系的原则开展公关活动，并有意识地在实践中体会公共关系的功能及特征。

任务导入

从厨房里闯出来的美国面包大王凯瑟琳·克拉克

从厨房里闯出来的美国面包大王凯瑟琳·克拉克标榜她自己的面包是“最新鲜的食品”。为了取信于消费者，她在包装上特别注明了烘制日期，保证绝不卖存放超过三天的面包。

起初，这项规定给她带来了巨大的麻烦。因为一种新产品上市，销路不可能马上好起来。存货一多，要严格执行“不超过三天”的规定就相当困难了。尤其是各经销店大都怕麻烦，虽然过期面包由凯瑟琳回收，但他们也不愿为此去天天检查、换来调去，而宁愿把过期的面包留在店里卖。许多人还抱怨凯瑟琳未免太认真，一个面包放三天也坏不了，为什么非要三天换一次不可？

凯瑟琳认为，吃的东西，新鲜度是重要的基本条件。只要在消费者心目中树立起良好的信誉，自己的面包就不同于别人的面包，就成功了一半。针对经销商方面的问题，凯瑟琳实行了一套新办法：由公司派人把烤好的面包用车直接送给经销商，按地区排了一个循环表，每三天送一次，同时把经销店剩下的面包收回。如果有的店不到三天就把货卖完了，可以随时打电话通知，马上就送货上门。

这样的办法，麻烦了自己，方便了经销商，却使自己的原则“超过三天不卖”得以坚持实行，保证上市面包的新鲜。

由于凯瑟琳一贯坚持“诚实守信”，保证面包的新鲜，并以此严格要求自己的员工，命运之神终于赐给她一次戏剧性的公关良机。

一年秋天，一场水灾使粮食非常紧缺，面包自然也常常脱销。但凯瑟琳公司的送货员仍按照公司铁定的“不超过三天”的制度进行工作。一天，送货员开车从几个偏远的商店收回一批超过时限的面包。返回的路上，一群抢购面包的人团团围住了他，提出购买的要求。

送货员为了坚守公司的制度，不肯出卖过期面包。而在抢购者看来，他们不但无法理解，而且怀疑送货员存有私心，想把面包据为已有。正巧此时，有几名记者加入其中。

万般无奈之下，送货员继续给这些人解释：“请你们相信我，是公司的制度太严格，绝不是我想囤积居奇。车上面包全是过期的，如果老板知道我把过了期的面包卖给顾客，我就会被开除。因此请你们原谅。”

由于大家迫切需要面包，这车面包最后还是在双方的“默契”下，很快被“强买”一空。

几位新闻记者将偶然获得的这一独家新闻着力渲染，登在报上，成了轰动一时的新闻。凯瑟琳公司的面包新鲜，公司诚实守信，给公众留下无比深刻的印象。正因为如此，凯瑟琳只用了短短十几年工夫，就把一个家庭式的小面包店完全变为现代化大型企业，每年的营业额从 2 万美元猛增到 400 万美元，跻身于世界经济强人之列。

任务分析

凯瑟琳成功的原因分析

面包大王凯瑟琳的成功，虽然离不开那场水灾带来的偶然机遇，但就总体而言，如果没有凯瑟琳在此之前的“立信”战略布局、战术实施调整及始终如一的“守信原则”，这次机遇也就无从谈起了。所谓“机遇是对有备者而言的”，就在于此。既然凯瑟琳选择了“保证绝不卖存放超过三天的面包”的公众宣传，形象树立本身也就要求她必须兑现承诺；否则，事态将走向反面。正如西方著名管理学家帕金森所说：“关系到一个人未来前途的许诺是一件极为严肃的事情，它将在长时间内被一字一句地记住。因此，领导者绝不要应允任何自己不能兑现的事，并确实让所有人都认识到你从不许诺任何不能兑现的事。”凯瑟琳的立信必践，足以说明公共关系中守信原则的重要性。

凯瑟琳指责运货员违反规定，卖过期面包给顾客（这些从运货员的顾虑中体现），实际是“骂”其他面包商的面包不新鲜。这就是巧使“指桑骂槐”妙计，树立起自己面包最新鲜的良好形象。对经常上当受骗的消费者来说，自然具有巨大的吸引力。

资料来源：何思静. 公关谋略与技巧. 成都：四川大学出版社，1987.（略作修改）

问题：

1. 凯瑟琳为什么能获得成功？
2. 凯瑟琳的成功包含了公共关系的哪些原则？

四 理论要点

一、公共关系的基本原则

公共关系的基本原则是指组织在开展公共关系活动中所依据的法规或行为准则。组织所面临的公众是极其复杂的，不同组织会面对不同的公众，同一组织在不同时期、不同情况下也会面对不同类型的公众，对于同一类公众也有可能面临不同的问题。因此，处理组织与公众之间的关系，并无统一的模式，只有普遍适用且须遵照执行的基本原则。下面着重介绍开展公共关系活动的四项主要原则。

1. 实事求是原则

公共关系必须以事实为基础，真实性是公共关系的生命线。具体体现在以下三个方面：

（1）先有事实，后有公共关系。

“事实第一，公关第二”，并以此来策划公共关系活动。公共关系是建立信誉、塑造形象的艺术，但它又不是一种纯粹的艺术或宣传的技术，而是以事实为依据的科学。公共关系不能“制造”，只能“塑造”良好的形象，这种塑造所用的材料就是事实。所以，真实是公共关系的基本原则，也是对公共关系人员的根本的道德要求，是公共关系的生命。有意掩盖、隐瞒、推诿甚至歪曲事实是公共关系的大敌，坦诚、亲切、负责的态度是公共关系成功的要诀。

（2）掌握事实尽可能客观、全面。

在这点上，重点注意掌握各种有关事实的宽广度以及某个特定事实的充分度两个方面。任何片面的、没有经过充分了解的信息均可能使组织受到质疑，使组织的公信力下降，同时也会误导事实。

（3）实事求是地传播信息。

信息是组织决策的依据，是组织经营等活动有秩序进行的手段，是搞好组织管理的基础。正因为信息如此重要，所以失真的信息给组织带来的后果是不堪设想的。在公共关系中，如实地输入信息很重要，如实地输出信息更重要。公共关系为组织树立信誉的大部分工作是信息传递工作，公共关系传递的信息的真实性受到怀疑，那么公共关系工作就很难取得预期的效果，甚至会一败涂地。真实与信誉相通，真实是取信于民的资本。真实性受到怀疑，组织的声誉将会受到严重的损害。“假作真时真亦假”，说的就是这样的哲理。

【应用例证】

1986年4月26日，乌克兰切尔诺贝利核电站爆炸，由于报道不及时，内容欠真实，引起了社会的种种猜测和非议，一时间苏联政府在世界舆论面前陷入了困境。而美国在1979年3月28日发生的三里岛核爆炸事件中，由于及时公布了事实真相，并动员了所有有关的研究单位、生产机构、厂家，摆事实，讲道理，播放了一系列核电站方面的电影，结果安定了人心，顺利度过了“核爆危机”。

资料来源：粟玉香．公共关系教程．北京：经济科学出版社，2002．（略作修改）

2. 平等互惠原则

平等互惠原则是指公共关系应以公众利益为导向，兼顾组织与公众的双方利益，在平等的地位上使双方互利互惠，谋求组织与公众的共同发展。

公共关系是为组织的利益服务的，但公共关系并非仅考虑组织利益，组织与公众联系的过程，实际上是双方利益互相满足的过程。平等互惠原则的基点，就是要把公众利益作为首要因素来考虑，把能否满足公众利益作为衡量公关效果的重要尺度，把组织与公众的双赢作为组织的目标。还要注意积极参与社会服务，对公众和社会负责，有效调节组织和公众的利益平衡。

3. 注重社会整体效益原则

“天时不如地利，地利不如人和”，“人和”是事业成功的关键。所以，公共关系要以“人和”为和谐基调，各方协调合作，共同发展。具体注意以下两个方面：

第一，谋求与公众的共同利益。社会组织在开展公共关系活动时，要站在“社会”的高度，不仅要实现自己的效益，更要注意社会的整体效益。把可能由活动产生的对社会经济效益、社会生态效益及社会精神文明建设等方面的影响综合起来统一考虑，使诸方面均符合公众的长期利益和根本利益。

第二，积极参与社会服务，对公众和社会负责。作为组织，需要承担起应有的社会责任和义务，最大限度地满足人民生活的需要，同时要积极投身于社会服务，参与社会公益事业。社会组织作为社会成员之一，它不仅为社会提供物质产品和服务，而且还以它的经营作风、产品设计装潢、职工的精神面貌等对社会精神文明产生影响。总之，从一个组织的发展历程来看，它既是不断地为社会的整体效益作出贡献的过程，也是不断地借此创立品牌的过程。

【应用例证】

日本八佰伴百货集团在20世纪60年代初计划进入新加坡市场。公司派人到新加坡进行市场调查所得的结论是：不宜进入该市场。因为第二次世界大战中日本军人在新加坡的残暴行径，使当地居民具有很强烈的反日情绪，致使许多日本公司都纷纷从新加坡撤出。该公司创始人和田一夫针对这种情况，制订了相应的战略计划。他首先亲自前往新加坡，一下飞机就前往新加坡的抗日战争纪念碑前献花圈，声称自己是前来代表日本人民赎罪的，并以此为主题开展了一系列公共关系活动。在经营上，他采取了与当地联营的形式，使当地资本所占比例达55%，从而排除了公众的敌对情绪，最终打开了市场。

这一切充分表明了组织不仅要实现自己的利益目标，承担创造物质财富的使命，更应考虑社会的长远利益，承担社会的整体责任。

资料来源：段京肃．二十一世纪公关蓝皮书．兰州：兰州大学出版社，1996．（略作修改）

4. 创新原则

公共关系以不断创新为灵魂。具体要求如下：

（1）观念创新。观念创新是根本。公共关系的形象塑造本身就是一门创造性的艺术，这要求公关人员应该善于在学习和生活中建立起开放性的立体思维方式，以清醒的头脑和创新的意识关注时刻变化的各种社会现象，才能独具特色。

（2）方法创新。在实践中，逐渐形成自己的具有活力而又独特的思想和方法，策划出既不同于自己以往的、又不同于别人的作品。

（3）内容项目创新。注意公关视觉要开阔，避免从狭隘的理论原则出发，简单地衡量变化多端的社会生活。时代在发展，社会在变化，单一的、重复的公关活动只会引起公众的疲劳甚至反感。所以，只有创新的内容才能更好地吸引公众的注意力，唤起公众的好感，实现行为目的。

当然，创新要注意适度，哗众取宠、标新立异并非创新，不要引起公众的反感。

二、公共关系的基本职能

公共关系之所以越来越受到组织和管理者的重视，主要原因在于公共关系自身担负着多方面的职能，对组织的生存、发展有着不可替代的重要作用。公共关系的职能，是指在一定的社会经济条件下公共关系机构和公共关系人员在组织中所发挥的作用和应承担的责任。从根本上讲，公共关系最核心的目标是塑造组织的形象、赢得良好的生存环境、促进组织的快速发展，使组织在竞争中取得自己的优势。为此，公共关系主要有信息采集、咨询建议、沟通宣传、多方协调、服务社会五大职能。

（一）信息采集

我们所处的社会，信息已经成为组织正常生活、咨询、决策、健康发展的前提，信息采集对组织生存和发展的意义是不言而喻的。信息采集是指社会组织自觉地利用各种渠道，采集与组织相关的各种信息的行为。

【知识拓展】

一些公共关系部门的调查资料说明：先进企业的管理人员在信息沟通方面要用掉工作时间的50%～90%。例如，美国麻省理工学院斯隆管理学院对美国六大公司150多个企业进行系统调查后得出结论：成功的技术革新或新产品60%～80%是来自用户的建议或采纳了用户的改革措施。因此，在公共关系活动中，必须牢固树立信息沟通的意识，有意识地建立自己的信息系统和信息网络。

资料来源：杨丽萍．公共关系原理与实务．北京：高等教育出版社，2004．

1. 信息采集的内容

（1）产品形象信息。

产品形象信息是指各类公众特别是用户心目中对组织产品的印象和评价。对于组织来说，产品是它与顾客发生联系的纽带，只有产品被接受、受欢迎，组织才有生存的价值，才能达到赢利的目的。因此，成功而富有远见的组织或管理者都非常注重收集顾客或消费者对其产品的反映和评价，主要包括对产品质量、性能、用途、价格、装潢等方面的反映和评价，以及对产品的改进意见。

国外有些企业在这方面不遗余力，想尽办法，其中不乏成功的例子。美国的普罗公司为了收集产品信息，不惜在产品包装上印800多个免费电话号码，仅一年的时间就收到20多万个电话，公司许多重大发明和产品改进方案都来自这些电话。

（2）组织形象信息。

组织形象信息是公众对社会组织在运行中所显示的行为特征和精神面貌的反映。主要体现在以下四个方面：

①公众对组织机构及其效率的评价。如组织机构设置是否健全合理，人员是否精简，运转是否灵活，组合是否优化，上下左右是否协调，办事效率高低等。由于组织机构尤其领导机构是社会组织的指挥系统，因此，对整个组织机构及其效率的评价往往在一定程度上反映了人们对整个社会组织形象的评价。

②公众对组织管理水平的评价。涉及经营方针是否正确，决策是否科学，生

产管理是否有效，内部分工是否合理，市场预测是否准确，对市场变化的反应是否灵敏，营销能力高低，广告宣传是否及时有力，用人是否得当，对技术研究开发是否重视等。这些因素直接体现组织管理水平的高低，直接影响产品质量和组织的竞争力。

③公众对组织人员素质的评价。首先是对决策层领导人的评价，如战略眼光、领导能力、决策水平、创新意识、办事效率、交往能力、业务水平、工作作风等。同时也包括对其他办事人员工作能力、道德修养、文化程度、精神风貌等的整体水平评价。由于这些人是组织行为的主体，所以，对他们的评价自然也构成了社会公众对组织形象评价的一个重要方面。

④对组织服务质量的评价。包括对组织参与社会公益活动与社会生活方面的评价，以及对组织工作人员的服务态度、职业道德、敬业精神等方面的评价。

（3）组织环境信息。

任何一个社会组织都是社会有机体的组成部分，它的生存、活动和发展都深受环境的制约和影响。因此，公共关系部门要特别重视对组织环境的监测。主要包括以下信息：

①政治环境信息。主要指政府政策和法令变化的信息。例如，产业政策、投资政策、经贸政策等法令的变化势必影响经济组织的生存和发展。公共关系部门就必须及时地掌握有关政策法令变化的信息，并对这种变化给组织造成的影响加以预测，提出自己的应变措施和建议。

②舆论环境信息。主要包括两个方面：一方面是新闻媒介舆论的信息，要了解新闻媒介对组织及其政策有何反应，在舆论上是产生有利还是不利的影响；另一方面是各类公众的舆论信息，了解社会组织在公众中的知名度和美誉度。

③人文环境变化的信息。主要了解公众在文化结构、受教育水平、价值观念、兴趣爱好等方面的变化。

④经济环境变化的信息。物价上涨、工资上调、汇率变化、利率调整等属于经济环境的变化。这些因素对组织的投资取向、经济效益、产品定价策略等都有不同程度的影响。掌握这些信息也是确保组织更好地适应环境变化的必要环节。

【应用例证】

据了解，进入世界500强的美国企业90%都设有情报部门。如IBM、微软、陶氏科宁、可口可乐等公司的情报系统不仅能检测竞争对手的动向和环境变化，还具有对环境的早期预警功能，使他们能应对各种变化的环境，及时捕获商机，赢得竞争的主动权。

2. 信息采集的原则

全面性原则：凡是与组织有关的信息资料，无论直接或者间接，都要尽力采集，力争信息的全面性，力戒片面性，从而保障信息的涵盖面。美国企业家李·雅克卡总结了自己的企业管理经验和体会，他认为，决策不应是单方面作出的，决策者要善于听取意见，反馈外界信息。

时效性原则：即要求组织对内外部的有关信息，特别是竞争对手的信息，要及时、准确地进行反馈，保持其灵敏度。机会稍纵即逝，信息不及时有可能导致信息失去时效性和适当性，也就失去了公共关系的实际效益和意义。

客观性原则：所采集的信息必须客观地记载对象、时间、地点、事件、经过等，绝不允许主观臆造或添油加醋。

科学性原则：在获取信息之后，必须采用科学的方法进行加工处理、周密论证，定量和定性分析相结合，以保证信息的真实性和科学性。

宏观性原则：只有具有连续反映事物发展的全过程及其规律性的信息才更有价值，这种有着丰富社会影响力和广阔性的信息采集，才能真正为组织带来无可比拟的社会效益。

（二）咨询建议

公共关系在组织经营决策过程中发挥着咨询、建议、参谋的作用，表现为协助决策者考虑复杂的社会因素、平衡复杂的社会关系等，从而使决策更加科学化和系统化，使组织形象更为完善，使组织与公众的关系更加和谐。所以有的人称公共关系专家为20世纪的军师，是一个组织的社会问题顾问与参谋。咨询建议着重强调以下三个方面：

1. 为确立组织目标提供咨询

任何组织的发展都必须拥有一个明确且合理可行的目标，这是组织的立足点和出发点。而任何目标的制定，又必须建立在充分的调查研究和掌握大量事实的基础上，并且要从全局出发考虑局部决策的社会后果。这就需要公共关系部门站在公众和社会的立场上，在广泛采集信息的基础上，统筹兼顾，敦促当局者及时修正决策目标，使组织的目标既反映组织发展的要求又符合公众的需求。由此，公共关系必然成为整体决策系统中的组成部分。为组织目标的制定提供咨询建议是公共关系的重要职能。

2. 为塑造组织形象提供建议

这类建议关键在于“诊断”组织本身存在的问题，对各类信息进行分析评估，找出组织自我期望值与实际社会形象之间的差距，并提出“诊断”意见，以供参考和决策。

知名度和美誉度是一个组织形象好坏的标志之一。在商品经济高度发达的今天，知名度和美誉度被称为无形的资产，能帮助组织走上发达和繁荣的道路。因此，富有战略眼光的组织和管理者都热衷于追求名声和荣誉。当然，一个组织的知名度和美誉度到底如何，不能光靠想当然，必须靠公共关系部门和人员以客观的态度将组织形象信息、产品形象信息、社会舆论评论、内部员工期待等加以综合、比较、分析，并作出判断，使组织的知名度和美誉度得到准确的评估。特别是在组织出现“形象危机”的时候，公关人员更应该及时反映情况，查清真相，提出建议，转变社会舆论，改善组织形象。

3. 产品形象的咨询

产品的社会需要及质量是组织的生命，组织是通过产品与顾客发生联系的。只有产品被广大顾客接受，组织才能得到社会的欢迎和认可，从而实现组织自身存在的价值。

因此，公关人员要通过各种渠道了解公众对产品性能、质量、包装、商标等方面的不同意见和需求，了解市场需求和公众消费心理，进行综合分析并给有关部门提供参考，以保持本组织产品的竞争优势，发掘潜力并完善不足。

（三）沟通宣传

信息传播是组织与公众之间的唯一桥梁，因此，公共关系在组织经营管理职能时要履行传播推广的职责，即通过各种传播媒介，将组织的有关信息及时、准确、有效地传播出去，争取公众对组织的了解和理解，提高组织及其产品、人员的知名度和美誉度，为组织制造良好的社会舆论，树立良好的社会形象。

公共关系的宣传与一般意义上的宣传有所不同，公共关系在组织管理中的一个主要职能，就是有效地制造舆论、强化舆论和引导舆论。因此，公共关系的沟通宣传离不开内外的公众沟通，公共关系的宣传功能主要表现在如下三个方面：

1. 制造舆论，告知公众

组织的生存离不开具体的环境，这个环境指由历史传统、宗教信仰、民族文化、生活习俗、社会心理等人文要素组成的软环境，或称民意环境。孟子说民意是水，“水能载舟，亦能覆舟”。民意是个变量，有时无法感知，但其能量是巨大的。

所以，公共关系的宣传功能首先是“告知公众”。向公众解释说明组织的有关政策、行为和制度，营造和形成对组织有利的舆论环境，满足公众的知情权和知晓权，争取公众的支持和理解。

制造舆论，并非虚构、捏造，而是指有创意的、能够吸引公众注意力且对组织十分有利的舆论。

2. 强化舆论，扩大影响

当组织在公众之中形成良好的印象和评价之后，还需不断地维持、完善，提高已有的美誉度与知名度，不断加深公众对组织的进一步理解，在良好舆论状态下的传播投入会获得比较理想的社会效益。假若不能持之以恒地进行舆论宣传，久而久之就会使公众的印象渐渐淡薄，最终导致半途而废。

传统的一些说法如“酒香不怕巷子深”、“响鼓不用重锤”等并非代表永恒的真理。在日新月异的信息社会里，组织的生存与发展面临着激烈的竞争，既是百舸争流，又如逆水行舟，不进则退。所以，公共关系宣传强化舆论、扩大影响的作用是不可忽视的。

此外，还要注意顺时造势，利用一切机会，通过策划新闻、公关广告、专题活动等手段，持续不断地扩大这种有利于自身形象建设的宣传，加强声势，扩大影响力。

强化舆论、扩大影响的宣传不仅针对外部公众，更要针对内部公众。首先，一个企业最重要的使命之一就是培育员工士气。如果员工感到受重视，得到尊重和赏识，那么他们也会同样地对待顾客；如果一个公司赢得了员工的忠诚感，它同样也会赢得顾客的忠诚感。其次，公共关系是全体成员的公共关系。要使这种努力变成一种自觉的、主动的甚至习惯性的行为，就必须增强组织全体成员的公共关系意识，即便是一个电话、一封回信，都应考虑到对组织形象和声誉的影响。

3. 引导舆论，控制形象

公共关系的宣传功能还表现为调节组织的信息输出量，根据舆论的反馈适当调整组织的行为，控制组织的形象。

当公众对组织的评价毁誉参半的时候，公关宣传要小心谨慎地发挥“引导”的作用，减少不利的影响，引导舆论朝有利于组织的方向发展，并根据舆论的正确反馈适当调整组织的行为，控制组织的形象。

公关宣传还要注意引导公众朝着正确的目标行动。民意不可侮，民意不可违，这是被历史和现实反复证明了的。公关大师伯纳斯“一切投公众所好”的信条已成为公关工作的宝典，但是在市场机制不尽完善的今天，民意是否百分之百正确，这需要探讨。安利公司在进军中国市场时，曾在我国某城市推行它固有的“无因退货”制度，结果安利公司的门口很快便出现了绵延不断的“无因退货”队伍，甚至出现了专门收集空瓶拿来退款的“专业户”，结果这项制度很快流产。所以教育和引导公众将成为公共关系的一项重要职能。

【应用例证】

例 1：美国肯德基有限公司在中国各大城市经营的肯德基家乡鸡快餐店生意兴隆，仅北京肯德基分店，1988 年营业额就有 1 700 多万元，跃居该公司全球 7 000 多家分店之首。这与该公司的公关传播和沟通是密不可分的。肯德基公司在北京设立分店后，就进行了声势浩大的宣传。公司举行中外记者招待会大力宣传，花 10 万美元租用通信卫星向全世界传播，同时在北京前门肯德基店门口树立起肯德基快餐业创始人的塑像。轰轰烈烈的公关宣传使肯德基快餐店在中国迅速发展起来。

例 2：美国一种类似阿司匹林的药 Tylenol，由于有人蓄意破坏，在药品的包装容器里装进氰化物，造成 7 人中毒死亡。舆论哗然，酿成一场形象危机。Tylenol 公司公关部迅速查清原因，运用传播媒介不断向社会各界公布真相；同时，立即采取有效措施，防止他人再次破坏，并通过大规模的宣传和免费发放样品，最终恢复了顾客的信赖。

资料来源：魏翠芬，王连廷．公共关系理论与实务．北京：清华大学出版社，北京大学出版社，2007．（略作修改）

（四）多方协调

公共关系是组织运作中的润滑剂、缓冲器。公共关系的协调功能是指公共关系运用交际、协调的手段，一方面为组织疏通渠道、广交朋友，发展横向联系；另一方面协助组织减少社会摩擦，协调社会关系，缓和各种冲突，从而保持组织管理系统的整体平衡，使各个局部能步调一致，以利于发挥总体优势，保证组织与公众互惠互利的和谐发展，营造出“人和”的环境。

协调具有两重性，它既是目的，又是手段。作为目的，协调指的是一种关系的良好状态；作为手段，协调指的是一种调整工作，通过协调使关系达到良好状态。公共关系能够发挥平衡、协调关系职能的领域主要有以下两个大的方面：

1. 组织内部的沟通协调，增强组织的凝聚力

公共关系是内求团结、外求发展的艺术，内求团结是外求发展的前提。一个组织为了提高自己的向心力和凝聚力，就必须为组织创建良好的内部人事关系，形成融洽的气氛，这样才能激发员工的士气和工作热情。一个严重内耗的组织，既不会有活力，更不会有出色的表现。内部协调主要包括以下内容：

首先，公共关系部门要以目标为核心，做好内部人际关系的协调中间人。组织内部领导与员工关系的好坏直接关系到员工积极性、主动性、创造性能否发挥和领导者职责的实现，也关系到组织全体员工能否形成良好的团结奋斗精神和产生有效的协调作用。所以，公共关系部门要重视内部协调、沟通的任务，促进组织内部的信息交流，及时了解管理层的目标是否为员工所认同，员工的行为是否与管理层的目标保持一致；通过与员工细致的、持之以恒的有效沟通，在组织与

员工之间搭起相互理解和沟通的桥梁。

其次，公共关系部门要在部门与部门关系协调中充当管理的接口。组织要获得最佳的管理效果，就必须使各职能部门既分工又默契配合。但由于各自的工作对象、内容和特点有所不同，以及信息沟通不充分、不及时，彼此之间难免会产生种种误会和矛盾，影响组织机构的正常运转。所以，公共关系部门需要依靠良好的公共关系，及时进行沟通，化解矛盾，在充分的信息交流与分享的基础上保持和谐的状态，使部门与部门之间相互支持、相互信任、相互谅解，协同努力，提高组织绩效，实现组织目标。

2. 组织外部的沟通协调，建立和谐的社会关系

没有发展，组织就无法生存，“外求发展”是每一个组织机构所面临的实际而又迫切的问题。没有社会各界的支持和配合，发展就是一句空话。因此，公共关系在某种意义上就是组织的外交部，承担着繁重的任务。所以，组织要从自身利益出发，处理好以下三种关系：

（1）要处理好各类直接的业务往来关系。诸如顾客与用户的关系、原材料与能源供应的关系、产品与销售网络的关系、物流与运输的关系、投资与信贷的关系、产品开发与教育科研部门的关系等，以保证业务部门的正常运作。

（2）要妥善处理好组织与各种权利制约部门之间的关系。如与工商、税务、审计、商检、海关、环保、市政、公安、司法等部门的关系，争取这些部门的支持和理解。

（3）要主动建立和发展各种非业务性的社会关系。非业务部门类型不一，比较复杂，但不可忽视，比如社区关系、媒体关系、社会名流关系、社会团体关系等，它们是组织“人和”环境的必要条件和力量，要建立和发展这些关系，以争取有利的舆论环境。

总之，公共关系活动的整个过程，就是组织与公众之间进行信息传播与沟通协调的过程。

【知识拓展】

组织内部通常情况下会出现的公关问题

内部公众体系不明确；
内部关系总是危机四伏；
谁也不愿意承担责任；
喜欢传播对组织不利的言论；
内部人际关系紧张；
领导没有威信，员工缺乏向心力；
员工没有受到重视的感觉，也不重视别人；
不知道如何营造全员公关的氛围。

(五) 服务社会

公共关系本身就是一项作用于人的事业，公共关系从根本上说就是公众关系，是围绕人来发挥作用的，所以，公众的信任不是来源于你说得怎样，而是看你做得怎样，是否言而有信。

与一般意义上的服务相比，公共关系的服务具有自身的特点，即通过信息性、传播性、协调性、辅助性等性质的服务使组织内部运转更加顺畅，使组织外部环境更加和谐，使组织的服务质量和服务水平受到公众的认可。具体体现如下：

1. 公共关系在组织内为各个业务部门和职能部门提供服务

公共关系在组织内部不直接参与对人、财、物等资源的管理，不直接生产和推销产品，不是技术、经济、法律手段，不直接赚取利润，而是运用各种传播手段、沟通的技巧，利用信息、关系、舆论、形象等为各个部门服务，协助处理那些要各方面介入和配合的繁杂事务，执行需要宏观协调和控制的边缘性工作的职能。公共关系提供信息性、事务性的辅助和支持，使整个组织机体更加协调，使专业职能工作发挥更多、更好的效果。

同时，公共关系部门在组织内部往往还担任着教育培训的职责，如树立公关观念、塑造组织形象、参与决策、宣传和落实上级有关政策和法令、规范行为礼仪、美化工作环境、保障员工福利待遇、形成企业文化等，使组织成员真正能与组织荣辱与共，形成“命运共同体”，从而激发组织成员工作的积极性、主动性。

2. 公共关系在组织外为社会提供服务

公共关系部门是组织中社会性、公众性、服务性最强的一个部门，发挥着经营管理的功能，它不仅使用语言、文字，而且运用“行动”这种传播力最强的手段去树立组织的形象、争取人心。

服务就是一种最好的公共关系行为。咨询服务、接待访问服务、产品售后服务、质量保证服务、现场服务、礼仪服务等适度、到位的公共关系服务能够使公众产生对组织的尊敬、好感，使企业组织及产品的形象深入人心。

【应用例证】

国际商业机器公司（IBM 公司）的信条是：IBM 意味着服务；

弗里托—莱公司的信条是 99.5% 的服务水平；

日本日电公司的信条是：重视信用，负起责任，排除虚伪，建立忠实，努力研究与创新，超越时代新潮流，以至善的品质，向社会提供服务和贡献；

卡特彼勒履带拖拉机公司的信条是：在 48 小时内把服务送到世界上任何地方。

以上这些信条均说明了服务意识强的组织，往往把优良的服务融入企业精神之中，并将其作为企业的信念。

实践启迪

商场联合拒销“长虹”，“长虹”如何化险为夷

一、案例回放

1998年2月，春节的喜庆气氛还没消失，四川长虹彩电却在济南商场栽了跟头——被七家商场联合“拒售”。这意味着长虹将在济南失去市场。在家电竞争日益激烈的今天，企业还有什么比失去市场更大的风险？再者，今天有济南“拒售”，明天再有别家效仿又该怎么办？为什么“拒售”？商家方面的理由是“售后服务”不好；而长虹方面说每天有四辆流动服务车在市内流动维修，而济南消费者协会也证实没有关于长虹的投诉。这究竟是怎么一回事？一时间公众议论纷纷，多家媒体也作了追踪报道。据报载，长虹老总在事发后立即率领一班人马前往济南与七大商家斡旋，双方均表示“有话好好说”，争取及早平息风波，取得圆满解决。

二、启迪与分析

1. 在市场经济条件下，知名企业仍处于复杂多变的环境中，其中既有可控因素，也有不可控因素。企业要实现自身的目标，就必须主动去适应多变的环境，寻找与环境的平衡点，尽力减少、消除运行中的摩擦，达到与环境的平衡。

2. 任何企业都不可能一劳永逸地满足于已经取得的成绩。企业需要密切地监测环境，对环境的任何变化保持高度的敏感性。要做好搜集环境信息的工作，定期、经常性地了解各类公众对企业的评价和反映，利用信息反馈去调整组织的行为，去适应变化的环境，预防事故、风险的发生。

3. 遵循“和为贵”的公关原则，运用“重在协调矛盾、淡化矛盾、化敌为友”的策略。事发后，长虹老总亲自率领工作班子，及时飞抵济南，与七大商场进行公关协调，双方各抒己见、坦诚协商，通过信息与感情的沟通，最终求得矛盾的化解。此举正确引导了公众舆论，防止了公众因误导而诱发的不利于长虹的联想。

4. 经销商作为企业产品通向消费者的中介，是非常重要的公众。因此，长虹要实现自身的利益，就必须将协调的目标放在获取与对方的合作关系上。合作

才能造就长虹和商场更为密切的互动关系，才最有利于双方获得更大利益。

资料来源：任焕琴．商务公共关系学．北京：清华大学出版社，2007．（略作修改）

项目训练

1. 在CCTV赈灾晚会上，王老吉为四川地震灾区捐助一亿元巨款。次日，著名论坛天涯上一篇“封杀王老吉”的帖子引起了网民的注意。此帖子在短短数小时内点击量飙升到数百万，转帖无数。但其内容只是简短的几句话，借亿元捐款行为，号召大家以实际行动回报慷慨的王老吉，自此煽动起当时情境下特有的激情。这不但导致了网友疯狂的主动转载，更直接鼓动起网民对王老吉的购买热情，导致王老吉在多个城市的终端都出现了断货的情况。但随即被爆有幕后推手，公众对王老吉态度骤变，感到被欺骗，此事对王老吉的影响至今未衰。

请结合公关原则及职能对王老吉网络营销（新媒体公关）作出简要的分析。

2. 假若某新闻媒体播报了有损你所在组织形象的消息，关于你所在组织的历史、行为、理念等，公众得到的是不实信息，导致对你所在组织的产品及形象产生怀疑，形成了对组织不利的舆论。请你拟订一个完整的公众关系方案，扭转局面，澄清真相。前提是：新闻媒介的报道是道听途说、以讹传讹，根本不知内情。

思考练习

1. 结合实际，谈谈在组织发展的不同时期，应怎样进行沟通协调。

2. 你认为组织需要建立哪些制度来保证组织内外部关系的协调？

3. 请分析下列词语分别蕴含着什么样的公关原则。

（1）己所不欲，勿施于人。

（2）攻城为下，攻心为上。

（3）我为人人，人人为我。

（4）人而无信，不知其可也。

（5）天时不如地利，地利不如人和。

4. 2010年4月，青海玉树发生大地震，时任国务院总理温家宝推迟出访，亲赴灾区现场指挥抗震救灾工作。请查找当时的详细资料，从公关角度谈谈温总理此举在整个国际社会中的影响。

任务三　公共关系的产生与发展

知识目标

◆ 了解公共关系的产生过程及其发展趋势。

◆ 重点理解各个发展阶段代表人物的理论贡献、局限性及其对现代公共关系的意义。

能力目标

◆ 有意识地去了解身边的企事业单位公共关系发展的实际情况，并学会适当分析现实状况及遇到的障碍或问题。

任务导入

古代感性的公关现象

一、“魏王礼遇段干木”

赵、魏、韩三国独立后，各自努力治理自己的国家，经过一段时期，魏国成为最强大的一个国家。魏国的强大与其国君魏文侯的努力是分不开的。魏文侯是个年轻有为的君主，为促使他的国家强大，四处招贤纳士。当时他听说孔子再传弟子段干木在魏国，就几次想去向他求教。段干木是一名隐士，非常有才华，但也十分傲慢，每次听到车马经过他的家门，他总是躲起来，因此，魏文侯虽然去过他家几次，却总见不到他，为此十分苦恼。他认为是自己的诚心不够，不能打动段干木，因此每当他坐车经过段干木的家门口时，他都会站起来，表示自己对段干木的敬佩。他的侍从们对此非常不满，对他说：“大王，您这又是为什么呢？他段干木有什么能耐值得您如此低声下气？我看他只不过徒有虚名罢了，否则他怎么总不敢见您呢？”每当听到这话时，魏文侯总是很生气。他呵斥道：“你们懂什么，这才是有学问、有修养的人呢！既不贪恋财富，也不趋炎附势，这才是真正值得尊重的人啊。”这些话渐渐传到段干木的耳朵里，他被魏文侯的真挚打动了。当魏文侯再次徒步来求见他的时候，他见了魏文侯，给了他许多治理国家的好主意。同时他还给魏文侯推荐了许多杰出人才，在他们的共同努力下，魏国逐渐强大起来。

二、“焚券市义”

《战国策》里有一个冯谖“焚券市义”的故事，说的是齐国孟尝君叫他的门客冯谖到薛邑为他讨债。冯谖临行前问孟尝君，回来时买点什么东西？孟尝君回答说：“视吾家所寡有者。”冯谖到薛邑后，召集全部债户到一起宣布说：“孟尝君不要你们还债了。”于是烧毁了全部债券，百姓们欢呼雀跃。冯谖回来后，孟尝君问他：“以何市而反?”冯回曰：“臣窃计，君宫中积珍宝、狗马实外厩，美人充下陈，君家所寡有者，以义耳。窃以为君市义。”意思是说，我见你家什么都有了，唯缺少“义”这一样东西，所以就买了你家没有的“义”。孟尝君听后快快不乐。一年以后，孟尝君遭贬回邑，“未至百里，民扶老幼，迎君道中”。见到此情景，孟尝君才明白当初冯谖“市义”的远见卓识，感激之情，难以言表，他对冯谖说：当年你焚券市义，近日所见功德无量。

资料来源：徐刚．现代公共关系实务教程．北京：科学出版社，2006.（略作修改）

任务分析

前一个故事说明了当时一些开明的帝王、统治者已经懂得了如何运用诱导、劝说、礼贤下士等手段来影响民众的态度和社会舆论，尽可能地在民众心目中树立自己的良好形象，让身负奇才的隐士、高人心甘情愿地为自己服务，达到一定的政治目的。他们深谙“得民心者得天下，失民心者失天下”、“水能载舟，亦能覆舟”的道理。而后一个故事中“焚券市义”之举，真可谓具有远见卓识，从而使孟尝君“为相数十年，无纤介之祸”。古人的这些行为，十分类似公关活动，但与现代意义的公关相比，古代公共关系具有以下特征：

1. 依附性、政治性、鲜明的功利色彩

现代公共关系是一种专门的管理职能，是一种社会职业。古代公共关系则更多地依附于政治以及其他的生产和生活活动，没有明确的职能，更不可能有专职的人员。古代的“士”、“门客”、“食客”充其量不过是权力阶层的“说客”，主要是服从政治上的需要，是政治集团为了自身的需要，在一定时期内利用其与民众进行沟通的“御用工具”。所以说，古代类似于公共关系的活动明显带有强烈的依附性、政治性和功利性。

2. 自发性与盲目性

与现代公共关系的自觉性、意识性不同，古代社会各个领域中的公共关系思想、认识活动都是比较零散的，大多是一种个人行为，且通过不自觉的方式表现出来，因而具有自发的特点。它不是人们有意识、有策划、有组织地开展的公关活动，因而缺乏明确的目的性，从而呈现出盲目性的特征。

理论要点

公共关系作为一种客观存在着的社会关系和社会现象，有着悠久的历史。但是，作为一门独立的学科，并且作为一种独立的社会职业，则只有近百年的时间，现代公共关系产生于19世纪末20世纪初的美国。追溯公共关系的发展渊源，了解其历史脉络，把握国内外公共关系发展的现状，剖析公共关系发展和形成的条件，对于我们准确、科学、全面地把握公共关系，开拓适合我国国情的公共关系事业具有十分重要的意义。

一、公关溯源

公共关系作为一门科学出现，是现代社会的产物，明显带有现代文明的印记。但是，朴素的、自发的、零散的公关观念和活动不是今天才有的，在各个国家、各个民族的古代社会都可以找到其影子。因其与现代公共关系还是存在着比较大的区别，我们暂且称最早的公关行为为“类似的公关”。

【知识拓展】1

外国古代的“类似的公关”列举

古希腊罗马时期的政治家都很重视自我宣传。古罗马独裁者盖厄斯·儒略·恺撒，就是一位精通沟通技术的大师，善于对自己的功德、业绩和才能大肆宣扬，以争取民众的支持，登上独裁者的宝座。面对即将来临的战争，他印发大量的传单来宣传鼓动。在远征高卢的战争中，他写了生动活泼的战报，并及时用快马送到罗马城，使自己声威大震，那本记载着他的功绩的纪实著作《高卢战记》对他登上最高统治者宝座起到了很大的作用。《高卢战记》被现代公共关系同业工会主席李利·比诺称为“第一流的公共关系著作”。

古希腊人认为，较强的修辞能力是参与政治过程的基本条件之一，因为政治家与公众之间的桥梁是靠修辞来架筑的，古希腊哲学家亚里士多德在他的经典著作《修辞学》一书中，详细阐述了修辞的艺术，即如何运用语言来影响听众的思想和行为的艺术。这种重视舆论和公众沟通的意识已带有明显而又不自觉的公共关系倾向。这本书在西方公共关系界堪称最早问世的公共关系理论书籍。

【知识拓展】2

中国古代的"类似的公关"列举

在政治生活中，一些比较开明的帝王、统治者或政治家，已懂得如何运用诱导、劝说、宣传等手段来影响民众的态度和社会舆论，尽可能在民众中树立自己良好的形象，以便巩固自己的统治。以鼎盛的春秋战国为例，在不同的利益集团并存的情况下，出现了一批不同凡响的谋士、食客，他们善于四处游说，帮助统治者争取民心。战国时期，苏秦游说六国，合纵抗秦；张仪也游说六国，以拆散合纵关系，与秦连横，使秦得以吞并六国，一统天下。这两位纵横家堪称我国公共关系的鼻祖。

在古代中国的经济生活中，尤其在商业活动中，人们都自觉不自觉地运用各种传播手段和沟通技巧来宣传自己，树立自己良好的信誉和形象，以便招徕顾客和实现自己的经济目标。比如，茶馆、酒店门前挑出一面旗帜，上书"酒"字以招徕顾客，这类似于今天的广告宣传。古时店铺招牌上写着"百年老店"、"如假包换"、"童叟无欺"等，基本上具备了公关的色彩。

在人际关系方面，自觉的公共关系意识和思想也得到一定程度的体现，比如："有朋自远方来，不亦乐乎"；"言而无信，不知其可也"；"君子一言，驷马难追"；"天时不如地利，地利不如人和"等都追求了一种"人和"和"诚信"的公关境界。

二、现代公共关系发展的过程

作为一种全新的思想，一种系统而科学的理论，公共关系的体系建立远远落后于实践。作为一种新型的、专业性的职业，它发端于19世纪末20世纪初的美国，是历史与社会环境发展的必然产物。此后，随着政治、经济、文化的飞速发展，公共关系在整个世界得到了迅速的传播，发生着日新月异的变化，大致经历了以下四个阶段：

1. 巴纳姆时期："凡宣传皆好事"——单项吹嘘式公共关系

单向吹嘘式的公共关系是"职业公共关系的前奏"，以"报刊宣传活动"为代表。

有组织、有意识的公共关系活动起源于19世纪中叶在美国风行一时的报刊宣传活动。19世纪30年代，美国《纽约时报》率先发起了一个"便士报运动"，即以一便士就可以买到一份报纸。该报以其低廉的价格和关切大众的内容获得全社会的认可和接受，这使报纸走向大众化，成了具有重要影响力的社会舆论工具。

然而，由于发行量大、成本高，广告费也猛涨，一些大公司和巨头们为了节省这笔昂贵的广告费，便纷纷花钱雇一些记者或宣传员来编造关于自身与组织的新闻甚至“神话”来吸引读者的注意力，达到宣传本组织形象的目的，于是便兴起一场声势浩大的“报刊宣传活动”。其中最突出的代表便是一个马戏团的经理费尼斯·泰勒·巴纳姆（Phineas Taylor Barnum）。他具有很强的吸引公众注意力的才能，以制造和杜撰“神话”而闻名于世。他的信条是：“公众要被愚弄”，“凡宣传皆是好事”。由于他的宣传明显带着吹嘘、欺骗色彩，完全不顾公众利益、不顾职业道德，最终遭到公众的唾弃。因此，这个时期又被称为“公众被愚弄的时期”和“公共关系的黑暗时期”。

纵观这一时期的公共关系活动，虽然巴纳姆等一些人置公众利益于不顾，欺骗、愚弄公众，但在客观上促进了传播业的发展和现代公关的诞生，这也是不争的事实。

【应用例证】

巴纳姆曾制造了这样一个神话：他所在的马戏团里有一名叫海斯的黑人女奴，在100年前曾经抚养过美国第一任总统乔治·华盛顿。这一消息发表后，引起美国社会的轰动。巴纳姆趁机以各种笔名向报社寄去表明不同看法的“读者来信”，引起了一场争论。于是很多人抱着好奇心纷纷到马戏团看个究竟，这一骗局使马戏团大获其利，他每周可以获得1 500美元的门票收入。海斯死后，尸体解剖表明，她才活了80多岁，根本不像巴纳姆宣传的那样活了160多岁，也根本不可能抚养过华盛顿总统。可巴纳姆却宣称，他本人也是受骗者。实际上巴纳姆早已从他策划的这场争论中得到了好处。

2. 艾维·李时期：“公众必须被告知”——单向传播式公共关系

巴纳姆时期是利用媒介一味地制造新闻、愚弄公众，虽然短时期内取得一定的效果，但最终却激怒了公众，一股股抵制热潮几乎使得新闻媒介无立足之地，也使那些“声名显赫”的工商企业陷入了“信誉危机”。这一事件使得公关人员不得不重新审视这一全新的职业要求和职业道德。于是，一些报纸、杂志率先开始揭露实业界真实、丑陋的行径和不道德的商业活动。一时间，揭露抨击企业界和政府丑行的文章、漫画铺天盖地，在新闻界形成了一股强大的舆论阵势，成为美国近代史上著名的“揭丑运动”，也称“扒粪运动”。

“揭丑运动”与罢工运动的打击，使美国的经济界开始正视新闻界与公众对企业发展的重要影响，他们开始转变思维方式，以图摆脱危机。他们意识到：为求得生存和发展，必须取得公众的信任。于是他们纷纷从修建封闭的“象牙塔”逐渐转向建造透明的“玻璃屋”，力图提高企业的透明度，让公众了解企业，改善自己的形象。

这样，一种代表企业利益，在企业与公众之间沟通“对话”并从中获得劳务费的新职业就诞生了，这一职业的开创者就是被誉为“现代公共关系之父”的艾维·李。

艾维·李毕业于普林斯顿大学，曾是《纽约时报》和《纽约世界报》的记者。他认为单纯地把阴暗面揭露出来是一种消极的做法，更主要的是用积极的态度帮助企业和公众进行及时的沟通，达到互相理解和合作的目的。他认为最好的办法是把事实真相告诉新闻界，采取信息公开的政策，这样不仅可以消除误会，还可以促进、监督企业完善自己的行为。为了实现自己的理想，他于 1903 年与派克合资成立了“派克·李氏公司”，成为第一位通过向客户提供劳务而收取佣金的职业公关专家。这标志着公共关系职业和公共关系事业的诞生。

1906 年，艾维·李在处理无烟煤工人罢工事件时，向新闻界发表了著名的具有里程碑意义的《原则宣言》，宣言中全面阐明了他的服务宗旨：“我们的计划是代表公司和公共机构坦率地并且公开地向美利坚合众国的新闻界和公众提供迅速和准确的信息，这些信息涉及公众觉得值得和有兴趣知晓的有关主题。”这就是所谓企业管理的“门户开放原则”。

艾维·李还为洛克菲勒财团与宾夕法尼亚铁路公司处理了危机，重塑了形象，从此他成为蜚声社会的公关专家，被誉为“公共关系之父”。

总括起来，艾维·李的公共关系思想的核心是“公众必须迅速被告知”——对公众要“讲真话”。他经常为报社免费提供新闻公报，公开提供客观的新闻材料，放弃一直是神圣不可侵犯的行业秘密。因此，我们亦称其为“单向信息发布式”的公共关系。

3. 爱德华·伯纳斯时期：“投公众之所好”——双向沟通式公共关系

尽管艾维·李的工作获得了巨大的成功，但是他凭借的只是经验和工作直觉，因而存在相对的局限性，缺乏系统性和科学性。而真正使公共关系走向系统化、科学化的重要人物是公共关系发展史上的一个集大成者——爱德华·伯纳斯（Edward Bernays），其主导思想是“投公众之所好”。

爱德华·伯纳斯于 1912 年从康奈尔大学毕业后即从事新闻工作。

1913 年，他受聘为福特汽车公司公关部经理，被誉为“开企业承担社会责任之先河”。

第一次世界大战期间，伯纳斯参加了威尔逊总统组织的、由乔治·克里尔（George Greel）领导的公众信息委员会。战争结束后，伯纳斯与夫人开办了公共关系公司，开始为社会提供全面的公共关系咨询服务。

1923 年，伯纳斯开始在纽约大学讲授“公共关系”，成为在大学教授公共关系的第一人。

1923 年，他出版了第一本公共关系专著——《舆论明鉴》，书中明确论述了

"公关咨询"的含义，提出了公关工作的原则、程序和职业道德等，该书的出版被视为公共关系理论发展史上的一个里程碑。他把公关活动发展为一种更有意识的、自觉的、有组织的活动。他特别强调了在公关活动中首先应了解公众的要求，在确定公众价值观念和态度的基础上，再进行有计划、有组织的宣传，宣传应"投公众之所好"。这与艾维·李时期单向地站在企业的角度去宣传、去告知相比有了大大的进步。

1947 年，波士顿大学成立了第一所公共关系学院，培养公共关系人才。公关教育在美国逐步展开。

归纳起来，爱德华·伯纳斯的主要贡献是把公共关系理论从新闻传播领域中分离出来，并对公共关系的原理和方法进行比较系统的研究，使之科学化、体系化、完整化，最终成为一门独立的完整的新兴科学。

【知识拓展】

在艾维·李首创公共关系事业之后，美国的公共关系事业迅速崛起，主要表现在以下三个方面：

1. 企业界开始逐步推广公共关系制度

美国的贝尔公司、福特汽车公司、通用汽车公司、巴尔的摩铁路公司、爱迪生电力公司、约翰和劳森钢铁公司都在 1908—1913 年期间成立了公共关系部或请人专门负责公关工作。到 1937 年，全美较大的数百家企业中已有 20% 设立了公关部。

2. 公共关系咨询业迅速发展

在派克·李氏公司创办时，美国只有 3 家类似的公司。到 1937 年，全美已有 250 家左右的公关公司，5 000 多名公关从业人员。1939 年，在著名的公关学者哈罗博士的主持下，美国公共关系理事会（ACPR）宣告成立。此外，政府公共关系也得到进一步发展。

3. 公共关系研究和公共关系教育正式诞生

在这方面作出杰出贡献的是美国的爱德华·伯纳斯。

4. 卡特李普和森特时期："双向沟通、双向平衡、公众参与"——双向对称式公共关系

双向对称式的公共关系是当代公共关系发展的高级阶段，它强调"双向沟通、双向平衡、公众参与"。这一时期的代表人物是斯科特·卡特李普和阿伦·森特。

第二次世界大战之后，国际经济、技术、文化、劳务的交流与合作日益紧密，但由于国与国之间在交往中存在着语言文字、思想意识、社会制度和风俗习惯等的差异，客观上要求有一批公关专业人员从中进行协调和沟通。在这种背景

下，1952 年，卡特李普和森特出版了权威性公共关系专著《有效的公共关系》，书中论述了“双向对称”模式：在公共关系的目标上，将组织和公众的利益放在同等重要的位置上，这是目的上的“对称”；在方法上，坚持组织与公众之间的双向传播与沟通，这是传播手段上的“对称”。此书出版后多次再版，被誉为公共关系的“圣经”。

双向对称模式体现了中国墨家的理想：“兼爱”与“交相利”，也反映了现代竞争提倡的“双赢制”，以及“双方发展”的现代公共关系意识。

归纳起来，现代公共关系的产生与发展经历了以下四个主要阶段：

现代公共关系的产生与发展

类型	时期	代表人物	主导思想
单向吹嘘式公共关系	职业公关的前奏	费尼斯·泰勒·巴纳姆	公众要被愚弄，凡是宣传皆是好事
单向传播式公共关系	职业公关的开创	艾维·李	公众要被告知
双向沟通式公共关系	公关从艺术走向科学	爱德华·伯纳斯	投公众之所好
双向对称式公共关系	公关发展的高级阶段	斯科特·卡特李普 阿伦·森特	公众意愿可参与到决策中来，公共关系不仅起到参谋作用，还可以预警

【知识拓展】

下列这些事件可以佐证公共关系在世界范围内的发展情况：

1935 年，美国公立学校公关协会成立，这是最早的公关协会；

1947 年，加拿大第一批公关组织在多伦多和蒙特利尔成立；

1947 年，英国公关协会成立；

1955 年，国际公关协会在伦敦成立；

1959 年，欧洲公关联盟在比利时成立；

1964 年，日本公关协会成立；

1975 年，非洲公关联盟在肯尼亚成立；

20 世纪 80 年代，公共关系传入中国内地；

1987 年，中国公关协会成立；

1991 年，中国国际公关协会成立。

三、公共关系产生的原因

公共关系作为历史的产物，其产生是社会与经济发展的必然结果，为了更全面、深刻地认识和理解公共关系，有必要对这些条件进行具体分析。

1. 公共关系产生的根本原因——市场经济的繁荣

在封建社会自给自足的小农经济的环境中，以家庭和村落为支点的血缘、地缘、人缘关系使人们联系不仅狭隘，而且固定、封闭，公共关系的出现既无基础也无需要。

公共关系是市场经济高度发展的产物。市场经济的主要特征是：由封闭走向开放；生产实现了科学化、规范化、专业化和社会化；分工明确；竞争激烈；个人摆脱了人身依附关系，获得了前所未有的个人自由；平等协商、互利合作成为最基本的价值理念；在政治上实现了广泛的民主和法制；世界各国相互渗透，日益融为一体等。市场经济取代小农经济，是现代公共关系发展的根本原因。我们从以下三点加以分析：

（1）广泛深入的社会分工要求社会组织有更为广泛的横向经济联系。分工推动了生产力的发展，但也增加了各行业之间的相互依赖与制约。分工越细，寻求合作的愿望就越强，用合作、平等、互利的方式交换信息和管理经验，在更高层次上展开竞争。在这种市场经济发展的背景下，能否争取到市场，争取到顾客，争取到更多的公众支持就成了企业和组织生死攸关的问题，它直接促成了公共关系的兴起。

（2）在生产力还不发达的资本主义商品经济前期，买方市场的状态是不会考虑公众的需求的，因此产生的现象是无视公众的利益和需要。但随着生产力的不断提高以及消费者选择空间的拓展，买卖双方的利益依存关系日益凸显出来。任何经济组织只有得到公众的认可才能实现自身的利益，这就迫使社会组织争取社会的广泛承认和支持。

（3）在买方市场条件下，必须通过发展良好的感情关系才能更有效地维护交换关系，维持已发展的市场空间。所以，搞好公共关系，增进相互理解与感情交流，提高组织美誉度和知名度就越来越重要。

2. 公共关系产生的社会原因——民主政治的兴起

社会政治生活的民主化是公共关系赖以产生和发展的社会政治条件。

从封建社会进入资本主义社会是人类社会民主化进程中的一个重要里程碑。封建社会的政体特点主要体现为独裁、专制、世袭三个方面，其政治生活的特征表现为“民怕官”。在这种专制制度中无公共关系可言。

与封建制相反，资产阶级革命后推行共和制、立宪制，变独裁为民主，变专制为共和制，虽然有其不可否认的欺骗性和虚伪性，但它具有的以往一切时代都不具有的先进性使其成为孕育公共关系、推动公共关系发展的先决条件。这表现为：

（1）民主普选制必然要求政府官员与广大选民保持良性的公众关系状态。实行选举制，一方面要求民众精心挑选能真正代表自己意志的人去行政、执政，民众不仅有选举权，而且有知情权、议政权、监督权，要求政治有透明度；另一方面，被选举者为了登上“宝座”或保住“宝座”，就不能不注意与社会各界公众搞好关系。了解民意、顺应民意，争取大多数公众的理解和支持，是选举获胜的基础。

（2）代议制和纳税制也促使公众关注和参与公共政治，注重自身的经济和政治权益的保障，纳税人有权了解政府的政治运作情况，这在客观上形成的监督作用也使统治者不得不注意自身的形象。

（3）资本主义民主政治所要求的高效能的政府以及确保资产阶级统治长治久安的要求，迫使政府必须了解民情、民意，由于公共关系的行为功能与这种需求相吻合，所以，公共关系往往被当作政治说教的武器，并且被当作政治广告来标榜制度的民主性、公开性，为资本主义制度进行宣传。

正是在以上的背景下，公共关系首先在资本主义国家获得政治保障，并得到迅速发展。美国是一个典型的移民国家，来自不同国家、拥有不同文化背景的移民组成了一个大杂烩式的国家。正因为这一点，这个国家几乎没有历史传统的包袱，民主程度高，促使其成为公共关系的发源地。

3. 公共关系产生的科学技术条件——传播媒介的革命

公共关系是以传播为基本手段的具有技术性的活动，所以，大众传播及各种现代传播媒介的发展和普及，是公共关系得以兴起、发展的社会技术条件。

在现代社会中，科学技术日新月异，信息传播飞速发展，从报纸、杂志、电报、电话、广播、电视到光导通信、卫星转播、互联网络等具有极高的传播广度、速度、深度与高保真并且费用低廉的传播媒介，崭新的传播媒介迅猛发展，甚至超出人们的想象。瞬息万变的信息同时变得“瞬息可悉”，传播无国界成为现实。而传播技术的每一次变革都会带来公共关系技术的革新，增强了公共关系在解决问题时的有效性，同时也为公共关系搜集信息以及确认信息的准确性提供了工具，使信息工作成为公共关系必然的工作内容之一。

四、公共关系在我国的发展应用

中国当代的公共关系发展起步比较晚，20 世纪 80 年代初，它在改革开放之际被引入，作为一种全新的经营管理方法和技术，从南到北，从东到西，在中国迅速传播。最早是一些合资企业建立了公关部，而后在东南沿海的一些国有企业也开始了公关实践，从此拉开了公共关系的序幕。

公共关系在中国的发展历程大致经历了引入期、普及期和成熟期三个阶段：

1. 引入期

这个时期大约是 20 世纪 80 年代，大多数人对公共关系的理论和实际操作都缺乏了解，公共关系只是作为舶来品被引进而已，模仿和搬抄国外的理论和操作规则占主流，没有形成自己的公共关系思想特色和操作规范。

2. 普及期

这个时期大致是 20 世纪 90 年代，公共关系事业已蔚然成风、遍地开花。公共关系在中国已有了良好的发展势头和逐渐被社会接受与认知的氛围。这样的潮起潮涌有效地促进了公共关系事业的职业化和公共关系研究的学科化。公共关系理论逐渐系统化，公共关系实践向较高的层面发展，主要体现为以下五点：

（1）行业协会辈出，出现了职业性网络。

（2）公关出版物硕果累累，学术成果推广快。

（3）各种公关培训活跃，教育层次多样化。

（4）公共关系科学研究和实践运作空前繁荣。

（5）国内外公关市场开始交流，国际公关职业市场正在开辟。

3. 成熟期

20 世纪末 21 世纪初，中国公共关系进入了成熟发展时期，体现在：

（1）公共关系职业化，职业公关公司发展成熟。2000 年 3 月，公关人员被正式列入持证上岗的职业。2000 年 11 月，我国第一次举行了全国统一的公关人员资格考试。

（2）公共关系职能部门渗透到各行各业。从一开始仅限于服务行业到各种形式的企业和经济实体，继而扩展到各种社会组织和行业，如社会团体、科研机构、银行、学校和党政部门。

（3）外资公关公司纷纷进驻中国市场，像美国爱德曼、奥美、福莱、罗德、凯旋先驱，英国宣伟等。这些公关公司或纷纷与中资公司建立联营关系，或在一些发达地区设立办事机构或业务点。

（4）公关教育多样化、立体化。目前基本形成了立体多维的学历和非学历交叉并存的局面。

（5）政府公共关系建设是构建和谐社会的必要条件。

追溯中国公共关系发展走过的30多年历程，从无到有，历经风雨。在这个进程中，公关理论不断完善，公关实践经验不断丰富，公关组织不断健全，公关教育不断科学化，公关发挥作用的领域不断拓宽，由此可见，公共关系将会在中国未来的发展中起到越来越重要的作用。

【应用例证】

从“宣传”到“传播”　中国迈入“公关时代”

进入21世纪，由于国力提升、角色变化，中国在心态上更加积极，在姿态上更加自信，特别是近几年，开始对外展现一种“负责任大国”的形象。

如在众所周知的申奥过程中，中国大量使用了公关和广告手段。只是那时还未称作“国家形象广告”，而是叫作“申奥宣传片”。“但在本质上，所有这些都是国家形象宣传的一种方式。”何辉教授解读。

2001年上半年，在中国国际公关协会为北京奥申委专门举办的研讨会上，当时作为奥申委副主席、时任北京市副市长的刘敬民指出：北京申奥本身就是一个大的公关活动，其目的就是塑造北京新形象。

与上一次申奥相比，这次申奥广泛接触了国际上著名的公关公司。据相关报道，北京奥申委出资2 400万美元专门用于申奥公关。包括伟达、奥美、博雅等在内的众多国际公关公司都参与了北京申奥的整体形象包装。由于这些海外公关巨头的介入，决策过程变得更专业化、国际化。

中国国际公关协会常务副会长郑砚农在接受《中国新闻周刊》的采访时回忆说，他清晰地记得何振梁2001年7月13日在莫斯科陈述会上所作的最后陈述词。这篇陈述词就建立在普惠公司提供的公关文稿基础上，几经修改，从国际文化思维的角度来陈述。比如，“无论你们今天作出什么样的选择，都将载入历史。但是，有一个决定必将创造历史”——这段话并不符合中国人传统的讲话方式，却能打动外国人。

在北京申办2008年奥运会的过程中，专业公关公司介入政府活动，既是中国因国家崛起而不得不在意国家形象的一种选择，更是政府全能主义的一种姿态转变，由包办一切转向对专业分工、专业价值的认可和引入。

资料来源：陈俊宇. 中国迈入公关时代. 中国新闻周刊，2010（34）.（略作修改）

【知识拓展】

中国公共关系大事年表

1980 年，深圳和香港合资的深圳蛇口华森建筑设计顾问公司成立，成为中国第一家具有公共关系性质的专业公司。

1982 年，深圳竹园宾馆设立中国第一个公共关系部门，把国外宾馆酒楼的管理经验工作模式搬进特区。

1983 年，中外合资的北京长城饭店成立公共关系部。

1984 年 9 月，广州白云山制药厂在国有工业企业中率先设置公共关系机构，成为国有企业公关实践的第一家。

1984 年 12 月 26 日，第一个发表公关通讯和社论的全国性报纸——《经济日报》发行。

1985 年 1 月，中国第一个公关培训班由深圳市总工公举办。公关的作用开始为企业所重视，成为企业战略的组成部分。

1985 年，我国第一个官方的公关研究机构——珠海市应用传播研究所成立。

1985 年，中山大学成立国内第一个公共关系研究会。

1985 年 8 月，世界上最大的公关公司——博雅与新华社下属的中国新闻发展有限公司合资成立了中国第一家公关公司——中国环球公共关系公司。

1986 年 11 月 6 日，我国内地第一家公共关系协会——上海市公共关系协会在上海联谊俱乐部诞生。前上海市市长汪道涵先生就任名誉会长，并建议协会应以“沟通信息、增进理解、加强联系、促进合作”为宗旨。

1987 年 1 月，中国第一份公共关系报纸——《公共关系报》在杭州创办。

1988 年 10 月 27 日，中国第一个公共关系专业学术团体——中国公共关系专业委员会在西安成立。

1989 年 1 月 25 日，中国第一份向海内外公开发行的《公共关系》杂志在西安创刊。

1989 年 10 月 22 日，广东电视台开播电视连续剧《公关小姐》，这是中国首次将公关职业形象搬上荧屏。

1991 年 4 月，中国国际公共关系协会在北京宣告成立。

1991 年 5 月，中国十大杰出企业公共关系评优颁奖大会暨首次中国公共关系工作会议在北京召开，成为中国公共关系事业的一个里程碑。

1993 年，《公关世界》杂志在石家庄创刊，汪钦任社长兼主编。

1994 年，中山大学被教育部批准设立第一个公共关系本科专业，随后在一些名校开始尝试招收公共关系方面的硕士生、博士生。

1994 年 8 月，中国第一部公共关系大词典——《中国公共关系大辞典》出版发行。

自 1994 年开始，出现了公关策划团体，对企业进行公关策划，之后，又逐渐在企业引入 CIS。

1999 年 5 月，国家劳动和社会保障部正式出版《国家职业分类大典》，首次将公共关系人员列入其中，这标志着中国正式承认“公关员”这一职业。

1999 年 12 月 29 日，广州举行了中国首次公关员职业资格全国统一鉴定考试。

2000 年 6 月，2000 年中国国际公共关系大会在北京举行，200 多位中外公关公司、中外企业公关部、大专院校公关教育部门、地方公关协会组织等方面的负责人或代表与会，中国国际公共关系协会2000 年度主席法齐奥等国际知名人士专程赴会，大会还通过了《新世纪中国公共关系行业宣言》。

2000 年 10 月，中国国际公共关系协会首次组织中国公共关系行业代表团出访美国，参加在美国芝加哥召开的、有 3 000 多位来自全球的公关界人士参加的 2000 年世界公共关系大会。

2001 年 8 月，中国公关网和中国国际公共关系协会网站投入使用。

2001 年 12 月 4 日，中国国际公共关系协会通过《会员行为准则》，这是目前最具规范性的公关从业人员行为准则。

2001 年 12 月 14 日，中国国际公共关系协会在人民大会堂举行庆祝协会成立 10 周年大会。

2002 年 10 月 2 日，蚌埠市公共关系协会举行首届“公关节”命名暨咨询服务大会。

2002 年 12 月 29 日，由上海公共关系协会与香港《大公报》主办的中外公关专家大对话活动在上海图书馆多功能厅举行。

2002 年，中国上海视点公关公司总经理朱艳艳获得由国际商业传播者协会（IABC）颁发的“金鹅毛奖”，成为中国捧回该奖的第一人。

2003 年 4 月，上海市委同意了市委宣传部《关于建立上海市新闻发言人制度的意见》。6 月初，上海市正式推出市政府发言人，建立了政府新闻发布制度。这是地方政府第一次建立此项制度。焦杨任上海市政府首任发言人。

2004 年 6 月，由中国国际公共关系协会公关公司工作委员会起草的《中国公关顾问业服务规范》（指导意见）正式颁布实施。

2004 年，上海市首届“全球通”公关新星大赛举行。

2004 年，中国申办 2008 年世界公共关系大会，喜获世界公共关系协会批准。

2005 年，由中国国际公共关系协会与复旦大学共建的国际公关研究中心在北京正式挂牌成立。

2005 年，上海外国语大学在国际关系博士点设立了“国际公关与传播”研究方向。

2006 年 6 月 22 日，由中国国际公共关系协会主办的 2006 年中国国际公共关系大会在北京举行。

2006 年 10 月 18 日，由上海市公共关系协会与国际知名公关公司——高诚公关顾问有限公司联合举办的“分享 20 年经验，放眼 50 年发展——当代公关趋势论坛”在上海举行。

实践启迪

杜邦公司的“门户开放”

一、案例回放

杜邦公司是一家从事炸药生产的化学公司，由于技术尚不先进，难免发生一些爆炸事故。起初公司采取保密政策，一律不准记者采访。社会公众对此猜测纷纷，久而久之，杜邦公司在公众心中留下“杜邦—流血—杀人”的可怕印象，这对其市场扩展和企业发展造成极为不利的影响。杜邦找来报界朋友咨询，报界的朋友建议他实行“门户开放”政策，把“象牙塔”变成“玻璃屋”。杜邦采纳了这一建议，并请这位朋友出任公司新闻部门负责人。自此，杜邦公司改变了以往的做法，向公众公开公司的事故和内幕，并精心设计出一个宣传口号：“化学工业能使你生活得更美好!”同时，重金聘请专家学者在公共场所进行宣传演讲。此外，他们还积极赞助社会公益事业，组织员工在街头义务服务，一举改变了过去留给公众的“杜邦—流血—杀人”的印象。

二、启迪与分析

从“象牙塔”走入“玻璃屋”，是公共关系与企业管理具有里程碑意义的进步。杜邦公司百年不衰，与其成功的公共关系是密不可分的。杜邦公司的成功给了我们两点启示：

（1）当组织形象受到不同程度的损害时，我们是逃避、保密还是积极应对？实践证明，杜邦起初采取的保密政策只会使情况变得越来越糟，不利于企业的发展。而后采取的“门户开放”政策，是值得企业学习的，他们面对自身的失误，树立了正确的态度：亡羊补牢，向公众表明解决问题的诚意，求得公众的谅解和合作，使失误对组织形象产生的损害降到最低限度，并由被动变为主动。同时，积极赞助社会公益事业、组织员工在街头义务服务等举措进一步提升了企业在公众心目中的良好形象，这对企业长远发展至关重要。

（2）公共关系中还应注意防患于未然，如果形象已经受损害，“救火”一定要“及时”。任何企业都必须明确这样的公关道理：纠正失误如同“救火”，在发现零星火苗时，应及时扑灭，否则一旦蔓延，就需要付出十倍甚至百倍的代价。

项目训练

1. 美国一家知名的营销广告公司的公关总监大卫·坎普提出："网络是公司的新名片、新的文件夹，第一个、也许也是唯一一个塑造最佳第一印象的机会。"谈谈你对公司网络公关的看法，你认为网络公关会给我们带来哪些机遇和挑战？

2. 请结合以下案例，分析为什么尼克松说水门事件和他的下台是公共关系的失策。

1972 年，美国爆出了令人瞠目的政治丑闻——水门事件。在强大的舆论压力之下，尼克松总统被迫于 1974 年 8 月 8 日宣布辞职。尼克松下台后在总结水门事件的教训时，意味深长地说道："这是公共关系的失策！"水门事件与公共关系有何瓜葛？一个政府的公共关系处理不好，竟然能导致总统的下台。这究竟是怎么回事？欲知缘由，且让我们从头道来。

1971 年 6 月，尼克松批准建立一个白宫监视组，它的任务是堵住机密情报失密的漏洞。同年 9 月 3 日，这个小组的成员闯进埃尔斯伯格的精神病医生的办公室，想找到可以破坏埃尔斯伯格名誉的私人材料，只因他把"五角大楼文件"交给《纽约时报》发表了。翌年 6 月 17 日，这个小组的 5 名成员在华盛顿水门公寓民主党主席奥布赖恩的办公室安装窃听器，被警察当场逮捕。水门事件开始被《华盛顿邮报》的青年记者 B. 伍德沃德和 C. 伯恩斯坦披露于报端。美国国内舆论哗然，关于尼克松政府采取了不道德做法的传闻在社会上广为传播。

这时尼克松对此保持沉默，奉行"鸵鸟政策"。他对他的两位高级助手说："我们对此少说为妙，传闻自会过去，不必为此顾虑。"尼克松还试图以控制政府方面的新闻发布来控制新闻界的消息来源，他对一位助手说："我们得留神这件事，只能给他们提供其中的一些情况，而不能提供全面情况……"尼克松政府为采访调查设置的障碍以及"闭口不言，充耳不闻"的做法，并未能熄灭水门之火，反而使人们对水门事件的关注更强烈了。

思考练习

1. 举例说明中国古代开展的公共关系活动。
2. 什么是"扒粪运动"？它在公共关系职业化进程中发挥了哪些作用？
3. 中国公共关系发展过程中遇到过哪些障碍？

4. 在公共关系发展早期，艾维·李就提出“讲真话”的思想。但直到今天，这一思想在公共关系实际工作中仍然会遭遇尴尬。试讨论，人们为什么不愿意说真话？说真话的阻力来自何方？如何克服这种阻力？

5. 试比较公共关系发展的四个阶段中公关信条之异同，并以此论证公关理念不断进步的过程。

项目二　公共关系要素

- 任务一　公共关系主体——社会组织及其形象分析
- 任务二　公共关系客体——公众及公众心理分析
- 任务三　公共关系传播——公共关系的重要手段

任务一　公共关系主体——社会组织及其形象分析

知识目标

◆ 了解公共关系组织机构的基本概念，公共关系部、公关公司的基本职能。

◆ 熟悉公共关系从业人员必备的基本素质和能力要求。

能力目标

◆ 掌握和提高公关人员的实用技能和应变技能。

◆ 具备公关人员良好的心理素质、知识结构和能力结构。

任务导入

巧为他人作嫁衣——珠海公共关系公司的公关

珠海经济特区公共关系公司成立于1986年10月，公司开业伊始，没有实力，更谈不上知名度和美誉度，加上公关当时未被社会广泛认识，因而发展缓慢。为了迅速改变这种情况，新上任的总经理决定策划一项具有社会效益的大型活动，以提高公司的知名度和美誉度，加快业务的拓展。

公司领导人查阅了大量情报资料，了解到玩具是世界经济贸易中的大宗商品之一，年销售额高达300亿美元。因此，公司决定筹办一个国际性的玩具博览会来推动我国玩具业的发展。项目确定了，接着就是考虑如何开展工作的问题。当时，公司既没有实力，又没有知名度，要组织如此大型的活动是十分困难的。公关的知识告诉他们，“权威”具有较大的号召力和影响力，只要能发挥“权威”效应，就可以解决号召力不足的问题。他们首先想到了宋庆龄基金会。该会不但愿意支持，而且还同意作为主办单位之一，因而解决了号召力不足的难题。

公关的力量要借助新闻媒介才能更好地发挥。如何利用新闻媒介？这是要思考的第二个问题。中国环球公关公司是新华社新闻发展公司旗下的企业，凭借上级单位的网络，该公司的触角伸向世界各地，与新闻媒介有着广泛的联系，加上又是同行，有着共同的服务宗旨和目标，若得到该公司的参与，宣传鼓动工作就有了保障。于是，公司总经理亲自登门，说明了合作意向。由于目标一致，双方一拍即合，该公司成了第二个合作伙伴。

接着，需要落实的是场地问题，珠海公关公司分析了珠海有条件提供博览会场地的几个单位的情况，当时，南海石油珠海服务总公司正在筹备开业，同样急切需要提高知名度和美誉度。看准了对象，他们立即对该单位进行攻关说服工作，果然不出所料，该单位欣然接受了作为主办单位的邀请，除免费提供展馆外，还无偿提供了展出摊位的装修费。

余下的就是人力和资料准备问题。珠海市科技发展中心有不少工程技术人员，而且下设有科技情报所。该中心的参与，将使这两个问题迎刃而解。经联系，该中心成为他们的第四个合作伙伴。至此，一个由珠海公关公司牵头，上述四个单位参与的博览会组委会就这样顺利诞生了。

博览会产生了巨大的影响。据不完全统计，有20多家新闻单位为博览会发布了消息。数以亿计的读者、听众因此知道了主办单位的名字，从而大大提高了五个主办单位的知名度。此后，组委会向国内外寄发了近万份邀请书，又进一步扩大了主办单位的影响。博览会期间，谈成外引内联项目两项，合同成交额达数百万元。参展的厂商从博览会中获得了信息或经济效益，交流了经验，这次博览会无疑在一定程度上对我国玩具业的发展起到了促进作用。南海石油珠海服务总公司以其豪华的展厅及超值的食宿服务赢得了赞誉，原定在惠州召开的广东省1987年玩具工作座谈会也慕名而来。尽管博览会没有直接为南海石油珠海服务总公司创造经济效益，但由于知名度和美誉度的提高而带来的好处是难以计数的。

就这样，公司通过筹办博览会，既提高了知名度，又增加了美誉度，收到了一举两得的效果。

资料来源：刘强，彭洪峰．公关经理MBA强化教程．北京：中国经济出版社，2002.（略作修改）

任务分析

珠海公共关系公司开业伊始，根据自身的条件，针对不足之处，果敢而又坚定地迈出了创业之路的第一步。首先，解决号召力不足的问题；其次，利用媒体广泛传播博览会的信息；再次，解决场地和人员问题；最后，争取有关部门领导的支持。理清了开办博览会的思路后，公司即开始稳扎稳打地推动工作进程，把公司运作提上日程。珠海公共关系公司取长补短，多方组织，利用有效资源来弥补自身缺陷，取得了巨大成功。

问题：

公关公司是个怎样的社会组织？为什么公关公司也需要精心的公关策划？

四 理论要点

公共关系的主体一般有两类：

一是实质主体——社会组织，即公共关系的发动者、承担者、实施者、行为者。社会组织在公共关系活动中起着控制者和组织者的作用，它主宰着公共关系活动，决定着公共关系状态。因此，认识社会组织的结构与特征，明确组织形象的重要性，对于全面理解公共关系的有关理论、有效地开展公共关系活动具有重要意义。

二是实施主体——公共关系机构及公共关系工作人员。公共关系工作是一项长期的、复杂的、有计划的工作，并非一时的权宜之计。随着社会的发展，公共关系的职业化特点越来越明显，现代社会需要专门的组织机构来从事公共关系工作，公共关系机构应运而生。公关人员的自身素质、能力、从业水平也是决定公共关系活动成败的关键。

一、公共关系的实质主体——社会组织

（一）社会组织的概念及其特征

公共关系学中所讲的组织，是从社会学的意义上进行阐释的，一般是指为了一定的目标，按照一定的宗旨，履行一定的职能，通过分工与合作，由不同层次的权利操作和责任划分所构成的独立的社会团体。组织的主要构成要素包括共同的目标、人员和共同遵守的规则。

各种组织的活动和发展变化形成了当代社会错综复杂的局面，影响着我们生活的各个方面，这是现代公共关系产生的基础。公共关系说到底是指社会组织与其对应的公众对象之间的关系，在这一关系的协调中，社会组织处于主动地位。因此，要协调好组织与公众的关系，必须准确把握社会组织的特征。

组织的基本特征表现为：

（1）群体性。组织是由具有一定数量的、较为固定的成员所组成的群体。

（2）目的性。社会组织的建立以共同的目标为条件。一个组织的目标必须是具体的、明确的并为全体成员所接受的，这是组织生存和发展的依据。目的性是社会组织最基本的特征之一。

（3）系统性。组织具有实现目标的结构和手段。组织结构是指明确规定的活动组合模式，这种模式确定了成员分工、相互的协作和权利分配。实现组织目标的手段是指管理、控制、协调的方法，如规章、命令、行为规范等。

(4) 社会性。组织是社会发展的产物，又深受社会环境的制约。组织与公众的关系是产生组织的社会条件，它反映在组织与公众之间相互联系、相互协调、相互制约的关系上。离开公共环境，组织就失去了建立的必要了。因此，组织的发展、兴衰与社会环境息息相关。

(5) 动态性。组织存在于社会环境中，所以，组织外部环境的变化性决定了组织是一个动态的系统。社会组织的变动可从两个方面理解：一是社会环境是不断变化的，要适应这一变化，社会组织就应适时地进行目标、功能机构及人员的调整；二是社会组织本身也是要不断发展变化的，在不同的发展时期，组织的形象目标、各个系统的组成部分也会随之变动。

(二) 社会组织的基本类型

社会组织复杂多样，组织的目标、原则和利益往往有差异，很难确定一个统一的分类标准将社会组织加以区分，一些学者根据研究需要，按组织成员之间的关系分为正式组织和非正式组织；按组织的功能和目标分为产业组织、整合组织和政治组织；按组织本身的性质又可分为政治组织、经济组织、军事组织、文化组织、宗教组织等。

为了便于了解和掌握各种类型的组织的特点以及它们活动的规律，我们按对象目标及活动内容等方面的差异，将社会组织分为下列四种：

1. 营利性组织

营利性组织又叫经济组织，以追求利润为目标，首要问题是经济问题，它是最基本的社会组织单位，也是公共关系研究的主要对象。因其有营利性的特点，所以，组织首先要与其所有者及对其经营成败有决定影响的顾客建立良好的关系。营利性组织包括工商企业、旅游服务业、金融机构、保险公司等。其中工商业组织是公共关系工作运用得最多、最充分、受益最大、最明显的公共关系主体，因此，这类组织对公众的依赖性也是最强的。

2. 互利性组织

这类组织不以营利为主要目的，是指有着共同利益要求或背景的人们为实现某种社会理想、完成某项事业或使命而结成的自愿组织。其目标是为组织的内部成员谋取利益，强调内部成员对组织本身的凝聚力和归属感。组织内部沟通是第一位的，主要包括：各种党派团体、工会组织、职业团体组织、宗教组织等。

这类组织的公共关系活动的目的主要在于扩大影响、推广观念，如绿色和平组织推广环境保护观念、妇联推广男女平等观念等。组织与公众的关系相对比较松散，缺乏相对固定的利益关系。

3. 事业性组织

这类组织是指那些由政府出资设立的满足社会某种需要的专门机构，这类组织的运营目标不以获取利润为目的，而是追求拟定的社会目标，这并不等于没有赢利，而是组织不为任何个人牟取私利。这类组织有学校、医院、社会福利机构等。

互利性与事业性组织，因其具有非营利性的特点，所以，其公共关系协调除了具有与其他组织共同的特征（如树立良好的形象、积极扩大社会影响）外，其自身的行为也会积极影响社会舆论的特征。

4. 公益性组织

这类组织以国家和社会的整体利益为目标，其公共关系对象是整个社会公众，这类组织包括政府部门、消防队、公共安全机关等。

从公共关系学的角度来说，对社会组织的划分，并不着重于在形式上确定一个统一的划分标准将各类组织加以区分，关键是要把握各类组织在公共关系活动中的特点和规律，进而使组织能够从自身的性质和特点出发，开展更加有针对性的公共关系活动，并采取相应的公共关系策略。

（三）组织形象

组织形象是公众对社会组织进行综合认识后所形成的全部认知、看法和总体评价，是社会组织的行为表现在公众心目中的反映。一个组织的形象会直接影响组织的生存和发展，因此，树立良好的组织形象是组织至关重要的任务。

1. 组织形象的划分

从不同的角度，可以对组织形象进行适当的划分：

（1）自我期望形象和社会实际形象。

自我期望形象是指一个组织希望在社会公众中树立的形象。它往往是理想化的，但它是组织发展不可缺少的内在动力，是组织奋斗的目标。因为这种理想往往驱动组织规范自己的行为，并促使组织开展各种有效的公共关系活动。一个组织的自我期望形象越高，自觉作出努力的可能性就越大。当然，期望形象的确立要符合发展的规律和组织的实际情况，要具有适时性和可实现性。

社会实际形象是指社会公众对一个组织的真实看法和普遍评价，是组织形象的客观存在。组织的实际形象可以通过形象调查的方法测得。了解组织的实际形象是制定公共关系目标的基本依据，有利于组织有的放矢地开展形象塑造工作。

（2）单项形象和整体形象。

单项形象是指组织的某一方面留给公众的印象，如产品质量、服务态度、购物环境等。组织的单项形象是改善组织自我形象的突破口，充分利用单项形象的塑造，可以为整体组织形象的形成打下基础。

组织的整体形象是指社会公众心目中对组织的全部看法和评价，它是由各个单项形象构成的。良好的组织整体形象是现代组织的一种无形资产，它保证组织形成良好的生存和发展环境。组织形象与资金、技术、人才并列成为当代管理的核心内容。

（3）外在形象和内在形象。

组织的外在形象是指社会公众可以通过公众的感官直接感受到的和组织有关的实体形象。它一般由三个方面组成：品牌形象、人物形象和环境形象。具体体现在组织的名称、标记、环境、建筑、设备、设施、组织行为、员工外在形象、环境绿化等方面。由于其外在形象具有可感知性，所以，识别性和感受性是组织外在形象的两大特点。

组织的内在形象是指通过组织的外在形象表现出的内在品质给公众留下的印象。如组织的信誉，职工的精神风貌、凝聚力、创造力，企业的特征与风格等。虽然它们本身并无明显的直观性，但能有力地影响组织在公众心目中的形象。

组织的外在形象和内在形象是统一的。组织的内在形象必然反映到组织的外在形象上，而组织的外在形象是组织内在形象的客观反映。所以，对于一个组织来讲，要从外在形象与内在形象两个方面来塑造自己的形象。

2. 组织形象的价值

（1）良好的组织形象是组织无形资产的重要组成部分。

良好的组织形象是组织的一笔宝贵的无形资产和财富。所谓无形，即看不见、摸不着，但与组织生死攸关，它可以和人、财、物并列，其价值还可以超过有形资产。

无形资产之所以具有如此巨大的魅力，是因为它代表组织在公众心目中的良好形象，组织形象的好坏决定了无形资产价值的高低。组织形象的认可度越高、美誉度越好、和谐度越佳、定位越准确，无形资产的价值就越大。这就要求一个真正的现代化企业必须充分重视自己的组织形象，这样才能不断地发展，增加自己的无形资产。那些国际知名的大公司，如国际商业机器公司、松下、丰田、三菱、福特、西门子等，都莫不如此。

（2）良好组织形象可以创造消费信心。

组织的生存与发展离不开社会公众的参与和关注，离不开广大消费者的信赖与支持，而所有这些又都与组织形象有不解之缘。组织一旦被公众所认可、信赖，它所生产的任何产品、提供的任何服务也就同样被公众认可、信赖，即可以为具有该组织名称的任何一种商品和服务创造出一种消费信心。难怪《日本公司经营》一书写道："在商品日趋丰富的社会中，选择哪个公司的产品很大程度上取决于企业形象。"

【应用例证】

美国的堪农毛巾公司做了一个实验：这家公司与商店合作，在自己的产品出售时一部分加上堪农商标，另一部分则不加任何商标。结果，尽管毛巾质量完全一样，但售价相同时有商标的销售量是无商标的三倍；将有商标的提价4美分后，销售量仍为无商标的两倍。最后，将有堪农标记的毛巾提价10美分，两者销量才拉平。

（3）良好的组织形象是组织产品在市场上无形的“通行证”，是组织外在扩张的市场铺垫。

良好的组织形象在公众心里有一种延续作用，留下深刻的“烙印”，会在长时间内发生作用，长期地影响顾客的消费心理和消费行动。良好的组织形象会使公众产生“信得过”的购买心理，使公众在眼花缭乱的商品世界中确定自己的选择，培养起对组织、对产品的忠诚度。这样就会保证组织产品销售渠道的畅通，并保障企业不断顺利地开拓新的市场。这种美好形象的延续作用，能够促使顾客产生对组织的偏爱并持续地保留着消费的渴望，因而不断涌现出新的消费需求。

【应用例证】

东方大酒店以人为本

新加坡东方大酒店树立了“顾客至上，以人为本”的组织形象，在力所能及的范围内为顾客提供“超级服务”。一次，四位来东方大酒店咖啡厅的客人，因人多嘈杂，随口说了一句“吵死了，听不清”。这句话让一位服务小姐听到了，她马上为他们联系了一间免费客房供他们讨论问题。对此，四位客人十分吃惊、感动。两天后，四位客人给酒店送来了感谢信：“感谢贵酒店前天提供的服务，我们受宠若惊，并体会到什么是世界上最好的服务。我们四人是贵酒店的常客，从此，我们除了永远成为您忠实的客户外，我们所属的公司以及海外来宾，亦将永远为您广为宣传。”

可见，良好的组织形象可以赢得社会舆论，铺垫潜在市场。社会各界的了解、信任、好感和合作，有利于改善组织的生存发展环境，便于组织的对外扩张。

资料来源：周朝霞．公共关系——理论与实务．北京：高等教育出版社，2005.（略作修改）

（4）良好的组织形象可以增强投资或合作者的好感和信心，优化组织的生存环境。

美国可口可乐公司的老板曾经说过：“如果公司在一夜之间被大火烧成灰烬，第二天各大银行就会主动找上门来向公司提供贷款，因为公司还有价值360亿美元的无形资产。”

可见，只要一个组织具有优良的形象，其社会地位就会比较高，就易于获得政府和主管部门的器重、同行们的信赖、金融企业的支持，在需要融通资金时，各种投资机构都会乐于参与，实力雄厚的企业会自动找上门来合作，即使在危机面前也会伸出援助之手，从而使风险减小，使企业逢凶化吉，继而东山再起，使企业发展基础更加稳固。这种社会的理解、信赖和支持，为企业增加了价值和分量，成了企业无形的资产和财富，为企业解决各类难题，争取更有利的外部条件提供了极大的便利。

（5）良好的组织形象能为企业吸引更多的优秀人才，是组织生存和发展的精神资源。

企业之间的竞争归根到底是人才竞争，组织竞争力的根本源泉在于优质人才的利用和发挥。良好的组织形象本身对社会上的人才具有强大的吸引力，同时还会使人才感到这里的工作环境为他提供了用武之地，这里的用人制度能使自己的聪明才智得以发挥。组织形象好了，职工就会有一种优越感和自豪感，从而形成一种强大的凝聚力，营造出一种朝气蓬勃的气氛，最终有利于工作效率的提高。

二、公共关系的实施主体——公共关系机构及公共关系工作人员

（一）公共关系机构

公共关系机构代理特定组织的公共关系工作，其实质是公共关系的实施主体，它是随着公共关系问题的出现而产生的。

现有的公共关系机构主要包括社会组织内部设立的公共关系部、专业的公共关系公司和独立的公共关系协会。这里主要介绍公共关系部和公共关系公司。

1. 公共关系部

公共关系部是指组织内部为达到一定的目标，为开展公共关系工作而设立的专业职能机构。1908 年，美国电话电报公司首开工商企业之先河，设立了公共关系部，并由一名副总裁主管，这是世界上第一个在社会组织内部设置的公共关系部。公共关系发展至今，在社会组织内部设立公共关系部已经相当普遍了。社会组织不同，其公共关系机构的设置和名称也不同，有的组织的公共关系部门也被称为公共事务部、公共信息部、公共广告部、社区关系部等。

【应用例证】

上海锦江集团是我国较早设立公关部的企业，锦江集团公关部直属集团经理领导，主要任务是为集团拓展业务，提高知名度和美誉度。多年来，该公共关系部运用积极性公共关系，以“全方位公共关系”为工作方针，开展了一系列的公共关系活动，例如，开门迎客，打破普通公众心目中锦江饭店庄严高贵的形象，赋予其亲切、平和、宜人的情调色彩，

吸引了大量顾客；特色服务，采集各国风俗人情和贵宾个人生活特点，使入住的宾客有宾至如归的感觉；维系与老顾客的感情；广泛介入社会生活，扩大影响，举办各种公关活动，使经济效益和社会效益双丰收；在建设集团“企业文化”方面积极出谋划策等。该公关部为锦江集团改变单一的以饭店业为主的经营范围，将其扩展为集旅游、宾馆、设备生产与安装、服务生产与经营等多种生产和经营于一体的集团作出了突出的贡献。

（1）公共关系机构设置的原则。

组织设立的任何一个部门是都与组织的利益、发展息息相关的，有许多问题要考虑。组建公关部应当根据社会环境和自身需要统筹考虑，机构设置总体上应讲究精简、高效，具体体现在以下四个方面：

①规模适应性。

所谓规模适应性，是指公共关系部规模的大小应当与组织的规模、财力、面对的公众人数及其发展相适应。组织的规模、公众人数、经营额均有所不同，大型组织可设立人数较多、门类齐全、分工细致的公共关系部；中型规模的组织可设立人数不多、具有综合性的多职多能的公共关系办公室；小型的组织可以不设立公共关系部门，而任命专职的公共关系人员或从社会上的公共关系公司聘请公共关系顾问来开展本组织的公共关系工作。

一般来说，组织中公共关系部门的人数不能超过组织内部的管理机构的平均人数，应兼顾公共关系部设置的精简要求，在分工明确的前提下将机构人员的人数降到最低限度，要因事设职，因职设人。

【应用例证】

美国一家公共关系协会曾对公共关系部的规模作了调查，认为以下比例较为合适：年销售额为5亿～10亿美元——20人；2.5亿～5亿美元——13人；1亿～2.5亿美元——6人；0.5亿美元以下4人。

资料来源：魏翠芬，王连廷．公共关系理论与实务．北京：清华大学出版社，北京大学出版社，2007.（略作修改）

②工作的针对性。

所谓工作的针对性，是指公共关系部的机构设置要根据不同组织的工作性质和自身所面向的社会公众的特殊性来确定。

目前，在我国，根据不同的工作性质，组织主要分为企业单位和事业单位两大类。在企业单位中又有从事商品生产的工厂和从事服务性工作的饭店、商店等；在事业单位中则有各级政府、政党、人民团体、学校、科研机构等。这些单位的工作性质不同，面对的社会公众也不同，如工厂面对的主要公众是用户，商店面对的是顾客，饭店、宾馆等面对的主要公众是旅客。由于公共关系工作很复杂，涉及面十分广泛，有时还会出现临时性的问题，形成临时公众，或随着事态的发展产生潜在公众。为了解决这类问题，公共关系部也可设置一些临时的部门，或危机应急小组，充分考虑自己所面对的社会公众的特殊性，做到有的放矢。

③内容的专业性。

公共关系部是组织开展公共关系工作的专业机构，在组织上和工作内容上都要保证其正规性、专业化。有些组织公关部兼办公室、秘书处、接待处、宣传处的工作，使得正常的工作受到一定的影响。所以，在工作内容上，公共关系部应将全部精力集中在与组织的公共关系目标有关的事务上，不做与公共关系无关的工作。组织上的专业化主要体现在其工作人员必须具备清晰的公共关系理念，受过一定的专业训练，勇于开拓进取。

④机构的权威性。

公共关系部是代表一个组织进行工作的，它的一言一行、一举一动都关系到组织的形象和组织事业能否顺利发展，所以在组建公共关系部时，应赋予其一定的权威性。

具体的做法有两种：一是公关部的负责人由社会组织最高领导层中的一员来担任，或至少应该有直接向决策层汇报、提建议或参与决策讨论的权利；二是社会组织结构中把公关部放在较为特殊的位置上，其他任何部门都无权干扰公共关系部的工作，无权对公共关系部下达命令，公共关系部直接对组织最高领导层负责。这样公关部就能代表组织最高决策层对内发表意见，代表组织对外发布信息和处理业务。

总之，公共关系部必须有责有权才能有效地发挥其职能，获得最佳效果。

（2）公共关系部的作用。

公共关系部和组织内部的其他部门一样，是个重要的职能部门，在组织内部充当重要的角色，其作用表现在下列四个方面：

①情报信息搜集。

公共关系的首要职能就是采集信息、加工信息、管理信息、传播信息，并建立一套完善的信息网络系统、数据库和广泛的信息沟通渠道。

通过监测社会环境，了解社会状况，了解组织内部公众对本组织的意见和建议；了解社会、政治、经济、文化的现状及变化；了解外部公众对本组织的方针、决策和行为的反映与评价等，并预测其未来的趋势，从而进行适当的行为或目标调整，作出与之相适应的变化。

②参谋与决策。

由于公共关系工作关系到组织的信誉和形象，关系到组织与公众的沟通，关系到组织战略目标的实现，因而它是组织的“智囊团”。公共关系部不是一线指挥和最后的决策部门，而是在采集、整理、分析信息的基础上，作为“思想库”，针对组织现存的问题为决策层提供成套的可供选择的决策方案，并协助组织选择解决问题的最有效的方案。

③整体形象策划。

组织的CIS设计、组织文化的构想、知名度和美誉度的定位与提高、各种决策方案的选定等，均要经过精心的研究与策划，公关部门可起到设计组织形象的作用。

④宣传与外交。

组织要获得公众的了解、理解和信任，赢得公众的喜爱，取得公众的支持与合作，就要不断地向公众进行宣传，公关部就是“喉舌”，即运用各种媒介对外宣传企业的理念和政策，解释组织行为，增加组织透明度，与公众进行交流。

同时，随着市场经济的发展，组织对外交往日益密切，公共关系部担负着组织对外联络、应酬交际、社会服务、赞助等多种交往活动，协调组织与外部的各种摩擦和纠纷，为组织广结善缘，在这方面，公关部就是组织的“外交部”。

【应用例证】

广东核电公司根据大亚湾核电站的特殊性设立了公共关系处，提出了明确的任务：树立形象、处理信息、编辑资料、发布新闻、科普宣传、接待参观等，并建立了1 700平方米的公众信息中心。武汉欧联东西湖啤酒有限公司成立了公关部，其职能是“建立大众公关意识”，让全体员工认识到形象市场与产品市场相互依存的关系，强调为营销服务，并统管公司各类传媒。杭州娃哈哈集团公关部的职能是公关、营销、广告宣传三位一体，强调为创建名牌服务。上述三个企业公关部的职能各有所侧重，实际工作的特点也各不相同。

（3）公共关系部的设置模式。

①公共关系部在整体组织机构中的设置模式。

中国公关部的设置模式基本上是参照西方的模式，再结合自身条件形成的，各组织情况不太一样，基本上归纳为以下三种模式：

部门隶属型模式：公关部处于组织的第三个层次中，属于某一职能部门的一个下属组织。

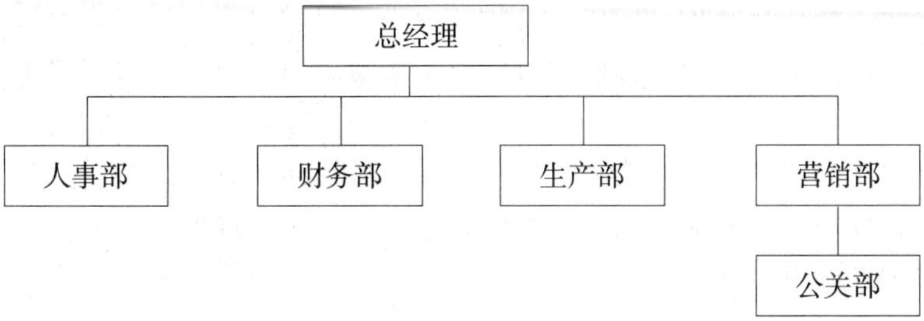

部门隶属型模式

部门并列型模式：公关部与其他部门属于同一级别，在对内对外的交往中，有一定的决策权和指挥权，并能独立地开展各项工作。

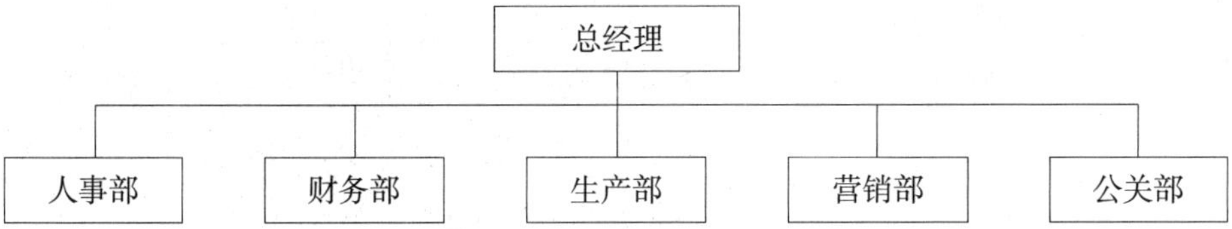

部门并列型模式

高层领导直属型模式：公关部直属于高层领导管理，甚至由高层领导兼管。这种类型的优点是便于在公关活动中统领全局，全面、有针对性地开展工作，具有一定的权威性。

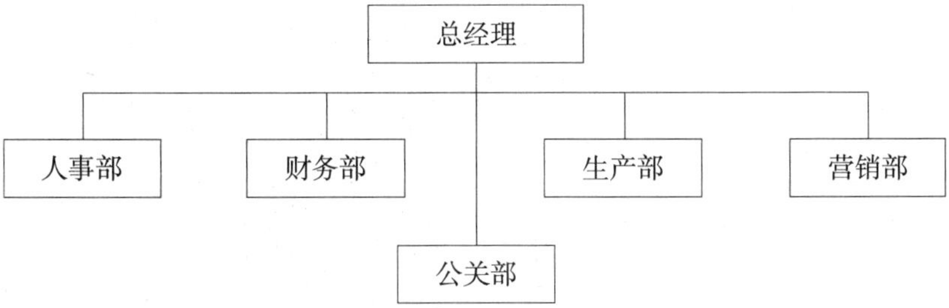

高层领导直属型模式

②公关部的内部机构设置。

公共关系机构的设置没有普遍适用的模式，可以从组织规模上进行划分，也可以从运行机制上进行划分，一个社会组织要根据本身具体的生产经营规模、特点，选择适当的公关工作系统进行设置。

根据组织规模的不同，我们可以按照大型组织公共关系机构的模式、中型组织公共关系机构的模式和小型组织公共关系机构的模式进行设置。

大型组织公关部人员众多，机构复杂，投资很多，分工细致，一般分为四个层次，即领导层、职能对象层、贯彻层和执行层，其负责人一般由主管公共关系的副总经理或副董事长担任，也有个别企业由总经理或董事长兼任。

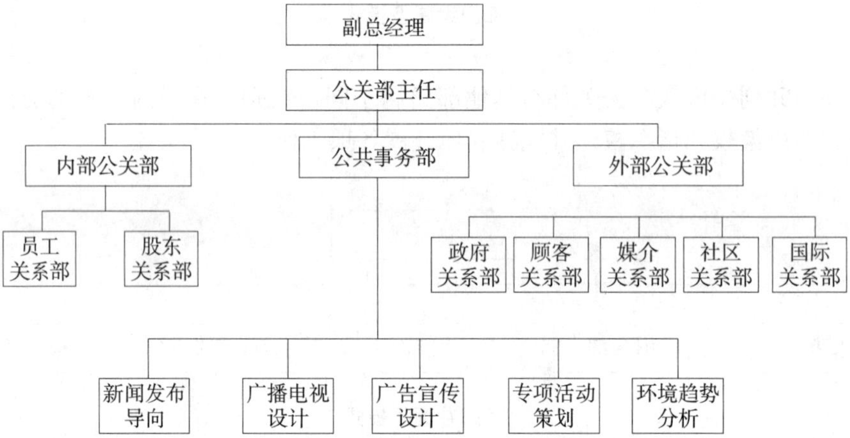

大型组织公共关系机构的模式

中型企业的公共关系部一般具有三个层次，也要完成大型公司的公共关系有关的工作内容，只是它在分工上没有前者具体、细致，有的部门合并在一起了。

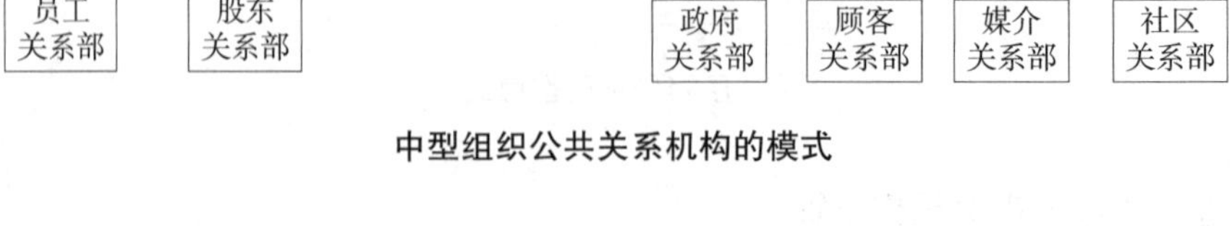

中型组织公共关系机构的模式

小型企业公共关系机构比较简单，一般只有两个层次：领导层和执行层。这种机构在大型活动中处理大的公关问题有一定的困难，一般依靠外聘顾问或代理公司来协助解决。

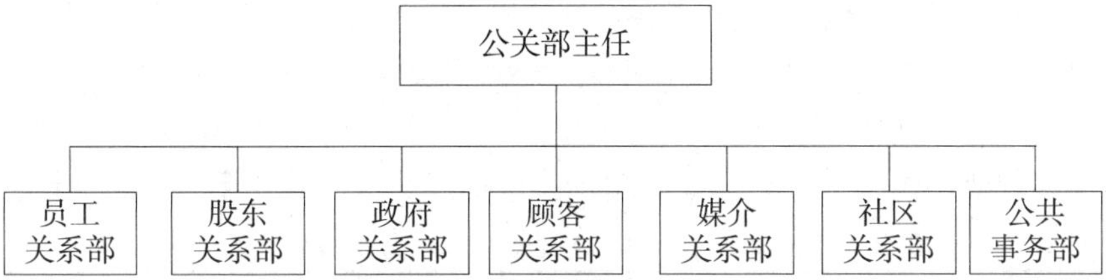

小型组织公共关系机构的模式

2. 公共关系公司

公共关系公司又称公关顾问公司、公关咨询公司或公共关系事务所，它不隶属于任何组织。专业公共关系公司是指那些受到客户委托，以代理者、实施者的身份专门从事公共关系活动或提供业务咨询并收取一定费用的服务性机构，是高度专业化的公关行为主体。

1985 年 8 月，世界最有影响力的公共关系公司之一的博雅公司与新华社下属的中国新闻发展公司签订了协议，共同为在中国的外国机构提供公共关系服务，为此我国成立了国内第一家公共关系公司——中国环球公共关系公司。

【知识拓展】

2012 年中国公关公司十大品牌排行榜

排名	公司名称	公司简介
1	奥美	海润奥美娱乐行销广告公司：1948 年创于纽约，国内最大的国际公关企业，隶属于 WPP 集团，世界十大专业公关公司之一
2	博雅	博雅公关有限公司：1953 年创于美国，最早进入中国市场的国际公关公司之一，全球最大的公共关系和传播咨询公司之一
3	蓝标	蓝色光标公关顾问机构：成立于 1996 年，中国本土规模最大的专业公关代理公司之一，上海地区口碑最好的公关公司之一
4	爱德曼	美国爱德曼公司：1952 年创于美国，世界上最大的独立公关公司之一，大型跨国公关公司，国际著名公关公司
5	伟达	伟达国际公关顾问公司：1927 年创于美国，拥有世界上最大的国际办事处网络，最早进入中国开设分公司的国际公关公司之一
6	凯旋先驱	凯旋先驱公关公司：由美国凯旋公司与香港先驱公司结盟组成，亚太总部凯旋先驱香港办事处，先驱公关公司成立于 1980 年
7	罗德	罗德公共关系有限公司：总部设于纽约的全方位公关服务的跨国公司，有 50 多年历史，世界第二大独立经营的公关公司

（续上表）

排名	公司名称	公司简介
8	万博宣伟	万博宣伟（中国）公共关系有限公司：世界上网络最发达的公共关系咨询公司，全球最大的广告及市场营销集团中的一员
9	关键点	关键点传播集团：中国极具影响力与发展潜力的公关公司，中国国际公共关系协会会员，中国本土最优秀的公关公司之一
10	嘉利	北京嘉利公关顾问公司：成立于1996年北京，中国最大和具影响力的公关公司之一，中国最早成立的公关服务机构之一

资料来源：博思数据研究中心（http：//www. bosidata. com）排行榜

（1）公共关系公司的类型。

公共关系公司的类型较复杂，不同的公司在结构、规模及业务范围方面差别很大。从隶属关系来看，有独立经营的公共关系咨询或顾问公司，也有广告公司隶属的子公司、广告公司的公关部；从代理经营方式来看，有只提供咨询服务的公司，有提供咨询并代理业务的公司，也有提供咨询并与客户共同承担事实公关计划的公司。多数情况下，公关公司分为以下三种：

①单独经营的综合服务型公共关系公司。

这类公司需要一批擅长各种工作、具有丰富的协调处理各种问题的经验的公关技术专家。这类公司可为各种客户提供各种公共关系问题咨询和多种公共关系服务，如协调职工、政府、社区、媒体、顾客关系；组织公关问题的调查研究；编辑各种宣传材料；撰写公关新闻稿，建立与新闻界的联系；举办各种公关活动；策划实施CI战略等。此类公司一般拥有先进的信息搜集、储存、分析系统，通过多种途径广泛采集世界各国政治、经济、文化、法律、社会政策、风俗习惯及市场动态等多方面的信息。

由于我国公共关系起步比较晚，这种完善的综合型公关公司并不是很多，组建这样的公司有一定的难度，但在人才资源丰富的大城市，这样的公司也在逐步发展，如我国第一家专业公关公司——中国环球公关公司，就是这种类型的。

②专业型定向咨询服务公共关系公司。

这是国际公关公司的一个发展趋势，即建立更加趋向于专业化，为特定行业或某类特定公关问题提供服务的公司。这类公司一般有精通某一些行业或某类事务同时还精通公共关系的业务专家，如专门从事农业、旅游、保健、大众传播、危机处理等公关专项服务的公司。这类公司利用自己的专长为客户开展公共关系工作和提供资料服务。

目前，这类公司是发达国家中主要的公共关系公司形式，这主要是因为竞争激烈，市场进一步细分，要求公关公司提供更高质量、更专业化的服务；同时也因为其对专业人员的要求比较单一，单项的服务难度较小，而且质量也容易保证。

③顾问公司。

这类公司所开展的服务一般仅限于为客户提供咨询，为客户做参谋。其组织成员几乎都是有一定知名度的某一工作领域的专家或学者，如市场预测和分析专家、民意测验专家、资料分析专家、社会心理分析专家等。他们除了能为客户提供咨询外，还可以给予各种公共关系具体业务的指导和帮助，从某种意义上来讲属于专业性定向服务型公关公司。

（2）服务费用。

公共关系公司是对外营业的企业单位，企业就是以营利为目的的，所以为客户提供服务后理当收取一定的费用。公共关系公司根据委托人的要求开展工作，然后根据工作时间的长短、所需人员的多少、工作量以及工作的难易程度来收取服务费。

公关公司收费的方式主要有以下四种：

①项目收费。

项目收费是将公共关系业务工作进行分解，分成不同的项目，根据其目的、内容及其开支状况确定费用，然后，对各项费用进行汇总。项目收费主要有：

第一，咨询服务费，包括项目实施期间工作人员的工资以及与项目有关的高级管理人员、专家和文秘人员的报酬。

第二，行政管理费，如房租、水电费、电话费等。

第三，项目支出费，包括承担项目期间所需要的印刷费、邮费、差旅费等。这些全部由客户实报实销。

第四，公共关系活动经费，在完成项目的整个过程中，往往需要进行各种形式的公共关系活动，公司可按活动计划及各项活动的需要确定费用金额，如请客吃饭、赠送小礼品等。

第五，项目利润，是指扣除各种税款后，公共关系公司应得到的纯利润。一般根据项目所需人员、工作量大小和所需时间长短，由公司和客户双方协商确定。

项目收费方式的优点是专款专用，有利于保证公共关系项目的质量，便于考核和管理。

②计时收费。

计时收费是按工作时间收费，计时收费的标准可根据公司声誉的高低而定，有时收费受专家本人的声望和资历的影响，有时还受具体工作的难易程度的影响。总之，计时收费没有统一的标准，一般根据具体情况由双方商定，不同水平的工作人员的报酬不同。

③综合收费。

公共关系公司与客户双方根据业务需要，协商确定费用的总金额。这种费用一般在业务开始时由客户预付，它有利于公共关系公司利用有限的资金统筹安排、合理使用，缺点是客户难以监督。

④项目成果分成。

公共关系和项目委托人（单位）共同承担风险，共同受益。一般由委托人负责项目的实际费用，公共关系公司负责项目的调查、计划、决策研究、公共关系活动等，最后形成项目成果，这种成果一般可长期受益，按成果每年收益的百分率分成。

总之，公共关系计费方式与费用标准还没有统一的规定，一般由双方商定，因此，在选择公共关系公司时，收费标准和收费方法是个值得慎重考虑的问题。

（3）选择公共关系公司的标准。

社会组织往往需要公共关系公司为其策划运作大型的公共关系活动，即使是设立了公共关系部的组织，在某些情况下，也要求助于公关公司，因此。在选择公共关系公司代理业务之前，应明确一定的标准，才能达到最终目的。

①公司的信誉与实力。公司成立的时间、规模、知名度、美誉度，在公共关系界是否有权威，能提供哪些服务项目，举办过哪些著名的、重大的公共关系活动，有多大影响，成立以来为哪些客户服务过，客户的社会地位怎样，客户对公司的服务满意程度如何等，这些问题都是客户要考虑的因素。一般实力强的公司经验足、创意新颖、可靠性强。这类公司成功率高，但收费也高，对工作的热情不够高；资历浅的公司可能缺乏经验，收费低，但工作热情高，往往能有新奇又节约资金的创意。对此，客户可根据自身的战略需要权衡两者，选择合适的公司。

②公司人员的业务水平。公司的公共关系人员的业务水平往往决定了该公司的服务水准，所以公司领导人和从业人员具有哪方面的专业知识，是否受过专门训练，个人专业技术水平如何，能否与客户的要求相一致并努力去满足他们的需求，在时间上能否保证按时完成工作，公司拥有哪方面的专业人才，以往的工作业绩如何等，都是客户所关心的问题。

③公共关系公司的收费标准。任何一个组织都希望花较少的钱取得较好的效果。信誉好、规模大的公司收费标准高。因此，客户可根据自己的公共关系目标及经费预算，选择适合自己的代理公司。

（二）公共关系人员

从狭义上讲，公共关系人员是指从事公共关系职业的专职人员。从广义上讲，公共关系人员泛指组织内部和外部直接从事公关工作、公关理论研究和公关教学的人员，以及在公关协会等公关组织机构工作的人员。

公共关系人员是公共关系活动的主体，是公共关系活动的决策者、促进者和实施者。公共关系人员的素质直接决定公共关系的专业水准、工作质量和公共关系活动的成败。有人说，公共关系的竞争就是公关人员的竞争，此话不无道理。优秀的公关人员具有创新意识，可以创造奇迹，为组织塑造国际知名品牌的形象，积累巨大的无形资产。在国外，有人将公关人员、医生和律师并称为三大自由职业者。

随着公共关系事业的发展，公共关系更加职业化，对公共关系人员的意识观念、知识结构和能力素质都有了新的要求，所以正在从事和将要从事公共关系工作的人员确实需要花大力气去培养和提高自己的综合技能，才能适应新的历史时期公共关系工作的需要。

1. 公共关系人员的知识结构

公共关系人员不能凭经验和感觉做事，必须具备与公共关系较为密切的一些社会科学和自然科学的知识和技能。一般来说，成功的公关人员应该是一个一专多能的“杂家”。例如，联想集团前副总裁郭为先生曾担任联想企划部经理，这是因为他本身毕业于中国科技大学并获得硕士学位，是高级工程师，在计算机领域是专家，在工作中又积累了管理知识，后来又涉足物流控制、集团预算管理、公司财务系统会计、市场营销等领域，为其公关工作的开展积累了相当多有价值的知识。

我们通常要求公关人员具备以下三个方面的知识结构：

（1）基础学科知识。

第一，有利于逻辑思维的知识。这类知识能开阔思维，给公共关系人员提供从世界观和方法论的高度看待公共关系学科和具体实践的方法。

第二，具有深刻地分析具体问题的学科知识。这类知识有利于指导公共关系活动，包括心理学、社会学、人际关系学、民俗学、政治学、经济学、法学、文学等，为公共关系人员提供完整的文化知识背景，帮助公共关系人员研究社会中人的心理、态度和行为，明确哪些行为是违法的，熟悉组织所处的政治环境和经济环境，提高理论修养和分析现实问题的能力。

第三，关于地理、天文、物理、化学等方面的自然知识。公关界有一句话：看你是否有较强的沟通能力可通过你同刚认识的人能否谈十五分钟来判断。公关人员尽可能多地涉猎这些方面的知识，才能为其知识积累加重砝码。

总之，基础知识越深厚扎实，思维空间就越开阔，创造性就越强。

（2）专业学科知识。

公共关系是一门哲理性和实务性都很强的学科，公关人员除了通晓公共关系的基本理论知识外，还必须具备公共关系的基本实务知识。

公共关系理论知识包括公共关系基本概念、公共关系的历史与发展、公共关系三大要素、公共关系的职能、公共关系活动的基本原则等；基本实务知识包括公共关系调研、活动策划、活动实施与评估、公关危机处理、社交礼仪和 CI 战略等。

【知识拓展】

劳动与社会保障部颁发《公关职业鉴定标准》，对公关人员应掌握的技能提出了相应的知识体系要求，其中，“2.2.1 基础理论”要求掌握：①公共关系的含义；②公共关系的要素；③公共关系的职能；④公共关系的工作程序及原则。“2.2.2 公共关系的发展史”要求掌握：①中国公共关系的发展历程和现状；②国际公共关系发展史。“2.2.3 公共关系职业道德规范”要求掌握：①公共关系职业道德规范的形成过程；②公共关系职业道德规范的内容和基本要求。

(3) 与公共关系密切相关的操作性学科知识。

相关的操作性学科知识是公共关系人员在实践工作中经常用到的，是提高公共关系人员的实际工作能力的基础。比如，做公共关系调研要涉及社会调查学、市场调研学；策划活动要运用广告学、管理学、市场营销学、组织文化学、会计学等方面的知识；组织新闻发布会要有传播学、新闻学、写作学、媒介管理等方面的知识；CI 战略中还涉及设计学、美学等。此外，公关人员还应具备一定的演讲、计算机运用、文案写作、谈判技巧等基本技能。

公共关系部门应该是一个人才互补的群体，公关人员不一定都是全才，但作为其中的一员，应该有自己独特的专长，或专于专题策划，或专于传播交往，或专于对内关系，或专于国际公关，这样才便于在群体中发挥自己的作用。此外，公共关系人员的知识结构是动态的、开放的，能随时吸收新知识，不断丰富和发展自己。

2. 公共关系人员的能力结构

能力通常是指完成某项活动的本领，如果没有能力，再好的品质和知识也难以发挥出来，因此，公关人员不仅要有良好的知识结构，也要具备必备的能力素质。

(1) 较强的文字和口头表达能力。

公关人员的文字和口头表达能力是公关人员的基本功。公关人员负责对内、对外的宣传，塑造组织形象，要写新闻稿、演讲稿、活动计划、年度报告、工作总结，只有具备扎实的笔墨功夫、较强的文字表达能力才能做到准确表达，保证工作顺利开展，有效宣传企业。特别是对外宣传时，商场如战场，要分秒必争，公关人员经常需要边组织公关活动边撰写高质量的新闻稿，活动一结束，稿件就要马上发出，有必要时要抢在竞争对手之前把文章写出来。文字功夫不过硬，就可能会贻误战机，使精心策划的活动失去新闻价值。

口头表达方式是最常见、最简捷的传播方式，也是人类沟通的重要手段。刘勰在《文心雕龙·论说》中讲到：“一人之辨，重于九鼎之宝，三寸之舌，强于百万之师。”据说，西方社会学家列出了三件人在生存竞争中战无不胜的常规武器：第一，舌头；第二，电脑；第三，美元。说话能力排在第一，其重要性就不言而喻了。公关工作很大程度上就是一种劝说工作，拥有较强的口头表达能力，可清晰、简洁、明了地表达思想、发布信息，能吸引人、打动人、说服人，能帮助公关人员更好地进行人际交往。

（2）良好的组织策划能力。

所谓组织能力是指人们有计划、有步骤地从事某项活动并使其达到预期目标的实际操作能力。公关实务是一种目标指向活动，往往由一系列的公关活动构成，每一个公关活动都要有条理，公共关系计划、方案的实施等工作千头万绪，具体又复杂，需要精细地计划才能做好。若组织者没有良好的组织能力，即使有再绝妙的创造性思维也是枉然。公关人员不仅要穿针引线，使各方人士联合在一起，而且要充分调动每个人的积极性，使得他们的聪明才智能充分发挥出来，并且能控制进度、把握全局、合理调度，遇事沉着冷静，使整个活动有条不紊地进行。

（3）良好的创造能力。

创新就是竞争，每个成功的公共关系活动并不是完全一样的。从本质上讲，每一次成功的公关活动都是一次创造性的劳动，满足公众日益增长的求新、求异的心理要求，所以，公共关系人员不仅要有创新意识，还要培养创新能力，创新能力是公共关系人员极其重要的一项能力要素。

只有不断推出新颖、与众不同、令人难忘的活动方案，才能使组织一鸣惊人，力克群雄，在竞争中处于不败之地。湖南的电视业发达，主要原因就在于它的省级电视台的几个名牌节目如《天天向上》、《快乐大本营》等，较早出现在中国电视上，显得别具一格，抓住了观众的心，取得非常好的收视率。而当其他电视台纷纷效仿时，却没能取得这样好的效果。

（4）较强的交往能力。

组织间关系的建立和维护要依靠人际交往来完成，社会交往能力将会直接影响公共关系工作局面的开辟，因此公共关系人员只有具备了较强的社交能力，才能在各种社交场合施展自己的魅力和才能，树立个人的良好形象，并为树立组织的良好形象展开有利攻势。

公共关系人员是本组织形象的体现者和代言人，从事的是与人打交道的工作，好的公关人员应该是一位社会活动家。因此，公关人员要有意识地培养：为人处世的能力；吸引人的个性，如高昂的情绪、进取的精神、机智、幽默、懂礼貌、识大体等；良好的交往行为，如言谈得体、举止大方、仪态自然、表情得当、仪表端庄等。

（5）自控和处理危机的应变能力。

公关人员担负着代表组织面对公众的重任，因此，在公众面前保持“永恒的微笑”是基本的职业素养之一。公共关系的工作量很大，既要面对繁重琐细的日常事务，又要处理大事件，处于中介地位，常会遭受来自组织和公众的双重压力。但不管遇到多么挑剔的公众，遇到多么棘手的问题，都要表现得理智、平和、镇静，都应通过自我调节加以控制，认真研究问题，采取行动，在面对失败时绝不气馁，只有这样才能把握住解决问题的时机。

面对各种难题和意想不到的危机，公共关系人员应做到“每临大事有静气”，处变不惊，快速应变。在日常事务的处理中，公关人员也要有活跃的思维和机智的谈吐，有条不紊地化险为夷。

实践启迪

被亚运改变的国家形象

一、案例回放

1990年北京亚运会是中国第一次承办的大型综合性国际体育赛事。此次亚运会对中国来说具有体育竞技和国家竞技两个层面的意义。当时的中国面对的是一个非常复杂的国际环境，有一个事例很能说明这一点：日本代表团来北京参加亚运会的时候，带了几个集装箱的食品和饮料，在他们的想象中，中国是一个又穷又乱的地方。

那时，中国非常需要体育赛事这样一个外交平台，以举办亚运会为契机打开局面，改善外部关系。北京亚运会是中国在世界面前的一个艰难亮相，当时的口号是“节俭办亚运”。国家财政拨款不足以维持亚运会的巨额开销，号召民间集资就成了唯一的办法，为此亚组委专门成立了“集资部”。根据后来的统计，北京亚组委集资部接受了2亿多人次的捐款，捐款总额达到了2.7亿元。此外，组委会通过发行亚运会基金奖券募集到了4.3亿元。在全国人民的共同努力下，北京亚运会最终顺利举办。

北京亚运会另一项成绩是促进了北京城市格局的改变，使北京的中轴线从鼓楼外大街延伸至北四环外。之前的北四环还是一片农田，北京亚运会使北京的地理重心北移，时至今日，亚运村已成为北京的一个重要地标。

除此之外，北京亚运会还为奥运会进行了一次预演。1990年7月3日，邓小平视察奥林匹克中心和亚运村的建设工程。邓小平走到国家奥林匹克中心田径场的看台上，远望亚运村刚完工的一座座高楼，半开玩笑地问："你们敢不敢去申办一次奥运会?"而北京亚运会的成功举办给了中国信心，中央拍板当年即刻启动申奥。

但中国 1993 年的第一次申奥却兵败蒙地卡罗，直到 8 年后才成功地获得了 2008 年奥运会的举办权。当时申办 2000 年第 27 届奥运会的口号是"给北京一次机会，还世界一个奇迹"。从营销的角度看，这不是一个最佳的宣传口号，它更像是一种求助式营销，期求消费者购买自己的产品。而第 28 届奥运会的申办口号"新北京，新奥运"则是卖远景、卖利益点，强调北京能给奥运带来什么，就像一个产品诉求能给消费者带来什么利益一样，比求助式的推销更容易获得人们的认同。

如今，20 年过去了，亚运会又一次来到了中国，只不过举办地从首都北京变成了南方经济重镇广州。20 年间，中国发生了翻天覆地的变化，当年来中国觉得要自带食物的日本代表团，如今在广州的龙舟上惊叹连自己都造不出那么美丽的富士山。北京亚运会总投入 25 亿元，广州亚运会投入 1 220 多亿元，是北京亚运会的 50 倍。当年的北京亚运会需要募捐集资，而广州亚运会光是赞助商就有 52 家，赞助金额超过 30 亿元。如果说北京亚运会举办时中国的心态是"熊猫盼盼"，举办广州亚运会则是"喜羊羊"了，亚运会对中国来说已由 1990 年的"强心剂"变成了 2010 年的"锦上花"。

而广州亚运会与北京亚运会相比，更能把亚运和城市的遗产保留下来。举办北京亚运会时建的亚运村因为商业氛围不足，很长一段时间内被诟病为纯居住的睡城。与北京亚运会不同，广州亚运会完美的开幕式在海心沙岛上举行，会后它变成一个市民广场，给老百姓留下了切实的实惠，避免了亚运建筑在亚运会后成为负资产的后果。

资料来源：中国公关网（略作修改）

二、启迪与分析

在国际形势复杂多变、国际竞争日益加剧的背景下，各个国家都在积极地营销自己，以此来展示、提升自己的国际形象和地位，为自己国家营造良好的国际环境。中国也进入了"国家营销"时期，中国国力及社会状态近年来已经显著提升和改善，但许多外国人仍对中国存有一定的偏见，中国有必要向全球展示自己的国情和推广自己的文化，并以此来增强自己的国际影响力和软实力，而举办盛会成为国家一个重要的营销手段。

自19世纪晚期以来，崛起中的国家争相举办如奥运会、世博会等盛会。举办盛会成为一个国家在全球阶梯上晋级的重要标志。1876年，美国在费城举办了它的第一届世博会，奥运会则是在1904年首次登陆美国。过去这两个盛会都只在欧洲举行。当时美国正经历快速的工业化和城市化过程，正在不断成长，也试图与渐渐老去的英帝国相匹敌。日本也是如此，它在1964年举办奥运会，1970年举办世博会，这两个盛会标志着日本的崛起。从这个角度看，举办盛会可被视为现代大国演化进程中的里程碑。

中国在广州亚运会精彩奢华的开幕式和快刀斩乱麻似的夺金热潮中成为世人瞩目的焦点。这次亚运会再次推广和提升了中国的国家形象，也让广州成为国际大都市的梦想又向前迈进了一步。

项目训练

1. 在一些企业中，公共关系部是作为一个三级机构而存在的（即部门附属型）。你认为公关部应附属于哪一个部门呢？是办公室、宣传部、营销部，还是市场开发部呢？为什么？请谈谈你的看法。

2. 公共关系部设置设计：结合你所在学校的实际情况，为其设计一个公共关系部的组织机构图。

思考练习

1. 公共关系部在组建时应遵循哪些原则？

2. 公共关系部的组织类型有哪几种？

3. 公关公司的业务范围有哪些？

4. 某跨国公司已设立广告部和宣传部，请问是否需要设立一个公共关系部，为什么？

5. 为什么有的公司即使设立了公共关系部，在某些情况下，也要求助于专业公关公司？应怎样选择专业公关公司？

6. 假设你已被一家专业公关公司录用为职员，请为你自己设计一份公关职业生涯规划。

任务二　公共关系客体——公众及公众心理分析

知识目标

- 理解公众的概念、含义及特征。
- 明确目标公众的分类状况及对相应公众应采取的公关策略。
- 掌握并分析公众的心理特征，认识影响公众心理的方法和技巧。

能力目标

- 学会运用公共关系技术引导公众的从众行为。
- 掌握针对不同类型的公众采取相应公关策略的技能。
- 培养运用公众心理分析方法解决公共关系问题的能力。

任务导入

大亚湾核电站的风波

——潜在公众的突然显露给组织的生存和发展造成的障碍

广东大亚湾核电站是我国从国外引进的第一座大型压水堆电站，也是我国近年来最大的合资经营项目之一，总投资36.8亿美元。电站建成后，年生产电能约100亿度，其中70%输往香港。大亚湾核电站的建设对于缓和广东省的电力供应紧张状况、发展经济，对于香港地区的繁荣和稳定，都有重要的意义。

为了确保安全，自1979年冬起，中外专家和工程技术人员就对核电站的建立进行了科学论证和周密调查。在厂址的选择方面，从地震地质、冷却水源、输电系统、环境保护、交通运输及建设费用等各个方面进行了比较和筛选，最后确定了大亚湾厂址；在堆型选择方面，确定了占世界核电站一半以上、有几十个国家采用、技术比较成熟、安全可靠的压水堆；在设备选择方面，采用了经过改进的法国法玛通用公司的M310设备；在工程管理方面，聘请了在设计、建设、运行和管理核电站方面具有丰富经验的法国电力公司担负总技术责任。总之，核电站的设计与建设在科学性、安全性、可靠性方面要做到“千方百计，千辛万苦，保证质量，万无一失”。经国务院正式批准，核电站核岛、常规岛设备供应点及工程服务等合同于1985年10月7日正式生效。从这一天起，72个月后，也就是1992年10月7日，大亚湾核电站第一台机组将并网发电。核电站正式投入建设。

在正常情况下，像大亚湾核电站这样的企业“关门搞建设”是没有什么问题的。可是，他们在建设过程中却突然遇到了意想不到的危机。这一危机的出现几乎威胁到核电站的生存和发展。这一危机的出现，并不是由核电站本身的工作引起的，而是由突然爆发的外部事件——苏联切尔诺贝利核电站泄漏核尘埃引起的。由于切尔诺贝利事件的爆发，部分香港公众开始注意到大亚湾核电站，并进而发展成反对建立大亚湾核电站的运动。一时间，香港出现百万人的签名活动，部分居民组团上访北京，各界人士的部分代表也纷纷发表意见，要求停建核电站的声浪不断上涨。这就是说，香港居民中一部分关心环境污染的“潜在公众”，在苏联切尔诺贝利核电站发生事故的特定条件下，作为正式公众公开显露出来了。很显然，这类公众的突然出现，对核电站的生存和发展产生了极大影响。

那么，大亚湾核电站究竟能不能停建，该不该停建呢？首先，核电站是中外合资项目，按合同规定，每耽误一天将损失或赔偿近百万美元。其次，核电站的建设是经过中外专家多年科学论证、周密设计的，科学性、安全性、可靠性很高，其设计要求可以达到不怕8级地震、不怕12级台风，甚至不怕飞机轰顶的程度。因此停建也是不对的。但是，有那么多公众反对，怎么办？这说明，信息沟通不够，因而公众不理解。为此，核电站决定加强公共关系工作，其中主要做了以下六项：

（1）公开开放核电站。对于前来参观的港澳宾客，不论对核电站持何种态度，均予以热情接待，组织座谈讲解，做到耐心细致、有问必答。

（2）普及核电知识。协同有关部门编印核电科普宣传资料《核电站》等5种小册子约7万册、《大亚湾核电站》等情况资料7万余份，广为传播。

（3）协助中国核学会和香港科技协会在香港举办核技术展览，展期16天，参观者达8万人次。

（4）派遣核电专家到香港举办核电知识讲座并进行专题讨论。

（5）同社区乡镇干部和群众进行座谈讨论。

（6）建立与加强同新闻媒介的联系。对新闻界的采访，按规定尽量提供方便；同时在必要时举行记者招待会。

由于上述工作，香港各界公众对核电站的科学性、安全性、可靠性有了比较客观的认识；反对建设核电站的部分公众，由于绝大多数是从安全方面考虑的，在了解情况后，情绪也逐步稳定，疑虑逐步解除。大亚湾核电站又有了一个安定的建设环境。

任务分析

大亚湾核电站的风波说明了预测和预防“潜在公众”突然出现的重要性。这一典型的公关案例给我们的启示是很深刻的。

（1）必须及时、明确地知道公众在想些什么和做些什么，广泛收集公众的反馈和舆论动态，特别要预测“潜在公众”的突然出现，以免给组织机构的生存和发展造成致命打击。

(2) 必须日积月累地开展公关工作，不能“临时抱佛脚”。平时公共关系工作做到了家，到关键时刻，就能正确地、理智地作出判断，“潜在公众”就不会突然出现了。

资料来源：魏翠芬，王连廷．公共关系理论与实务．北京：清华大学出版社，北京大学出版社，2007．(略作修改)

问题：

1. 分析本案例中的公众类型。
2. 结合本案例，分析舆论对公众行为的影响。

四 理论要点

一、公众的概念及特征

公共关系学所研究的“公众”和人们日常所熟悉的“大众”、“群众”等概念不同，公众是指在公关活动中因面临共同的利益问题而与社会组织存在某种利益关系的个体、群体或组织，是社会组织传播、交流信息的对象的总称。因而，它是一种具体的、特指的概念。

它包括三个方面的含义：

(1) 它是面临某个共同问题而形成的社会群体；

(2) 有着共同的利益；

(3) 对某一特定的组织的工作产生互动效应。

也就是说，公众作为公共关系的对象、客体，并不是完全被动的，也不是可以随意摆布的，各种公众都是有意志、有愿望、有行动的个体、群体或组织，会主动地采取行动来表达自己的意志和要求，主动地对公关主体的政策、行动作出相应的反应，给公共关系主体造成压力和舆论。

所以，公众对社会组织有着重要的影响，是组织赖以生存和发展的基础。只有了解公众，才能搞好公共关系；否则，就可能是无的放矢，甚至与最初的目标南辕北辙。

公众具有以下特征：

1. 群体性

公众是一个集合性概念，它是人群的结合体，代表和反映着相当一部分人的共同利益关系。只有具备了那种相对普遍的利益关系，才能产生公众这种人群的结合形式。而且，公众也不是单一的群体，而是与社会组织种种活动相关的整体环境。这里既有与社会经济、政治、文化相关的环境因素，又有与社会公众舆论、公众关系形成相关的公众环境因素，社会组织面对这两种环境因素的影响，应作整体思考，要用全面、系统的观点来分析和对待整体环境的影响。

【应用例证】

一家化工厂所在社区的各种公众原本没有形成针对该厂的公众集合群，但由于工厂排放废气和污水，造成环境污染，危及周围居民的身心健康，而工厂又没能及时采取补救措施和公共关系行动，此时社区内的各种公众便极有可能趋向集合，组织起来共同与工厂对抗。

2. 共同性

某一组织的特定公众之间必定存在着某种共同的问题，这种共同的问题使他们产生某种内在共同性，如共同的利益、共同的需求、共同的目的等。这样一些共同点，使他们联结在一起，成为社会组织公关工作的对象，即客体。共同点是维系这类群体的纽带，是形成这类公众的基础，使一群人或一些群体和组织具有相同或类似的态度和行为，构成组织所面对的公众。

【应用例证】

某栋公寓楼附近开设了一家娱乐城，天天闹到深夜，使整栋大楼都不得安宁。那么，这栋大楼中原本互不相识的住户、没有任何联系的各行各业的居民，就会很自然地形成一类公众，一起和娱乐城交涉甚至向有关部门投诉。

3. 相关性

公众不是抽象的，它总是与具体的、特定的组织存在着某种利益关系。公众的意见、观点、态度和行为对组织有一定的影响，而该组织的决策和行为也对这些公众具有实际的或潜在的影响力和作用力，制约着他们利益的实现、需求的满足等。所以，企业与公众之间的这种相关性是形成良好公共关系的关键，组织会鉴定并分析公众的需求，以此来确定工作目标和行动方案；同样，公众也具有可导性，公共关系主体也经常借助于对环境因素的改变来达到逐渐影响公众态度和行为的目的。

4. 多变性

公众的多变性主要体现在公众对象的多变和公众态度的多变两个方面。

首先，公共关系要处理的公众群体是一个开放的系统，而这个系统随时处于变化之中，其性质、形式、范围、问题等均会随着主体条件、客观环境的变化而变化。公众群体不是固定的，而是随着问题的产生而形成的，或者，随着问题的解决而自然消失。

其次，公众的态度不是单一的，而是复杂多样的，并且处于不断变化发展的过程之中。任何组织的公众都有可能因面临的共同问题或利益关系发生变化而变化；同时，由于客观环境的不断变化和主观趋向、情趣、财力、需求、时间安排、地域转换等的不断变化，态度也处在不断变化之中。比如，喜欢粤菜者会有品尝湖南菜的欲望，甚至会喜欢上湖南菜。

而且，公众也具有多种社会角色，形成多种公众关系。比如，同一公众群体，在商店出现是顾客，在地铁上就是乘客，到了医院就变成病人，在学校就是学生。这种公众角色的多样化、可变性也是公众的重要特点。

【应用例证】

例如，商场附近的顾客，往往会因购买日用消费品而成为这家商场的消费者公众，如果这些公众离开商场，那么由他们组合而成的公众群体也就自然消失。但如果他们中部分公众发现商品质量有问题而回来与商家交涉，则彼此毫无关联的顾客因商品的质量、赔付问题而联结起来，形成了这家商场的公众群体，等商场解决了他们的问题，保障了他们的利益，随着他们的满意而归，这一公众群体也解体了。

二、公众的分类及传播策略

组织所面对的公众环境是由不同类型、不同层次、不同社会角色，有个性、有感情、有思想的活生生的公众对象构成的。任何公关策略和传播措施的拟定都要根据公众的不同特征“对症下药”，以增强其有效性和可行性，所以有必要对公众的类型进行划分。

（一）根据公众与组织的归属关系分类

1. 类型——内部公众和外部公众

（1）内部公众。

内部公众即组织内部的成员群体，是直接隶属于某个组织体的，是该组织成员的一部分，如管理人员、技术人员、辅助人员、普通职工、股东等。内部公众是社会组织的重要公众，这类公众与组织构成了最直接、最密切的利害关系，是“内求团结”的对象。它是实现组织目标和利益的重要依靠力量，是树立组织良好形象的决定因素。因此，处理好内部公众关系是公共关系主体所要完成的一项重要工作。

（2）外部公众。

组织内部公众之外的公众都是外部公众，其范围很广，如消费者、协作者、竞争者、媒体、社会名流、社区居民、政府官员等。外部公众是组织沟通的外部对象，是组织获得外部支援的源泉，是组织“外求发展”的目标所在，这种联系既影响组织的命运，又作用于整个社会，因而是不可忽视的。

2. 传播策略分析

（1）内部公众。

内部公众就像水，“水能载舟，亦能覆舟”，处理好了，他们是塑造企业形象的载体；处理不好，企业这艘船也无法风平浪静。处理内部公众有以下四点应该注意的策略：

首先，社会组织必须具有对内部公众的吸引力和凝聚力。组织和内部公众之间要经常进行对话，提高组织的透明度和内部公众的参与度，使内部公众把自己的利益与组织的利益紧紧地结合起来，把组织的目标作为自己的目标，与组织融为一体，并具有强烈的责任感、参与感、归属感，愿意和组织同心同德、同甘共苦。这种内部公众关系是组织实现目标和利益的强有力的力量。

其次，关心内部公众的切身利益，尽可能地满足内部公众的生理需求及安全需求。比如，直接的与物质相关的规定、工作环境的相对稳定性、适当解除内部公众的家庭等方面的后顾之忧等。

再次，善用精神奖励，关注内部公众的成长。内部公众不仅有物质上的需求，也有精神方面的需求。他们希望得到组织尤其是上级的重视和赞扬，希望自己的劳动成果得到肯定，希望突出自己在组织中的价值，同样也希望在组织中发挥自己的才能及不断地提升自己的能力。所以，适当的表扬、合理地安排进修或结合组织的目标给予个人更大的发展空间，都是处理好内部公众关系的重要方式。

最后，营造良好的工作环境。内部公众大部分时间在组织中度过，营造良好的工作环境，有助于优化组织的内部小气候，增强凝聚力。

（2）外部公众。

外部公众与内部公众相对应，是指除内部公众外的与社会组织的生存发展有着利益关系的全部公众。外部公众是企业的外部舆论环境，是企业形象的实际评价者。影响企业的外部舆论环境的因素主要有：知名度、美誉度和认可度。这三个方面构成了对企业的总体评价，而这三个方面的评价主要来自外部公众对企业的认识。所以，企业的外部公众是不可忽视的群体，与外部公众的联系既影响组织的命运，又作用于整个社会。但是，企业并不是被动地屈从和简单地适应外部公众的，企业往往能够积极主动地引导外部公众，改善外部公众关系。公共关系正是促使企业与外部公众保持动态平衡的协调机制。

（二）根据公众发展过程的不同阶段分类

1. 类型——非公众、潜在公众、知晓公众和行动公众

（1）非公众。非公众是指在一定的时空条件下，与组织之间没有相互联系的组织或个人，他们不受公关主体的行为影响，也不影响公关主体的生存。他们存在于组织周围，但不是公关部门的工作对象。例如，不会骑自行车的老人是自行车厂组织的“非公众”，还在上幼儿园的小朋友是大学组织的“非公众”。确定非公众的目的是把有限的公关资源投入到目标公众身上，以减少公关工作的盲目性，提高效益。

（2）潜在公众。潜在公众是指那些面临由组织行为引起了的某一利益关系，但由于这一利益关系还未完全暴露，他们本身还没有意识到这一利益关系存在的社会群体。潜在公众也称为“未来公众”和“将来公众”，潜在公众有时会提前进入公关工作的视野，但通常他们只能构成一般公众或次要公众。潜在公众因本身尚未意识到利益关系的存在，所以他们暂时不会采取任何行动，作为组织的公关人员，在了解潜在公众时就要采取对自己有利的措施，以便赢得主动。

（3）知晓公众。知晓公众是指那些已经意识到由组织行为所引起的利益关系的群体，并对公关主体及其政策、行为、产品、服务有所了解的公众。知晓公众特别想了解问题的缘由，所以他们对组织任何有关方面的情况都特别敏感。

（4）行动公众。行动公众是指由知晓公众进一步发展而来的，不仅得到了有关组织的信息，而且已开始了行动的公众。他们的行为包括口头行为和其他实质性的行动。从公共关系角度看，口头行为产生的作用和后果有可能超过其他行为。

【应用例证】

日本松下电器公司的第三代领导人新近制定了松下公司在我国的发展战略，目标公众是中国目前 10~30 岁的人群，即通过采用最合适的传播方式，让这些“隐藏的上帝”记住新型松下数字电器，继而控制潜在的市场。

2. 传播策略分析

在公众发展的不同阶段，组织应采取不同的公关策略。

在营销公关活动中，一般目标包括：把非公众转变为潜在公众；在潜在公众形成时能未雨绸缪，加强预测，及时开展公共关系活动，并采取有力措施扩大组

织影响，使更多的潜在公众成为知晓公众；对于知晓公众则应采取积极主动的措施，及时沟通、主动传播、提供信息，满足公众希望被告知的心理，控制舆论的局势。

然而，在危机公关管理过程中，一般目标是尽可能在潜在公众阶段就化解潜伏的问题，不要让他们变为知晓公众；对知晓公众则需要通过各种手段，力求避免他们转变为行动公众；对行动公众则力求减缓行动对抗的激烈程度，以减少危害。

(三) 根据公众对公共主体的重要程度分类

1. 类型——首要公众、次要公众和一般公众

(1) 首要公众。首要公众指与公关主体有着重大利害关系，对公关主体的生死存亡和组织的成败起决定性作用的公众。首要公众是公关工作中的重中之重，如客户、员工、股东、新闻界和决定公关主体生存权的政府管理部门等，都是企业的首要公众。酒店或银行宾客关系中的 VIP（Very Important Person）——贵宾，是客户关系中的首要公众。

(2) 次要公众。次要公众指与公关主体有着一定关系，对公关主体的生存与发展有一定影响，但没有决定性意义的公众，如社区学校、医院及同行等。

(3) 一般公众。一般公众指与公关主体没有特殊利益关系，但他们的态度和舆论也会间接地对公关主体产生积极或消极影响的公众。这些公众范围大、涉及面宽，在公关工作中也需要加以留意。

2. 传播策略分析

营销学中强调顾客对企业作出贡献的有帕累托原理（Pareto Principle），即企业 80% 的利润来自 20% 的顾客（忠诚消费者）。这个原理提醒我们，公共关系的资源投入必须区分轻重缓急，不能平均使用力量，要把有限的资源用在刀刃上。从投入和产出的比率看，虽然首要公众也许只是占了公众总数的小部分，但能为组织带来更大的效益，也许 80% 的生意是同 20% 的客户做成的，所以对于首要公众的重视是相当重要的。当然，我们可以这样处理，即将 80% 的精力和时间用在 20% 的首要客户身上。

(四) 根据公众对公关主体的态度分类

1. 类型——顺意公众、逆意公众和边缘公众

(1) 顺意公众。顺意公众是指对公关主体及其政策、行为、产品和服务持赞赏、肯定和支持态度的公众。

(2) 逆意公众。逆意公众是指对公关主体及其政策、行为、产品和服务持批评、否定和反对态度的公众。

（3）边缘公众。边缘公众又称“独立公众”或“中立公众”，是指对公关主体及其政策、行为、产品和服务既不持肯定态度，也不持否定态度，而是采取一种比较冷漠的态度，其观点和意向不明确的公众。

2. 传播策略分析

公关的一项基本政策是“多交友、少树敌”，尽可能争取支持，减少敌意。首先，应该将顺意公众当作组织的财富，悉心维护和“保养”，顺意公众营造公关主体良好的社会发展环境，因此公共关系的目标就是要争取尽可能多的顺意公众，赢得良好的社会声誉。其次，要尽可能迅速地消解逆意公众，扭转不良的公众舆论，改变其敌对的态度，即使不能将其转化为顺意公众，也应促使其成为边缘公众。再次，边缘公众虽然不对公关主体构成危害，但往往是公关主体进一步发展的基础。对这部分公众的公关工作是否卓有成效，直接关系到公关主体能否顺利发展，边缘公众的态度往往成为公关竞争中的决定因素，常常成为公关工作的重点。

（五）根据公众的稳定程度分类

1. 类型——稳定性公众、周期性公众和临时性公众

（1）稳定性公众。稳定性公众是指具有稳定结构和稳定关系的公众。这是组织的基本公众，如老主顾、常客、社区居民等。

（2）周期性公众。周期性公众是指按一定规律和周期出现的公众，如每逢节假日出现的旅客、每逢高考出现的考生和家长等。

（3）临时性公众。临时性公众是指因某一临时因素、偶发事件或专题活动而形成的公众，如因飞机航班延误而滞留机场的旅客、展销会上的顾客、突发事件中受到影响的公众群体等。对这类公众，处理好关系，可以建立周期性、稳定性联系，使之成为顺意公众；处理不好，就可能使其成为逆意公众，成为公关工作中的不利因素。

2. 传播策略分析

划分稳定性公众、周期性公众、临时性公众，是制定公共关系稳定对策、周期性对策和临时性对策的基础。稳定性公众是组织的基本公众，需要采取特殊的保证措施和优惠政策，努力保持关系的密切性。周期性公众的出现具有一定的规律性，可以预测，组织要把握好周期性公众的时间性周期，以便及时做好必要的准备，有计划地开展工作。每个组织都有难以预测的突发性事件发生，往往会面对一些由临时性公众造成的压力，这就需要公共关系部门具备应对临时性公众的能力，以适应现代社会组织所处的多变的社会环境和公众环境。

（六）根据组织的价值取向分类

1. 类型——受欢迎的公众、不受欢迎的公众和被追求的公众

（1）受欢迎的公众。受欢迎的公众是指与组织有较大的共同利益，完全迎合组织的需要而且不存在现实的利益冲突和沟通障碍的公众，如慕名而来的顾客、为组织采写正面的宣传文章的记者、自愿的投资者等。

（2）不受欢迎的公众。不受欢迎的公众是指违背组织的利益和意愿，组织不愿意主动与其交往但又不得不谨慎对待的公众。由于他们对组织造成潜在的威胁和额外的压力，组织在制定公共关系对策时必须予以格外重视。

（3）被追求的公众。被追求的公众是指对于组织来说具有特别重要的公共关系意义，符合组织的利益和需求，但对组织不感兴趣、缺乏交往的公众，如著名记者、社会名流等。

2. 传播策略分析

受欢迎公众与组织之间存在着两情相悦的合作关系，组织应主动、自觉地维护和加强这种互相尊重、联系密切的合作关系。对被追求的公众，组织若赢得这类公众的好感或支持，会非常有利于组织的长远发展。因此，组织要讲求沟通的艺术，注意方式和方法，通过切实有效的公共关系活动，力求获得他们的好感。不受欢迎的公众会对组织造成一定的压力、负担或威胁，对其也不能忽视，必要时阐明组织的观点，并有意地规避，保持适当的距离，尽量减少他们对组织的不利影响及造成的威胁。

三、公众心理分析

公共关系以公众为客体对象，要建立良好的公共关系，就必须了解公众的需要。而公众需要在很多情况下表现为一种心理需要，因此，对公众了解的程度、对公众心理规律的掌握程度都直接影响到公共关系活动的成败。有时，公关战实际上也就是一种心理的较量。西班牙有句古谚语：“欲成斗牛士，必先认识牛的习性。”认识公众，才能使目标公众的需要和欲望得到满足。

【应用例证】

“速溶咖啡”与“一次性尿布”

速溶咖啡与一次性尿布，应该是两件风马牛不相及的事物。然而，这两种新产品在刚刚问世的时候却遇到了相同的营销问题——消费者的心理抗拒。

速溶咖啡是20世纪40年代开始进入市场的。速溶咖啡物美价廉，配料又无须特别的技术，而且特别节省时间，很适合现代人的生活节奏。然而，当厂商在广告中大力宣传该产品的上述特点时，该产品并没有受到消费者的青睐，反而受到冷落。于是，生产厂家请来了消费心理学家，让他们找出问题的症结所在，以确定消费者拒绝这种省时省事的产品的原因。

心理学家首先调查了人们对雀巢公司较早的一种速溶咖啡——内斯（Nescafe）速溶咖啡的态度，使用传统的问卷调查方法对一个有代表性的消费群体（样本）进行了调查。这些接受调查的人首先被问及是否饮用速溶咖啡，有人回答"是"，也有人回答"否"。然后，再询问那些回答为"否"的人，他们对这种产品有何看法。大部分人都回答说不喜欢这种咖啡的味道。令人不解的是，回答"否"的人并没有喝过速溶咖啡，怎么会形成"味道不好"的印象呢？于是又请这些人实际品尝速溶咖啡与新鲜咖啡，结果大部分人却又说不出它们在味道上的真正差别。因此，厂商深信：不喜欢这种咖啡的真正原因并不是它们的味道不好。他们进而怀疑在消费者不喜欢速溶咖啡的背后有一些更为深层的原因。因此，又进行了另一个心理学的深入研究。

为了深入地了解消费者拒绝购买速溶咖啡的真实动机，心理学家梅森·海尔（Mason Haire）改用了一种称为角色扮演法的投射技术，进行了深层的研究。海尔这次不再直接去问人们对这种咖啡的看法，而是编了两张购物清单，然后分别让两组妇女（调查对象）看这两张购物清单，并请她们描述一下写这两张购物清单的"主妇"有什么样的特点。这两张清单上的内容几乎完全相同，只有一个条目不一样，那就是购物清单A上包含了速溶咖啡，购物清单B上则包含了新鲜咖啡。

关于速溶咖啡与新鲜咖啡的两张购物清单

购物清单A	购物清单B
1听朗福德发酵粉	1听朗福德发酵粉
2片沃德面包	2片沃德面包
1捆胡萝卜	1捆胡萝卜
1磅内斯速溶咖啡	1磅麦氏新鲜咖啡
1.5磅汉堡	1.5磅汉堡
2听狄尔桃	2听狄尔桃
5磅土豆	5磅土豆

当两组妇女分别看过两张购物单以后，请她们简要描述一下按此清单购物的家庭主妇的形象。结果，看了购物清单A的那组妇女，有48%的人称该购物者为懒惰的、生活没有计划的女人，很少人（4%）把该购物者说成俭朴的女人，显然大部分人认为该购物者是一个挥霍浪费的女人，还有16%的人说她不是一位好主妇。在另一组看了购物清单B的妇女

中，很少人把该购物者说成懒惰的、生活没有计划的女人，更没有人把她指责为不好的主妇（具体情况见下表）。

关于速溶咖啡与新鲜咖啡的购物者形象的描述

	购物清单 A（含速溶咖啡）	购物清单 B（含新鲜咖啡）
懒惰	48%	4%
不会进行家庭购物计划和时间安排	48%	12%
俭朴	4%	16%
不是个好主妇	16%	0%

所得的这个结果，显示出两组妇女想象中的两个购物主妇的形象是完全不同的。它揭示出当时接受调查的妇女们内心存在着一种心理偏见，即作为家庭主妇应当以承担家务为己任，否则就是一个懒惰的、挥霍浪费的、不会持家的主妇。而速溶咖啡突出的方便、快捷的特点，恰与这一偏见相冲突。在这个心理偏见之下，速溶咖啡成了主妇们消极体验的产品的象征，失去了积极的心理价值。换言之，省时省事的宣传在消费者（家庭妇女）心目中产生了一个不愉快的印象。这个实验揭示了主妇们冷落速溶咖啡的深层动机：因为购买此种咖啡的主妇被认为是喜欢凑合的、懒惰的、生活没有计划的女人，所以速溶咖啡广告中宣传的易煮、有效、省时的特点就完全偏离了消费者的心理需求。

实验之后，厂家改变了广告主题，在宣传上不再突出速溶咖啡不用煮、不用洗煮具等省时省事的特点，转而强调速溶咖啡美味、芳香，以咖啡的色泽、质地来吸引消费者，避开家庭主妇们偏见的锋芒，消极印象被克服，速溶咖啡的销路从此就被打开了。

无独有偶，当年美国某企业向市场推出其新产品“方便尿布”时，也遇到了同样的阻力。“方便尿布”用纸制成，用过一次便弃掉，故亦称“可弃尿布”或“一次性尿布”。在产品推广的初期，广告诉求的重点放在方便使用上，结果销路不畅。后经调查了解，仔细分析消费者的心理，方知该尿布虽然被母亲们认同确实使用方便，省去洗尿布的麻烦，但广告关于省事省力的宣传却使她们产生了心理上的不安：如果仅仅是方便使用而无其他品质，那么，购买、使用这种“一次性尿布”，只是为了省事，自己就好像成了一个懒惰、浪费的母亲，婆婆也会因此而责备自己。在婆婆看来，给孩子洗尿布是母亲的天职，怎么能嫌麻烦呢？给孩子用“一次性尿布”的母亲，必定是一个怕麻烦的、懒惰的、对孩子不负责任的母亲。

鉴于此，新的广告策划与策略针对这种心理进行了调整，广告诉求的重点发生了改变。新广告着重突出该尿布布质更好、更柔软、吸水性更强、更能保护皮肤，婴儿用了更卫生、更舒服等特点，把产品利益的重点放在孩子身上，淡化了对于母亲来说方便省事的描述。广告语是：“让未来总统的屁股干干爽爽！”于是，“一次性尿布”就受到了母亲们的普遍欢迎，因为它既满足了她们希望婴儿健康、卫生、舒适的愿望，又可心安理得地避免遭受懒惰与浪费的指责，同时兼顾了两个方面的心理满足。从此，"一次性尿布"就在美国流行起来。

速溶咖啡与一次性尿布的故事告诉我们，对消费者的购买心理的深层把握是多么重要。在消费者的心目中，产品的价值有时不表现在其物理特性上，而是体现在商品所表达的行为特点或心理特点上。而这些行为特点和心理特点又常常是隐含着的，存在于深层心理之中，要求我们运用心理学的分析方法将它们挖掘出来。

资料来源：中国公共关系网（略作修改）

（一）公众个性心理与公关活动分析

人的个性就是在一个人身上经常地、稳定地表现出来的个性心理特征和品质倾向的总和。人的个性一般包括个性心理特征和个性品质倾向，见下表。

人的个性

个性心理特征	个性心理特征是个人的比较稳定的心理特点的总和，是一个人区别于他人的整体特性。这些特征影响着个体的言谈举止，反映出一个人的基本精神面貌和意识倾向，集中地体现了人的心理活动的独特性。例如，有的人活泼好动，有的人安静沉稳；有的人忠厚老实，有的人奸诈狡猾；有的人勤劳俭朴，有的人懒惰奢侈。具体来讲，它包括人的能力、性格和气质
个性品质倾向	个性品质倾向是指一个人所具有的意识倾向，也是人对客观事物的稳定的态度，它是人从事活动的基本动力，决定着人的行为的方向。例如，有的人爱好音乐，有的人喜欢体育；有的人追求权力，有的人追求真理等。它主要包括需要、动机、兴趣、态度、世界观、理想等

要了解公众个性心理，可对各个群体的心理进行分析。其分析会有助于对市场研究、社会风俗、价值取向、道德水准、事件态度、群体反应等进行预测，对公关活动的有效性和可行性起到重要的作用，避免造成负面影响或伤害公众的情感。

1. 能力与公众行为分析

能力是人顺利完成某种活动所必需的心理特征，或是完成一项活动的本领。例如，画家绘画除基本的物质条件外，还必须具备色彩鉴别能力、形象记忆能力、估计比例的能力等。现代心理学上所指的能力有两种意义：一种是指个人已经具备并在行为上表现出来的实际能力，又称为成就，例如某人能操作电脑、会说英语等；另一种是个人将来可能发展并表现的潜在能力，例如人们常说，某人是“可造之材”，或某人具有语言表达、音乐方面的“天赋”，就是这种意义。潜在能力是实际能力形成的基础和条件，实际能力是潜在能力的展现，两者有着密切联系。

能力总是存在于人的具体活动之中，并直接影响活动效率。但是，要顺利完成某种活动，单凭某一方面的能力是不够的，只有综合多种能力才能完成。人们把在活动中多种能力的结合叫作才能。例如，教师要很好地完成教学活动，仅有良好的口头语言表达能力是不够的，还需要有准确的记忆能力、严谨的逻辑思维能力、多媒体的应用能力、整洁的板书能力、课堂监控能力以及敏锐的观察能力等。只有将这些能力密切结合，才能保证教学活动顺利完成。为成功地完成某种活动，多种能力的完备结合称为才能。

2. 气质与公众行为分析

“气质”一词应用的领域较多，在不同的领域中有不同的内涵。心理学中的气质概念内涵较窄，并非日常生活中所指的一个人的风度或仪表，而是与日常生活中运用的“脾气”、“秉性”、“性情”等意义近似。

现代心理学把气质定义为一个人与生俱来的、人的心理活动典型而稳定的动力特征。主要有以下三层含义：

（1）动力特征。是指心理活动的强度（情绪体验的强度、外显动作的强度、意志努力的强度等）、速度（知觉、思维反应的速度，情绪体验产生的速度等）、稳定性（注意的稳定性、情绪的稳定性等）以及心理活动的倾向性（心理活动倾向于外部或内部）等。

（2）气质具有天赋性。这是因为气质主要是人的神经系统基本特性的表现，是与生俱来的。人出生后就具备了个人气质的特点，例如，有的孩子好动，有的则安静；有的孩子活泼，有的则文静；有的孩子灵敏，有的则迟钝等。因此，人生来并不是一张白纸，而是各有不同的底色，这个底色即为气质。研究表明，年龄越小，气质的表现越明显，气质的特征也越清楚。

（3）气质是人的典型的、稳定的心理特点。由于气质是个体出生时就固有的，且每个人都有其不同的气质特点，它给人的全部心理活动染上独特的色彩，所以它是典型且稳定的，一旦形成就难以改变。俗话说“江山易改，秉性难易”，就是指气质的稳定性与难以改变。尽管随着环境、教育的改变以及个人自身修养的提高，人的气质也会发生某些改变，活泼好动的变得安静沉稳了，好发脾气的变得能控制自己的情绪了。但这仅仅是外部表现的改变，是气质的掩蔽现象，要使其内部产生质的变化则是很难的。

古今中外的学者都曾将气质进行分类，最早应追溯到古希腊的医生希波克拉底和罗马医生盖仑提出的体液分类。他们认为人有四种体液：血液、黏液、黄胆汁和黑胆汁。根据这些体液在人体内的分布比例，他们将人的气质类型分为四种：多血质、黏液质、胆汁质和抑郁质。尽管这种分类标准缺乏科学根据，但对每个人气质的描述来自现实社会，至今仍不乏参考价值。气质类型描述详见下表。

四大气质类型表

气质类型	主要心理特征
多血质（活泼型）	反应快，灵活，活泼好动，健谈，兴趣广泛，但兴趣与注意力均容易转移；情绪发生快且多变，但情绪强度低，脾气温和；外向，情绪外露，容易动感情，善于交际，对新环境适应快 典型人物：贾宝玉、燕青、郭沫若等
黏液质（安静型）	情绪不易兴奋，安静，能克制自己的冲动，沉稳，不善言谈，兴趣不广但专一，注意的稳定性好但转移能力差；内向性明显，内心活动很少外露，不喜欢过多的交往活动，对新环境适应慢，对事物不敏感；自我控制能力强，做事执著；对人感情真挚，脾气温和 典型人物：陈景润、牛顿、达尔文、爱因斯坦、爱迪生等
胆汁质（不可压制型）	反应快，思维具有灵活性，但往往粗心大意；情绪激昂，易冲动，态度直率，脾气暴躁，精力旺盛；意志坚强，做事果断，易冒失，胆大，爱冒险；外向，为人热情，但过于直率，易与人发生冲突，但有事后即忘的特点 典型人物：张飞、李逵、鲁智深、李白、巴甫洛夫、白求恩、拿破仑等
抑郁质（弱型）	感受性强，处事谨慎，能深思熟虑，比较细腻，善于察觉常人不易注意的细枝末节；反应慢，优柔寡断，动作迟缓；易神经过敏，常表现出多愁善感和敏感多疑的特点，而且情绪反应强烈，体验深刻且持久，但情感内抑，很少表露于外；严重内向，极不善交际，性情孤僻；为人处世极谨慎，对挫折及困难易产生畏惧心理 典型人物：林黛玉

【应用例证】

看戏迟到的不同表现

A. H. 达威多娃的研究表明，同是看戏迟到，四种气质类型的人的言行表现各不相同。胆汁质的人跟检票员争执起来，急于想进入剧场。他争辩说：剧场的钟走得快了，他不会影响别人。他打算推开检票员跑到自己的座位上。多血质的人知道检票员不会放他进入剧场，就通过没人注意的侧厅跑到自己的座位上。黏液质的人看到不让他进场，就想："算了，第一场可能不太精彩。我还是去小卖部等一等，等幕间休息再进去吧。"抑郁质的人想："我总是不走运，偶尔来一次剧场就这样倒霉。"接着就回家去了。

资料来源：韩永昌．心理学（修订版）．上海：华东师范大学出版社，1993.（略作修改）

值得注意的是，气质并无好坏之分，任何气质都有其积极的一面，也有其消极的一面。气质是人与生俱来的，它体现在一个人的一切心理活动过程中，而不以活动的动机、目的、内容为转移。气质的特点一般通过人与人之间的相互交往显示出来。气质对于人的实践行为有一定的影响。了解人的气质对增强交往的针对性与灵活性、了解经济活动中的现实行为、预测未来的行为指向等，均具有十分重要的意义。因此，在组织管理和公关活动中，了解公众的个性特征也是不可忽视的一方面。

【知识拓展】

气质类型与购买行为表现的对应关系

气质类型	购买行为表现	接待注意事项
多血质（活泼型）	活泼热情，见面熟，话多，改变主意快，易受环境和他人影响	应主动接近，介绍（提示），交谈
黏液质（安静型）	内向，购买态度认真，不易受暗示及他人影响，喜欢独立挑选，动作缓慢	主动热情，要有耐心
胆汁质（不可压制型）	易冲动，忍耐性差，对销售人员的要求高，容易发生矛盾	要态度和善，语言友好，千万不要刺激对方
抑郁质（弱型）	多疑，动作迟缓，反复挑选	要有耐心，多作介绍，允许反复

3. 性格与公众行为分析

性格是指人对现实的稳定态度和与之相适应的习惯化了的行为方式的个性心理特征。

性格是一个人本质属性中独特的、稳定的个性特征的结合，是基于一个人的全部行为的具有稳定倾向性的特征，它通过个人对外界事物一贯的倾向性态度、行为方式、语言等表现出来。在某种情况下，人对事物的态度与作出的行为是一时的、情境性的、偶然的，不能构成人的性格特征，不是人的性格特征的表现。只有那些经常性的、习惯性的表现才属于性格特征，才能称为性格。例如，一个人处理事情总是优柔寡断，偶尔一次他表现出非常果断的举动，不能说这个人具有果断的性格特征。

性格包含许多具体内容，是多侧面的复合体，见下图：

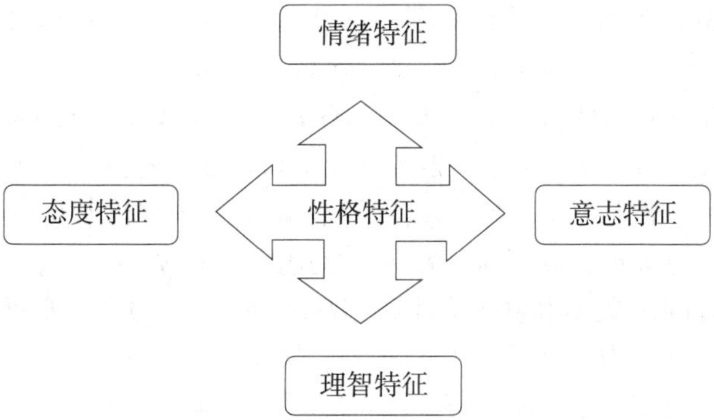

性格的具体内容

（1）性格的态度特征。作为社会的人，总是不断地接受现实生活的影响，并且总是以一定的态度作出反应。由于客观现实的复杂性和多样性，人对现实的态度也是多种多样的。具体表现在对社会、对集体、对他人的态度方面：热爱集体、正直、诚实、有同情心、礼貌、善于交际；或者相反，对集体漠不关心、阿谀奉承、弄虚作假、没有同情心、傲慢、孤僻等。表现在对自己的态度方面：谦虚与傲慢、自信与自卑、严于律己或任性、大方或羞怯等。对劳动和工作的态度方面：勤劳或懒惰、奋发或懈怠、认真或马虎、务实或浮华、节约或浪费、有首创精神或墨守成规等。

（2）性格的意志特征。一个人自觉地调节自己的行为方式和水平表明了其性格的意志特征，如对行为目标的明确性、自控水平、紧急或困难情况下作出的处理、执行事务过程中的特征等，均表现出一个人的性格。具体体现为：果断或犹豫不决、勇敢或懦弱、坚定或动摇、严谨或散漫、沉着冷静或鲁莽行事、有原则性的灵活应变或顽固执拗等。

（3）性格的情绪特征。它是指一个人在情绪活动的强度、稳定性、持续性以及主导心境等方面表现出来的稳定特征，情绪状态影响着一个人的全部活动和行为方式，主要有情绪起伏和波动的程度、情感保持时间的长短、心情舒畅或抑郁低沉、冷静或易于激动等。

（4）性格的理智特征。指人在感觉、知觉、记忆、思维、想象等方面所表现出来的稳定的心理特征。

表现在感知方面的性格特征主要有：被动感知型和主动感知型；分析型和综合型；笼统型和精确型；描述型和解释型。例如，有的主动积极，不易受环境干扰，而有的被动，极易受环境干扰和暗示；有的观察细致，有的观察粗略等。

表现在记忆方面的性格特征主要有：主动记忆型和被动记忆型；信心记忆型和无信心记忆型。例如，有的记忆牢固，有的记忆不牢；有的记忆敏捷，有的记忆速度慢等。

表现在思维方面的性格特征主要有：深刻型和肤浅型；形象思维型和抽象思维型；思维灵活型和思维固执型；思维敏捷型和思维迟钝型等。例如，有的善于独立思考，有的喜欢借用现成答案，人云亦云；有的善于分析，有的善于综合等。

表现在想象方面的性格特征主要有：幻想型和现实主义型；主动想象型和被动想象型；广阔的想象型和狭窄的想象型；大胆想象型和想象受拘束型等。例如，有的想象丰富、有创造性，有的贫乏、缺乏新颖性等。

总之，性格对于动机、行为的影响是十分深刻的，因为人的性格和思想观点、理想信念以及世界观有着密切的关系，思想观点制约着一个人的性格，影响着一个人的行为举止、习惯和意向。了解公众的性格极为重要，它不仅可以用来解释公众现在的行为，还可以用来预测未来的行动。性格又具有可变性，客观环境的变化和主观的调节也会使其产生变化。因此，对于公众，特别是内部公众，以及性格尚未定型的公众，应该创造条件，让他们的性格朝着健康的方向发展。

4. 需要与公众行为分析

公众需要是针对公众个体在生理上和心理上的不满足的主观体验，是人对某种目标的渴求和期望，是推动行为的直接动力。

美国人本主义心理学家马斯洛将需要划分为五级：生理的需要、安全的需要、感情的需要、尊重的需要、自我实现的需要。

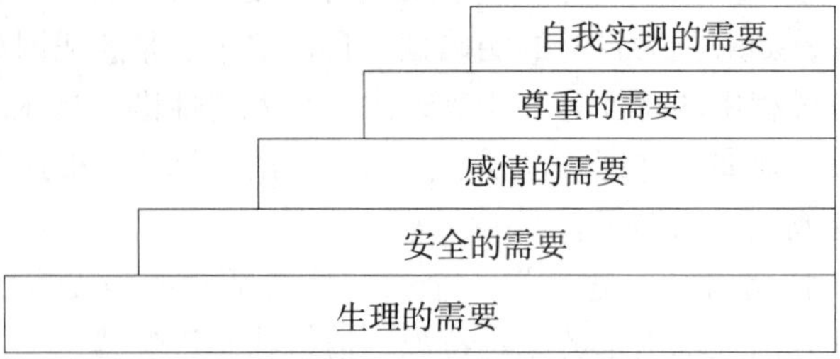

马斯洛需要层次

马斯洛需要层次理论有两个基本论点：

（1）人的需要都有轻重层次，某一层需要得到满足之后，另一层需要才出现。

（2）在特定的时刻，人的一切需要如果都未能得到满足，那么满足最主要的需要就比满足其他需要更迫切。也就是说，在同一时间、地点、条件下，人存在多种需要，其中有一种占优势地位的需要决定着人们的行为。

基于以上观点，在公关活动中，要从以下三个方面了解公众：

（1）唤起公众的潜在需要。

（2）关注公众的优势需要。

（3）留心公众的动态需要。

【应用例证】

一切尽在掌握（爱立信手机电视广告）

爱立信手机电视广告片借助国际著名影星张曼玉的影响力来提升品牌知名度，并以手机贯穿始终，在华美的背景之下营造出浪漫的氛围，给消费者美的享受的同时，在他们的心目中树立了高档的品牌形象。在这一则“一切尽在掌握”的广告中，消费者的需要被定位在“自我实现”的层次之上，表现出人们对寻找个性投射、个性吻合的价值对象的热衷，对“购买自己”的向往。

5. 动机与公众行为分析

动机是为满足某种需要而产生并维持行动以达到目的的内部驱动力。动机这一概念是由伍德沃斯于1918年率先引入心理学的，他把动机视为决定行为的内在动力。

人们从事任何活动都是由一定动机所引起的。引起动机有两类条件：内在条件与外在条件。内在条件是需要，即生理性动机，例如，血液中水分的缺乏会使人（或动物）产生对水的需要，从而使驱动力处于唤醒状态，促使有机体从事喝水这一行为以获得满足。由此可见，需要一经唤醒便会产生驱动力，可以直接引起动机，从而促使人们为达到特定目标而行动。外在条件是诱因，起源于社会性需要的动机，也称社会性动机。由于社会性动机是后天习得的，人与人之间的社会性动机有着很大的个体差异。

动机既可能源于内在的需要，也可能源于外在的刺激，或源于内在需要与外在刺激的共同作用。

6. 态度与公众行为分析

态度是个体对一定对象所持有的比较稳定的评价与行为倾向。它是个体在社会化的进程中，通过与社会环境中的人和物的交往、接触而逐渐形成的心理结构，是人的个性倾向的一个重要组成部分。

一般来说，态度由认知、情感、意图三个要素构成。

态度的构成要素

认知要素	认知要素是指对态度对象的认识、了解和评价，包括对态度对象的所有知识、思想和信念，这是态度的基础，如对某一社会行为作出善还是恶的评价等。这里，强调一定要针对某一对象才有意义。从心理学的角度讲，只说“王先生有善意的态度”是不具有任何意义的，而应该说“王先生对这个企业有善意的态度”
情感要素	情感要素是指对态度对象的喜好或厌恶等内心体验，这是态度的核心成分。态度中的情感因素不同于单纯的认知。例如，“我们班有46人”，这是认知，不带有感情成分，但“我喜欢这个班”则带有情感因素
意图要素	意图要素又称行为要素，是指个体对态度对象作出的反应。这是行为的准备状态，而非行为本身，如“想接近，想拥有，想远离”与“去接近，去拥有，去远离”是有区别的。“我想向领导提建议”、“我准备……”等，就是意图

态度的这三个要素相互联系，相互制约，形成了一个相对稳定的统一体。态度作为一种心理现象，对公众行为有以下影响：

（1）通过公众知觉的选择性和判断性影响公众的行为。一般来说，人的行为是由一定的外部或内部刺激引起的，但人并不是消极地接受这种刺激，这种刺激只有经过人类心理上的加工作用后才能为人所接受。人的态度就在人的心理活动中起着“加工作用”。

（2）预示着公众的行为方式。态度是一种内在的行为倾向，在通常情况下，个人的态度和行为是一致的、协调的，态度直接影响和决定个人的行为。虽然当这种行为见之于实际活动时，就已经是完成的行为，但我们通常可以根据公众态度来预测其行为。

（3）决定人的行为效果的差异。不同的人对同一人或事的态度不同，即存在着态度差异，态度差异又影响着人的行为。一般说来，积极的工作态度会产生高效率，消极的工作态度会导致低效率。

因此，研究分析公众的态度、正确判断公众的态度以及预测其态度可能的变化是制定科学可行的公关措施的关键。

同时，在公关活动中，我们也不应被动地适应消费者，而应积极主动地引导消费者对企业或产品改变原有的态度。基于态度结构的三个要素即认知要素、情感要素和意图要素，对于公众态度的改变也由此展开：

（1）改变认知，例如，通过提供新情况、新信息、新变化和新观点来改变其对事物的看法。

（2）改变情感，例如，通过富有人情味的公关活动和人际交往，动之以情，改变其对公关主体和有关事物的情感性质，变消极情感为积极情感。

（3）巩固公众的态度，通过一定的手段促成其通过一定的行为使其态度公开化，如在公众场合公开表明态度，这种方法通常用来及时巩固刚刚改变的态度，这种态度可能比较犹豫，不稳定，如果不通过行为（包括口头行为）公开态度，就可能会反复。

【应用例证】

许多美国消费者认为美国制造的汽车没有日本制造的汽车好，于是，大量广告被设计出来以改变这种观念。例如，美国克莱斯勒汽车公司是最先将安全气囊作为标准配备的汽车制造商之一，于是，它在其广告中大力强调这一点，让消费者感到安全气囊是汽车的重要部分。这就是通过改变认知达到改变态度的目的。

根据经典性条件反射理论，企业将受众所喜欢的某种刺激，如一段动听的音乐、一幅美丽的图画，不断与企业的产品或品牌名称同时播放。过了一段时间后，与该音乐、图画相联系的正面情感就会转移到品牌上。这就是通过改变情感达到改变态度的目的。

改变行为也能够直接导致情感或认知的形成。消费者经常在事先没有认知和情感的情况下尝试购买和使用一些便宜的新品牌或新型号的产品。在企业的广告活动中，优惠券、免费试用、购物现场展示、搭售以及降价等都是引导消费者试用新产品的常用的技巧。这些就是通过改变行动达到改变态度的目的的做法。

7. 兴趣与公众行为分析

兴趣是人力求认识某种事物、积极探索某种事物的倾向。当一个人经常主动地观察某种事物时，我们就说他对这一事物产生了兴趣，兴趣与个人的需要、年龄和职业等有密切的关系，还受到生活条件、成长环境、实践活动等因素的影响，所以说，兴趣不是天生的，它是在社会实践活动中产生和发展起来的。

兴趣对个人的动机和行为模式有着重要的影响，比如，兴趣会使人关注或参与某项活动、从事某种工作、推动某项能力的发展等，因此，在公关活动中，公众的兴趣发挥着重要的作用。公共关系工作人员只有充分地重视、利用和引导公众的兴趣，才能使公关活动具有较强的吸引力，取得实际的成效。具体表现在如下三个方面：

（1）公众的兴趣对公关目标发挥导向作用。在公关目标的制定过程中，公众的兴趣通过自发地对公关主体产生影响，间接地对公关目标的制定产生影响，从而发挥事实上的导向作用。任何公关的具体目标只有在迎合公众兴趣的前提下才具有实际的价值，否则只能是一纸空文。

（2）公众的兴趣对公关过程发挥能动作用。公关过程是主客体双向交流的过程，主体发挥主动作用，客体发挥能动作用。客体的能动作用中包括公众兴趣的作用。主体发出的信息和提出的要求要在公众的兴趣面前接受检验。符合公众兴趣的信息和要求能够推动公关的发展，而不符合公众兴趣的信息和要求不能推动公关的发展。

（3）公众的兴趣对公关主体发挥启迪和诱导作用。公众的兴趣是最有用的信息之一，对公关主体发挥启迪作用；公众的兴趣为开展公关活动提供机会和条件，对公关主体发挥诱导作用。对公关主体来说，有关公众兴趣的信息是一种重要的资源，只有积极地利用这种资源，才能使公关活动取得实际效果。

【知识拓展】

在社会实践活动中，人们的兴趣是多种多样的。

首先，根据兴趣的内容或倾向性，可以把兴趣分为物质的兴趣和精神的兴趣。物质的兴趣是指人们对物质产品的兴趣，如对衣、食、住、用等商品的渴望。精神兴趣是指人们为满足精神要求而形成的态度倾向，如对文学艺术的爱好等。

其次，根据兴趣与不同对象的关系，可以把兴趣分为直接兴趣与间接兴趣。直接兴趣是指对事物和活动过程本身的兴趣，如消费者在商店看到一套漂亮的时装，产生了要购买的欲望。间接兴趣是指人们对某种事物本身并没有兴趣，而对这种事物可能导致的预想结果感兴趣，如消费者对某一商品表示关注并不一定是喜欢商品本身，可能是预想使用这种商品会提高自己的身价。

再次，根据人们的意识对兴趣参与的程度不同，可以把兴趣分为情趣和志趣。情趣是感情作用于兴趣的结果，一般体现在人们对某一事物或某项活动的喜爱与追求上，如消费者喜欢某一商品，尽管他目前并不需要，但他还是买下它。志趣是意志作用于兴趣的结果，它可以使人的兴趣保持长久，如集邮爱好者总千方百计地收集甚至不惜花高价购买邮票。所以，这种兴趣人们也称之为爱好。

资料来源：http：//www. wyfwgw. com/Article/4923. html.（略作修改）

8. 价值观与公众行为分析

价值观是指人们对周围事物的是非、善恶、好坏和重要性的评价标准。人们对自由、幸福、平等、荣辱等观念均有各自的好坏、轻重、主次之分，这种主次的排列构成了人们的价值体系，是影响个体行为的重要因素。

一个人的价值观是在家庭、社会环境、文化环境、经济地位等的影响下逐步形成的。例如，电视、报刊、广播、网络等媒体的宣传，以及父母、老师、朋友、英雄人物的行为，对一个人的价值观和行为的发展都起到不可忽视的作用。

价值观对人们自身行为的定向和调节起着非常重要的作用。价值观决定人的自我认识，它直接影响和决定一个人的理想、信念、生活目标和追求方向。价值观对动机有导向的作用，人们行为的动机受价值观的支配和制约，动机的目标方向受价值观的支配，只有那些经过价值判断被认为是可取的动机，才能转换为行为的动机，并以此为目标引导人们的行为。价值观也反映了人们的认知和需求状况，价值观是人们对客观世界及行为结果的评价和看法。

因此，在价值观的推动下，现实生活中有着不同的价值取向类型。例如，有的价值取向是实惠型，不图名利，讲究经济实惠；有的是功名型，以获取功名为目的，注重个人的功名、地位、荣誉和被尊重的程度；有的是传统型，比较守旧，一切以传统为标准，固守传统的习惯；有的是现实型，其价值取向一般比较理智，既不伤害别人，又有独立的见解，善于在现实环境中发挥自己的主体能动作用；也有奉献型、权术型、利己型等。

公共关系要研究不同的公众群体在世界观和价值观上的差异，研究其可能产生的公众行为，协调组织自身的价值取向和公众之间价值取向的距离与关系。一般说来，组织和公众之间的价值取向趋于一致或类似，沟通就比较容易，效果也会比较好；相反，如果价值取向互相矛盾、有冲突，沟通就相对困难，障碍也比较大，不容易达成共识。因此，企业了解公众价值取向、更加合理地设计公关策略、有艺术地进行沟通等措施均会起到较大的正面作用。

（二）公众心理定式分析

定式是指主体对一定活动预选的特殊准备状态。人们在社会化的过程中，不但获得了知识经验，而且养成了一定的习惯、行为方式和个性倾向，这些习惯或方式在从事某项活动之前，便构成了一种心理准备状态，即定式。具体地说，人们当前的活动常受前面曾从事过的活动的影响，倾向于带有前面活动的特点。

心理定式是心理上的定向趋势，它既是人心理活动的定向标，又是一种动力。心理定式是一种固定化的心理状态，因此，公关活动中顺应公众的心理定式的指向并因势利导，才便于公关活动的顺利开展。

【应用例证】

很多人都有这样的经验，当口渴需要喝水时，常以为暖水瓶里装着很多水，用力一提，却发现原来瓶是空的。由于用力过大，暖水瓶被提得很高。这是为什么呢？因为提水壶之前，人已经有了一种心理准备，这种准备提供了足够的力量可把装满水的壶提起，然而出乎意料的是瓶内没水，人支付的力量远远大于提空壶所需的力量，因此感到水壶格外的轻。这种现象的理论根据就是心理定式。

资料来源：http：//baike. baidu. com/view/374752. htm.（略作修改）

1. 个体心理定式

个体心理定式是个体在长期生活中形成的，通过具体事件表现出来，是综合反映其心理特征和心理素养的一种稳定的心理状态和心理活动方式。它对个体今后的心理活动会产生重要的影响。

（1）首因效应。

首因效应指的是人与人在第一次交往中给对方留下的印象，在对方的头脑中形成并占据着主导地位的效应。首因效应也叫首次效应或第一印象效应。第一印象最先输入的信息对客体以后的认知产生强烈的影响，持续的时间也长，比以后得到的信息对于事物整个印象产生的作用更强。

如果在会晤陌生人之前，获得了关于他的某些间接资料，如说他有学问、热情等，那么这些也将有力地影响第一印象的形成。

那么，第一印象究竟有没有道理呢？答案是肯定的。一般情况下，一个人的体态、姿势、谈吐、衣着打扮等都在一定程度上反映出这个人的内在素养和其他个性特征，不管暴发户怎么刻意修饰自己，举手投足间都不可能有世家子弟的优雅，总会在不经意间“露出马脚”，因为文化的浸染是装不出来的。

当然，第一印象有时也会蒙蔽我们的眼睛，“路遥知马力，日久见人心”，仅凭第一印象就妄加判断，“以貌取人”，往往会带来不可弥补的错误。

公共关系中要利用这种效应，凡事争取有个好的开端，给别人以良好的印象，打下以后工作的有利基础。例如，消费者行为研究发现，对初次见到和听到的商品，首因效应起到很大的作用，很多公众一进商场的门，就对这个商场经营的好坏、产品的质量作出一定的判断，然后根据自己的判断决定是否在这个商场停留。可见，第一印象绝对不能忽视。

（2）近因效应。

在人与人的交往中，人们识记一系列事物时对末尾部分项目的记忆效果优于中间部分项目，这种现象就叫近因效应。前后信息间隔时间越长，近因效应越明显。原因在于前面的信息在记忆中逐渐模糊，从而使近期信息在短时记忆中更为突出。

与首因效应相反，近因效应使人们更看重新近信息，并以此为依据对问题作出判断，忽略了以往信息的参考价值，从而不能全面、客观、历史、公正地看待问题，例如，有时一句话就伤了多年的和气。近因效应是存在的，首因效应也是存在的，那么，怎么样去解释这种矛盾的现象呢？大量的实验证实，首因效应和近因效应依附于人的主体价值选择和价值评价。在主体价值系统作用下形成的印象被赋予了某种意义，被称为加重印象。一般而言，认知结构简单的人更容易出现近因效应，认知结构复杂的人更容易出现首因效应；在知觉陌生人时，首因效应的作用比较大，在知觉熟悉的人时，近因效应的作用比较大。

公共关系传播也要注意这种近因效应，注意用新信息去巩固、刷新公众心目中原有的良好印象，或尽力改变原有的不良印象。

（3）晕轮效应。

晕轮效应也称月晕效应，是指在人际相互作用过程中形成的一种夸大的社会印象，正如月亮的光环一样，向周围弥漫、扩散，形成一种光环作用。

晕轮效应最早是由美国著名心理学家爱德华·桑戴克（Edward Thordike）于20世纪20年代提出的。他认为，人们对他人的认知和判断往往只从局部出发，扩散而得出整体印象，即常常以偏概全。一个人如果被标明是好的，他就会被一种积极肯定的光环笼罩，并被赋予一切好的品质；一个人如果被标明是坏的，他就被一种消极否定的光环所笼罩，并被认为具有各种坏品质。这就好像刮风天气前夜月亮周围出现的圆环（月晕），其实，圆环不过是月光的扩大化而已。据此，桑戴克为这一心理现象起了一个恰如其分的名称——“晕轮效应”，也称作“光环作用”。

晕轮效应最大的弊端就在于以偏概全，如你对人诚恳，那么即便你能力较差，别人也会对你非常信任，因为对方只看见你的诚恳，这就是“光环作用”，一好百好；或者一个人做错事了，就不管其他事做得如何完美，都统统认为他毫无可取之处，这被称为“扫帚星效应”，一丑百丑。晕轮效应常常造成许多不良后果。

我们可以充分利用这一特点进行公共关系活动，扩大组织或产品的影响，美化组织或产品的形象，如“名人广告”、“名流公关”等；同时，也要避免滥用这种晕轮效应，使公众反感甚至讨厌，更要反对利用晕轮效应来蒙骗公众。

【应用例证】

个人在敬仰、爱慕他人的过程中所形成的夸大了的社会认知就是晕轮效应，也可以说是“爱屋及乌”。晕轮效应在爱情和偶像崇拜中最明显。最典型的例子就是当我们看到某个明星在媒体上爆出一些丑闻时总是很惊讶，而事实上我们心中这个明星的形象根本就是其在银幕或媒体上展现给我们的那圈“月晕”，其真实的人格我们不得而知，仅仅是推断的。

（4）假定性相似。

人们在社会知觉中有这样一种倾向，即总是假定别人与自己相似，在日常生活中常常不自觉地把自己的心理特征（如个性、好恶、欲望、观念、情绪等）归属到别人身上，认为别人也具有同样的特征。尤其当他人的年龄、民族、社会地位等因素与自己相近时，更是如此，这种现象被称为假定性相似。弗洛伊德把这种现象称为投射作用，就是个人把自己身上的特性归属到他人身上。这是蕴藏在人类行为深层的心理特征，自身是意识不到的。

例如，有的人喜欢游山玩水，就认为别人也喜欢游山玩水；有人把别人想得很坏，就怀疑别人也如此看他。此所谓“以小人之心，度君子之腹”。

这种偏见产生两个相互的结果：

①当一个人评价别人时，实际上他把别人评价得更像自己。实验表明，通过放映喜剧片或令人生厌的录像，会影响到被试者对别人面部表情的判断。被试者总是根据自己的情绪评价他人的表情，即自己愉快时也认为别人很愉快，自己心烦时也看到别人在忧愁。也就是说，被试者歪曲了他人的人格，以至于给他人的评价与其说像哪个人不如说像被试者自己。

②当一个人在评价与自己相类似的人时，就评价得比较准确。因为人们评价他人时总以自己作为参照标准，所以一旦遇到了一个类似的人，评价自然就准确得多了。从这种偏见中，也可以导出一个效应，即当一个人在评价他人时，往往也就是评价了自己。就是说，对他人的评价实际上也就是对自己人格的测定。从这里，我们可以得到一个启示：如果要了解一个人，简单易行的方法就是让其去评价他人。

2. 群体心理定式

（1）刻板印象。

刻板印象，也称定型化效应，是指个人受社会影响而对某些人或事持稳定不变的看法，这是一种概括而笼统的看法。

在一般情形下，人们对他人的印象是在直接交往中产生、形成的。但是也有另外的情形：个人对某人或某一类人仅靠一些间接资料就形成了一定的印象，并且使自己对某人或某类人的认识受此印象的强烈支配，这在心理学中被称为定性作用。例如，人们普遍认为英国人保守、有绅士风度，德国人严格、有纪律，法国人浪漫、感情充沛，美国人天真、求实，日本人聪明、勤劳、进取、拼搏等。这些就是典型的刻板印象，其实说这种话的人并未与这些人有过多少来往，但对此深信不疑。

总之，像这样既不以直接经验为根据又不以事实资料为基础，仅凭道听途说、一面之词而对某人、某类人形成的印象，叫刻板印象。

刻板印象有三大特征：①它所依据的是一种过分简化了的分类方式，在人的思维活动中表现为一种容易以习惯的方式解决问题的倾向；②它是对先前经验的间接、概括性的反映，并且在同一文化中有相当的一致性；③多与事实不符。

刻板印象既有积极的一面，也有消极的一面。积极的一面表现为：对于具有许多共同之处的某类人在一定范围内进行判断，不用探索信息，直接按照已形成的固定看法即可得出结论，这就简化了认知过程，节省了大量时间、精力。消极的一面表现为：过度概括，即在有限的材料基础上，得出了极其宽泛的结论。

公共关系工作一方面要研究和顺应公众的某种刻板印象，使自己的形象与公众的经验相吻合，并在可能的情况下留给人们好的印象；另一方面也要努力传播新观点、新知识和新经验，以改变公众某种狭隘的成见和偏见以及由此形成的误解，从而保证组织与公众之间的正常交往和沟通。

【应用例证】

市场调查公司在招聘入户调查的访问员时，一般都应该选择女性，而不应该选择男性。因为在人们印象中，女性一般来说比较善良，较少有攻击性，力量也比较单薄，入户访问对主人的威胁较小；而男性，尤其是身强力壮的男性如果要求登门访问，则很容易被拒绝，因为他们更容易使人联想到一系列与暴力、攻击有关的事物，使人们增强防卫心理。

（2）流行心理定式。

只要社会上某些有影响力的特定的人物表现出某种新奇性的行为，许多人就会竞相效仿，从而成为一种社会风尚——流行，流行也称时尚、风尚，平时讲的“热”、“时髦”等都是流行的不同表现形式。

流行是一种群众性的社会心理现象，是指社会上许多人都去追求的某种生活方式，这种生活方式在较短的时期内到处可见，从而导致了彼此之间发生连锁性的感染，即所谓的“一窝蜂”现象。流行既体现在人们的物质生活（如衣、食、住、行等）方面，也体现在人们的精神生活（如文化、娱乐活动等）方面。

流行有三个方面的含义：①流行是人们对某种生活方式的随从和追求，它涉及的范围十分广泛；②有相当多的人去随从和追求某种生活方式；③流行是在一定时期内的社会现象，过了一定的时间便不再流行。若长时间持续，就会转化为人们的习惯，成为社会传统。

流行的共同特征是：①新奇性。这是所有流行项目最显著的特征。但是新奇性不在于流行的项目是否新奇，而取决于是否得到当时人们的认同。例如，在20世纪80年代，烫发被视为新奇而流行起来，其实它早就存在了，并不新，只不过在当时与其他发式相比具有新奇性。②时效性。流行一般表现为突然迅速地扩展与蔓延，又在较短的时间内消失，如流行歌曲等。③周期性。流行变化具有周期性，今天时髦的事物，几个月后也许变成陈旧的东西，若干时间以后往往又被看成是新式的。④两极性。流行项目的变化往往是从一个极端到另外一个极端。例如，长到极端必然回到短，而后又回到长；大到极端必然回到小，而后又回到大等。

追求流行的心理原因有以下四种：

①从众与模仿。对大多数人来说，被人视为乖僻、孤独是不能忍受的。于是人们就努力去适应社会环境，以保持心理上的平衡。可供选择的最简单而又最可靠的方式，就是模仿社会上流行的东西，如周围人的发式、服装、行为、语言等，以适应社会环境。人们在追求与模仿流行事物时，认为流行事物一定是正确的，自己与他人一样是不会错的，因此从众。所以，流行成为引导人们行动的风向标。社会上许多人竞相模仿某种新奇的事物，就逐渐形成一种社会风尚。

②求新欲望。社会生活的内容若缺乏变化则会变得陈旧，人们的精神面貌也会缺乏生气。人们企图推陈出新的动机与对流行的追求有着密切的关系。人有一种基本的欲望，即想要从自己周围的环境中寻求新的刺激，以满足自己的好奇心。而流行之所以能够存在，正是因为其本身具有新奇性。人们的求新欲望与流行的新奇性和短暂性有关。人们即使生活上自由自在，精神生活与物质生活十分满足，但若长期处于没有任何变化的社会情境中，总会逐渐感到厌倦，甚至不堪忍受，最终会产生摆脱陈旧生活模式的欲望，流行创造新的生活方式，用不断变化的新的面目满足人们的这种欲望。

③自我防御与自我显示。有些人感到自己社会地位不高，承受种种束缚，希望改变现状，避免受到心理上的伤害和压抑。他们往往为摆脱压抑的感情而追求流行，或者为了克服自己的劣等感而追随华丽的流行项目。这些都是自我防御。此外，有些人喜欢标新立异，他们有意无意地向他人表现和主张自己与众不同，以此来显示自己的地位和个性，表明自己的嗜好和欲望。他们追求流行是为了自我显示。

④追求流行有个别差异。人们是否都追求流行，目前虽然尚未得到实证性材料来证实，但在日常生活中可以发现，人们的追求有很大的差异。追随流行有年

龄与性别的差异。一般而言，女性比男性更喜欢追求流行，青年比老年更喜欢追求流行。在性格上，脾气容易变化、喜欢华丽的人，对流行特别敏感。此外，虚荣心、好奇心、好胜心强的人比较喜欢追求流行。

对流行的研究对于公关工作有着重要的意义。一个公共关系活动很可能成为某种流行的倡导者，一个广告传播活动也可能对某种流行起到一种推波助澜的作用。对于流行产生的原因的深入分析，尤其是对与企业产品有关的流行趋势的把握，会给企业带来极大的市场效益。在服装业界有“流行色即金钱”的说法，讲的就是这个道理。

（3）流言与公众心理。

流言是指提不出任何信得过的确切根据，而在人们中互相传播的一种特定的虚假信息。

流言与谣言不同。谣言指没有事实存在而捏造的消息，谣言的制造者原本就具有主观上的动机，谣言为自身目的服务。流言指在人们之间相互传播的有关某种社会现实问题的不确切消息。两者的区别就在于动机不同，但其共同的特点是缺乏明确的事实根据，而且均能广泛传播。

流言是一种极为普遍的社会现象。流言一经发生，传播极为迅速。尤其是那些攻击流言和恐怖流言，对个人和社会都会产生消极影响。

流言的类型大致可以分为愿望流言、恐怖流言和攻击流言三类。

①愿望流言。愿望流言反映了人们的某种要求、期望、未实现的梦想以及未满足的需求。愿望流言是凭借常识就能推测到的，这些流言将会被有目的性地、故意地传播给宣传对象。例如，第二次世界大战期间，有人散布流言说：“圣诞节前要结束战争”、“两个月内德国要发生武装政变”、“日本的储油只够用六个月”等，结果大众受到这种愿望流言的影响，等待着真实消息的公布，事实上公众最终是大失所望。

②恐怖流言。恐怖流言反映出人们内心的恐惧情绪。这种流言常见于社会紧张时期（自然灾害、战争、政变等），以及人们对某种事物产生明显的恐惧和悲观绝望的情绪的时候。例如，在第二次世界大战中曾一度传言“太平洋舰队在珍珠港全军覆没”，这使美国公众人心惶惶。研究发现，人们有时对官方的宣传信任度下降，反而对流言深信不疑。

③攻击流言。攻击流言与恐怖流言相似，一般产生于社会紧张时期，通常源于群体之间的矛盾，其作用在于制造分裂。例如，当进步势力掌握政权时，它的反对派常常会利用这类流言对当局发动攻击，造谣惑众以引起公众对当权者的不满。在竞争激烈的市场环境下，也可能产生攻击流言。

流言一经发生，传播极迅速，一传十，十传百，辗转相传，面目全非，越来越离奇，成为一种精神上的传染。故流言对个人、对社会都会产生消极影响。

流言是一种公众情绪的反映。从流言传播的内容来看，流言带来的往往是一些“坏消息”。俗话说“好事不出门，坏事传千里”，越是坏消息就越容易传播。流言所反映出来的情绪大多带有担心、恐惧、怀疑、不满、幸灾乐祸等消极成分。流言是一种公众愿望的反映，流言不仅反映人们的情绪，也反映人们的愿望。这种愿望有的是正向的，有的是负向的。

为控制流言而简单地反驳说“那不是事实”的做法并不奏效，更重要的是进行适当的忠告。这并不是要让说政府或企业了解事实却故意隐瞒，而是在某些情况下需要或多或少地改变或省略事实，这对防止恐慌、保持稳定是必不可少的。例如，在座无虚席的剧院里发生事故而产生流言时，如果观众们得知生命受到威胁，就会一窝蜂似的涌向出口，由于过于拥挤，有可能出现人员伤亡；相反，如果观众认为那是个无关紧要的小事故，全体观众就会有条不紊地退出剧院，因此，工作人员切不可先表现出手足无措、心慌意乱的神情，必须用镇静从容的姿态与语言疏导观众离开剧场。

在国家发生危机时，政府应该稳定人心，恢复和保持对政府的信任感，并尽快地将正确的情报传达给每一个人。充分利用政府已有的信任感，问题会更容易解决。

（4）舆论。

舆论是公众的意见与看法，是社会全体成员或大多数人的共同信念，是人们彼此间信息沟通后的一种共鸣。

舆论也是大众社会中的一种普遍存在的心理现象，对个人或群体会产生一定的影响，它既可以约束个人或群体的行为，也可以鼓励个人或群体的行为。

舆论的主要特征包括以下五点：①舆论作为一种公众意见，当然是为大多数人所赞成和支持的；反之，若社会上的某种意见，即使有人大力宣传和提倡，但未能取得公众的赞成和支持，那么，这种意见还不能称之为舆论。②舆论本身含有合理性。舆论的形成要经过一个时期的酝酿与讨论，逐渐使人们看到其合理的部分并采纳它、赞同它、支持它。③舆论是有效的。能否使某种意见成为舆论，主要取决于它的有效性，即这种意见能否产生社会影响。某种意见能推动或阻碍社会上的某种行为，这种意见就是舆论。④舆论总是涉及社会的安宁与幸福的问题。它总是针对社会上出现的某些特殊现象，这些特殊现象与社会固有的风俗传统、伦理道德相反，人们感到此种情况与社会已有的规律相悖，不利于社会的安宁与幸福时，便议论纷纷。⑤舆论一般不是政府的意见，如果是政府的意见，就会以政府的公告、宣言或政策等形式出现。舆论是广大民众的呼声。开明的政府提出的公告、宣言或政策往往是在充分研究社会上流行的舆论之后提出的，提出之后也密切关注着社会对它们的舆论，将其作为反馈信息，以便必要时及时修改。

舆论是公众的意见，它是一种巨大的精神力量，我们平时所讲的“人心所向”以及“众望所归”等就是一种无形的动力，而“众怒难犯”等则是一种精神压力。古人曾言：“得民心者存，失民心者亡。”“得道多助，失道寡助。”这里讲的“民心”、“道”，实质上是公众的意见，即舆论。舆论的作用主要表现在以下三个方面：

①制约和监督作用。

社会舆论对个人、社会群体乃至政府都能产生一定的制约与监督作用。舆论对社会的监督内容是多方面的，大至社会的经济基础和上层建筑，小至每个人的个人行为；上至政府的路线、方针、政策，下至社会的某一具体事件。从具体问题来看，有决策方面的监督、工作方面的监督、法律方面的监督、道德方面的监督、理论方面的监督等。

舆论可以制约个人的行为。个人在社会中总是会发生从众行为。舆论既然代表着大多数人的意见，它就可以产生一种社会控制力，对每一个人都具有一种压力作用，约束每一个人的言论和行动。所以，正确的、健康的舆论能够团结和鼓舞公众，以阻止不道德的言论和行为在组织中发生。

舆论对群体有相当大的影响。舆论多半反映了公众的意见和要求，群体领导人如果忽视了社会舆论，就会使群众产生反感及冷漠的心理。一般来说，正确的舆论可以战胜不健康的舆论，它可以抑制群体中的歪风邪气，使正气抬头。但在某种群体中，在正气未抬头时，可能会出现一些不健康的舆论。作为一个群体，必须针锋相对地制造舆论，以抵制那些不健康的舆论，这样才有利于群体目标的实现。

②舆论的指导作用。

舆论对人们的行为具有指导作用。例如，在购买商品和欣赏电影、音乐时，舆论起着重要的作用。介绍某一商品或某一电影的人称为舆论的指导者——意见领袖，通过意见领袖的宣传，就更具有说服力。因为意见领袖总是某方面的专家，熟悉他所介绍的对象，并且和社会上各个阶层的人们有着广泛的接触。在公关传播中运用“名流公关”的方法，就是利用了意见领袖的影响力。

正因为如此，任何一个国家和政府都十分重视对公众舆论的控制和引导，尽量利用广播、电视、报刊等宣传媒介进行舆论宣传，使宣传内容反映群众的呼声、传达政府的希望和要求。

③舆论的鼓动作用。

进步舆论往往可以成为社会运动的先导，只有舆论先行，才能发起伟大的社会革命运动。例如，没有18世纪资产阶级启蒙思想作为舆论准备，就不可能出现资产阶级民主革命。

现实生活中的事件，经过许多人对其评论、发表意见、造成舆论，便形成一种社会空气，即社会心理气氛。这种社会心理气氛保卫着人们的生活，形成了客观的社会环境，反过来又影响着人们的生活。因为人的心理活动不是受他人的心理影响，就是对他人的心理产生影响，总是相互作用、相互影响，从而使舆论制造的社会心理气氛影响和控制着人们的行动。

实践启迪

泰坦尼克跨国打盗版

一、案例回放

《泰坦尼克号》这部世界电影史中堪称“票房之最”的商业电影，以其耗资巨大的专业制作和感人至深的爱情故事赢得了来自不同国家、不同年龄的人们的广泛喜爱。《泰坦尼克号》在中国的放映同样获得了巨大成功，成为当年票房收入最高的进口影片。而电影的成功也必然带动了中国盗版VCD市场的繁荣，盗版《泰坦尼克号》VCD成为最热门的收藏品。在影片播出一年之后，特别是在盗版VCD充斥市场之时，宣伟公司成功地组织策划了正版《泰坦尼克号》VCD上市的公关宣传活动。

为了给到场的来宾一个真实的体验，宣伟公司安排了一个小型的时装表演，模特展示的正是当年杰克和露丝上船第一天穿的服装。这个巧妙的安排使新闻发布会进入高潮并为摄影记者提供了绝佳的拍照机会。新闻专访在会后举行，客户发言人及其中方合作伙伴就打击盗版市场与记者进行了广泛的探讨。在正式上市活动的前一天，宣伟公司又把国际和国内记者聚集在浦东香格里拉饭店，请《泰坦尼克号》电影的制片人约翰·兰度先生介绍电影制作背后的花絮。中国媒介与好莱坞的距离被缩短了。正式上市活动当天下午，由二十世纪福克斯公司的发言人向中外记者介绍了当天晚会的精彩节目，积极地调动了媒介的兴奋度。晚上6时，主办方迎来了270位来宾，包括政府官员、新闻媒体、行业代表和企业赞助商。晚会的一切都是为了使来宾体验1912年杰克和露丝共进晚餐的那一夜。会场用仿古家具布置，如老式电话、照相机、皮箱、水晶吊灯等，现场还有小乐队演奏，无一不令来宾感到仿佛置身于当年的泰坦尼克号上。当红明星瞿颖和邵兵身着杰克和露丝出席最后的晚餐时的服装出现在来宾面前。由张光北扮演的爱德华船长摇响了开船的汽笛，将香槟喷洒在来宾的酒杯中，晚会在欢呼声中开始了。来宾被引入宴会厅，立刻被立在大厅的巨型泰坦尼克号船头的模型所吸引。整个晚餐是按照泰坦尼克号上的菜单定制的，共 12 道菜。在晚宴的间歇，主办方安排了丰富的娱乐节目，节目均取材于原剧，忠实于历史。瞿颖和邵兵走上船头，即兴表演了剧中的精彩片断，歌手一曲感人至深的《我心依旧》，使来宾重温了《泰坦尼克号》的浪漫主题。现场还安排了一场小型的时装表演，表演的舞台就在巨型船模上。模特们身着按原剧制作的戏服及其他欧式的怀旧礼服，将来宾带回了 1870 年。正当来宾沉浸在浪漫的遐想中时，宴会厅的大门打开了，爱尔兰民族音乐响起，一群身着民族服装的舞蹈演员踏着欢快的步子舞进入了大厅，再现了当年杰克带着露丝去三等舱跳舞的情景。来宾纷纷走上舞台，跳起了爱尔兰民族舞蹈。当约翰·兰度手捧奥斯卡金像奖走上舞台时，全场的观众雀跃了。大家争相与这位好莱坞大制片人合影留念。晚会在人们的欢笑声中结束了。来宾带着美好的回忆，带着随请柬奉送的正版《泰坦尼克号》VCD 离开了会场。

正版《泰坦尼克号》VCD 的上市发行与其电影的放映引起了同样的轰动，成为百姓议论的话题。第一批到货的正版 VCD 在上市活动举行后的 24 小时内全部售罄，并打破了以往任何 VCD 在中国的销售纪录。宣伟公司在活动结束后的几周内还不断接到来自媒体和消费者的电话，询问去何处购买正版 VCD。

《泰坦尼克号》跨国打击盗版之所以能获得如此大的成果，关键是宣伟公司抓住了中国公众对电影所营造的浓郁的爱尔兰文化风情及浪漫爱情故事的深深热爱。宣伟公司没有将宣传的重点放在理性的角度，而是偏重于传达正版 VCD 带给人们的情感价值，如电影所宣扬的真爱等情感因素，以此来调动消费者拥有正版 VCD 的购买意愿，并在真情、真爱与正版 VCD 之间架起了一座无形的桥梁。

二、启迪与分析

1. 心理学认为，决定人们态度的要素有三个，即认知、情感和意图。认知解决对不对问题，情感解决好不好问题，意图解决干不干的问题。其中的决定因素是情感。因此，要说服人，仅仅晓之以理是不够的，还应该动之以情。

2. 宣伟公司在《泰坦尼克号》上映一年，盗版 VCD 也“繁荣”一年之后发行正版 VCD，就主要采取了动之以情的方法。在正版 VCD 发布会上，原汁原味地复制了《泰坦尼克号》中的场景，使所有参会者都沉浸在浓郁的爱尔兰文化风情中，又一次被杰克和露丝的真情所感动。随请柬赠送的正版 VCD，顺理成章地成为与真情、真爱紧密联系的载体。“不著一字，尽得风流”，这种温馨的说服方式对正版 VCD 的推广起到了很好的作用。

资料来源：http：//www. nhtvu. net. cn/media_file/2010_06_28/20100628083527. doc.（略作修改）

项目训练

1. 请你画一张学校的公众关系构成图，分析各类公众的特征，并谈谈怎样发挥学生在学校形象建设中的作用。

2. 依据对公众心理的认知的理论，选择某一目标公众心理进行认知实验。例如，某组织招聘，对招聘人员和应聘学生心理进行认知分析。

思考练习

1. 简述公众的含义、分类与特征。

2. 分析常见的心理定势及从众行为产生的原因。

3. 分析舆论对公众行为的影响。

4. 分析内部公众在组织中的作用。

5. 试述不同文化对公众心理的影响，了解不同文化背景的公众心理对于公共关系工作的意义。

任务三　公共关系传播——公共关系的重要手段

知识目标

- ◆ 了解公共关系传播的含义和构成要素。
- ◆ 把握传播的基本原理、基本手段、公共关系的传播媒介及传播效果。
- ◆ 培养人际传播、组织传播和大众传播的能力。

能力目标

- ◆ 掌握利用传媒的技巧、公共关系广告的技巧、人际沟通的技巧。

任务导入

探求“奥妙”降价的奥妙——中国环球公关公司的媒介公关

奥妙是世界知名企业联合利华旗下的重要洗涤产品品牌。1993 年，奥妙成为第一个进入中国市场的国际洗衣粉品牌。经过几年的发展，奥妙已经是中国高档洗衣粉市场最有影响力的品牌之一。1999 年，联合利华在华资产重组顺利完成，实现了资源共享，这使奥妙洗衣粉的生产间接成本大大降低。在内部条件成熟的情况下，联合利华决定推出两种新款奥妙洗衣粉，并对价格进行大幅调整。

中国环球公关公司受联合利华委托，处理围绕奥妙降价产生的媒介关系事宜。日用消费品的价格大幅度变动势必引起新闻媒体的关注。新闻媒体在关注此事件的过程中，一方面会在客观上帮助联合利华传播“奥妙降价”这一重要信息，引起消费者的关注；但另一方面也有可能引发不利于联合利华的舆论报道，从而可能导致联合利华这一重大的市场举措失败。

为了有效传播“新奥妙”的产品优势（价格、性能），形成对奥妙有利的舆论环境，避免可能产生的不利报道，维护奥妙业已形成的良好形象，中国环球公关公司制定了详尽的公关措施：

一、掌握事件的主动

（1）在第一时间召开新闻发布会。1999 年 10 月，分别在上海、广州、北京召开新闻发布会，邀请全国主要的新闻媒体参加，公布“降价”消息，尽可能回答记者感兴趣的问题，形成一定的宣传规模和强度，同时以事实来消除有可能产生的主观臆断和猜想。

(2) 用心遴选各个地区有影响力的媒体及适合的版面、栏目，做到有的放矢。

二、制定防患措施

(1) 针对不可回避的敏感问题给出合理的答案，以防止负面报道的产生。

(2) 指定新闻发言人，保证对外发布统一的信息。

(3) 从不同角度撰写新闻稿，引导记者形成有利于奥妙的报道思路。

三、与媒介保持良好的协调关系

在发布会前后，尽可能充分地与媒体沟通，增加媒体记者对奥妙降价举措的认同感。

1. 敏感问题处理意见

针对在处理奥妙降价媒体关系方面不可回避的问题，归纳并准备了将近40个答案，确保发言人在答记者问时做到心中有数。例如，奥妙降价如何保证质量，重组之后如何解决“下岗”问题，以及冲击中资品牌问题、环保问题等，并相应地确定了回答要点，确保可以从容不迫地回答记者的提问。

2. 从不同角度编写新闻稿

为了引导记者形成有利于奥妙的报道思路，从以下四个方面撰写不同的新闻稿：

(1) 奥妙闪亮登场。

(2) 奥妙降价不降质。

(3) 奥妙降价给国有企业的启示。

(4) 国内洗衣粉市场的发展与潜力。

资料来源：http：//www.5ixue.com.（略作修改）

任务分析

奥妙以新闻发布会为主体的媒体关系协调工作完成得十分顺利，达到了预定的公关目标，媒体反响强烈。发布会结束后的一个月内，媒体发稿量大，报道中没有出现有损奥妙品牌形象的情况，而且报道篇幅长，短时间内形成新闻热点。在奥妙降价之后的一个月内，其销量大幅度上升。围绕奥妙降价展开的媒体关系协调工作最终取得成功。

由此可见，与新闻媒体的良好合作，取得其理解、支持，是企业塑造形象、沟通公众关系的重要条件。搞好媒体关系，一方面可以迅速提高企业的知名度并扩大企业的社会影响力；另一方面，当企业面临危机或处于特殊时期时，能获得公众的同情与支持，积极引导舆论，重塑企业形象。在西方国家，新闻媒体被称为独立于立法、司法、行政三权之外的“第四种权力”。

问题：

1. 本策划中为什么着眼于媒介公共关系？

2. 公关策划的特征有哪些？

四 理论要点

一、公共关系传播的概念及基本要素

（一）公共关系传播的基本概念

传播与沟通在英文中属于同一词，即“Communication”，它来自希腊文中的名词“Communes”，意思是“社区和共同性”，也指为保持密切关系所进行的信息交流活动。传播是公关主体与客体之间相互联系的纽带和桥梁，离开了传播，公众就无从了解组织，组织也无从了解公众。因此，一个社会组织不但要有明确的目标、符合公众利益的政策和措施，还要充分利用传播手段开展公关活动，赢得公众的好感和舆论的支持，获得良好的经济效益和社会效益。

公共关系传播是组织通过报纸、广播、电视等大众传播媒介，辅之以人际传播的手段，向其内部及外部公众传递有关组织各方面信息的过程。

这个定义至少包括三个方面的内容：

（1）公共关系传播的主体是组织，不是专门的信息传播机构。

（2）公共关系传播的客体由两部分组成，一部分是组织内部公众，另一部分是组织外部公众。

（3）公共关系传播以大众传播媒介作为主要手段，以人际传播作为辅助手段。

（二）公关传播的基本要素

公共关系传播是组织运用传播手段向公众传递信息的过程，它经历了由传播者到受传者的全过程，因此也应当包含传播过程的五个要素：公共关系传播者、公共关系传播内容、公共关系传播渠道、目标公众以及公共关系传播效果。

1. 公共关系传播者

公共关系传播者就是信息的发出者，如新闻发言人、形象代言人、通讯员等，他们是代表组织行使传播职能的人，即公共关系主体。在协调公众关系、改善周围环境的过程中，在树立自身形象、提高信誉的过程中，在沟通内外联系、谋求支持与合作的过程中，公共关系传播者居于主动地位，起着控制者与组织者的作用，因此传播者是传播过程中的主导因素。

作为公关传播者，其在公关主体和社会公众之间起着桥梁的作用，主要任务是：①将外部信息传达给公关主体内部公众，让内部公众及时了解外部环境的变化；②将公关主体的信息发布出去，传达给外部的目标公众，让外部公众及时了解公关主体发生的变化。

2. 公共关系传播内容

公共关系传播内容是指传播者发出的有关组织的所有信息。公关主体发出的信息有两种类型，一种是公关主体有意传播的信息，这是公关主体控制下的信息传播，这种信息的内容一般对公关主体有利。另一种是公关主体无意传播既的信息，这种信息的传播可能对公关主体有利，也可能有害。

公关主体有意发出的信息大体上可以分为告知性内容和劝导性内容两类。

告知性内容是向公众介绍有关组织的情况，如目标、宗旨、方针、经营思想、产品和服务质量等。在信息传播过程中，告知性内容往往以动态消息或是专题报道的形式出现。

劝导性的内容是号召公众响应一项决议，呼吁公众参与一项具有社会意义的公益活动，或者劝说公众购买某一品牌的商品等。在利用大众传媒进行宣传的过程中，政党、政府及其他非营利性组织发布的劝导性的内容，往往以社论、评论、倡议书的形式出现；而营利性组织发布的此类内容，则多以商业广告的形式出现。

3. 公共关系传播渠道

所谓传播渠道，是指信息流通的载体，也称为媒介或工具。公关人员利用的传播媒介主要是大众传播媒介，其次是群体传播和人际传播。具体来说，公共关系传播媒介是各种各样、丰富多彩的。常见的有四种：语言媒介，如报纸与杂志、书籍与纪念刊、海报与传单、组织名片与函件等；电子媒介，如广播、电视、录音、录像、幻灯和电影等；标志媒介，如摄影与图片、商标与徽记、门面与包装、代表色等；非语言传播媒介，如表情、体态、目光等。

4. 目标公众

目标公众是指那些与组织有着某种利益关系的特定公众。目标公众是大众传播受传者中的一部分，是组织意欲影响的重点对象。目标公众又可以分为个别影响的公众、集中影响的公众和扩散影响的公众。个别影响的公众需要通过人际交往和人际传播来对其施加影响；集中影响的公众需要通过群体传播来对其施加影响；扩散影响的公众需要利用大众传播来对其施加影响。

组织要想有效地开展公关工作，分辨自己面对的公众是十分重要的，所以，在传播沟通之前应根据目标公众的分类标准对目标公众进行逐一分类，才能真正做到有的放矢。

5. 公共关系传播效果

公共关系传播效果，是指目标公众对信息传播的反应，也是公共关系人员对传播对象的影响程度。公共关系传播的效果反映在四个层次：信息层次、情感层次、态度层次、行为层次。

信息层次，是公共关系传播最基本的层次，即将信息传播给目标受众，使之完整、清晰地接收到，并且较少歧义、含混、缺漏。这是简单的传到、知晓层次，是任何传播行为首先应达到的传播效果层次。

情感层次，指传播者传出的信息从被知晓到促进情感产生，使目标受众在感情上与传播内容接近并表示认同，对这一传播活动感兴趣，从而与传播者接近，这是传播达到的较为理想的效果。

态度层次，态度是人对事物或现象认识的程度、情感表达和行为倾向的总和。它已从感性层次进入了理性层次，是在感性认识的基础上经过分析判断、理性思考而产生的，一经形成就难以改变。传播如果能达到这一层次，对目标公众的影响就非常深入了。

行为层次，这是传播效果的最高层次。它是指目标公众在产生感性、理性认识之后，行为发生改变，作出与传播者要求目标一致的行为，从而完成从认识到实践的全过程，使传播者的目标不仅有了同情者、肯定者，而且有了具体实施者、执行者。

要改善公共关系，许多情况下仅让公众了解信息还远远不够，它需要说服公众，促使公众的态度向着有利于公关主体的方向转变。公关工作就是要让各界对组织知晓、同情，并获得他们的理解与支持，最终达到较高的效果层次，即公众产生行动，这是公共关系传播效果的唯一评估标准。

【应用例证】

“微”风来袭　新媒体时代的微产物引领新时尚潮

微信、微博、微电影……一时间，各种以“微”字当头的信息传播方式“势不可挡”，“微”风蔓延，方兴未艾的微博把电影也“围”了进去。而今，一种新的社交方式——微信也进入了人们的生活，改变着人们的生活习惯，让信息传播与沟通零距离。

悄然来袭的微信时代

当人们还沉湎于如日中天的微博，看着热门的微电影时，微信时代已经悄然来到了我们的身边。在移动互联网时代，微信支持跨运营商、操作系统平台快速发送文字、图片、表情、视频以及多人语音对讲，微信以其全新的社交模式赢得了广大年轻受众群体的青睐，引领着一股新的时尚潮。

据相关数据显示，目前微信的用户数量在2 000万以上，在App Store社交类应用下载排行中也已超越QQ荣登榜首。对于微信的未来，互联网评论人士看法不一，有的说，微信会替代传统的短信，成为日常沟通的必备工具，也有人士说，微信是未来移动互联网的代表作，将是手机终端的霸主。未来的微信会如何，让我们翘首以盼。

如日中天的微博时代

2010年，微博以迅雷不及掩耳之势传播，作为一种新兴传播载体，微博越来越受到人们的青睐，越来越多的用户将微博作为获取新闻的重要平台，微博的媒体效应在进一步凸显。微博使世界进入一个“人人可以发声，人人都是新闻源”的时代。在微博上，每个人既是信息的生产者，也是信息的消费者，微博迎合了现代社会个人主体性解放的潮流，为社会上几乎每一个人提供了张扬个性、肯定自我存在的合适舞台。

微博带来了信息传播方式的颠覆性变革，同时也对传统媒体形成了冲击。而对于传统媒体和作为新媒体的微博的关系，正如新浪微博事业部总经理彭少彬所言：“微博与其他媒体不是取代的关系，而是互补的关系。微博的许多资讯来自传统媒体，传统媒体可以借助微博更好地传播资讯，提升影响力。”让我们一起实现从微博中来，到微博中去！

迅猛发展的微电影时代

微电影无疑是2011年视频行业的一个热门话题，尤其是在搜狐、新浪等门户以及优酷、土豆、乐视等主流视频网站纷纷尝试内容自制的背景下。作为新媒体语境下的新生事物，微电影相比传统的影视剧产品，片长短、制作快、投资小，其播放、运营的主要平台是各种新媒体渠道，例如PC、3G手机、手机电视等各种具有视频功能的手持移动设备以及其他移动视频接收终端。其特点是具有更多的互动性，在微电影时代，无论是大导演还是平民百姓，都可以成为自己的导演，自己去安排拍摄时间、自己主宰表达方式，电影不再仅仅存在于银幕和观众之间。

俗话说，浓缩就是精华，微电影以浓缩版之“微”突破了传统电影的固定模式，使得电影艺术走出影院，以更平常的姿态走近了大众。但是“浓缩”是否意味着其深度和广度会有欠缺？业界认为，微电影能否健康持续发展，避免昙花一现，关键还在于能否在有限的表现空间里真正给人以观影的愉悦，反映当下的社会现象，留给人们回味的空间，震撼受众的心灵。

微时代的特性，使得各种身份的人们之间有了更好的互动，在信息流动非常畅通的时代，作为受众，言论自由固然要追求，但是作为有社会责任感和正义感的个体，还要坚持原则，微言大义，更好地迎接微时代的到来！

资料来源：http：//www. thethirdmedia. com/Article/201109/show281249c77p1. html. （略作修改）

二、公共关系的传播模式

公共关系的传播模式是根据传播过程的反馈模式的原理设计出来的，下面主要介绍四种有代表性的传播模式。

（一）拉斯韦尔的5W模式

5W模式是专门研究传播结构的理论，是典型的线性传播模式，由美国人哈罗德·拉斯韦尔（传播学的始创者之一）提出。1948年，拉斯韦尔发表《社会传播的结构与功能》一文，在这篇论文里，提出了界定传播研究范畴的经典模式——5W模式，把传播学的研究内容分成五个部分，即控制分析（谁传播，Who）、内容分析（传播什么，Say What）、媒介分析（通过什么渠道，Through Which Channel）、对象分析（向谁传播，To Whom）和效果分析（传播的效果怎样，With What Effects）。如下图所示：

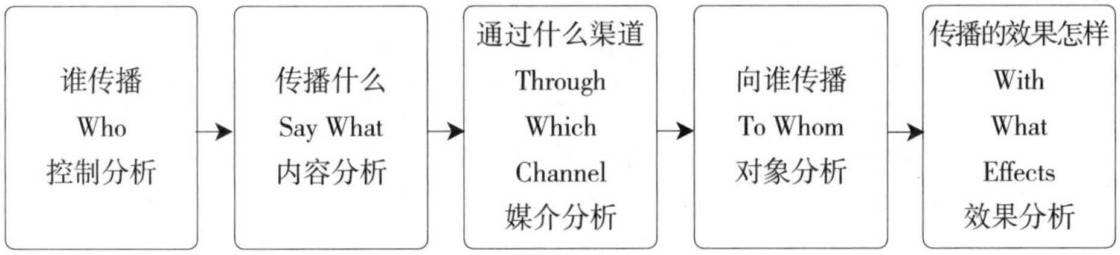

5W 模式

以上五个问题，即传播的基本范畴：

传播控制分析，主要包括传播的法规和政策、传播者的社会地位、传播者对传播的影响和传播者的社会责任。

传播内容分析，包括传播的分类、符号、宣传方法等。

传播媒介分析，包括传播媒介环境、特点等。

传播对象分析，包括传播对象的心理、劝服等。

传播效果分析，包括传播效果的类型、因素、定量方法等。

5W模式在传播学史上第一次简洁、直观地分解了传播的过程，反映了传播过程的基本面貌。但该模式明显的不足之处在于它忽略了传播的反馈问题，使传播过程流于简单化、线性化，并过高估计了传播的效果。这正反映出了传播模式研究的早期特征。

（二）把关人理论

“把关人”又称“守门人”（Gate Keeper），是指在信息传播过程中，对信息的提供、制作、编辑和报道能够采取“疏导”与“抑制”行为的关键人物。这个概念源于德国著名社会心理学家库尔特卢因在1947年所写的《群体生活的渠道》一文。把关人的传播行为包括“疏导”和“抑制”两个方面，主要取决于自己的预存立场（即自己原有的意见、经验、兴趣和精神状态的总和）。

这个观点现在已经得到大众传播学者的普遍承认。学者们认为，大众传播媒介在组织向公众传递信息的过程中，起着过滤的作用。拿新闻来说，通讯社决定发布的新闻只占已发生的重要新闻的百分之一，而读者最后从报纸上看到的新闻又只占通讯社发布的新闻的百分之一或百分之二。主管这种过滤工作的记者和编辑，就是大众传播媒介的把关人。公共关系传播者发出的信息，只有顺利通过把关人这一关，才能经媒介流向公众。对于公共关系人员来说，这是一个考验。

（三）奥斯古德—施拉姆循环模式

1954年，美国心理语言学家奥斯古德设计出了传播的双行为模式。

他解释道：“每一个适合的模式至少要包括两个传播单位，一个是来源单位（说话的人），一个是目的单位（听话的人）。”连接两个单位的是信息，在传播活动中，每个人既是信息的发送者又是接收者，既编码又译码，具有双重行为。这种双向互动的行为，“既可以是直接的，也可以是间接的；一般在面对面交谈中是直接的，在书写传播（音乐、录音、艺术等）中则是间接的”。

1954年，施拉姆在《传播是怎样运行的》一文中提出了传播循环模式。施拉姆认为，传播过程是一个双向的过程，传者和受者都是传播的主体。受者不仅接受信息，而且对信息作出积极的反应。由于该模式的许多观点是建立在奥斯古德首创的基础上，受奥斯古德的启发得来的，因此，有人据此将循环模式归入他们两人的名下，称之为奥斯古德—施拉姆循环模式。

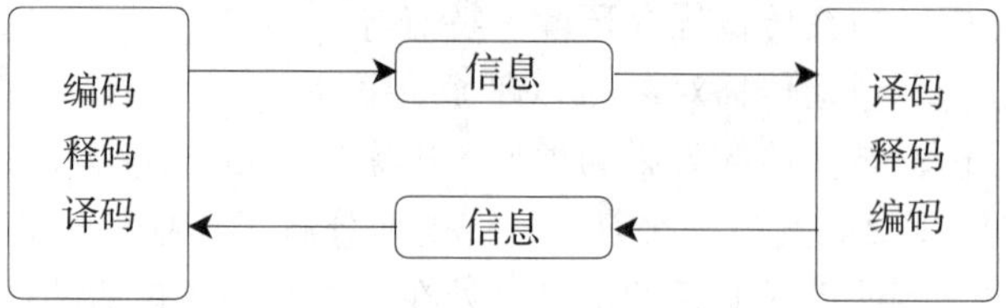

奥斯古德—施拉姆模式

循环模式与单向线性模式有明显的不同:

这里没有传者和受者的概念,传播双方都作为传播行为的主体,通过信息的传受处于你来我往的相互作用之中。

该模式的重点不在于分析传播渠道中的各个环节,而在于解析传播双方的角色功能。参加传播过程的每一方在不同阶段都依次扮演着译码者(执行符号接收和解读功能)、释码者(执行意义解释功能)和编码者(执行符号化和传达功能)的角色,并相互交替扮演这些角色,使整个传播系统基本上处于良性循环的可控状态。

双向传播模式注重双赢,其关键点为坦诚、沟通、信任、理解、谈判、让步、妥协、调节和协作。传播事业在发展,双向传播模式是大趋势,因此,奥斯古德—施拉姆循环模式的出现,意味着同拉斯韦尔线性模式的彻底决裂。

(四)受众选择"3S"理论

受众选择"3S"理论是专门研究受传者的理论,由美国学者约瑟夫·克拉帕提出。它主要强调认知主体的内部心理过程,并把公众看作信息加工的主体。传播学者发现受传者在接触媒介和接收信息时有很大的选择性,这个选择过程表现为三种现象,简称"3S",包括:

1. 选择性注意(Selective Attention)

选择性注意是指在信息接收过程中,人们的感觉器官虽然受到诸多信息的刺激,但人们不可能对所有的信息作出反应,只能有选择性地加以注意。他们往往从自己原有的意见、观点和兴趣出发,倾向于接触与原有态度较为一致的信息,而尽量回避那些与自己意见不合的信息。这是受众心理选择过程的第一个环节。因此,对传播者来说,最为重要的便是使自己所传递的信息对受众更具吸引力。

从传播者如何适应受众的选择性注意考虑,提高信息的竞争力,应注意以下因素:

(1)易得性。所传播的信息必须使受众能轻易获得。

(2)对比性。所传播的信息与环境中的其他部分形成强烈的对比常常可以吸引受众,或将内容大不相同的稿件、节目编在一起。

(3)强度。在其他条件相同的情况下,刺激性强的信息容易引起人们的注意。

(4)变化。持续的时间太久,就会使人们对信息失去新鲜感而不去注意,因此,适当的变化是吸引注意的必要条件。

(5)报酬与威胁。受众能灵敏地感知和记忆那些有利于其需求和兴趣的信息,而对那些可能危及自身的警告性信息则会有特别的戒备。

2. 选择性理解（Selective Perception）

这是指不同的人对于同一信息或作品可以作出不同的解释和结论。出现这种情况的原因是受众的心理、感情、经历、需求以及所处环境等有所不同。

在传播过程中，所传信息并不常常等于公众的所受信息，即受传者所理解、还原的意义与传播者意欲传递的本来意义之间往往会有一定的差距。

受众接触到某种信息后，总是倾向于把信息内容看成是与自己原有意见相一致的。即使在接触到与自身观点相悖的信息时，人们也会对它们进行有选择性的理解，将它们曲解为与自己意见相一致的观点。这就使得不同的人对同一信息的理解各不相同。有的人对信息全面接受，而有的人则只理解自己所需要的那些部分。所谓“仁者见仁，智者见智”就是如此。所以，传播组织在传播信息时一定要考虑受众的这种选择性理解，要考虑受传者的心理因素，如需要、态度和情绪等，要努力防止或减少受众对信息的曲解，并尽可能使信息被多数人所正确理解和接受。

【应用例证】

在现实生活中，人们经常会有用已有的想法来解释信息的倾向。例如，某一商品在消费者心目中已树立起信誉，形成品牌偏好的形象，即使一段时间内该品牌的质量下降了，消费者也不愿意相信；而另一新的品牌即使实际质量已优于前者，消费者也不会轻易认可，总以为原先的那个名牌货更好些。总之，人们倾向于用自己已有的观念来解释信息，而非与自己的偏见作斗争。这就是选择性理解的表现。

3. 选择性记忆（Selective Retention）

在信息传播过程中，已经突破选择性注意和选择性理解这两关的部分信息，要想顺利进入受传者的大脑并储存起来，还必须经过选择性记忆披沙拣金、选优择华的再“过滤”。

选择性记忆是受众对各类信息记忆的取舍趋向。人们只记忆对自己有利的、符合需要的、感兴趣的信息，或只记自己愿意记忆的信息，同时忽略或抑制那些无意义的、附加的、不利的和不愿意记住的信息。这种记忆上的主动筛选、取舍，就是信息接受内在机制中的所谓选择性记忆。

事实上，留在人们记忆中的信息量一般会少于它们所接收和理解的信息量，他们有时甚至还竭力使自己去忘记某些信息。

公众的“选择性”是普遍存在的，它们是传播过程中的主要干扰因素。信息的争议越大，则受选择性因素的干扰也越大；相反，在一般信息上，选择性因素的干扰就小得多。对于传播者来说，有效传播信息的关键在于研究受众的情况，有针对性地选择传播内容、方式，采取有效的办法减少受众的选择性因素的干扰，以达到预期的传播效果。

三、公共关系的传播形式

公关工作是一种针对各类公众的全方位的沟通、说服工作，因此需要利用一切媒介来达到传播目的。公共关系传播媒介是公共关系信息从发送者传递到接收者的过程中所运用的一切信息传输手段，主要是人、物、符号传输手段。

（1）人。人是指组织机构的领导人、管理者、秘书等工作人员，在一定的条件下可能成为组织机构的整体形象的代表，他们的举止、言谈、礼仪风范本身就是一种良好的信息传播。

（2）物。除了影视、广播、报纸、杂志等大众传播工具外，组织机构的产品、环境、布置等硬件设备也包括在内，如工厂的产品、柜台上的商品、博览会上的展品以及办公室的布置和环境卫生等，都实实在在地反映了所属部门的形象与实力，传达了企业或生产部门的工作作风、精神风貌、行为宗旨、产品效益等。

（3）符号。符号是指组织机构的报刊宣传、广告制作、CI 策划、品牌设计等所用的语言、文字、图像、色彩之类。这些符号经过加工编制后均能准确、灵活、生动地传播机构预先规定的信息内容，从而起到传播作用。

总括起来，运用传播媒介，大致形成了五种最基本的传播形式，即组织传播、人际传播、大众传播、邮电传播、信息网络传播，各种传播形式各有特点。

（一）组织传播

组织传播是指组织之间、组织内部成员之间的信息交流活动，是有组织有领导地进行的有一定规模的信息传播，是一个组织发展战略的重要组成部分。内部传播的主要目的是协调各部门之间的关系，实现组织内成员的融合、价值的趋同，形成一种集体身份归属感，创造一种统一的价值观，从而认识到如何最有效地协同工作，以达到满足企业及员工个人利益的双赢。

在组织传播过程中应注意以下三点：

（1）应及时准确地将企业的目标及措施与每一个员工沟通。一方面让员工广泛了解包括组织战略、组织历史、组织文化、经营理念、业务概况、组织活动、最新进展、重大决策等在内的与他们息息相关的事情，另一方面让管理层了解员工的反馈、意见和建议，使内部传播成为组织重要的管理手段和提高员工满意度的工具。

（2）组织成员的积极参与，是有效运用组织传播公共关系信息的重要保证。组织传播是由组织的所有成员在一定的组织形式下构筑起来的，组织的每一位成员都是信息的传播者、接收者。因此，应充分调动组织中每个成员的积极性，使他们积极参与组织信息的传播。这样，组织信息传播就变得更加畅通和主动。

（3）合理选用信息传播方式，是有效运用组织传播媒介传播公关信息的重要条件。组织内传播的传播形式包括书面媒体、会议、电话、组织内公共媒体和计算机通信系统等。

当然，组织的外部环境支持也是获得成功的重要原因，所以，组织的外部传播不容忽视，处理不好，将会影响组织的正常运转。组织内传播和组织外传播是相互促进的，一个组织的外部传播融洽了，会促进其组织内成员间的关系发展和交流；同样，一个组织的内部交流畅通了，这也会给其外部交往带来方便，而且组织内部团结向上的形象本身就给外界一个良好的印象，也是对本组织的形象传播。

（二）人际传播

人际传播也称人际交流，是指社会中人与人之间通过相互的交往所进行的信息传播。人是一种社会性的动物，任何人的生存都离不开与他人的交往。在人们的交往活动中，人们相互之间传递和交换着知识、意见、情感、愿望、观念等信息，从而产生了人与人之间的互相认知、互相吸引、互相作用的社会关系网络。

人际传播具有以下特点：

（1）个体对个体的传播，即在两个人之间进行的传播，如父子、夫妻、同事、朋友之间等。

（2）简便易行，不受机构、媒介、时空等条件的限制，传递和接收信息的渠道多，方法灵活。

（3）感官参与度高。在直接性的人际传播活动中，由于是面对面的交往，人体全部感觉器官都可能参与接收信息和传递信息。即使是间接性的人际传播活动，人体器官参与度也相对较高。

（4）信息传播的符号系统多。除了语言、文字、图像、声音之外，人际传播还可以使用大量的非语言符号，如表情、姿势、语气、语调等。许多信息都是通过非语言符号获得的。大众传播所使用的非语言符号相对较少。

（5）信息反馈的量大，速度快。人际信息传播具有一一对应关系，我们可以迅速获悉对方的信息反馈，随时修正传播的偏差。传播对象也会被我们的情感所打动，主动提供反馈意见。如果有了传播媒介的中介作用，信息反馈的数量和速度都将受到限制，因为冷冰冰的媒介可能会使传播对象不愿参与反馈意见。

在公共关系传播中，有效地运用人际传播媒介传播信息，应注意以下三个方面：

（1）掌握人际交往的知识。这是运用人际传播媒介传播公共关系信息的基础。在现代社会中，人与人之间特别注意情感的交流与沟通，人际交往有着特定的知识、理论和方法。掌握人际交往的知识，有利于公共关系工作的开展。

（2）善于处理各种人际关系。这是运用人际传播媒介传播公共关系信息的条件。在长期的交往中，工作的失当和误解等原因难免造成公众对企业的反感和不信任。要挽回不良影响，人际传播是一个重要途径。要学会正确运用人际交往的方法和技巧，因人制宜，视环境场合与人们进行人际交往活动，并尽量去维持这种人际交往，以形成良好的人际关系，为开展公共关系工作铺路搭桥。

（3）善于运用人际传播的技巧及多种形式展开人际关系活动。人际关系的形式是多种多样的，如接待来访、举办展览、召集消费者开座谈会等。而且还要注意技巧性，如谈话的技巧、倾听的技巧、提问的技巧、非语言传播的技巧等。

（三）大众传播

大众传播是指特定社会集团利用先进的传播技术，如报纸、杂志、书籍、广播、电影、电视等大众媒介，向社会大多数成员传送消息、知识的过程，其传播速度快，范围广，影响面大，在树立企业形象方面起到较大的作用。

1. 大众传播的特点

（1）具有组织性。传播者多为专业化的媒介组织，通常是一个庞杂的机构，内部有精细的分工。例如，以报纸传递信息的报社，即由采访、编辑、评论、广告、管理等许多部门组成。

（2）在传播内容上具有公开性和易逝性。它不带有保密的性质，这就决定了各种社会制度下的政府部门，往往以不同的方式或在不同的程度上对传播内容加以审查和控制。报纸刊登的消息，广播、电视播送的节目，通常只具有一次性阅读、视听的价值，除非受传者为了某种用途，以剪报、录音、录像等方式将信息储存起来。这就迫使传播者必须注重信息传递的时效。

（3）具有传播性质的单向性。受众无法当面提问、要求解释，整个传播过程缺乏及时而广泛的反馈。

（4）具有快速性。不断吸收最新科学技术，提高传播信息的速度，是大众传播的一个发展趋势。

（5）具有很强的选择性。大众传播并不意味着对每个人进行传播。一是传播工具对受众有一定的选择；二是受众对传播工具有一定的选择，根据年龄、性别、职业、文化素养、个人兴趣等可以将受众分为不同的读者层、听众层或观众层，不同层面的受众偏爱不同的传播工具；三是受众对传播的内容可以任意选择；四是受众对参与大众传播的时间可以自由选择。

2. 大众传播的主要媒介

大众传播媒介主要有报纸、刊物、书籍、广播、电视、电影，与公关工作关系密切。可将它们归为印刷媒介与电子媒介两大类。其中，报纸、刊物、广播、电视被称为四大新闻媒介。

印刷媒介是指将文字、图片等书面语言、符号印刷在纸张上以传播信息的大众传播媒介。印刷媒介的信息容量较大，能对信息进行详尽、深入的报道，且易于保留、查找，便于读者选择阅读，但时效性较差，并且读者文化水平的限制。

电子媒介是使用电子技术，通过无线电波或导线发出声音、图像节目，接收者要借助于接收器接收的大众传播媒介。电子媒介有电视、录像、计算机、电影等多种形式。电子媒介的特点是：传播迅速，纪实性、生动性与感染力强，对信息接收者没有文化水平的限制。

下面着重介绍报纸、刊物、广播、电视四大新闻媒介的主要特点，见下表：

四大新闻媒介的主要特点

新闻媒介	优势	劣势
报纸	传播面广。报纸发行量大，触及面广，遍及城市、乡村、机关、厂矿、企业、家庭等；同时，由于报纸可以互相传阅，看报的人数大大超过报纸发行数 传播迅速。报纸一般都有自己的发行网和发行对象，因而投递迅速准确 具有新闻性，阅读率很高 文字表达力强，图文并茂，引人注目 便于保存和查找	时效短 传播信息容易被读者忽略 理解能力受限 色泽较差，缺乏动感
杂志	时效长。可以重复阅读，好的杂志不光为人传阅、借阅，而且在一段时间内具有保留价值 针对性强。每一种杂志都有自己特定的读者群，传播者可以面对明确的目标公众制定传播策略，做到“对症下药”	出版周期长 声势小 理解能力受限

（续上表）

新闻媒介	优势	劣势
广播	传播面广。听众不受年龄、性别、职业、文化程度、空间、地点、条件的影响 传播迅速，感染力强。声音具有传真性，声情并茂的语言能调动听众的感情，有很强的鼓动性和感染力 多种功能。可以传播信息、普及知识、开展教育，提供娱乐等，也可以满足不同阶层的需要	传播效果稍纵即逝，过耳不留，信息储存性差 听众受节目顺序限制，只能被动接受既定的内容，选择性差 广播只有声音，没有文字和图像，听众注意力容易分散
电视	视听结合传达效果好，声画并茂。它用形象和声音表达思想，这比报纸只靠文字符号和广播只靠声音来表达要直观得多 纪实性强，有现场感。可以对事物作直接的目击报道，让观众直接看到事物的情境，可信、逼真。在各类新闻媒介中，选择率最高的是电视 电视可以速报，可以深入分析新闻事件，其娱乐功能最强 传播迅速，影响面大 目前电视与卫星结合，有线电视迅速发展，为电视发展开拓了广阔的空间	和广播一样，传播效果稍纵即逝，信息的储存性差，记录不便也难以查询 电视节目同样受时间顺序的限制，加上受场地、设备条件的限制，信息的传播不如报刊、广播那样具有灵活性 电视节目的制作、传送、接收和保存的成本较高

3. 选择大众传播媒介应注意的问题

首先，根据公共关系传播的需要来选择大众传播媒介。根据公共关系传播的目标、对象、内容、空间范围、时间要求等选用不同的媒介。

其次，要考虑公共关系传播的经费问题。利用大众传播媒介传播公共关系信息，一般都要支付费用，各种媒介所需要的费用不同。一般来说，同一信息传播所花的费用中，电视媒介最高，但效果好；而广播媒介较低，但效果难测。这就要求我们从需要、可能性、效果等方面综合分析，尽可能在组织具有支付能力的情况下，以最少的花费去争取获得最佳的传播效益。

再次，全面了解各种大众传播媒介的基本特点和适用范围。大众信息传播媒介种类繁多，其特点和适用范围也不相同，因此必须全面了解，在选用时要考虑传播媒介的层次、性质、经验、水平和在社会公众心目中的印象等。

最后，努力搞好与大众传播媒介的关系。大众传播媒介是社会组织的非自控媒介，这就需要我们与其搞好关系，以求得广泛的支持与合作。

（四）邮电传播和信息网络传播

除了以上三种最基本的传播方式之外，邮电传播与信息网络传播也在迅速发展。

邮电传播是指通过邮政电信机构将公共关系传播给特定的公众的公共关系传播媒介。其特点是：传播信息准确及时、对象明确、形式轻便、制作简单、使用灵活，是一种有效传播公共关系信息的媒介。邮电信息传播的主要业务可分为两大类，即邮政业务和电信业务。邮政业务是通过邮局借助交通运输工具来传递以有形的邮件为主的信息或实物传递业务。电信业务是通过电信部门借助电信设备进行信息转换和传递的纯信息传递业务。电信的民用业务主要包括电话、电报、传真、数据传输等。

信息网络传播是指借助社会上已建立的信息网络将信息传播给广大公众的公共关系传播媒介。20 世纪以来，信息网络化得到了蓬勃的发展，尤其是互联网和信息高速公路的建设与开通，使人们能够借助计算机在网上进行各种信息的传播和交流，公共关系传播也由此开始进入网络传播时代。它的特点是传播范围的全球性、传播速度的快捷性、传播成本的低廉性。在网络这个平台上，可以进行人际交流，也可以进行群体的传播，同时还可以进行大规模或超大规模的传播。网络传播的出现对公共关系传播有着革命性的意义。网络技术的发展使得公众舆论的力量得到了充分的体现，一个“网络民主”的时代正在出现，公共关系将面临一个新的环境。

四、公共关系传播的技巧

（一）善于利用传媒

从公共关系产生的历史看，是政府与传媒造就了公关这个新职业。早在美国的“便士报运动”时期，美国政府就开始利用媒体来宣传自己、制造舆论、关注市场的变化及公众的需求等。公共关系一开始便与新闻媒介结下了不解之缘。善于利用传媒包括以下五个方面的内容：

1. 与新闻界联系，建立良好的关系

记者在传播学上被称为把关人，他们对传播的内容及传播的实际效果会有很大的影响。因此，善待记者就是公关人员要把握的一个基本原则。一般来说，记者报道新闻要遵守正直、说真话的职业道德以及掌握专业的写作技巧。除此之外，记者本人的情绪、感觉、工作状态都会影响报道的内容。因此，公关人员要注意处理好与新闻界的关系，可从以下四个方面入手：

（1）要尽量给记者提供基本情况，并给予热情周到的接待服务。

（2）要注意平等相待，一视同仁。

（3）要给记者提供真实素材。

（4）要持尊重与重视的态度。

2. 新闻报道必须选择好事实

选择好事实首先要求对组织内部的各种事实进行筛选，抓住了好的报道题目，往往就成功了一半，选择的标准是事物的新闻价值。真实是新闻的生命，同时，具有新闻价值的稿件还要求有新鲜性、重要性、接近性、及时性、趣味性等。

新鲜性是指社会和自然界中各种前所未有的、奇异的新事物。

重要性是指事件后果重大，或当事人身份重要，发生事实的时间、地点重要以及对社会影响巨大等。

接近性是指与公众的生活、思想接近，可以是地域空间接近，也可以是心理接近。例如，公众往往对发生在身边的突发事件比发生在国外或省外的更关注。

及时性是指时间上的接近性，越及时获悉某一事变，其重要性、影响力越突出，新闻报道讲求时事追踪。

趣味性是指事件本身具有某种使人动情、愉悦的因素。公关人员应具备相当的新闻素养和新闻敏感，善于发现有价值的事实并及时报道。

3. 善于进行新闻策划

新闻策划，又称为“制造新闻”，并不是新闻虚构，而是指在真实的基础上，在不损害公众利益的前提下，有计划地策划、组织、举办具有新闻价值的活动、事件，吸引新闻界和公众的注意和兴趣，争取被报道的机会，并使本组织成为新闻报道的主角，以达到提高组织社会知名度和美誉度的目的。

有目的制造的新闻具有以下特点：

（1）不是自发的、偶然产生的，而是经过公关人员精心策划安排的。

一般而言，新闻传播的主动权不在公关人员方面，而在新闻界人士方面。但是，经过公关人员精心策划出来的新闻事件，因为奇特、有趣、新鲜、及时而具有较高的新闻价值，同样能引起新闻界人士的兴趣和跟踪追击，并加以报道，取得提高组织知名度的效果。制造的新闻与一般性新闻不同，一般性新闻多指在事物发展变化中自然而然发生的事件或突发性事件，而制造的新闻是经过公关人员精心策划、挖掘、推动出来的。

（2）制造的新闻因其新、奇、特的特点，更能迎合新闻界及公众的兴趣。

要成功地制造新闻事件，吸引新闻界人士的注意和兴趣，就要使新闻事件更富有戏剧性，具有新、奇、特的特点，这要求公关人员独具匠心，富于创造。

(3) 能以较低的成本明显提高组织的社会知名度和美誉度。

一般情况下，自然发生的新闻不是人为可以控制的，有的是对组织的声誉有利的，也有些是对组织的声誉不利的。而经过公关人员精心、周密策划的新闻活动、事件，则带着很强的目的性，都是围绕提高组织知名度和美誉度为中心而展开的。因此，成功地策划一个新闻事件，能大大提高组织的知名度和美誉度。

【应用例证】

达沃斯天津之夜　折射中国热度

当场塞馅儿捏口上锅的包子、色泽浓郁的卤和手擀面、热气腾腾的肥大水饺……笔者身在瑞士雪山小镇达沃斯，却仿佛来到中国美食街。

23日晚，2014年世界经济论坛达沃斯年会（又称“冬季达沃斯”）开幕第二天，中国天津市为夏季达沃斯论坛预热而开办了“天津之夜”活动，现场不时传来外国与会者发出的“太棒了”、“真好吃”的啧啧称赞声。

世界经济论坛主席施瓦布不仅“招呼”大家享用天津特色美食，还特别提到今年是中国代表出席达沃斯年会以来第35个年头，热情邀请与会嘉宾夏季到中国参会。

一位瑞士议员一边十分享受地大快朵颐，一边开玩笑称：“唯一担心的就是中国夏季的温度，但为了这样的美食也值得一去。”他还透露，近期将和同事预订夏季飞往中国的机票。

在短短一个小时的活动中，领取特色餐品的队伍从未中断。一对美国夫妇为寻觅麻辣味道的菜品，还主动向记者询问中国菜系及其特色。

临近餐会结束，主办方向记者透露，仅包子就包了3 500个左右，彰显了中国主题晚餐会场的热度。

美食区域附近还展示了很多极具特色的春联、生肖吉祥物等工艺品，就连欧洲央行行长德拉吉、经合组织秘书长古里亚都在此逗留许久。

“天津之夜”热闹的一幕堪称近年来全球业界“中国热”的一个小小缩影。在全球化带动下，中国与世界越来越密不可分。一位金融投资业人士告诉记者，达沃斯聚合全球商业伙伴的作用很重要，多交流有助于构建信任。未来，中国议题设置和参会者人数增多将会创造出更多的中外商业合作机会。(记者闫磊、饶博)

资料来源：http://www. 022net. com/2014/1 - 24/475162342212488. html.（略作修改）

（二）建立良好的人际关系

公共关系与人际关系是两个既有联系又有区别的概念，公共关系更不等同于庸俗关系。但是，公共关系与人际关系又有着紧密的联系：从工作内容上看，公众关系中包含了许多人际关系；从工作方法上看，公关工作需要运用人际沟通的手段，要求公关人员具备较好的人际交往能力。

良好的个人关系有助于建立良好的公共关系。正如著名女记者郭梅尼所说，记者采访时应学会与采访对象交朋友。公共关系就更应如此。因此，人际关系是建立良好公共关系的重要手段，增强人际吸引力，善于同素不相识的人结成良好的人际关系是公关人员的基本素质之一。

公共关系需要可贵的人情味，人情味在人际交往中能起到和谐的作用，因此，公共关系是一场信与爱的运动。

同时，在公关接待过程中，公关人员要避免以貌取人、主观判断、晕轮效应、认识偏差等误区，掌握以下建立良好人际关系的基本技巧：

（1）会说更会听。善于聆听，善于微笑，并善于交谈。

（2）利用仪表的魅力。“有礼走遍天下”，以得体、出色的仪表来打通人际关系。

（3）利用邻近性因素。“近水楼台先得月”，可利用同学关系、老乡关系、亲友关系等。

（4）利用相似性因素。找到共同经验区，如社会经历、社会地位、籍贯、受教育程度、态度与价值观、生活环境等，产生自己人的效果。

（5）利用需求互补效应。补偿性吸引力是最强的人际引力，可利用气质、性格、能力互补来吸引对方。

（6）培养独特的人格魅力。机智敏锐、坦诚幽默、多才多艺的人更具人格魅力。

（三）善于利用名人效应

名人效应，是指因名人的出现而产生的引人注意、强化事物、扩大影响的效应，或指人们模仿名人的心理现象的统称。

公关活动与名人结合在一起，通过名人引起公众的注意、兴趣与好感，从而达到认可组织形象、组织产品的目的。例如，名人代言广告能够刺激消费，名人出席慈善活动能够带动社会关怀弱者等。

在广告传播中，讲求创意加上名人的知名度会构成商品的附加值。例如，洗发水广告中的“百年润发”可以作为一个经典。首先，商家力邀周润发来做这个同名产品的广告。其次，广告中周润发温柔地为妻子冲洗头发那一幕，曾经打动了无数消费者的心弦。大家在记住这温馨一幕的同时也记住了这个和周润发的名字很相像的洗发水品牌。

【应用例证】

凤凰卫视在制造明星的同时，也借助各界名人来打造自己的品牌。一是邀请名人主持节目。例如，邀请媒介名人杨澜加盟，主持了《百年叱咤风云录》和《杨澜工作室》；邀请名记者唐师曾主持《打开历史之门》；邀请文化界名流余秋雨共同主持《千禧之旅》和《欧洲之旅》等。二是节目内容经常聚焦名人，或是名人专访，或是专家学者的讲座，一直持续不断。三是经常邀请演艺界明星为活动造势，例如在《千禧之旅》中邀请刘德华演唱主题曲。而这种名人效应在近期的"李敖神州文化之旅"中使凤凰卫视受益最大，李敖的名字在内地如雷贯耳，有一众拥趸，而今次他作为凤凰卫视的嘉宾首次访问大陆，人们对凤凰的印象肯定加分。

资料来源：李瑶，胡睿. 浅析凤凰卫视品牌的整体塑造和扩张. 现代传播，2002（4）.（略作修改）

但是，名人效应也是一把"双刃剑"，过度消费名人，或者喧宾夺主、哗众取宠、与个性不符等均会造成负面的影响。

当然，除了以上三种基本的方式、技巧外，做好会议的组织和接待，营造良好的传播环境，选择正确的公关语言，合理利用公共关系广告等，均为公关人员在传播过程中应掌握的基本技能，因为在其他章节中有所讲述，故不再一一细叙。

实践启迪

通用汽车的博客公关

一、案例回放

通用汽车的 FastLane 博客是最受欢迎的企业博客之一，由汽车业传奇人物、通用汽车副总裁鲍伯·卢茨（Bob Lutz）主笔，其话题集中在汽车设计、新产品、企业战略等方面。这一博客的日浏览量近 5 000 人，对每个话题的评论都有 60～100 条。不过 FastLane 博客之所以受欢迎，主要原因在于卢茨那些诚实而且深入、直接涉及社会公众对通用汽车正、负面评论的文章。虽然有人怀疑是否每一篇文章都出自卢茨之手，不过客户、行业分析人士、传统媒体还是给予 FastLane 博客很高的评价，因为通用汽车是唯一一家愿意让客户公开反馈意见的汽车公司，通用汽车因此获得了极高的声誉。

FastLane 博客其实是通用汽车的一个产品博客。2004 年 10 月，通用汽车设立了自己的第一个博客GM Smallblock Engine Blog，目的是纪念Smallblock发动机诞生50周年。通过这个博客，通用汽车积累了一些经验，2005年初，就有了FastLane博客。卢茨是个很有创意的人，愿意了解新事物，当他获悉Smallblock博客取得的成功和自己所要做的工作后，便立刻决定参与FastLane博客。

2006年初，通用汽车因为一篇报道撤销了在《洛杉矶时报》的广告投入。这件事引起了不小反应，出现了很多负面评论。通用汽车就通过FastLane博客直接与大众沟通，表达自己的看法和意见，有效、漂亮地处理了这次“危机”。

在这一事件中，通用汽车北美公共关系副总裁盖瑞·葛雷特斯（Gary Grates）通过博客对大众说：“通用不反对公正的批评，认同记者在社会中所起的作用，通用非常认真地对待这些批评，并且从这些批评中学到了很多东西。”关于博客本身，盖瑞说：“通用是率先建立博客的公司之一，通过博客，通用的管理者可以用他们自己的语言表达他们的观点，不经过任何人的过滤，并且直接听取对通用有热情的和对我们所做的事情有兴趣的人的反馈。卢茨在博客中反复强调，通用欢迎批评，在我们的博客中也有很多批评意见。”

除文字博客之外，通用汽车还尝试了Podcast，这是一类读者可以通过订阅获得视频、音频内容的传播方式。车展现场、试车、新车上市、总裁演说、性能演示等，都是目前通用汽车通过Podcast传播的内容。这种方式尤其方便iPod、MP3、手机等移动终端用户。

资料来源：http://www.hulibaba.com/article/article_case/2009-07-29/16450.html.（略作修改）

二、启迪与分析

这个案例很好地体现了博客公关的成果。博客，或许在你最需要的时候，是一个直接与企业受众沟通的最好的渠道。对于汽车企业来说，没有比网络更有效的沟通渠道了。有调查显示，76%的车主会在购车前浏览汽车企业的网站，67%的人会到一个第三方网站查看相关评论。现在，通过博客，汽车企业有了一个更直接的与客户沟通的渠道。其中，通用汽车就是一个先行者。通用汽车新媒体公关总监迈克尔·威立（Michael Wiley）把FastLane博客的目标设定为创造一个超越所有传统形式，一个面向通用汽车所有受众的直接沟通渠道。传统的公关形式是发布新闻稿与媒体沟通，而媒体要预先编辑企业所要表达的信息，然后才发布。所以说，传统媒体并不是读者反馈的直接渠道。通用汽车希望创造一个直接的形式，通过这一形式，使与通用汽车有关的社会各界人士都有机会直接与通用汽车对话。借助于这些来自客户、员工、投资人等的反馈，通用汽车正在成长为一个更好的公司，为客户提供更好的产品。

通用汽车的 FastLane 博客是一个以博客的形式提升企业声誉和进行产品测试的良好渠道。博客给了通用汽车与其公众缩短距离的机会，通用汽车可以经常发现公众的评论不仅深入而且具有挑战性。

网络为组织提供了一个与公众对话的渠道。无论是 B2B，还是 B2C，通用汽车的案例表明，只要遵循倾听客户的声音、开放诚实、不回避批评的原则，组织就可以领先竞争者一步，更近地与细分市场对话，了解用户需求，改进产品，提高企业的美誉度。

项目训练

1. 联系学校实际，分析采用何种传播途径来提高学校的知名度效果最好。

2. 实践训练。

训练内容：走访当地广告公司或某组织机构，了解当地电视、报纸、杂志、广播媒介的具体情况，并对它们的特点进行深入的比较，将结果写成一篇调查报告。要有媒介资料、事实依据和自己的评价。

训练目的：通过调查加深对公共关系传播要素的进一步理解和认识。

训练方式：把全班分成若干个小组，每小组设置一个题目，选出一名学生进行讲解。

思考练习

1. 常见的新闻媒介主要有哪几种形式，各有何特点？

2. 企业或组织在处理与新闻媒介的关系时应该遵循哪些原则？

3. 如何培养企业或组织与新闻媒介的信赖关系？

4. 开展商务公关活动，企业或组织为什么有必要学会制造“事件新闻”？如何制造新闻事件？

5. 大众传播的特征及其公关意义有哪些？

6. 当代社会传播媒介发生了哪些变化？

7. 案例分析。

2000 年 10 月 10 日，北京富亚涂料公司在建筑展览馆前上演了一场“家装安全动真格，真猫真狗喝涂料”的活动，此举立刻引起了北京市保护动物协会等诸多团体及众多小动物爱好者的当场抗议和制止。富亚公司总经理为了收场，只好喝下涂料，以示无毒。

在场的新闻媒体纷纷报道这一事件，一时间富亚涂料的知名度迅速提升，百姓心中对富亚涂料的无毒性留下深刻印象。富亚公司总经理一脸喜色，没想到喝涂料喝出了一个大好局面。此后几天公司每天接到300多个电话，购买涂料的人每天翻两番。

要求：试分析这个案例采用的公共关系传播方式，取得较好传播效果的因素，以及传播效果所属的层次。

项目三　公共关系四大工作模块

◆ 任务一　公共关系调查

◆ 任务二　公共关系策划

◆ 任务三　公共关系实施

◆ 任务四　公共关系评估

公共关系的工作目标是在公众心目中塑造组织的良好形象。这是一项复杂的工作，需要采用科学的方法，进行周密的策划和精心的组织。按照工作内容的不同，公关工作可以分为四大模块：公共关系调查、公共关系策划、公共关系实施和公共关系评估。其中，公关调查是起点，是基础；公关策划是关键，是公关实施的指南和效果评估的标准，没有公关策划，公关工作就会漫无目标，难以协调统一；公关实施是核心，是执行公关策划、取得公关成效的具体行动，离开了公关实施，再好的策划也只是纸上谈兵；公关评估是重要的反馈环节，也是下一轮公关活动的起点。可见，四大模块的工作既各自独立又相互关联，一起构成了公关工作的循环流程。

任务一　公共关系调查

知识目标

- ◆ 了解公共关系调查工作的基本程序。
- ◆ 掌握各种公共关系调查的方法。
- ◆ 掌握公共关系调查报告的写作方法。

能力目标

- ◆ 进行公共关系调查的能力。
- ◆ 撰写公共关系调查报告的能力。

任务导入

“先搞清这些问题”

有一家酒店新设立了公共关系部，酒店为该部门配备了豪华的办公室和现代化的通信设备……但公关部长却发现工作无从下手。他便去请教一位著名的公共关系顾问，这位顾问向他提出了以下问题：

“本地共有多少家与你们同类型的酒店？”

“旅游旺季时，每月的国际旅客有多少？国内旅客有多少？”

"贵酒店的知名度如何？在过去三年，宣传经费投入多少？"

"贵酒店的最大竞争对手是谁？潜在竞争对手又是谁？"

"去年一年中因服务不周引起客人不满的事件有多少起？原因何在？"

面对这一系列极普通而又相当重要的问题，这位部长竟无以应答。于是，公关顾问说："先搞清楚这些问题，才可以着手开展你们的公共关系工作。"

资料来源：张岩松．公共关系案例精选精析（第三版）．北京：中国社会科学出版社，2006．（略作修改）

任务分析

由案例可知，公共关系调查工作是公关实务工作的起点，是十分重要的工作。如果没有公共关系调查，组织就无法了解公众对其相关政策或行为的认知、观点和态度，也无法得知组织所处的外部环境与自身的状况，而这将会直接影响公关工作的有效性。

理论要点

公共关系调查是指公关工作人员为了了解组织行为对公众的影响，掌握组织在公众心目中的实际形象，把握公众舆论而运用科学的方法，有计划地收集相关信息并进行综合分析研究的工作。这是组织有效开展各项公关工作的基础，是公关工作程序的首要环节。

一、公共关系调查的内容

公共关系调查的主要内容包括：关于公共关系主体——组织的自身情况及外部环境的调查；关于公共关系客体——公众的意见、态度的调查；关于组织形象的调查。具体有：

（一）组织外部环境的调查

组织所处的外部环境主要指社会环境，是与组织发展相关的各种环境因素的总和。包括与组织相关的政策方针、法律法规、社会文化（如社会时尚、舆论热点、风俗民情、科技发展动态），以及组织的行业地位、竞争对手的发展状态、市场需求状况调查等。

社会环境常常处于变动的状态，其变化随时会影响组织与外部环境的平衡关系。因此，监测社会环境的变化，随时掌握情况，为决策提供依据是公关的重要任务之一。

（二）组织自身状况的调查

组织自身状况的调查是指对组织的发展历史、经营状况及其成员的基本资料的调查。发展历史包括组织建立时间、发展阶段、重大事件、体制变化、历届重要领导人等；经营状况包括组织的资源状况，市场，产品品种及其价格、声誉、相关服务，组织的生产水平、机构设置及职务分工、企业文化等；成员资料包括法人代表、员工的人数、文化结构、人才结构、明星员工、员工对工作及组织的满意度等。组织自身状况的信息资料是公关工作的基本资料，在许多日常工作中都需要查阅或引用。

（三）公众状况的调查

公众是公关工作的主要对象，公众对组织的态度是组织改进公关工作、策划公关活动的重要依据之一。公众又是一个变化的群体，因此应该对公众状况进行经常性的调查了解。公众状况的调查主要包括公众构成、公众态度、公众需求、公众对产品或服务的评价、公众对组织管理的意见、公众中的意见领袖以及公众舆论倾向等。

（四）组织形象的调查

组织形象就是组织在公众心目中留下的印象，即公众对组织的认知和评价。组织形象是组织的客观行为在公众心目中的具体反映，对组织的生存和发展有着重要的影响。塑造良好形象是所有公关工作的最终目标，而要塑造良好形象，首先要对组织现有形象有准确的了解和认识。因此，组织形象调查是公关调查工作中最为重要的调查。组织形象调查可分成两个方面：一是组织自我期望形象的调查，二是组织实际社会形象的调查。

1. 组织自我期望形象的调查

组织自我期望形象是指组织自己希望建立的形象，是组织公关工作的内在动力。自我期望形象的调查主要包括三个方面：一是领导层对组织形象的期望；二是组织员工对组织形象的期望；三是组织实际状况和基本条件。

2. 组织实际社会形象的调查

组织实际社会形象是指组织的实际表现在社会公众心目中的反映，即社会公众和舆论对组织的认知和评价。衡量组织实际社会形象的优劣主要有两项指标：一是知名度，二是美誉度。知名度是指社会公众对组织知道和了解的程度；美誉度是社会公众对组织的认可和赞许的程度。两项指标联系紧密，对组织而言，知名度是基础，美誉度是决定因素。

组织实际社会形象的调查工作可以分为两部分：

（1）组织形象地位图。

通过调查可以了解到公众对组织的产品、服务、政策、行为等方面的印象和评价。把这些数据信息概括成知名度和美誉度两个综合指标，并标示在组织形象地位四象限图上，就能初步测定组织实际社会形象。如下图：

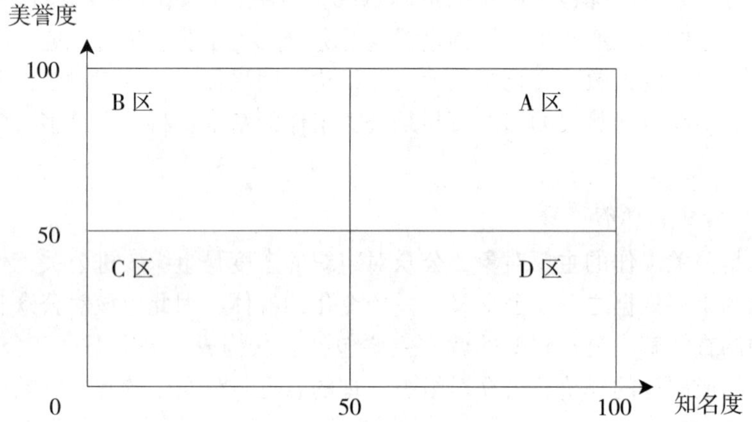

组织形象地位四象限图

从组织形象地位四象限图中可以了解公司的形象状况及公关对策，见下表：

组织形象状况及公关对策

区域	形象状况	公关对策
A 区	高知名度 高美誉度	说明组织的公共关系处于最佳状态。但这并不说明公关工作可以高枕无忧了，相反，高知名度使得组织处于公众的高度关注之下，公众对组织美誉度的要求会更加严苛，在这种压力下，公关人员必须时刻保持高度的警惕，更细心谨慎地维护组织声誉，争取做得更好
B 区	高美誉度 低知名度	说明组织的公共关系处于较为稳定、安全的状态。知道或了解组织的公众不多，但知晓的人中对组织持赞许态度的不少。公关工作的重点应该是在维持较高美誉度的基础上，加强传播工作，努力提高组织知名度，扩大组织美誉度在社会上的积极影响
C 区	低知名度 低美誉度	说明组织的公共关系处于不良状态。在这种状态下，知晓组织的公众不多，持赞许认可态度的也不多。因此，组织的公关工作首先应该放在完善自身上，争取较高的美誉度后，再做好提高知名度的工作

（续上表）

区域	形象状况	公关对策
D 区	高知名度 低美誉度	说明组织不仅声誉差，而且知之者甚，公共关系处于“臭名远扬”的恶劣状态，经营环境可谓危机四伏。在这种情况下，其公关工作的重点一方面是设法遏制不良声誉的继续传播，降低已有的负面知名度；另一方面应努力修正错误，改善自身，力挽声誉，逐步提高美誉度，争取扭转经营逆势

组织形象地位四象限图不仅直观地显示了社会组织在公众心目中的形象，初步诊断了公共关系的问题，而且为制定公共关系的方针、策略提供了依据。

（2）组织形象要素分析。

了解了组织实际社会形象在公众心目中的地位后，还必须进一步了解组织形象的具体成因，这就需要将组织形象分解为公众对组织的各类具体评价，通过统计分析各种具体评价，确定组织形象的要点和特征，勾画出组织形象的细节，为下一步的分析工作做好准备。

在具体操作上，可根据“语意差别分析法”制作“组织形象要素调查表”，作为分析形象要素的工具。

例如，假定这是一家管理顾问公司，我们列出影响其形象的六项要素制成下表，选择 100 个受访者进行调查，调查结果见下表：

组织形象要素调查表

调查项目	评价							调查项目
	非常	相当	稍微	中等	稍微	相当	非常	
经营方式正直		65	25	10				经营方式不正直
办事效率高			25	65	10			办事效率低
服务态度良好				15	20	65		服务态度恶劣
业务水平有创新				20	70	10		业务水平缺乏创新
管理顾问有名气					10	90		管理顾问没有名气
公司的规模大				25	55	20		公司的规模小

调查时，请受访人（被调查者）就自己的看法给出评价。公共关系人员对所有调查表格进行统计，计算每一个调查项目中各种不同程度的评价所占的百

分比。

在了解了组织的社会实际形象之后，接下来的工作就是把组织的自我评价形象与社会实际形象进行对比，找出具体差距，并设法弥补或缩小这些差距，为下一步公共关系策划与计划工作提供依据。

“组织形象差距分析图”可以帮助我们较为直观地显示组织的自我期望形象和实际社会形象之间的现实差距。方法是把“组织形象要素调查表”上表示不同程度评价的七个档次相应数字化，转化为数值和标尺，如 1 表示非常差，2 表示相当差，3 表示稍微差，4 表示中间状态，5 表示稍微好，6 表示相当好，7 表示非常好。然后根据上表的调查结果，计算公众对每一个调查项目评价的平均值；将各个平均数值分别标定在数值标尺的相对位置上，连接各点，即成为组织的形象曲线。如图表所示：

评价 调查项目	非常	相当	稍微	中等	稍微	相当	非常	评价 调查项目
经营方式正直		65	25	10				经营方式不正直
办事效率高			25	65	10			办事效率低
服务态度良好				15	20	65		服务态度恶劣
业务水平有创新				20	70	10		业务水平缺乏创新
管理顾问有名气					10	90		管理顾问没有名气
公司的规模大				25	55	20		公司的规模小

自我期望形象　　　　实际社会形象

组织形象差距分析图表

公众评价平均值计算方法：

（1）计算各档次评价总分：该档次分值×评价人数，如上图第一项“经营方针”：$6 \times 65 = 390$；$25 \times 5 = 125$；$10 \times 4 = 40$。

（2）计算每一项调查项目获得的评价总分：将该项目各档次评价总分值相加，如上表第一项“经营方针”的计算结果相加：$390 + 125 + 40 = 555$。

（3）计算该项目评价的平均值：该项目评价的平均值 = 该项目评价总分除以调查总人数，如 $555 \div 100 = 5.55$，即 $(6 \times 65 + 25 \times 5 + 10 \times 4)/100 = 5.55$。

最后得出：“经营方针”一项的公众评价平均值是 5.55。然后将这一数值标明在标尺的相应位置上。其他各项计算方式如上。

从图中可以看出，除了“经营方针”一项的实际评价与自我期望值相近以外，其他各项形象要素均有较大的差距。该公司公共关系工作的任务就是要调查和缩小这些差距。至于公关策略和具体实施计划中的轻重缓急、先后顺序，还要结合该公司在“组织形象地位四象限图”中的具体位置来考虑。

（五）公关专项调查

公关专项调查是指组织为了特定的目的，专门针对特定的项目所进行的调查。例如，组织就某一特定事件进行的专门调查；为保证公关活动的顺利开展就活动主体的人力、财力、环境情况进行的调查；公关活动结束后，为了解活动效果，总结评价工作而进行的公关活动效果调查；传播效果调查等。

【知识拓展】

公共关系调查与市场调查的区别

1. 目的不同。公关调查的目的是了解组织行为对公众的影响，掌握组织在公众心目中的实际形象，把握公众舆论，为公关决策提供参考；市场调查的目的是了解市场的现状及其发展趋势，为市场预测和营销决策提供客观的、正确的资料，为管理部门提供参考依据。

2. 对象不同。公关调查的对象主要是某一特定组织的社会公众，包括组织内部的公众和外部的公众；市场调查的对象一般是消费者、零售商、批发商等。

3. 侧重点不同。公关调查侧重组织形象的调查；而市场调查更注重利益的调查。

二、公共关系调查的程序

为了提高调查工作的效率，保证公共关系调查的结果的有效性，调查工作应遵循一定的程序：

（一）调查准备阶段

1. 明确调查主题

调查主题是对公共关系调查工作的高度概括，对调查工作起着指导的作用。主题得当与否，对调查工作的成效有直接的影响。确定调查主题首先要明确调查目的和调查内容，只有清楚调查工作要了解什么情况、解决什么问题，才能使接下来调查主题的筛选和确定具有针对性。除此之外，还要注意主题的必要性和可行性，否则调查工作不但会徒劳无功，还会浪费人力、物力。

2. 确定调查范围

在分析调查目的和组织现实条件的基础上，可以确定公共关系范围。确定调查范围主要指确定调查对象及其样本数。

3. 选择调查方法

调查的方法有很多，不同的方法又具有不同的特点和不同的应用范围。方法选择得当会令调查工作事半功倍。因此，在选择调查方法时，要针对不同的调查主题和内容的特点，充分考虑方法的有效性及应用的成本效益等因素。

4. 拟订调查计划

在明确上述要素后，接着就要拟订调查计划。调查计划是为了使调查工作有序地进行而预先作出的安排。调查计划一般包括调查目的、内容、主题、对象、范围、方法、人员及其分工、调查的步骤及具体时间表，以及经费预算和物资的使用等。计划的制订要求切合实际，同时还要留有适当余地，以应付各种突发的情况。

5. 落实各项准备工作

主要是确定调查人员并明确职责，预算调查经费并落实到位，准备调查物资或工具，如设计调查问卷，准备录音机、摄像机等，有需要的话，还应提前与被调查者联络。

（二）调查实施阶段

调查的实施是调查工作的重点环节。主要是按调查计划的要求与安排，系统地收集各种资料。调查资料的收集可以从两个方面进行：一方面是收集未进行任何加工整理的原始资料，也称第一手资料或初级资料；另一方面是收集他人已调查整理过的资料，也称第二手资料或次级资料，如已经公开出版或发表的资料。收集资料的方式有直接收集和间接收集两种。收集的方法也有很多，如收集初级资料可采用访问法、观察法、实验法，收集次级资料常用文案调查法。无论采用何种方式方法，都要保证资料的真实性、准确性和全面性。

（三）整理分析阶段

通过实施公共关系调查，收集到各种各样的信息资料后，就要运用科学的方法对资料进行处理。主要工作包括资料的整理和分析。

资料的整理是把调查资料按一定标准进行审核、分类，并加以条理化、规范化。资料分析则是在资料整理的基础上，运用科学的分析方法对资料的内容作定性分析和定量分析，去粗取精，去伪存真，最后进行规律总结，形成调查结论。

（四）撰写调查报告阶段

公共关系调查报告是对调查过程的回顾和调查成果的书面总结，调查报告撰写的好坏影响着调查结果在有关决策中的作用。一份完整的调查报告主要包括以下内容：

（1）序言。主要介绍研究调查课题的基本情况，包括调查报告的题目或标题、执行该项研究的机构的名称、调查项目负责人的姓名及所属机构、注明报告完稿日期和列出报告中各项内容的完整的目录或索引。

（2）摘要。概括地说明调查活动所获得的主要成果，要求表述清楚、简洁扼要。

（3）引言。介绍研究调查课题的背景和目的，如以有关的背景资料为依据，分析组织公共关系存在的问题，预期本次调查获得的结果等。

（4）正文。主要是阐述调研所包括的所有事实，如对调查方法、调查过程、调查结果以及分析结论和提出的建议等作详细的阐述。

（5）附录。主要是问卷样本、统计数据、背景资料等与正文相关的资料，以备读者了解。

调查报告是调查活动成果的体现，调查的成败以及调查结果的实际意义都表现在调查报告上。因此，撰写调查报告时，要特别认真细致。在写作上还要注意简明扼要，不要拖泥带水；结构要严谨，论证要有力；用词要通俗易懂，尽量避免使用行话或生僻的专用术语；资料要准确无误、形象直观。

三、公共关系调查的方法

公共关系调查是否取得理想的效果，很大程度上取决于调查方法是否恰当和有效。不同的公共关系调查方法有不同的特点，也有不同的适用范围。应用文献法时要注意提高收集资料的主动性，审核资料的可靠性、全面性和客观性。

常用的公共关系调查方法有以下三种：

（一）文献法

文献法是通过对报纸、杂志、广播、电视、书籍、文件等媒介报道或记载的内容进行整理分析，从中挖掘出对组织公关工作有用的信息资料的一种调查方法。其基本步骤是：

（1）收集资料。通过复制、摘录、剪贴等方法收集和积累与组织相关的各种信息资料。

（2）分类检索。即按一定的规则，把收集到的资料进行分类及做好标记，方便查找。

（3）资料保存。即把各类资料进行登记、编目、装订、归档。

（4）资料分析。按一定的查目的，利用掌握的资料对调查对象进行分析。

（二）访谈法

访谈法即访问面谈的调查方法。这是调查人员访问被调查者，通过交谈，当面询问和了解被调查者的意见，收集信息的一种调查方法。根据形式的不同，访谈法还可以分为个别面谈和公众座谈等形式。访谈法的优点是可以通过交谈作深入广泛的调查，从而获得丰富的资料信息，方式灵活，适用范围广；缺点是成本费用较高，所费时间较长，调查样本少。另外，调查结果在一定程度上受调查人员交谈技巧和水平的影响。

（三）问卷法

问卷法是调查者把要了解的问题预先编制成调查问卷，然后从被调查者填答的问卷中了解其观点和态度的一种调查方法。根据方式的不同，问卷法还可以分为电话询问法、信函调查法和现场访问法。

1. 电话询问法

电话询问法是调查者按统一的问卷，通过电话向被调查者提问，笔录答案。这是一种费用低、资料收集方便迅速、适用范围广的调查方法。其缺点主要是访问时间短，答案简单，难以深入了解，对复杂问题的调查不适用。

2. 信函调查法

信函调查即信访。调查者把调查表（或调查问卷）邮寄给被调查者，并请求被调查者填写后寄回，从回函中收集资料。信函调查法在应用时应注意调查的问题不宜过多，问题的表述应简明扼要。此外，还要为被调查者准备注明地址和已付邮资的回函信封。这种方法的优点是调查范围广，费用低，被调查者有足够的时间思考回答；缺点是回收率低，回收时间长，有时会因被调查者对问题的误解或不认真填写而导致样本资料失真。

3. 现场问卷法

现场问卷法是调查者在特定场所请求被调查者对预先拟定的问卷上的问题即问即答，并同时进行笔录的调查方法。

问卷法是一种很常用的调查方法。总的来说，这种方法成本低，资料来源广，但有时难以确定资料的真实性，且问卷设计和分析工作难度较大，问卷问题的设置在很大程度上影响到调查结果的有效性。

【知识拓展】

公共关系调查问卷是进行调查的重要工具，在采用问卷法进行公共关系调查的，往往需要使用一定的调查表或问卷来收集资料。调查问卷一般分为自填问卷和访问问卷。自填问卷依据发送的方式又可分为邮寄问卷和发送问卷两种。

调查问卷的结构通常包括三部分：

前言——对调查目的、意义及有关事项的说明。

主体——包括调查问题的内容和问题形式。

结束语——用简短的语言对被调查者的合作表示感谢。

调查问题的提出一般有两种方式：

一种是封闭式问题，这种提出方式往往限制被调查者的回答，要求其必须在已拟定的备选答案中选择。设计较难而回答容易，便于统计分析，且资料较准确，但答案范围狭窄，不具体，如“您认为本商场的内部布局：A. 巧妙美观、井井有条（　　）B. 没有特色、很一般（　　）C. 乱七八糟（　　）”。

另一种是开放式问题，这种提出方式能使被调查者自由回答，不受任何限制。设计容易而回答难，答案过于分散，不易归纳，不利于统计分析，且资料不准确，易产生偏差，但可以让被调查者充分发表意见，从而得到足够全面、具体的答案，如“您对商场的经营服务还有什么好的建议”。开放式问题和封闭式问题各有特点，在一份问卷中，应该既有开放式问题，又有封闭式问题。

例文：

××市×大商场服务质量及公共关系形象调查问卷

亲爱的顾客：

您好！为了提高本商场的服务质量，让您享受到更好的服务，请您回答下列问题。答题时在您所选定的括号里画“√”。第19、20题则烦请您简洁地写上几句。谢谢合作！

一、您的基本情况：

1. 您是：A. 本地人（　　）　B. 外地人（　　）
2. 性别：A. 男（　　）　B. 女（　　）
3. 年龄：A. 22岁以下（　　）　B. 23～35岁（　　）
   C. 36～49岁（　　）　D. 50岁以上（　　）
4. 文化程度：A. 小学（　　）　B. 初中（　　）　C. 高中（　　）
   D. 大专以上（　　）
5. 家庭月人均收入：A. 200元以下（　　）　B. 200～300元（　　）
   C. 300～500元（　　）　D. 500～800元（　　）
   E. 800元以上（　　）

二、商场基本情况：

6. 您认为本商场外观设计及商品橱窗的装饰：

A. 很好（ ） B. 较好（ ） C. 一般（ ） D. 不好（ ）

E. 很差（ ）

7. 您认为本商场的内部布局：

A. 巧妙美观、井井有条（ ） B. 没有特色、很一般（ ）

C. 乱七八糟（ ）

8. 您认为本商场的服务质量：

A. 很好（ ） B. 较好（ ） C. 一般（ ） D. 不好（ ）

E. 很不好（ ）

9. 您认为本商场售货员的业务水平：

A. 很好（ ） B. 较好（ ） C. 一般（ ） D. 不好（ ）

E. 很不好（ ）

10. 在大多数情况下，您在本商场曾经受到售货员的接待情况：

A. 热情接待（ ） B. 较好（ ） C. 一般（ ） D. 不好（ ）

E. 很不好（ ）

11. 您认为本商场的售后服务：

A. 很好（ ） B. 较好（ ） C. 一般（ ） D. 不好（ ）

E. 很不好（ ）

12. 您认为本商场的设备：

A. 很齐全（ ） B. 比较齐全（ ） C. 一般（ ） D. 不齐全（ ）

E. 很不齐全（ ）

13. 您每年光顾本商场的次数为：

A. 10 次以下（ ） B. 10 ~ 20 次（ ） C. 20 ~ 30 次（ ）

D. 30 ~ 40 次（ ） E. 40 次以上（ ）

14. 您每年在本商场购物的总金额大约在：

A. 500 元以内（ ） B. 500 ~ 1 000 元（ ） C. 1 000 ~ 2 000 元（ ）

D. 2 000 元以上（ ）

15. 您认为本商场的商品质量：

A. 很好（ ） B. 较好（ ） C. 一般（ ） D. 不好（ ）

E. 很不好（ ）

16. 您在本商场购得的商品不能令您满意时，一般来说：

A. 都能得到退换（ ） B. 只有个别的能得到退换（ ）

C. 一个都不能退换（ ）

17. 在本商场买东西时，如果您的利益受到侵害，您是否想过去找消费者协会？
A. 想到过（　　）　B. 没有想到（　　）　C. 认为没有必要（　　）
D. 想找，但不知道到哪儿去找（　　）
18. 您认本商场哪一类活动搞得最好？
A. 优质服务竞赛活动（　　）　B. 优惠展销（　　）　C. 有奖销售（　　）
19. 您对本商场最不满意的地方是什么？您认为应如何改进？

____

____

20. 您对本商场的经营服务还有什么好的建议？

____

____

非常感谢您的合作。诚挚希望您能继续支持我们的工作。祝您购物愉快！

××商场公共关系部

×年×月×日

（四）观察法

调查者亲自到现场，从旁观察记录或借助摄像机、录音机等测录仪器来记录被调查者的行为表现，从中获得第一手资料的调查方法。这种方法的优点是可以对被调查者直接了解，所得资料生动、直观；缺点是只能看到被调查者的表面活动，无法深入了解其心理状况及想法，所花费的调查时间也较多，观察者的主观偏见也会影响调查结果的客观性。

（五）实验法

实验法是调查者专门选择某一特定市场或公众群体进行小规模的试验，以便了解市场或公众的反映是不是预先假设的结果，从中了解可行性和有效性。此方法的优点是调查结果比较真实可靠；缺点则是所用时间长、费用较高。

（六）网络调查法

网络调查法是围绕调查任务，利用网络展开调查的方法。网络调查需要先按一定标准建立网络调查体系，布置采集信息点，配备通信设施和网点负责人，然后各网点定期提出调查提纲，并按要求及时报送调查资料。网络调查法的优点是可以建立固定的、经常的沟通渠道，统一要求，协调步骤，便于进行大面积调查，资料来源丰富；缺点是网点一般只能负责资料的收集，不能进行分析，而且网络调查体系的建立较复杂。

实践启迪

美国亨氏集团的母亲座谈会

一、案例回放

美国亨氏集团与我国合资在广州建立婴幼儿食品厂。但是，应该生产什么样的食品来开拓广阔的中国市场呢？筹建食品厂的初期，亨氏集团做了大量调查工作，多次召开“母亲座谈会”，充分听取公众的意见，广泛了解消费者的需求，征求母亲对婴儿产品的建议，摸清各类食品在婴儿哺养中的利弊。之后进行综合比较，分析研究，根据母亲们提出的意见，试制了一些样品，免费提供给一些托幼单位试用。

他们搜集社会各界对产品的意见、要求，相应地调整原料配比，还针对中国儿童食物缺少微量元素导致儿童营养不平衡及影响身体发育的现状，在食品中加入一定量的微量元素，如锌、钙和铁等，食品配方更趋合理，使产品具有极大的吸引力，普遍地受到中国母亲的青睐。于是，亨氏婴儿营养米粉等系列产品迅速走进千千万万的中国家庭。

二、启迪与分析

（1）此案例说明了企业公共关系中产品定位的问题。产品定位就是在潜在消费者的心目中为自己的产品设置一个特定的位置，这个位置只为自己的产品独占，而其他同类产品则不能占据。产品定位的客观依据有：关于产品的调查研究、竞争对手的调查研究，传播媒体的调查研究和流通领域情况的调查研究。

（2）本案例侧重的是对消费者的调查研究，通过对消费者的调查去发现消费者和潜在的消费者群。亨氏集团多次召开“母亲座谈会”，充分听取公众的意见，广泛了解消费者的需求，征求对婴儿产品的建议，摸清了各类食品对婴儿哺养的利弊，得到产品定位的信息，从而一举成功。

（3）此案例说明，企业一定要重视对消费者的调查研究，搞清消费者对产品的需求趋势，为自己的产品定位找到科学的依据，这样才可以帮助企业赢得市场。

资料来源：张岩松. 公共关系案例精选精析（第三版）. 北京：中国社会科学出版社，2006.（略作修改）

项目训练

1. 实训目的：提高学生协调沟通、调查研究等多方面的能力，提高学生学习的兴趣。掌握公关调查的方法和程序，学会撰写调查报告。

2. 实训内容：对本校形象进行调查，并撰写调查报告。

3. 实训组织：把全班分成若干小组，以小组为单位完成调查任务。然后各小组进行交流互评，再由教师总结归纳，最后评选出优胜组。

思考练习

1. 什么是公共关系调查?
2. 简述公共关系调查的内容。
3. 简述公共关系调查的程序。
4. 公共关系调查有哪些方法，各有什么特点?
5. 如何撰写公共关系调查报告?

任务二　公共关系策划

知识目标

◆ 了解公关策划的含义和作用。

◆ 理解公关策划的原则。

能力目标

◆ 掌握公关策划的程序和方法。

◆ 掌握公关策划方案的撰写方法。

任务导入

法国白兰地的精彩亮相

20 世纪 50 年代，白兰地在法国已享盛誉，畅销不衰。为了开拓美国的市场，厂商们邀集了几位公关专家着手进行严密的策划。

公关专家们经过调查，收集了大量有关美国的信息，并仔细斟酌，提出了一项颇具新意的公关策划方案，主要内容是：在美国总统艾森豪威尔 67 岁寿辰之时，向其赠送两桶窖藏长达 67 年的白兰地酒。活动以法美人民的友谊为公关宣传的基点，以“礼轻情义重、酒少情意浓”为主题，广泛利用法美两国的新闻媒介，先从法国开始，再到美国，由内而外地宣传。在赠送活动中，作为贺礼的两桶白兰地将由专机送往美国，白兰地公司向保险公司办妥手续，支付巨额保险费用。酒桶特邀法国著名艺术家特别设计制作。总统寿辰日，在白宫的花园里举行隆重的赠送仪式，由四名英俊潇洒的法国青年身穿法兰西传统的宫廷侍卫服装，抬着这两桶白兰地正步前行，进入白宫。

这项耗资可观的公关策划立即得到公司最高决策者的批准，并且获得法国政府的赞赏和支持，外交渠道的绿灯也亮了。

于是，美国公众在总统寿辰日的一个月前就分别从不同的传播媒介获得了上述的信息，一时间，法国白兰地即刻成了新闻报道、街谈巷议的热门话题。千百万人都翘首盼望着这两桶名贵白兰地的光临。

总统寿辰当日，美国首都华盛顿主要干道上竖立着巨型彩色标牌，写着：“欢迎您，尊贵的法国人!”“美法友谊令人心醉!”整洁的售报亭悬挂着一列美法两国的小国旗，它们精致玲珑，在微风中轻柔地飘拂，传递着温馨的情意。在报亭主人特意设计绘制的“今日各报”的广告牌上，最鲜艳夺目的是美国鹰和法国鸡干杯的画面、“总统华诞日贵宾驾临”及“美国人醉了”等各报大标题。一时间万人空巷，白宫周围人山人海，人们满面笑容，挥动法兰西小国旗，期待着贵宾的出场。

当两桶“仪态不凡”的美酒登场亮相时，群情沸腾，欢声四起，有些人甚至唱起了法国国歌《马赛曲》。此刻，美国公众似乎已经闻到了清醇芬芳的酒香，更由此而品尝到了友谊佳酿的美味。从此，法国白兰地就昂首阔步地迈进了美国市场，国家宴会和家庭餐桌上几乎少不了它的“倩影”。

任务分析

这是一次极为成功的公关策划。策划人员正是通过充分调查研究目标市场——美国，在掌握了大量信息后，利用美国总统艾森豪威尔67岁寿辰这一极好的宣传时机，精心策划了向总统赠送生日礼物——两桶窖藏67年的白兰地酒这一公关活动。隆重的赠送活动不但吸引了媒体的高度关注，更在美国引发万众瞩目，最终成功地把法国白兰地推向美国市场。

理论要点

一、公共关系策划的概念

通过公共关系调查确定了公共关系问题并掌握了充分的信息之后，就要进行公共关系策划。

“策划”一词最早出现在《后汉书·隗嚣传》中“以功名终申，策画复得”之句。其中“画”与“划”相通互代，“策画”即“策划”，意思是计划、打算。在中国古代，“策划”就是谋划、筹划、策略、计划、献策。而现代对“策划”的理解则更为深刻和具体，其含义是确立目标，分析相关信息，制定策略、政策以及具体实施细节，以求最终目标的实现。

公共关系策划（Planning），就是在公共关系调查分析的基础上，根据组织形象的现状和目标要求，深入分析各种相关因素和现有条件，对公共关系活动的整体战略和策略进行谋划和安排，为公共关系活动提供最佳方案的过程。

公共关系策划是为了实现组织的既定目标、解决组织面临的重大难题、处理危机事件而进行的精心谋划。公共关系策划是公共关系最高层次的工作，集中体现了公共关系学科理论和实务的精华，应由专业公关人员来完成。

【知识拓展】

策划与计划的关系

策划与计划是不同的，主要表现为：

(1) 策划主要表现在把握原则与方向上，为未来的工作提供指导；而计划往往表现为把握程序与细节，对工作作出预先的程序上的安排。

(2) 组织在不同的时间或阶段，对策划和计划会有不同的重视程度。在经营决策时强调策划；而在执行这一策划时则强调计划。

(3) 计划有时仅需要单一的信息资源就可以制订出来，而所有的策划活动都必须以充分掌握组织内外的各方面信息为前提。

(4) 计划具有理性的色彩，是在一定范围内，针对特定的工作任务而制定的实施流程，可以体现组织的执行力；策划是未来工作的蓝图，内容更为丰富和灵活，有时甚至是天马行空的创意，更多的是展现组织创造性。

策划与计划虽然不同，但两者又有着密切的联系：任何策划都必须有计划，但并非所有的计划都是经过策划才产生的；策划与计划都需要面临众多的信息处理和反馈，足够的信息来源和对信息正确的运用和处理，会使两者都能获得理想的效果。

二、公共关系策划的作用

(一) 公共关系策划可以增强公关活动的有效性

公共关系策划必须遵循公关工作的规律，对公关活动进行科学的安排，确保其目标、对象准确，内容、方式可行，进程安排得当，传播手段有效，经费使用合理。只有经过事前精心的策划，才能增强活动的效果，保证活动目标得以实现。

(二) 公共关系策划可以使公关活动避免盲目性

公共关系策划最后会形成一份策划方案，这是公关活动的指导性文件。一份完整的策划方案，会对公关活动的各方面条件都作出全盘考虑，对活动实施细节提出安排意见，对各工作环节进行协调与安排。这样有计划地开展公关活动，可以使各项工作按方案一步步地实施，井然有序地展开，避免公关活动的盲目性和随意性。

(三) 公共关系策划可以保证公关工作的连续性

公关工作的根本任务是塑造良好形象，这需要组织长期坚持不懈地努力，希望通过几次公关活动就解决所有问题且一劳永逸是不可能的。可见公关工作需要跟随着组织的不断发展而发展，根据环境条件的变化而不断努力创新，这是要持续进行的一项管理工作。

组织处于不同的时期，不同的发展阶段，其环境条件与面临的问题都不一样，公关工作的重点也相应地有所侧重，所开展的公关活动自然也各不相同。公关活动的目标是公关总体目标的细化，公关总体目标又与组织发展目标一致。因此，每次公关活动虽然不相同，公关工作的重点虽然会发生变化，但最终都是为了塑造良好的组织形象，改善公众关系和组织环境，实现组织的发展。

公共关系策划建立在详细的公关调查、掌握全局情况以及对以前相关工作的总结和评估的基础上。每次策划都是为了解决一些问题，同时又为下一步的工作做好准备；每次策划都要在总结以往经验教训的前提下，进行内容、形式、方法上的创新；每次策划都要从全局、长远的角度对公关活动目标与组织总体目标的一致性进行把关。这使公关活动虽然各不相同但又保持了内在的有机联系。总之，公关策划本身需要保持连续性，这也相应地使公关工作保持了连续性。

(四) 公共关系策划可以提高公关活动的效益

成功的公关活动都应有一定的成果与收获，有效地解决组织面临的一些问题，令组织形象得到改善。而公关活动要取得良好效益，精心的策划必不可少。通过精心的策划，可以有效防止任意而为带来的失误；可以通过多方的权衡比较，扬长避短，选择最适宜的方式方法；可以合理地计划和分配各项资源；可以精打细算、量入为出，争取以最少的投入获得最大的效益。因此，精心的策划是避免运筹失算带来经济损失，使公关活动取得良好效益的重要途径。

三、公共关系策划的原则

作为公关工作的重要环节，公共关系策划得好与坏，直接影响公关活动的成与败。为了减少失误，降低风险，公关人员在进行公共关系策划时应遵循以下五项原则：

(一) 公众利益优先原则

组织的发展需要公众的支持，公关工作也以满足公众需求为出发点，以在公众心目中树立良好的组织形象为最终目标。事实证明，在公关工作过程中，只有把公众利益放在首位，时刻关注并尽量满足公众需求，才能赢得公众的支持和信赖，组织才能顺利发展。当组织利益和公众利益发生矛盾时，公众利益优先原则体现在将公众利益置于组织利益之上，这样才能赢得公众的支持，组织也才能长远发展。

要注意的是，坚持公众利益优先，并不是要完全牺牲组织自己的利益，而是要求在为公众提供利益服务的基础上实现自身利益。在公关策划时，公关人员应当将公众利益和组织利益有机地结合起来，努力实现组织利益与公众利益的双赢。

（二）稳定性与灵活性相结合原则

经过公关策划形成的行动方案得到组织审定批准后即成为组织整体计划中的重要组成部分。方案实施中的各项工作安排应严格执行，不能随意改变。然而组织的内外环境条件总是处于变化之中，策划时所依据的情况和信息，可能在执行方案时已发生了改变，这就要求在制订策划方案时必须充分考虑各种可能发生的情况并作出严密的安排，对细节之处细加推敲，对各种资源的配置留有余地，对活动开展的时机准确把握，做到适时开展活动，既不能贸然行事，又不可贻误时机。总之，进行公共关系策划时必须注意方案的稳定性，同时还要具有灵活应变的特点。

（三）真诚与求实原则

实事求是是公关策划的基本原则之一。在公关策划时，要求公关人员应尊重事实，尊重科学，以客观事实作为策划的依据，制定切实可行的目标和方法。在传播沟通的策划中，更要排除各种虚假因素的干扰，以诚恳的态度及时、如实地向公众和组织的决策层传递准确、全面的信息。

（四）创新性与可行性相统一的原则

组织环境与公众心理需求总是处于不断变化中。成功的公关策划要求公关人员必须打破传统、刻意求新、别出心裁，创造性地设计出不落俗套、新颖而富有创意的公关活动，从而把组织的形象与竞争对手的形象区别开来，并以其独特性吸引公众的注意，给公众留下深刻而美好的印象。在创新策划的同时，还要注意综合考虑外部环境和内部条件，使得公关策划方案具有可行性，即保证活动目标设置合理，程序切实可行，方法和手段可操作。

（五）效益原则

组织的公关活动经费投入往往都很有限。成功的公共关系在策划时就要考虑如何在最经济的条件下取得最佳的公关效果，达到组织的公关目标。这就要求策划者在选择和使用传播媒介、设计各种活动时，要根据不同媒介的实际传播效果，结合组织具体的经济能力，量力而行，精打细算，将有限的经济投入活动中发挥最大的效益。在实际的公关策划中，在考虑以上的各项原则后，这一原则可能对其可行性有重要影响。

【应用例证】

2006年6月，东风日产乘用汽车公司在中央电视台经济频道（CCTV-2）《绝对挑战》栏目《巅峰营销》节目中举行了一个招聘活动——“百万年薪招聘市场营销总监”。真实的职位，真实的竞争，加上“百万年薪”这一亮点，使《巅峰营销》一经播出就成为媒体和民众关注的热点。其实，这是一个公共关系策划与传播活动，目的是宣传与推广公司的新车“轩逸”，之所以选择这个节目，是因为该栏目的目标对象是有一定商业经验、思维活跃、创新能力强的成功白领人士，而新车的目标消费群体与栏目的观众不谋而合。

四、公共关系策划的程序

公共关系策划程序就是公共关系人员在调查研究的基础上，通过综合分析，确立公共关系目标、制订公共关系活动方案的过程。公共关系策划程序可分为以下八个步骤：

（一）确定公关目标

公共关系目标是指导和协调公共关系工作的依据，确定公关目标是公关策划的第一步。没有公关目标、目标不明确或目标不合理，都会影响公关活动的质量，甚至导致相关工作无效。这就要求公关工作人员在确定目标时要严谨细致，同时还要注意以下问题：

（1）公关目标应明确、具体。明确是指目标的含义必须十分清楚、单一，不会产生歧义。具体是指有明确的内容和任务要求，并非抽象的口号。

（2）公关目标应具有可行性和可控性。可行性是指确定的目标要现实，既不能太高，也不能太低，经过一定的努力可以达到，同时还要考虑到组织的内外条件，量力而行。目标的可控性是指所确定的目标要有一定的弹性，要留有充足的余地，以备条件变化时能灵活应变。

（3）公关目标与组织整体发展目标必须一致。所以在确定目标时要从整体利益出发，全盘考虑问题。

（4）公关目标的确定要兼顾各方面利益。既要满足公众的要求，也要考虑组织发展的需要，同时还要收到造福社会的效果。

（5）公关目标的确定要协调统一。公关的总体目标是塑造组织的良好形象。但这是抽象的、概括性的目标，要得以实现，还需要把总体目标层层分解，落实到具体的公关工作中。由此可知，公关目标是一个复杂的目标体系，在确定时应注意保持不同目标之间、公关目标与组织目标之间、组织目标与公众利益之间的协调统一。

（二）设计公关主题

在明确了公关的目标之后，就要着手进行公关主题的设计。公关活动的各项工作要围绕主题开展，主题是整个活动的统帅，是公共关系策划的核心。其作用在于串联所有具体项目和工作，将整个公关活动联系成一个有机的整体。公共关系主题的设计应当适应公众的心理需要，充分、精确地体现活动目标，且通俗易懂、简明扼要、个性鲜明、富有创意与感召力。它可以是一个简单明了的陈述句式，也可以是一句令人印象深刻的口号。例如，美国国际商业机器公司（IBM）的口号是“IBM 就是服务”，上菱冰箱的设计主题是“上菱就是无霜加省电”，日本精工计时公司的设计主题是“世界计时之宝——精工表”，这些都给人十分清晰的印象。

【应用例证】

2000 年奥运会各申办国和申办城市的宣传主题

伊斯坦布尔的宣传主题是“让我们相聚在亚欧相汇聚的地方”；

柏林的宣传主题是“柏林感谢世界”；

悉尼的宣传主题是“分享奥运精神”；

北京的宣传主题是“开放的中国盼奥运”。

（三）确定目标公众

组织的公众构成是复杂多样的，不同的公众群体有不同的利益需求和价值取向。组织的每一次公关活动也只能满足一部分公众群体的需求，解决面临的一部分问题。公共关系策划的重要任务之一，就是在组织活动开展之前，根据实现目标的需要，对公众进行分析，确定本次活动需要关注、交流和影响的目标公众，鉴别、明确这些目标公众的权利和要求。只有确立了目标公众，才能确定活动中与其沟通的技巧、方法，选择有效的传播媒介，确立工作程序和重点以及经费的使用等问题。

（四）选择公关活动模式

在公关活动中，为了实现一定的公关目标，需要根据公关活动本身的特点，应用多种不同的方法和技巧。这些方法和技巧构成了具有特定公关功能的运行机制和方法系统，即公关活动模式。在不同的时期，组织的公共关系目标和内容不同，具体的公关活动模式也不同。只有有针对性地选择恰当的模式，才能取得事半功倍的工作效果。公共关系在长期的运行过程中，已经初步形成十种活动模式。

1. 建设型公关活动模式

建设型公关活动模式是社会组织为开创新局面而主动宣传和介绍自己，引导公众行为，扩大社会影响，形成舆论的公关活动模式。其目的是提高知名度和塑造良好的“第一印象”。其主要工作是通过广泛而频繁的宣传和交际，引导公众认识、理解组织，并努力取得公众的信任与支持，如新产品展销、免费接待参观、开业折价酬宾、赠送宣传品、开业（周年）庆典、开业广告等。建设型公关活动模式主要适用于组织初创时期或新产品、新服务推介阶段。

2. 维系型公关活动模式

维系型公关活动模式是社会组织努力维系已有的良好声誉，巩固良好的公共关系，发展既有的良好形象的公关活动模式。其目的是潜移默化地影响目标公众，继续塑造组织的良好形象。其主要工作是通过持续不断的低姿态的宣传，保持一定的媒介曝光率等渐进的方式，让组织的良好形象渗透到公众心目中，从而对公众行为产生影响，如定期广告，服务性、信息性的邮寄品分发，给老关系户的适当优惠和奖励等。维系型公关活动模式主要适用于组织稳定、顺利的发展时期。

3. 进攻型公关活动模式

进攻型公关活动模式是社会组织主动争取公众，营造良好环境的模式。其目的是组织主动调整自身行为，化解与环境的冲突，摆脱被动局面。其主要工作有开拓新领域，改变组织对环境的原有依赖关系，如研制新产品、开拓新市场、组建新的合作关系等；以合作的姿态来减少与竞争者的摩擦，如加入同行协会、搞协作性的交流会议等；转移矛盾重点，规避消极因素的影响。总之，进攻型公关活动模式要求组织积极主动地运用一切可以利用的手段，抓住一切有利的时机和条件，以主动出击的方式来维护和树立良好形象。这种模式适用于组织的发展与其所处的环境发生某种冲突的时候。

【应用例证】

克兰梅（Cranberry）是美国人感恩节餐桌上必不可少的一种深红色的酸果。可是，1959 年 11 月 9 日感恩节前夕，美国卫生教育福利部长弗莱明突然宣布，当年的克兰梅作物由于除草剂的污染，在对老鼠做实验时产生了癌细胞；又说虽然没有证明这种果实会在人体上产生癌细胞，但他劝告公众好自为之，自己酌情处理。

当弗莱明的讲话在报纸上出现的时候，正是食品店里克兰梅销售最旺的时刻。在大众传播媒介如此发达的美国，“克兰梅致癌”的消息不胫而走，家喻户晓。一时间，克兰梅的销量直线下降。

美国负责制造克兰梅果汁与果酱的是海洋浪花公司。面对这一意外事件的打击，海洋浪花公司副总裁史蒂文斯在纽约 BBDS 广告公司公关部门指导下，立即发动反击。

他们首先成立了七人小组，向新闻界说明克兰梅作物是纯净的，并宣布第二天即 11 月 10 日，要举行记者招待会，并在全国广告公司《今日新闻》电视节目中，安排一个专访节目，继而又在纽约安排了一个食品杂货商会议，让副总裁史蒂文斯有机会澄清此事。

然后，他们又致电弗莱明，要求他立即采取措施，挽回由于他的失言造成的无法估计的损失。

11 月 12 日，他们特别邀请了打算竞选总统的尼克松和肯尼迪上电视，让尼克松吃了四份克兰梅，肯尼迪喝了一杯克兰梅汁。

从 11 月 13 日起，公关人员就在卫生教育福利部与海洋浪花公司之间斡旋，寻找一个摆脱危机的方法。

九天后，双方已达成了一个协议：对这批克兰梅作物是否有害于人体进行化学试验。然后，他们又及时向公众宣布这项协议和化学试验的结果。克兰梅在感恩节前夕又放回了食品架上。

这一年克兰梅的销量虽然低于前一年，但公关人员却从一个即将临头的灾祸中力挽狂澜，积极主动地采取措施，策划一系列的活动，使海洋浪花公司免去了破产之虞。

4. 防御型公关活动模式

防御型公关活动模式是社会组织为防止公关危机的出现而主动采取行动以消除隐患的模式。其目的是控制组织形象中不良因素的发展，防患于未然，避免矛盾尖锐化。其主要工作是主动采取措施检查组织的公共关系，发现问题、预见问题，并制定出防治措施，把问题消除于萌芽状态，如开展公共关系调查、进行公众意见征询、组织的经营政策及行为的自我审查和自我评判、制度措施的修改与完善等。这种模式适用于组织出现潜在的公关危机时。

5. 矫正型公关活动模式

矫正型公关活动模式是组织形象严重受损时，纠正或消除损害因素，恢复公众对组织的信任并挽回声誉的公关活动模式。其目的是稳定舆论、平息风波、挽回影响、重塑形象。其主要工作是迅速查明原因，果断采取行动，尽快控制局面，并及时、准确地反馈舆论，辅助决策。危机事件平息后还要做好善后工作，开展重新树立组织良好形象的公关活动。这种模式主要适用于组织遭遇公关危机，公共关系严重失调，面临生存和发展的阻力时。

6. 宣传型公关活动模式

宣传型公关活动模式是运用各种传播媒介和沟通方法，传递组织信息，影响公众舆论的公关活动模式。其目的是扩大组织的社会影响，树立良好的组织形象；特点是主导性强、时效性强、传播面广、推广组织形象效果好；主要工作是根据目标公众的不同特点和公关活动的主题，整合传播媒介，进行宣传，制造有利于组织发展的社会舆论。这种模式的具体形式多种多样，如内部刊物、员工手册、演讲会、记者会、展览会、开放参观、各种庆典活动、广告宣传、新闻报道等。

7. 交际型公关活动模式

交际型公关活动模式是运用交际方法和沟通艺术，在人际交往中开展公共关系工作的一种模式。其目的是建立广泛的社会关系网络，协调内外公众关系。这种模式的应用不仅可为组织营造“人和”的良好人际环境，而且也是收集信息的有效途径。交际型公关活动模式的特点是活动富有人情味，可以有效地联络感情。交际型公关活动的主要工作是通过灵活多样的沟通方式与团体或个人直接交往，具体方式有各式各样的招待会、座谈会、工作午餐会、宴会、联谊会、茶话会、慰问、舞会，以及与个人的交谈、拜访等。

8. 服务型公关活动模式

服务型公关活动模式是一种以提供优质服务、给予优惠等方法来获得公众信任与好评的公关活动模式，其目的是取得公众的好感，密切组织与公众的关系。这种活动模式的主要特点是运用“百闻不如一见”的原理，以实际的行动、实在的优惠来感动公众。其主要工作是了解公众真正的需求，以组织自己独有的方式为公众提供必要的服务，如咨询服务、售后服务、消费教育、消费指导、优质服务等。

9. 社会型公关活动模式

社会型公关活动模式是积极开展各种社会活动，塑造组织良好形象的模式。其目的是提高组织的社会声誉，为组织营造良好的发展环境。社会型公关活动模式的特点是注重组织的长远利益，以塑造组织重视社会责任的形象为主，公益性、文化性强，投资费用高。其主要工作是以组织的名义发起或积极参与各种社会性、公益性、赞助性的活动，提高组织的美誉度和知名度，如赞助科研、教育、卫生等事业，支持社区公共服务设施的建设、冠以组织名称的智力竞赛、慈善公益活动等。

【应用例证】

广东健力宝集团赞助举行盛大晚会，为冲2002韩日世界杯的中国足球队壮行。

浙江农夫山泉千岛湖饮用水公司每销售出一瓶水，从中节约1分钱为贫困山区的孩子修建体育设施、添置体育器材，他们的目标是到2008年北京奥运会召开的时候，为几十万孩子实现运动的心愿。

江苏春兰集团赞助中央电视台举办“春兰杯”我最喜爱的春节联欢晚会节目评选。

哈药集团制药六厂赞助中央电视台举办“哈药六杯”全国歌手电视大奖赛。

以上种种，均为社会型公关活动模式。

10. 征询型公关活动模式

征询型公关活动模式是运用信息反馈的手段，了解舆论民情，把握时事动态，监测经营环境的模式。其目的是为决策者提供经营管理信息咨询，发挥公关的参谋决策作用。这种公关模式的特点是工作具有长期性和复杂性。征询型公关活动模式的主要工作是运用各种信息调查研究的方法对与组织相关的信息进行采集、研究和分析，如开展民意测验、访问重要用户、建立信访制度和合理化建议制度、设立监督电话、征询客户意见、处理举报和投诉、预测组织的发展环境等。

【应用例证】

广东省石油气用具发展有限公司于1989年初在全国各大报刊登出征联广告，企业为其"万家乐"系列产品制作了上联："万家乐用'万家乐'，万家都乐"，向公众征求下联。截至当年6月8日，共收到海内外应征下联65万条，经专家评审未选出最佳下联。该厂遂在1990年北京举办全国消费知识大赛之际，再一次在中央电视台为"万家乐"征下联，又掀起了高潮，来稿40万条。

经专家评改得出最佳下联"一代兴行'一代兴'，一代新兴"（"一代兴"为长江中下游的一种水稻良种）。这一活动在全国产生巨大轰动效应，影响甚至扩大至海外，其产品也供不应求。

以上这些公关活动模式都各有特点，在应用时要取得理想的效果，还要注意充分考虑组织发展的具体特点与特定要求、社会环境所提供的具体条件以及公众的不同类型和不同需求，创造性地选用不同的模式。另外，一份公共关系策划方案既可以选择使用一种公关活动模式，也可以几种公关活动模式交叉使用。

【应用例证】

"海思堡"上市创意迭出

海思堡（Aspop）是中国第一个融休闲与运动两种风格于一身的服装品牌，1998年6月6日在济南舜耕山庄发布上市。

海思堡（Aspop）新品牌上市前后，策划了多种活动，创意迭出，颇具魅力。

海思堡集团位于我国著名女词人李清照的故乡——章丘，同时，它又是与南方裁缝之乡宁波相对应的中国北方裁缝之乡。它还是中国古文化龙山文化（即黑陶文化）的发祥地。如果把这些古老的文化串联起来，可以清晰地看出：它是东方文化黑陶、华衣和美词的优秀代表。在这样的土地上诞生的富有时代感，充满青春活力的休闲与健康交融的服饰品牌，自然含有浓浓的文化底蕴。

一、独树一帜的品牌创意

海思堡（Aspop）不同于李宁牌的运动服，也不同于真维斯一类的休闲服，定位于七分休闲、三分运动，集休闲与运动于一体的服装品牌，这就是海思堡的独特风格。

海思堡用“Aspop”为标志，变形的“A”字，既有律动性又富有突破性的创意，配合其他几个风格圆润端正的文字，加之采用红与黑的对比色，极具冲击力，令人过目难忘。

二、别具一格的请柬

当人们从朱红色的信封里抽出请柬时，惊奇地发现，这不是一般的请柬，而是一件设计精致的艺术品。它是一件折叠如T恤衫形的请柬，浅黄色的T恤衫，翻出两片红领，胸前红色门襟上钉着两颗小白扣，透出几分灵气，右胸和后领下都有“Aspop”的标志。纽扣上还挂有一片红色的产品介绍牌，T恤衫黑色底摆上印着“请柬”两个字。这是经过精心设计、构思的请柬，别具一格，造型讲究。真可谓细微之处见精神!

三、意境化的模特表演

海思堡品牌发布会选在舜耕山庄的重华堂举行。难得的是策划者刻意营造了一个海滨环境氛围，模特们意境化的表演显得新鲜、奇特，令人耳目一新。

按海思堡品牌标语：阳光、沙滩、海思堡的释义，舞台以巨幅阳光普照的大海、沙滩为背景，用类似雾气的东西制成的白色浪花飞溅而下，逼真地营造出“惊涛拍岸，卷起千堆雪”的场景，一对对身着海思堡服装的模特，踏着轻快的音乐走来，他们或手携网球拍，蹦蹦跳跳，欲展身手，或流连于河滩海滨，抑或扮作情侣推着自行车在这里散步。

四、华诞庆生，四喜相逢

像给孩子庆生一样，庆贺海思堡品牌的诞生，是一个贴切的极好的创意。

当最后一个模特走下舞台时，一个五层的大蛋糕车推出来了，当庆生蛋糕被切开时，场上再一次欢腾起来，喜气洋溢在每个人的脸上。

五、巧设活动作铺垫

在海思堡上市之前，还有两项策划活动，配合海思堡的一些专卖店开业。

一项是牵动着许多青年心弦的“阳光之星——青年偶像”有奖大票选，1月31日在《齐鲁晚报》推出，同时在海思堡办的《流行信息》创刊号上，刊出12位候选人小照；另一项是海思堡俱乐部成立。俱乐部为方便消费者、回馈社会，特别推出首批限量发行的会员卡。凡18~35岁的消费者都可以成为俱乐部的会员，分别有沙滩卡、阳光卡、海狮卡和会员特别福利卡，持卡会员能享受多种优惠待遇。

这两项活动一经推出，就吸引了许多青年的关注，成为他们的热门话题。

这两项活动持续到7月7日，它们为海思堡在山东省内一些城市的上市，为专卖店或店中店的开业，做了最好的传播开拓与铺垫工作。

资料来源：根据《公关世界》1998年09期相关资料整理编写

(五) 整合传播媒介

公关活动是运用媒介进行传播的过程，要达到理想的传播效果，就必须正确地选择传播媒介。公关的传播媒介多种多样，公关人员在选择时，应根据不同的传播媒介的特点，结合公关目标、传播内容、目标公众的特点等因素，进行比较、选择并巧妙地加以整合，以达到取长补短、优势互补的传播效果。

【应用例证】

立白洗衣液名声大噪　再度牵手《我是歌手》独占鳌头

2013年，可谓立白集团创新立意的“综艺年”，旗下产品的身影在最当红、最夺观众眼球的黄金综艺节目中处处可见，从立白洗衣液独家冠名的《我是歌手》第一季引发收视狂潮，再到立白去渍霸赞助红得炸了天的《爸爸去哪儿》，立白集团旗下产品总能精准地找到最吸引观众的所在，而如今备受瞩目火热回归的《我是歌手2》，冠名还叫立白洗衣液，可见企业的强大实力基础与牢固根基。

立白洗衣液成功牵手湖南卫视综艺黄金档栏目带来的效果毋庸置疑，在这一阶段，立白洗衣液知名度提升13%，美誉度提升11%；据AC尼尔森数据，1～7月销售额比去年同期增长了66%，并且成功完成了立白洗衣液的全新升级，将立白洗衣液升级“洗护合一”的新定位，迅速而广泛地向消费者进行了传播。

《我是歌手》第二季的收视数据可谓强势回归。据央视索福瑞数据显示，以全国72个城市（以一线、省会城市，二线城市为主）、25～45岁的女性，《我是歌手》第一集的全国收视率为3.15%，稳坐同期收视冠军宝座。业内人士分析称，按照《我是歌手》第二季的赛程安排来看，后几期节目收视率将继续高攀。

不得不说，立白洗衣液以综艺节目为突破点，在广泛的消费者范围内进行全网式传播，带动品牌营销战略再升级这一步走得又妙又好。有文章分析，冠名综艺节目是立白洗衣液作为传统洗涤行业领头产品的一次大胆尝试，不但突破了洗涤用品只能走传统式营销的桎梏，还标志着立白洗衣液在整合营销资源、创新营销策略方面迈出的重要一步，成功地实现了营销战略再升级的实际意义。

资料来源：http：//news. dayoo. com/ent/201401/17/61252_ 34574906. htm.（略作修改）

(六) 预算和预测

一个完整的公关活动方案必须包括公关活动预算和活动效果的预测，为日后的方案论证和审定提供依据。

1. 公关活动预算

公关活动预算主要有人员、活动经费和时间的预算。公关活动总要耗费一定的人力、物力、财力，只有做好预算，才能保证公关活动的正常开展，也只有做好预算，才能更好地对活动进行监督管理，避免资源的浪费。同时，还可以为公关活动成本核算评估提供依据。

人员的预算就是对实现既定公关目标所需的人力资源的投入、人才结构配置进行预算。时间的预算就是对实现公关目标所需的时间进行预算，即制定一个时间进程表，规定各时间段内的工作内容，以使方案在实施时可以按部就班地进行。

公关活动经费是指实施公关活动时所需的费用。为了少花钱、多办事，要在有限的投入内获取最大的社会效益和经济效益，就要进行科学的公共关系预算。其主要的作用是：

（1）预先了解公关活动的投资成本，做到心中有数，量体裁衣，以保证公关活动方案切实可行。

（2）对各项经费开支严格监督控制，精打细算，防止浪费。

（3）活动结束后，可以结合公关活动的收益情况进行工作效率评估。还可以考核预算内各个项目之间的分配比例是否合理，为以后的公关策划提供参考依据。

公关活动经费开支的主要构成项目有日常行政开支、设施费、劳务报酬费、项目活动费、调研培训费、机动费等。市场经济千变万化，公共关系人员必须具备收集活动物品市场信息、劳动力市场信息、活动项目经费信息等方面的能力，才能科学、合理地预算公关活动经费。

2. 公关活动效果预测

预测公关活动效果，即对公关活动方案实施的预期结果进行综合效益评估，这也是对公关活动必要性和重要性的说明。因此，需要在公关策划方案中说明项目的可行性、活动开展后可以为组织带来的积极影响，以及组织因此可能获得的收益等。另外，还应提供效益评估的方法。

（七）拟订公关策划方案

公关策划方案是记载公关调查结论和公关策划成果的公关文案，是公关活动的实施纲领，也是检查策划成效的依据。一份完整的公关策划方案一般由以下部分构成：

1. 封面和标题

封面制作要求大方、典雅。涉外活动时，要在允许的情况下尽量精美，与国际并轨，同时格式一定要规范，厚度要比内文的纸厚些。封面要注明策划方案的标题。

公关策划方案的标题写作一般采用公文格式，如“上海市第一百货公司第20届香水文化节策划书”，涵盖了事由单位（上海市第一百货公司）、事由

（第20届香水文化节）和文体（策划书）三个公文标题的基本要素。

2. 正文内容

这是策划方案中最重要的部分。内容因策划种类的不同而有所变化，但必须能让读者一目了然，内容层次要清楚。具体正文内容包括：

（1）前言，即背景介绍。主要是简要介绍策划书项目的由来、公共关系活动主题思想的社会背景，以及在综合分析公关主体面临的公关问题的基础上，对制订公关活动方案的依据、主要目的和创意的简要说明。

（2）市场状况调查与形象分析。主要是比较详尽地介绍公共关系调查分析的结论，并对组织形象进行具体分析。

（3）目标体系。主要是概要性地介绍公共关系活动的目标设想，说明公关的总体目标与具体的公关活动目标。

（4）创意说明。主要介绍公共关系活动的主题思想、宣传文案。

（5）媒介策略。主要介绍宣传媒介的名称、分配规划（包括媒体分配、地理分配、时间分配、内容分配方面的内容）、组合方式。一般用表格形式陈述。

（6）活动计划。重点介绍公共关系的整体运作方案，主要内容有公共关系项目进度安排和活动布置，如实施时间、地点、运作步骤、程序方案、人员分工、执行中应注意的问题等。

（7）经费预算。把经费预算的各项内容清晰明了地以表格形式列出并加以说明。

（8）效果展望。对公共关系活动的理想效果进行简要描述。

（9）效果评估。介绍对整个公关过程进行效果评估的方法，如调查活动前后受众态度的变化、与会人员的定量分析、媒体传播内容分析等。

3. 署名

写明策划单位名称和撰写方案的日期。

公共关系活动策划方案的写作要求是：叙述简明、朴实；计划周密、严谨；内容完整而富有条理。有些方案需要对正文内容进行补充说明，这就要求在正文后加上附件。重要的附件通常有：活动筹备工作日程推进表、有关人员职责分配表、经费开支预算明细表、活动所需物品一览表、场地使用安排表、注意事项等。

正如高明的军事家在战斗时不会只准备一套作战方案一样，公关人员策划活动时，也应考虑到在活动实施过程中，环境情况多变及有些不可控因素，需要预先设计出数套方案来，以增加策划工作的适应性和应变能力。这些分别从不同角度有针对性地制订出来的方案在设计上各具特色，但最终执行效果基本相同。在没有进行方案的最后审定之前，其地位是不分主次、同等重要的，即使在审定后，这些方案仍然要作为应急替代性方案保存备用。

（八）审定公关活动方案

公关活动开展之前，还需要在数套方案中选择出一份作为最终的实施方案，即对公关活动方案进行审定。审定方案的目的是通过分析比较、仔细权衡，找出最有利于实现公关策划目标和主题的方式和手段，也就是人们认为最优的方案。审定过程可以根据工作内容的不同分为优化方案、论证方案、送审方案与文书工作三个阶段。

1. 优化方案

公关策划形成的每套方案都会有其独特之处，经费投入有多寡，媒介、模式有不同，时机选择有差别，实施重点也可能会有不同。另外，策划者的能力素质不同，设计出来的公关活动方案水平也会有所差别。要想得到最佳的实施方案，就要对方案进行分析评估或优化组合。

对方案的分析评估主要是全面分析评价每套方案的优缺点、可行性、科学性、效益性等。如果一个方案既具有可行性，又能保证公关目标最终实现，且经济效益良好，即可被认定为最佳方案；否则，就需要对方案进行优化。优化方案就是用科学的方法，对各方案取其所长，去其所短，形成最佳方案的过程。常见的方案优化方法有：

（1）重点法——重点抓好方案中的薄弱环节，令方案整体优化。

（2）反向增益法——以一个要素的较小变动去求得其他要素的较大变动。

（3）优点综合法——就是将各方案可以移植的优点部分综合到被选上的方案中，使被选上的方案好上加好，达到最优化。

2. 论证方案

在优化方案初步形成以后，就要进行方案论证。论证公关活动方案就是运用心理学、社会学、调查学等方面的知识，组织领导者、专家、部分特殊公众、实际工作者等各类人员，对方案的可行性进行论证。

方案论证的内容主要是：项目的必要性、目标的可行性、活动限制性因素、执行中潜在问题及其防止、补救的可能性、预期结果的综合效益评价等。

方案论证的方法主要有：

（1）特尔斐法。就一定问题发函给有关专家，请他们提出意见和看法，搜集整理所有专家对问题的意见后，以不记名方式将整理结果寄回给专家们，并在此基础上继续征询。如此反复至意见趋于集中为止。

（2）头脑风暴法。请有关专家以开会讨论的方式，解放思想，不受约束地针对某些问题畅所欲言。此法最适用于创造性意见的征集。

（3）提喻法。不直接讨论问题本身，而是用类比的方法提出类似的问题，或把一个决策问题分解成若干个小问题来讨论。主持者有意隐蔽问题的真相，虽讨论的是类比的问题但目的仍在于决策问题本身，只不过是绕着弯子进行罢了。这样做的好处是可以激发新思路，有利于更客观地看问题，有利于对敏感问题的保密。

在决策时，善于利用专家智囊团的集体智慧，是决策科学化的重要条件之一。但同时要注意处理好两个方面的问题，否则难以取得理想效果。一是正确地选择专家。选择哪些专家主要由决策分析的任务来决定。不论是选择本行业的专家、不同学派的代表，还是选择其他社会学、心理学等方面的专家学者，都应是在相关专业领域有一定造诣、知识与经验都较丰富的内行专家。二是处理好决策者和专家智囊团的关系。决策者既要充分重视专家的意见，又不能完全为其所左右，在吸收专家们的智慧的基础上，综观全局并作出自己的判断。只有这样，才有可能最后形成高水平的策划方案。

3. 送审方案与文书工作

公关活动策划方案经过论证后，最终要形成一份完整的公关策划书，并送交组织的决策领导审核，有时还应向有关政府部门申报，获得批准后才能作为正式的实施方案使用。公关策划书审批过程是行政管理的法定措施，主要是为了确保公关活动的合法性，保持目标与组织总体目标的一致性，以及获得组织其他部门的协调和配合。

公关策划书没有固定的格式，策划者一般根据实际的需要和自己的文笔风格来撰写。公关策划书审定后，还要将审定的方案打印数份并编上号码。作为组织重要的工作文件，要注意做好公关策划书的保密工作。最后缮印好的文稿，一份交组织高层领导，作为检查公共关系工作的依据；一份留存公共关系部，严格按预定计划执行；一份交人事保卫部门存档。另外，可根据工作需要和联系程度抄送组织内部需要支持配合公共关系工作的部门。

【知识拓展】

公共关系策划中的“二八定律”

1897 年，意大利经济学者帕累托在研究银行存款规律时发现了这样一种现象，即不到 20% 的客户的存款额竟占全部银行存款的 80% 以上，于是主张重点管理好那 20% 的重点户，因而提出了“关键的少数”的名言。同时，这种不平衡的现象也存在于人们的生活中。

在进行公关策划时也应注意这种不平衡现象，不能将所有的工作“胡子眉毛一把抓”，而是要运用“二八定律”，抓住关键公众、关键环节、关键项目、关键岗位，以点带面，没有重点就没有政策，策划就会失去工作方向。总之，根据“二八定律”，在策划时抓住重点，再结合工作的整体性，就能收到事半功倍之效。

实践启迪

佳洁士防蛀牙膏公关策划案例

一、案例回放

美国宝洁公司是全球最大的日用消费品公司之一，始创于1837年，迄今已经有163年的历史。宝洁在全球70多个国家和地区设有工厂和分公司，所经营的300多个品牌的产品畅销140多个国家和地区，其中包括纸品、护肤及护发用品、药品、化妆品、洗涤用品、食品等。

"不断创新以满足消费者的最新需求"是佳洁士品牌自1955年在美国创立之日起就一直奉行的宗旨。进入中国之后更是坚定不移地贯彻执行这一宗旨，针对消费者的不同需求，佳洁士品牌在中国成功推出了具有氟泰配方的佳洁士防蛀牙膏、佳洁士双效洁白牙膏、含中草药的佳洁士多合一牙膏、舒敏灵牙膏等，以及佳洁士牙刷系列。

佳洁士近期提出的"根部防蛀，全面保护"理念，就是针对目前存在的防蛀观念的误区，提高消费者对于牙根防蛀的重视程度，实现"从根到冠"的全面护齿。受宝洁委托，正商公关于2003年初针对这个最新理念，配合佳洁士的宣传，为深化消费者对于佳洁士品牌的认知度和美誉度，强化消费者对根部蛀牙的认识和对佳洁士最新防蛀产品的感知，进行了如下策划：

牙膏公关项目策划

作为国际品牌宝洁的第一牙膏品牌，佳洁士一直不断地向公众倡导一个又一个全新的护齿概念。用这些倾注了专家和员工心血的概念，让消费者体会到这个著名品牌厚重的人文气息。根据企业广告、公关、展示、促销、售后、企业内部运用、行为规范的整合计划，正商公关充分领会整合营销传播（IMC）的精髓，与佳洁士共同制订了长期的品牌传播作战方案。

公关目标：

1. 传播宝洁公司奉行的"牙根防蛀，全面保护"的宗旨，宣传宝洁一贯关注牙齿健康，尽心尽力，不断创新，为人们提供高质量产品的承诺。

2. 准确传播新产品——佳洁士防蛀牙膏给消费者带来的福音：佳洁士防蛀牙膏能够有效预防牙龈萎缩引起的牙根蛀牙，有效率高达67%。

3. 取得广泛的媒介覆盖率，包括电视、广播、报纸和杂志。

公关策略：

传播名称：“预防成人根部蛀牙”活动。

主题口号：根部防蛀，全面保护。

主要内容：佳洁士独特的氟泰配方具有卓越的高效防蛀功能，对于防止根部蛀牙非常有效，它采用的氟泰系统不仅能帮助防止牙齿表面蛀牙，更能降低根部蛀牙发生率，降幅高达67%。

牙膏公关项目实施方案：

佳洁士“根部蛀牙，全面保护”的理念的提出端正了相当部分消费者的护齿观念，提出了新的保健生活方式。在这一理念的基础上，佳洁士将预防成人根部蛀牙这一论点作为重点传播对象，因为大多数人尚未意识到牙龈萎缩的现象在我国82%的成年人中普遍存在，而牙龈萎缩会导致牙齿根面暴露在外，牙根的硬度和抗酸能力比较差，所以即使没有看到牙冠上有蛀洞，牙根也已经有蛀牙的可能了。与儿童常见的牙冠蛀牙相比，成年人的牙根蛀牙因为难以及时发现、不易修复而更具杀伤力，最严重的后果就是导致掉牙。鉴于成人蛀牙的严重性和紧迫性，这一论点的提出成功地捕获了众多新闻媒体的主要相关版面。

项目评估：

1. 到活动截止日期为止，共有上百家媒体发布了相关消息。

2. 新闻报道涵盖了综合、商业、消费、健康在内的多家平面媒体。

3. 报道时机把握得恰到好处，系列报道的方式符合消费者的接受习惯。

4. 正确的形象代理：专家小组在媒体面前很好地体现了品牌的内涵，表达了所有重要信息，为佳洁士建立了一个良好的形象，即健康护齿的专业形象。

二、启迪与分析

佳洁士“成人防蛀”公关策略充分领会了整合营销的传播精髓，公关目标明确，定位准确，传播内容具体，目标公众清晰，实施方案可行，并恰到好处地利用了传媒，把握了报道的时机，最终取得了卓有成效的传播效果。

“成人防蛀”篇在各家强势媒体陆续推出后，极大地提升了佳洁士的市场地位和品牌美誉度。各地总经销商频传捷报，销售额得以大幅度增加，随着后续深入报道的推出，世界领导品牌——佳洁士的这一凝聚了大量现代科技水准和人文关怀的最新防蛀牙膏，在其后的市场上势如破竹，再创销售奇迹，同时进一步稳固了其王者地位。

资料来源：中国咨询策划网.（略作修改）

项目训练

1. 实训目的：通过训练培养学生的公关意识，使学生掌握公关活动策划原则、程序与方法，并写出策划方案。

2. 实训内容：策划一次面向本校毕业生的就业咨询与宣传活动，并写出策划方案。

3. 实训步骤：

（1）全班学生分成若干组，每组 5 人左右。

（2）分组讨论，创意策划。

（3）各组展示自己的策划成果，并互相讨论、交流、评价。

（4）教师总结评价。

思考练习

1. 什么是公共关系策划？

2. 简述公共关系策划的作用。

3. 公共关系策划应遵循哪些原则？

4. 简述个公共关系策划的程序。

5. 公共关系活动有哪些模式？

6. 请收集若干份公共关系策划方案，选出你认为最有创意的方案并说明理由。

任务三　公共关系实施

知识目标

◆ 理解公共关系实施的特点和作用。

◆ 了解影响公共关系实施的因素。

能力目标

◆ 掌握公共关系实施的程序和方法。

任务导入

改换车位一举成功

目前，世界上大多数国家实行车辆靠右行驶的交通规则，但也有少数国家车辆仍然靠左行驶。专家们认为，这种与众多国家交通行驶位置的差别，是造成交通事故多发的一个原因。因此，一些国家逐渐将车辆行驶的位置从左改换至右，如瑞典、尼日利亚。改换车位说来容易，实施难度却极大。这种新法规不可能先在某一城市和地区试行，因为这将意味着在同一个国家有的地区车辆靠左行驶，有的地区靠右行驶。在一个幅员广阔、车辆众多的国度里，一天之内奇迹般地将车位从左改换至右，谈何容易！政府部门的决策者非常清醒地知道，一旦这种交通法规改革运转失败，那么危险的混乱将直接给国家带来一场灾难。正是基于这样一种考虑，目前一些国家不敢轻易地作出改换车位的决定。然而，尼日利亚政府不仅果敢地采取了改换车位的行动，而且做得非常成功。其实施这一计划的方法步骤如下：

一、政府确定这一计划的组织实施机构

确定以尼日利亚联邦政府情报机构和地方政府情报机构为实施主体。这种官方的情报机构是尼日利亚政府有力的行政机构，并有其组织严密的情报网。

二、明确计划实施目标

决定在同一天内全国统一实施新的交通法规。车辆行驶位置从靠左行驶改换为靠右行驶。

三、划定目标公众

1. 城市公众与农村公众。

2. 机动车司机、非机动车驾驶员及行人。

3. 普通公众（接受能力较强）与特殊公众（文盲等接受能力较差）。

四、计划实施

第一阶段：

(1) 提前两年时间，对机动车和非机动车驾驶员进行训练。

(2) 利用一切传播手段，在新交通法规实施一年前告知全国人民。

①利用广播、电视、报纸、杂志等大众传播媒介广泛宣传新交通法规。

②在海报、广播、电视节目宣传的基础之上，拍摄新交通法规的纪录片，把所有宣传内容与形式融为一体。在电影院及派出的流动放映队深入农村放映该纪录片，并开展教育农民的活动。

③交通警示范，指挥改换车位后的车辆行驶。

④印刷发行通俗的宣传品。

⑤为了纪念此次交通改革，国家印发特种邮票。

第二阶段：

(1) 发动一场海报运动，如为农村特制的海报上画着当地司机和行人，便于人们接受。

(2) 在靠近学校、市场以及高速公路旁的大招贴板上张贴有关海报。

(3) 在报纸上登载小型海报和口号，一再重申改换车位的日期。

(4) 举行讨论会、辩论会及讲座，讨论新驾车制度的利弊。

(5) 大众传播媒介用打油诗告知司机和行人在该运动中应起的作用。

(6) 地方广播站广播用当地语言编写的打油诗或以当地最有效的形式进行宣传。

(7) 对文盲采用视听方法和直观教具。

在上述方法步骤实施之后，尼日利亚终于迎来了改换车位的那一天。情况出乎意料地理想，全国并没有一片混乱，也没有造成严重的伤亡事故，而是一切正常。有人称赞这次改换车位的运动是一次计划周密、收效良好的政府公关活动。它的成功完全是由于政府开展了扎扎实实的公共关系工作——做了充分准备，在一段较长的时间内，发起了强大的宣传攻势，做了深入细致的工作。

任务分析

这项政府公共关系活动的成功之处大致可归纳为三点：

(1) 对目标公众进行了深入、细致、全面的研究。

尼日利亚政府这次改换车位的运动所涉及的公众几乎是全国人民。为了搞好这次运动，尼日利亚政府有关当局对全国公民按其不同的特点进行了细致分类，如分为城市公众与农村公众，机动车司机、非机动车驾驶员与行人，普通公众（接受力较强）与特殊公众（文盲等接受能力较差）。如果忽视了对公众进行分类，并相应采取有针对性的宣传工作，那么即便是绝大多数公众均能接受新的交通法规，而只有少数人不了解新的交通法规，也意味着尼日利亚的交通在执行新法那天可能会出现严重的混乱局面。可见，周密的公众分类是成功开展公共关系活动的必要条件。

(2) 结合不同类型公众的特点，有针对性地制订切实可行的传播计划。

尼日利亚政府有关当局对这次改换车位运动的传播进行了周密的部署，采用大众传播、人际传播、组织传播等手段一起上的做法，保证了受众的广泛性；选择电影、海报、打油诗等群众喜闻乐见的形式宣传，保证了传播的有效性。在长达两年的时间里，广泛、深入、细致地进行宣传，确保改换车位运动家喻户晓，人人皆知，为改换车位一举成功奠定了坚实的基础。

(3) 开展有组织、有计划、持续不断的全方位公共关系活动。

尼日利亚联邦政府以科学的态度和求实的精神，在长达两年的时间里坚持不懈地开展传播工作，这是他们成功的又一重要经验。在第一个阶段里，联邦政府利用大众传播的手段广泛告知公众，在全国范围内制造舆论和声势，重点工作放在“面”上。在第二个阶段里，联邦政府以海报张贴画为载体，借助于人际传播，将宣传引向深入，并反复重申改换车位的日期。此阶段的工作重点转移到“点”上。整个传播工作各有侧重，第一、二阶段相辅相成，卓有成效。

这则政府公共关系案例亦启示我们，公共关系工作目标的达成往往需要运用“渐进”的方式。尤其是公共关系工作的目标与人们固有的思想习惯和行为模式发生冲突时，要实现其目标，必须注重运用传播等手段逐渐对公众加以引导，才能如愿以偿。

资料来源：熊源伟．公共关系案例．合肥：安徽人民出版社，1993.

理论要点

公共关系实施是公关策划方案审定后，组织相关人员按既定的目标和内容，具体展开活动的过程。公共关系策划是公共关系工作过程的先导，而公共关系实施是整个公共关系活动的中心，是解决组织面临问题的关键环节。只有通过实施，策划才能转变为现实，才有实际意义，否则也只是一纸空文。而实施成功与否，直接影响到公关目标的实现，乃至组织的形象和效益。

一、公关实施的特点

一个完整统一的公关实施过程应具备以下特点：

（一）动态性

再周密的公关策划方案，也免不了与现实情况存在差异，而且在实施过程中，客观环境的不断变化会使实施工作面临意想不到的问题和障碍。所以实施方案时，要全面考虑现实中的动态因素，不断修正或适当调整原定的方案，以适应复杂多变的公关环境。

（二）创造性

实施公关方案不能简单地照章办事，公关人员要根据方案的目标和基本原则，考虑社会环境、自然环境等一系列因素，在各自的岗位上主动发挥创造性，在不偏离既定目标和实施原则的前提下，对公关方案进行再创造。正如一位国外知名的企业家所说："一个好的决策可能会被无效的贯彻所诋毁，而一个不好的决策也会因为有效的贯彻执行而得到改善。"也就是说，一项好的公共关系计划或方案可能会由于实施人员素质不高、经验不足以及应变能力不强等而造成实施的效果不佳；而一项即使不十分完善的计划却很可能由于实施人员创造性的巧妙实施而弥补了计划上的不足，从而取得成功。

（三）广泛性

公关方案的实施会对组织和目标公众甚至社会环境产生广泛的影响。成功的方案实施可能令潜在的公众变成现实的公众，公众的对立态度和抵触情绪会得到缓解甚至完全变成支持和理解包容，公众的消费习惯也可能因此而发生变化。例如，德国的"甲壳虫"车在成功登陆美国后，改变了美国消费者多年来喜好车体宽、大、长的消费习惯。组织则会因为公关方案的成功实施而提高知名度和美誉度，活动所针对的组织形象问题也可以得到圆满解决。成功的方案实施甚至还会对社会文化、习俗、观念产生深刻的影响，从而推动社会的进步。

【应用例证】

1998年7月中旬，上海交大昂立股份有限公司在政府主管部门和社会各界的鼎力支持下，策划并实施了"98上海市'昂立杯'家庭健身电视大奖赛"活动。

这一家庭健身大赛旨在宣传《中华人民共和国体育法》、《全民健身计划纲要》以及《上海市全民健身计划》，积极推动和鼓励市民参与体育锻炼，使全民健身活动深入社区，走进家庭，引导市民创造更多有利于家庭成员自我健身的新方法，并有效地传播公司"追求卓越　为健康每一天"的理念。

经过周密的安排和准备，1998年8月3日，大赛组委会在上海交大浩然高科技大厦举行了"98上海市'昂立杯'家庭健身电视大奖赛"新闻发布会，向全市各大新闻媒介通报大赛即将举办的消息，并介绍大赛准备情况。上海各大媒体纷纷对此进行了报道，在各界人士与公众的高度关注下，"98上海市'昂立杯'家庭健身电视大奖赛"正式拉开了帷幕。

大奖赛共设置了30余项比赛项目，大多简单易行，富有趣味。比赛分预赛、复赛和决赛三个阶段。预赛在全市20个区县进行，有近千个家庭共2 700多人参与；复赛则在浦东、长宁、闸北、嘉定四区组织赛区，并由大赛组委会统一组织，统一录像，供电视台播放；决赛正值上海市“全民健身节”期间，被安排在上海卢湾体育馆内举行，邀请了市有关领导出席观看，并由上海电视台予以实况转播。最后，这一前后历时近三个月的电视大奖赛取得了圆满成功。

作为一项群众体育赛事，“98上海市‘昂立杯’家庭健身电视大奖赛”得到了社会公众的关心和支持，市民参与热情高涨。这次大赛有效地普及了全民健身知识，极大地推进了上海社区的全民健身活动，促进了社区的精神文明建设，在上海许多家庭中掀起了一股全民健身的热潮，而耗资30余万主办这一电视大奖赛的上海交大昂立股份有限公司也因此取得了良好的社会效应。公司在社会公众中口碑更为良好，影响力进一步增强，从而在一定程度上推动了公司的生产和销售。1998年，公司年销售额从原先的2亿元直线上升至6.4亿元，并连续数月排名全国保健品销售量榜首，一跃成为中国保健品行业的龙头企业。

资料来源：根据中国公关网相关资料整理编写

二、公共关系实施的原则

（一）目标导向原则

目标导向原则就是要求公关方案在实施时坚持始终不偏离方案的既定目标。现实环境中存在的动态变化因素常常会为公关活动的实施带来意想不到的困难，但切忌一遇到问题就随意更改目标或变动基本步骤，这样只会使工作最终无所适从；而一切按方案行事，无视现实环境条件的变化也不可取。正确的处理方法是以目标为导向，对整个活动进行控制、引导和促进。发现偏差时，则应先了解各种动态因素的变化情况并对其发展趋势和影响程度作出正确评估，再以保证目标的实现为前提，修正原定的实施方案。这对公关方案的调整或改变是不可避免的，要与动辄主观随意地变动计划、改变目标的做法区别开来。

（二）全面协调的原则

全面协调就是在公共关系实施的过程中，注意理顺各环节之间、各部门之间、各类人员之间或实施主体与目标公众之间的关系，减少矛盾冲突；对一些已发生的矛盾则应及时调解解决，使各种关系处于和谐、统一的状态。全面协调的过程其实就是信息沟通的过程，沟通中所传播的信息应具有统一性、明确性及完整性，采用的信息交流方式和方法应具有有效性。同时，全面协调过程也是利益平衡的过程，当局部利益与全局利益发生冲突时，既要统筹兼顾各方利益，也要注意坚持局部利益服从全局利益。总之，全面协调原则就是要努力使全体人员从思想到行动和谐一致，各项工作配合得当，避免出现无所适从、混乱不堪的局面。

（三）善用时机原则

实施过程中的时机主要是指公共关系活动实施的时间和机会。善用时机原则就是指要善于把握有利时机，创造最佳的活动效果。这就要求实施人员必须了解目标公众的心理特点，掌握公共关系实施的时间和规律，精心选择与安排适当的时机进行公共关系实施。选择时机时，首先要注意避开或利用重大节日。如公共关系活动本身与重大节日没有任何联系，则应避开节日，以免使公共关系活动效果被节日气氛冲淡；若公共关系活动与节日有密切的联系，则可利用节日气氛强化公关效果，如有关儿童用品的公关促销活动可以选择在“六一”儿童节前后举行。其次，要注意避开或利用国内外重大事件。再次，还要注意避免在相距较短的时间内同时展开两项重大公共关系活动，以免其效果互相抵消。总之，一切从实际出发，正确地选择公共关系计划实施的时机，是确保公共关系目标得以顺利实现的一个必要前提。

（四）反馈控制原则

反馈是对公共关系实施进行控制的一个重要手段。公共关系方案的实施环境与其目标公众都具有复杂性和多变性。支持反馈控制原则就是在方案实施时，必须对实施的情况进行严格的、经常性的检查，对客观环境的变化进行科学的、不间断的监测，通过各种渠道和多种方式搜集方案实施的各种反馈信息，对其进行及时准确的整理、分析，并把实施的结果与预期的目标进行对比，如发现偏差须及时作出相应调整，使整个方案的实施过程受到良好的控制，以确保公关目标的实现。反馈控制应贯穿公共关系实施的全过程，同时还应注意信息的全面性，即既要关注对方案加以肯定和支持的正反馈信息，也要注意那些反映实施过程中存在的问题和失误的负反馈信息，只有这样才能对方案的实施进行有效的控制。

（五）监督检查原则

有效的监督检查对保证公关方案的顺利实施有重要的作用。通过监督检查可以促使各项措施得以贯彻落实，把握各项工作的进程，为方案实施的控制提供信息。同时，在监督检查时，还可以对方案的实施进行监测，以便发现存在的问题和不良的影响因素时，能及时采取应对措施或进行相应的调整、改进，最终确保措施落实到位和策划方案在实施中不断完善。要保证有效的监督检查，就要建立相应的制度，使监督检查工作科学化、规范化、经常化。

【应用例证】

2005年2月，《新民晚报》策划并实施了“百名记者帮困百名学子”的公共关系活动，每位记者与一位贫困学子结对，经济上资助，学业上点拨，心理上解惑。在项目实施前，《新民晚报》进行了充分的准备。首先在报社内部记者之间进行讨论，得到积极反响。记者们根据自己的所见所闻和亲身经历，纷纷表达了对贫困学子的关注和对这次活动的支持。在编辑部例行会议上，《新民晚报》领导和有关部门记者、编辑共同策划、确定活动方案。通过《解放日报》教育版、希望小学和上海市慈善基金会等途径，征集到百余名品学兼优但家境贫寒的学子进行资助。《新民晚报》每位记者以自由加入、自由结对的方式与一位品学兼优的贫困学子结对，每人拿出500元帮助最需要支持的贫困学子，在学业上对他们进行指导，帮助他们走出暂时的困境，让他们感受社会的关爱。

三、影响公共关系实施的因素

实施公关策划方案的过程往往不是一帆风顺的，常会受到某些干扰因素的影响，从而为实施工作带来困难，造成障碍。因此，有必要对干扰因素进行仔细分析并努力克服，确保工作的顺利开展。在公关实施中常见的干扰因素主要有以下三类：

（一）目标障碍

目标是行动的方向，是评价行动效果的尺子。公关策划方案本身的目标设置不当，会给实施带来影响，妨碍公关目标的最终实现。如公关目标与组织整体发展目标相悖时，即使方案实施得再完美，也是毫无价值的，反而会造成时机贻误和资源浪费。设置过高的目标，即使竭尽全力也无法实现，只能令人望而却步；设置过低的目标，毫不费力即可达到，对工作无促进作用；表述不明确的目标，则会使工作失去自觉性和针对性。总之，目标设置不合理，没有可行性，就会直接影响公关实施的效果，须努力排除。

（二）沟通障碍

从某种意义上说，公共关系实施过程就是组织运用各种传播媒介与其公众进行沟通的过程。干扰沟通，令其无法达到预期效果的因素，被称为沟通障碍。公关实施中常见的沟通障碍有以下五种：

1. 语言障碍

语言是人类交流思想的工具。不同地域、不同民族往往使用不同的语言，有不同的语言习惯，语言不通，就难以进行畅顺的沟通。同样的语言，若忽略语境的影响和语言技巧的正确运用，也会引起误解甚至纠葛。此外，使用生僻的或太专业化的词语，让人难以理解，也会影响沟通的效果。在日常生活和工作中因为语言障碍造成沟通困难的例子比比皆是，而公关实施过程中的语言沟通障碍也常常出现，所以公关人员要尽力克服语言障碍，避免造成工作上的被动。

2. 文化障碍

文化背景指沟通主体长期的文化积淀，即沟通主体较稳定的价值取向、思维模式、心理结构的总和。不同的公众群体，其文化背景也会不同，对同样的沟通信息会产生不同的反应。如在知识和经验水平上相差甚远者，对信息的解读和接收效果就有很大的差异。在公关实施中，认真分析公众特点，了解其文化背景，有助于成功沟通。

3. 风俗障碍

风俗习惯，是指在一定的文化历史背景下形成的具有固定特点的调整人际关系的社会因素，如道德习惯、礼节、审美传统等。世代相传、约定俗成的风俗习惯，虽非法律规定，但对人们的行为仍有极大的影响，忽视风俗习惯也会导致沟通的失败。

4. 心理障碍

沟通的个体都有一定的思想认识、情感态度和心理活动。这些来自心理方面的因素也会对沟通造成障碍，如主观、偏见会使信息接收者选择性感知，出现信息曲解、断章取义；不信任、不尊重等做法会失去有效沟通的基础；心理隔阂会造成沟通不畅等。了解、认识并掌握公众心理特点，及时排除这种障碍，才能达到公共关系有效沟通的目的。

5. 组织障碍

合理的组织结构可以令内外沟通畅顺，反之则会构成沟通的障碍，如组织机构臃肿、信息传递层次过多、信息链过长会造成沟通缓慢、信息失真，最终影响工作效率；条块分割严重会令沟通困难；组织的沟通网络中存在缺陷或漏洞，会影响沟通的有效性等。

（三）突发事件

突发事件具有突发性、破坏性、紧迫性、关注性等特点。突发事件一旦发生，对公关实施的干扰就非常大。危机事件通常有两类，一是人为事件，如谣言的传播、公众的投诉、新闻媒体的批评、政府机关的干预等；二是灾难事件，如地震、火灾、经济形势突变等。

四、公关实施的步骤

公关实施是公关策划方案付诸实践的过程，其主要步骤如下：

(一) 前期准备

前期的准备工作主要是为公关活动的成功实施做好各方面的准备。

(1) 调查了解各种可能干扰到本次活动实施的因素，并做好预防和应对的措施。

(2) 让培训活动的管理者和操作者对活动的全局及工作的细节都明确了解，做到心中有数。此外，还要培训相关的专业知识、技能、技巧、心理调节方法等。

(3) 明确人员职责，并逐一落实。

(4) 再次审核并确认需要参与活动的外部公众，然后提前与其联系。

(5) 做好后勤准备。如确认活动场地、布置活动现场、筹备所需物资、落实活动经费等。

(6) 根据已确认的进程表，联系或通知有关部门，取得他们的协助和配合。

(7) 参照目标公众的特点和新闻媒介的要求制作信息，如撰写新闻稿件、演讲词、展览说明等。

(8) 实施工作的试运行。如同大型演出之前的排练预演一样，试运行的目的是通过对方案的实验性的运作，测验实施效果，并再次诊断方案可能存在的问题，加以修正、改进。

(二) 具体实施

完成准备工作后，策划方案开始进入具体实施阶段。各项工作依照策划的安排，按部就班地展开。这时，由于内外环境的不断变化，一方面对预定的策划方案要根据实际情况不断进行调整和修正；另一方面要加强对工作进程的控制和对人员、信息、物品的管理，如出现偏离即作出修正。同时还要求公关人员保持敏锐的洞察力，监测环境的变化，如发现影响方案实施的干扰因素，就要迅速采取措施及时处理，务必保证公关策划方案的顺利实施。

(三) 结束阶段

结束阶段主要是在公关活动实施结束后做好各项善后工作，如向协助或配合公关实施的单位或公众致谢，清理活动现场和检查设备器材，以及其他善后的工作。

实践启迪

借力“神五”蒙牛诠释公关四大精髓

一、案例回放

案例主体：蒙牛乳业股份有限公司。

市场地位：已由行业第四一举上升至榜眼之位，而液态奶部分更是攀升为行业霸主。

市场意义：紧扣产品的核心优势和品牌的核心价值，对转瞬即逝市场机会的把握，感性路线和理性路线的完美结合，超强的执行力，蒙牛“神五飞天”事件营销，为我们提供了一个公关活动范本。

市场效果：蒙牛品牌知名度和美誉度大幅提升，并由此树立起一个具有民族内涵的大品牌形象，同时使产品销量一路奋进。

案例背景：

2003 年可谓拥有上千家企业的中国乳品业的多事之秋，数家被曝光，数家被收购，几家欢喜几家忧。在这纷纷扰扰中却始终有一个品牌独树一帜、高歌猛进，它就是来自内蒙古草原的蒙牛。

蒙牛 2003 年营销大事回放：

2003 年 3 月伊拉克战争期间，蒙牛集团率先进行事件营销，此后，他们与央视协商建立了一个应对突发新闻事件的快速反应机制，以确保蒙牛广告能在第一时间赢得商机。

“非典”期间，蒙牛集团加大广告投放，并增加了公益广告的力度。

10 月，蒙牛利用获得“航天员专用牛奶”称号这一机会，进行大规模“举起你的右手，为中国航天喝彩”的公关活动。

11 月，蒙牛夺得中央电视台的广告标王，再次成为社会关注的焦点。

二、启迪与分析

分析蒙牛的每一次公关活动，尤其是借助“神舟五号”成功飞天的“航天员专用牛奶”公关活动，其成功的原因在于蒙牛的营销人抓住了公关策划的四大精髓。

精髓一：永远不忘产品的核心优势和品牌的核心价值

公关 = 沟通 + 销售，即所谓“既沟通又销售”。其中沟通侧重于我们常说的树立产品或品牌形象等；而销售则侧重于实现真正销售量的增加。两者累加就是公关营销。如果说单纯的销售就像马鞭子抽在马背上能使马儿跑得快的话，公关活动就是清除跑道上的沙石障碍，铺平跑道上的坑坑洼洼，给马儿营造跑得更快、更好的条件和环境，当之无愧于“品牌建设”的有力工具。

因此，企业的一切公关活动应该服务于品牌建设和适应于品牌规划。简单来说，就是企业的一切公关活动一定要紧扣自己产品的核心优势和这个优势可给予消费者的核心价值，即品牌的核心价值。

那么，蒙牛 2003 年的产品优势是什么？对一般消费者而言，印象最深的莫过于奶源的优势，蒙牛出自茫茫蒙古草原，远离污染，贴近自然。但实际上，蒙牛的优势不仅仅这点，它在让消费者放心的基础上还有着更科学的工艺配方，既保证口味、卫生，更保证了人们喝奶时最希望获得的营养和健康。国内目前推广学生奶并提倡全民喝奶，首要考虑的是民众的健康。所以，从蒙牛此次宣传的各种类型的新版广告的主题诉求来看，其“健康是强国之路”的品牌主张，在以“举起你的手，为中国航天喝彩”的情感诉求中不但没有削弱，反而通过老、青、童三代不同的形象表现，更加直接地、全面地进入民众的日常生活，建立起一个鲜明的“健康奶”的品牌印象，无形中拉大自己与其他竞争产品可给予消费者的价值感的距离。

精髓二：始终警惕转瞬即逝的市场机会

在蒙牛的“神舟五号”公关活动后，突然冒出了许多以“神舟五号”或航天员为素材的广告，但人们永远都对“第一”印象最深。因此，蒙牛的营销人是优秀的，他们深切懂得机会是公关活动的基础，没有好的机会就无法承载较高的营销目标和品牌期望。

为了“神舟五号”飞天这样一个在别人眼里“很突然”的机会，蒙牛早在 2002 年上半年就与中国航天基金会接触。由于中国航天基金会对合作伙伴的挑选要求十分严格，如必须是民族企业，必须是中国驰名商标，必须是行业领导性企业，必须同航天精神相关联等，通过数次严格的对公司的奶源、生产设备、市场流通等环节的考察、调研，并进行多次物理、化学、微生物学的分析，蒙牛于 2003 年初成为中国航天首家合作伙伴，这个时候距离“神舟五号”飞天还有半年时间，最主要的是飞天能否成功尚无人完全知晓。所以说，蒙牛成功的第二个原因是它始终在寻找可供自己利用的市场机会。

精髓三：坚持感性路线和理性路线的完美结合

公关在营销中的真正含义应该是“既沟通又销售”，其中沟通重在感性认知，销售关注市场结果，所以说公关始终要感性与理性相结合，两者缺一不可。而这一点在蒙牛“神舟五号”的公关策划中同样表现得恰如其分。

首先是关注感性认知。蒙牛注意到，因为这是我们第一次载人航天飞船的成功发射，所以其带给国人的巨大民族荣耀感和自信心空前高涨。蒙牛以感性诉求的手法喊出“举起你的右手，为中国航天喝彩”，迅速引发共鸣，拉近了与消费者的距离，使品牌在第一时间得到大家的认同，达到了最初树立品牌形象的目的。

其次是关注市场结果。蒙牛在公关影响力迅速遍及全国的同时，在自己的产品广告和卖场促销活动中及时补充“神舟五号”、“宇航员”等要素，并推出有诱惑力的买赠活动，保证了公关对销量促进的深层次目标的实现。

精髓四：清醒认识执行是保证公关成功的关键

公关的营销力就是公关的策划力与执行力的综合匹配，即公关营销力＝公关策划力×执行力。

应该说，蒙牛此次公关的两力都很强，策划力前文已讲，执行力从以下三点可以反映出来：

（1）执行的及时性。

2003年10月16日6时23分，“神舟五号”飞船在内蒙古大草原安全着陆，宣告中国首次载人航天飞行圆满成功！就在举国同庆之时，蒙牛关于此次飞行事件的户外于当天上午10时即在各大城市实现“成功对接”。

（2）执行的不走形且整齐划一性。

我们常常以执行是否走形、是否整齐划一来判断执行力的强弱。笔者单纯通过自己所经历的三个城市在相差不过一周的宣传情况来看，蒙牛的营销末梢不仅正确理解了总部的部属，而且执行得不折不扣——户外广告最早挂、广告位置要抢眼、幅面大、质量好等。

（3）执行的层次性。

蒙牛在此次公关的执行中，还注意了从不同媒体的沟通主题到广告与促销的完美结合，使平面广告、影像广告和人员口碑等形成一个传播梯度，更好地实现了感性路线和理性路线的结合。

那么，什么使蒙牛的执行力如此强呢？首先是蒙牛“先谋后动”的战略思想起了作用，它使自己有较充分的准备，不致“仓促上阵，乱了阵脚”。其次是长期以来严格、科学的营销管理使然，因为执行关键在人，人的关键在于明白“责、权、利”和“给其权利，监其使用”的管理氛围，而这两点就是营销管理的核心内容。

资料来源：农产品市场周刊，2004（38）.（略作修改）

项目训练

1. 实训内容：策划一次面向全校的环保宣传活动，并加以实施。

2. 实训目的：让学生了解公关活动方案实施的具体操作，加深对公关实施的理解。

3. 实训组织：全班分成若干小组，分别进行策划，然后由全班评选出最优方案，再进行活动的具体实施。

思考练习

1. 公共关系实施的特点有哪些？
2. 公共关系实施过程中应遵循哪些原则？
3. 公共关系实施时会受到哪些因素的影响？
4. 简述公共关系实施的程序。

任务四　公共关系评估

知识目标

- ◆ 了解公共关系评估的概念和作用。
- ◆ 理解公共关系评估的标准。
- ◆ 掌握公共关系评估的实施程序。
- ◆ 掌握公共关系评估的常用方法。
- ◆ 掌握公共关系评估报告的基本结构。

能力目标

- ◆ 培养学生对公关活动进行评估的能力。
- ◆ 培训学生撰写公共关系评估报告的能力。

任务导入

IBM PC300 GL 新产品上市公关案例

一、项目背景

IBM PSG 部门即 IBM 公司个人电脑事业部，负责 IBM 公司 PC 机的全球研究、生产和市场开发，并为各行业用户开发基于 IBM PC 的解决方案。PSG 在中国开拓市场的短短几年内，市场份额迅速上升，成为中国市场最受欢迎的国际品牌之一。

为了满足国内中小企业转变核心业务向电子商务时代过渡，挤占低端商用台式机市场，IBM 决定在 1999 年 9 月推出其 PC 300GL 6288 系列和 6563 系列商用台式机上市，使其成为跨越 2000 年低端商用台式机的主流产品。

此次活动是配合该机型全球上市时间的统一行动，这就要求在不足一个月的时间内完成北京、上海和广州三地的上市宣传工作。

经过慎重选择，IBM PSG 部门决定委托海天网联帮助策划实施该系列产品的上市发布会。作为年轻高效、品质服务的专业公司，海天网联公司充分发挥自己公关创意好、有多项技术支持以及大型活动经验丰富的优势，在很短的时间内作出了回应，迅速提交了策划实施方案。

二、项目调查

当前国内的商用台式电脑市场，品牌机、兼容机品种繁多，产品竞争日益激烈。海天网联从市场调研入手，通过直邮、专业知识问卷调查和利用 IBM 公司网页进行网上调查的方式了解到：

(1) 人们认为 IBM 公司商用机为第一品牌，品质好，售后服务好，价格也高。

(2) 消费者消费心理和行为并不成熟，不了解自己所需机型和必要的功能。

(3) 对 IBM 电脑所提供的其他解决方案知之甚少。

由此分析出，目前消费者对 IBM 公司的品并不十分了解，同时消费行为也有待指导。市场活动应从此着手，突出产品特性，打消消费误解。

三、项目策划

(一) 公关目标

(1) 在全新的会议形式和氛围中，全面了解和体会到两款新机型的性能特点，体会到 IBM 公司专业的服务和物超所值的价格。

(2) 通过此款跨世纪产品的市场促销，展示出 IBM 公司在新世纪的市场营销战略。

(二) 公关策略

(1) 突出产品的优越性，PC 300GL 作为 IBM 商用台式机跨越 2000 年的主打产品之一，符合最新的 PC 99 标准，通过了国家计算机质检中心 2000 年符合性测试，在系统配置、3D 性能、主频速率、可管理性以及降低总体拥有成本（TCO）方面比其较早型号有了显著的提高和改善。因此确定活动的主题为“超越自我，跨越 2000”。

(2) 强调 IBM 产品价格并不高，具有最佳性价比和配置灵活性。此次推出的 PC 300GL 是商务型的台式电脑，在行业中属于低端产品，同时它还有非常诱人的价格。

(3) 以独特的活动形式，来增进 IBM 公司的市场亲和力，拉近客户与商家的距离。

(4) 类似产品的市场推广活动一直是墨守成规，没有新奇和精彩的创意，会议形式安排也基本上大同小异，没有创新，几乎都是台上侃侃而谈，台下却是气氛沉闷的场景。

(三) 具体安排 (简略)

(1) 将整个会议过程策划成为一个现场抢答竞赛综艺节目的形式。

(2) 会场布置。

(3) 设备安排。

(4) 设计制作大量的宣传印刷品，全部活动印刷品的设计风格都以大会形象为主线，主题形象贯穿始终。并在印刷品明显位置标出产品价格，强调价格在行业中并不高。

(5) 设计、制作促销卡并在活动期间发放，再次突出产品价格优势，为整个市场宣传活动起到促进作用。

(6) 针对此次活动的受众人群并配合上市广告的宣传，分别邀请《北京晨报》、《解放日报》等大众新闻媒体，《上海证券报》等不同行业媒体和《信息产业报》等 IT 专业媒体。

(7) 聘请知名电视台栏目主持人担当司仪，邀请电视台节目现场乐队，以增强现场效果，邀请电脑行业专家和 IBM 公司 PSG 部门产品经理作专题演讲。

(8) 邀请IBM代理商前来助兴，并安排展台区域，展示IBM PC解决方案在实际工作中的应用。

(9) 新产品发布会要求北京、上海和广州三地同时举办，并且要有同样的规模和效果，为保证活动的顺利进行成立专门项目小组（成员人数及职责略）。

四、项目实施

（一）时间安排（略）

（二）前期准备

(1) 会场布置时间预留和前期协调。

(2) 新闻媒体和来宾的邀请及确认工作。

(3) 全部会议资料印刷品的设计和制作。

(4) 主持人发言稿和现场提问材料的撰写。

(5) 运输会议资料、物品，保证三地活动用品及时到位。

（三）现场实施（略）

五、项目评估

（一）来宾感受

(1) 此次活动使与会来宾感受到了IBM企业文化，客户对会场内外形象鲜明的布置装饰和生动刺激的新鲜组织方式表示认同。

(2) 会议现场主持人话语与乐队的即兴发挥相配合。

(3) IBM公司专家的细致讲解和来宾争先恐后的回答，都达到活跃现场气氛的目的，并能够让与会者印象深刻。

（二）活动资料筹备

(1) 在活动筹备时间不足一个月的情况下，压缩设计制作时间，超时加班完成印刷品和装饰品的制作工作。

(2) 保证会议资料按时到位。

（三）IBM公司企业文化

(1) 此次活动体现出IBM公司的精神风貌、未来的市场策略和发展方向。

(2) IBM在本次发布会上充分展示了国际化大公司的工作作风，在很多方面体现了大公司特有的水平。

（四）媒体评估

(1) 此次发布会出席媒体共49家，记者50人，其中大众媒体18家，行业媒体2家，专业媒体28家，网站媒体2家，电视台2家。

(2) 各个媒体对此反应都很积极，截至1999年10月底，已经有47家媒体为此做了51篇专题报道。

总之，IBM PC 300GL的发布在1999年秋成为媒体和用户关注的焦点，并在公众媒体和IT媒体上获得了很好的传播效果。

（五）代理商评估

(1) 活动过后，此次推出的新款机型，在行业市场上一度呈上升热销势头。

(2) 此款机型比以往的产品要畅销很多。

(3) 合作愉快，将会大力推动产品销售。

项目策划和实施单位：北京海天网联公关策划有限公司

资料来源：中国公关网.（略作修改）

任务分析

这是一个IBM PC 300GL新产品的上市发布会。当时国内同类产品品种繁多，产品竞争日益激烈，而消费者对IBM公司产品并不十分了解，同时消费行为也有待指导。于是，IBM公司委托海天网联帮助策划实施该系列产品的上市发布会。通过该项目的评估，可以看到这是一次成功的公关活动。活动准备充分，执行到位，气氛活跃，互动良好，同时，媒体的报道也很积极，传播效果良好。这次发布会推出的新产品也因此而销售畅旺，达到了活动的目标。

理论要点

公共关系评估是根据特定的标准和科学的方法，对公关整体的调查、策划、实施以及对实施效果进行测量、检验、总结、评价的活动。其目的是通过公关工作过程、工作效益、工作效率等方面的信息，判断公关工作的有效性，为改进公关工作以及开展新的公关活动提供依据。一般来说，公共关系评估的主要内容有：公关目标和主题目的评估，公关活动形式、具体手段、组织实施等情况的评估以及公关工作成效的评估。真实可信的评估结果不仅是对公关工作的客观总结和评价，也是开展下一步公关工作的重要参考，对于整体的公关工作有着重要的意义。

一、公共关系评估的作用

公共关系评估是公关活动的最后程序，是一个不可缺少的环节，在整体的公关工作中有承前启后的重要作用。具体地说，表现在以下四个方面：

1. 彰显活动成效，寻求决策者支持

公共关系评估是对公关工作进行全面的、系统的分析判断，其结论可以使最高决策者知道成功的公关活动可以塑造组织的良好形象，提高组织的经济效益和社会效益，促进组织整体目标的实现。正如美国公关学者切斯特·K·罗索所说："许多公关活动的唯一致命弱点，就是没有使最高决策者看到这一活动的明显效果。"只有让决策者了解公关活动的实际成效，才能赢得他们对公关工作的理解和进一步支持。

2. 及时反馈信息，有助于改进工作

公共关系评估的过程也是各方面信息反馈的过程。公关目标设置是否正确、方法是否得当、传播效果是否理想、公众态度是否因此而改变、组织形象是否得以提升，这些问题都可以从反馈信息中得以了解。通过公共关系评估，总结成功经验，分析失败教训，查找具体原因，为今后工作的改进提供借鉴，同时也丰富了公关人员的经验，提高了业务水平。

3. 为后续工作做准备，为决策提供参考

公关工作具有连续性和长期性，每一轮新的公关活动的开始，总与前一轮活动紧密联系，前一轮的公关活动是后一轮的基础，后一轮的公关活动是前一轮的延续和深化，前后的公关工作必须相互衔接。而对前一轮公关活动的评估，可以确定经过公关活动之后的组织形象状况，找出形象差距，揭示存在的问题，为下一步的公关工作目标的确定和管理决策提供重要的参考。

4. 鼓舞员工士气，增强公关意识

公共关系评估尤其是对实施效果的评估可以将公关活动的成效展示出来，让全体员工体会到公关活动的作用。新闻媒体对组织活动的成功报道和社会舆论对组织的良好评价，则可以增强员工的自信心和荣誉感，鼓舞员工士气。这些从公共关系评估中获得的真实信息，可以加强员工对公关工作的理解，从而有效地树立全员公关意识。

二、公共关系评估的标准

评估标准是评估人员开展公关工作绩效评估的依据。从最根本的意义上说，公共关系评估的标准只有一个，即社会组织开展该公关活动要达到的目标，它表现为具体化的目标或目标体系。在进行公共关系评价时，所选择的评价标准须与公关活动的目标相应并达成一致，也就是要能够测量活动所传播的信息最终对人们的态度和行为产生的影响。具体地说，公共关系评估标准主要有：

（一）准备阶段的评估标准

（1）针对公关调研工作的评估标准主要是：调查的设计是否合理，调查方法是否科学、合理，作为策划依据的背景材料尤其是对整个公关活动的开展有着重要影响的因素是否充分了解、全面掌握，所收集的信息是否与该次公关活动目标和主题密切相关以及来源是否准确可靠，调查对象是否具有代表性，信息的分析和调查结论是否科学。

（2）针对策划工作的评估标准主要是：评价方案策划所依据的信息是否充分，公关活动目标设置是否得当，总体方案是否合理、可行，战略构想是否周密、科学，目标公众选择有无遗漏，措施方法是否有利于实现目标，程序安排是否周密，人员职责分工是否明确，费用分配是否合理。

（二）实施阶段的评估标准

公关实施作为公关工作的核心，其质量直接影响到公关目标的实现。对这一阶段的评估标准主要是：判断准备工作、协调工作是否充分，措施方法在具体的实施中是否得以贯彻执行并有所创新，各项工作在执行过程中与目标是否发生偏离以及是否得到有效的控制，信息制作的内容是否准确，传播效果是否明显，实施效果是否达到目标要求，各项资源是否得到有效的利用，实际费用是否与预算相符。另外，还需要测量通过公关活动实施发送的信息总量以及社会公众和媒体对所发送信息的接收情况。

（三）公关工作效果评估

公关效果评估是总结性的评估，主要是对公关的成效作全面结论式的评价。主要有以下四点：

1. 检测了解信息的公众数量

公共关系活动的基本目的之一就是提高组织知名度，加强公众对组织的了解。评估时需要运用各种手段或方法来调查公共关系活动前后公众对活动所传播的信息接收情况，以判断公关活动的影响程度。

2. 检测改变态度行为的公众数量

态度上的改变主要是指了解公众对组织的看法和态度在经过公关活动后是否发生了变化。行为上的改变主要是指公关活动之后，有多少公众采取或重复采取了组织所期望的行为。这是衡量公关活动的效果和目标实现程度的一项重要评价指标。

3. 达到的目标和解决的问题

把活动的效果与公关目标相比较，分析公关活动是否收到预期的成效，解决了组织面临的哪些问题，判断组织形象差距并提出对策，为下一轮次的公关实施指明方向。

4. 公关活动的效率

主要是将公关活动投入的成本或代价与公关活动的效果相比较，检测在公关目标得以实现的前提下，活动是否做到尽量以较小的投入来取得最好的公关效果。

三、公共关系评估的程序

（一）确定评估目标

评估目标是检验公关工作的参照物。一般以组织的公关目标来作为评估目标，通过公关活动的实际效果与评估目标的比较来检验公共关系策划与实施的结果。确定合理的评估目标可以保证评估工作顺利进行，提高评估效果。

（二）量化评估目标

将评估目标合理分解，使公共关系计划的实施过程更加具体、准确。

（三）选择评估标准

评估标准即评估目标的具体实施内容，也是组织期望通过公关活动取得的效果。

（四）编制评估计划

编制评估计划即在评估工作正式开展之前对证据资料及其来源、评估的方法、程序等作出周密的筹划，并形成具体的工作计划。评估计划是具体评估工作的指导，也是最后撰写评估报告的内容大纲。

（五）收集评估资料

按评估计划的安排具体地开展收集证据信息的工作。信息是评估效果的基本材料，要确保信息及时、客观、全面、准确。

（六）分析评估结果

把收集齐全后的各方面的证据信息加以整理，去粗取精、去伪存真，再从全局角度进行综合分析研究。通过实际结果与方案目标的比较，客观评价工作成效，在肯定成绩的同时也要揭示问题所在，提出建议和相应的改进措施，指导下一步的公关工作。

（七）报告评估结果

报告公共关系评估结果就是将公关评估工作和最后结果及时向决策部门报告，以使决策者了解公共关系活动成效，掌握实际情况。报告的具体形式有口头报告和书面报告。

（八）应用评估结果

这是公共关系评估的最后一环，也是最终的目的。在了解公关评估结果后，一方面管理者根据评估结果中发现的问题进行工作的改进；另一方面，决策者根据公共关系，评估结果显示的信息，制定新的公关活动，开展新一轮的工作，又或者是根据评估结果调整组织目标。

四、公共关系评估的方法

公共关系评估的方法有很多，这里主要介绍以下七种：

（一）公众评价法

公众评价法是指在公关活动之后，对目标公众对象进行调查，了解他们对组织的评价和态度的变化，分析公关活动的效果。这种方法包括公众意见征询法和公众问卷调查法。

公众意见征询法是在公关活动过程中和结束后，公关人员通过与公众代表的对话，征询广大公众的意见和观点。这种方法又可分为公众代表座谈会和公众询问法两种。前者可以制度化，并有效地控制与会者的代表性；后者则是以口头、电话等方式，就固定问题，随机地向被询问者提问，然后将公众意见汇集、整理，形成综合意见。

公众问卷调查是在公关活动的准备阶段、结束阶段与结束后 3 ~ 6 个月内向目标公众发放问卷，通过对回收的问卷进行整理、统计、分析来了解本次活动的效果。

（二）民意测验法

民意测验法是公共关系评估中运用较为普遍的一种方法，这种方法可以了解公众对组织的态度，并可以检验在实施公关活动后，这些态度发生了怎样的变化。民意测验法的基本做法是：按抽查法的要求，在选定的公众群体中，选择一定数量的测验对象，用问卷、表格等方式，征求他们对指定问题的意见、态度、倾向，再作出统计即可得出赞同或反对意见或表示无特定意见的人数的比例。

（三）专家评估法

聘请学识丰富的公关专家或专业领域的学者与公关人员组成专门评议组，对公关活动进行评估，予以论证。请专家们就各项内容发表意见和建议，然后由公关人员对意见进行汇集整理，经过整理分析得出评判结果。

（四）目标管理法

公共关系评估中的目标管理法是指预先在确定公关活动目标时，就把公关活动目标具体化，令其可测量，在活动实施后，将测量到的结果与原定目标进行对照考核，以此衡量和评估公关活动效果的方法。采用目标管理法时，对目标评定多采用列表法，通过列表把目标分解成为一些具体项目，每个项目还可以分成若干个子项目，再按项目在目标中的重要程度，列出一定的比例，在活动实施后，根据目标达标情况进行打分，从而确定目标达标程度，衡量和评价出公共关系的效果。

（五）新闻媒介分析法

新闻媒介分析法是指通过收集和分析新闻媒介对组织的报道，了解组织形象状态的评估方法。组织的公关活动结束后，公关人员将有关本次活动的所有新闻报道收集起来并进行数量的统计，如组织年度见报或上镜的次数，被广播、电视报道的时数，参与报道的媒介的种类和数量等。然后对报道进行质的分析，主要是分析对活动进行报道的媒体的层次级别、影响程度，媒体对本组织的新闻资料的处理方法，如重点报道还是一般报道、是发表在重要版面还是次要版面等，还有社会舆论对报道的反响。从这些分析中可以了解到社会公众对本组织的公关活动的关注程度和相关新闻报道的影响效果。

（六）实验法

当需要证明公关活动与某种效果之间的因果关系时，可以采用公共关系评估实验法。实验可以在经历和未经历公关活动的两组公众之间展开，根据两组公众的测验结果，对比分析得出评估结论；也可以随机选择一组公众，对实验前后的情况分别进行测量，然后比较两次测验结果，如有差异，说明活动对公众产生了影响。实验法的关键在于，在确保实验对象代表性的同时，尽可能缩小实验范围。

（七）自我评判法

公关活动的效果有时也可以从组织内部反映出来。自我评判法就是公关人员可将组织在活动前后的经营状况加以对比，从销售额、投诉量、员工满意度等数据或指标的变化中间接推断出公众对组织的态度的变化，是对组织形象状态进行了解的一种公关活动效果的评估方法。采用自我评判法的前提是公关人员在公关活动的全过程中坚持全面、准确地记录有关指标和数据。

五、撰写公共关系评估报告

公共关系的效果如何，在很大程度上取决于决策者的认可程度。为了让决策者对公关效果作出客观、恰当的判断与评价，公关人员应及时将评估结果撰写成正式报告并上交。

（一）评估报告的基本格式

（1）封面。封面的主要内容包括评估数或项目的题目、评估时间、评估人（单位名称）以及保密程度、报告书编号。

（2）扉页。评估成员及负责人。

（3）目录。列出评估报告的具体章节名目，以方便阅读。

（4）前言。概括介绍公关活动的基本情况和实施背景，为评估报告正文的写作奠定基础。

（5）正文。正文是评估报告的主体和精华。主要包括评估的原则、方法、范围，评估分析和结论，存在的问题及其原因，改进工作的意见和建议，下一步的努力方向等。

（6）附件。附件内容是对正文内容的详细说明和补充，是正文的证明材料。主要包括收集和分析所用的资料、问卷、部分重要的原始资料。

（7）后记。主要说明一些相关的问题，如本报告书传播的范围、致谢参与人员以及相关单位等。

（二）撰写公共关系评估报告应注意的问题

公共关系评估报告的撰写人员应具有较高的公共关系理论和实务水平，还要有较强的写作能力。在写作中除格式方面的要求外，还应注意如下问题：

1. 定量与定性相结合，理论阐述与案例相结合

评估结论通常是定性的，理论阐述是严谨的，但必须用定量的指标来说明，用生动的案例去补充印证。评估报告要注意两者的结合。

2. 建议与策略具有针对性与可操作性

只有针对性强与可操作性强的建议策略才具有实际价值。

3. 语言准确、精练，可读性强

尽量用简洁而通俗的语言来说明问题，提出建议。切忌使用太多的学术词汇和专业术语，以免评估报告难以理解。

4. 结论客观准确

评估结论要客观准确，既要看到成绩和效益，也要看到缺点和问题。在结论中，要避免使用“可能”、“大概”、“也许”等模糊语言。所有的结论都应该找到相应的材料来证明。

实践启迪

××瓜子连云港促销活动评估报告

一、案例回放

活动评估说明：（略）。

评估目的：通过对整个活动开展评估，找出活动开展过程中的不足，为今后类似活动的更好开展积累经验。

评估内容：

1. 活动的准备工作评估。
2. 活动执行过程评估。
3. 活动费用评估。
4. 活动效果评估。

评估单位：市场中心。

活动评估报告

一、活动概述

为了进一步提升××品牌在连云港的品牌知名度和处理52克不良库存，同时有力打击竞争产品，由江苏分公司申请，于4月17日在连云港开展了“凭1张《苍梧晚报》可兑换××52克香瓜子4袋”的活动。

二、活动准备工作评估

（一）准备工作

1. 活动参与人员

（1）活动责任人：副总监、省区经理。

（2）活动执行人：连云港销售主任及8名临时促销员。

（3）活动监控：市场中心。

2. 活动准备事项

（1）安排4个兑换点：家得福超市、保真超市、新一佳、江苏时代。

（2）条幅、绶带各8条。

（3）经销商提供送货车1辆。

（4）××52克香瓜子20 000袋。

（5）兑换登记表。

(6) 促销人员招聘培训。

(7) 活动广告设计。

3. 报纸刊发

报媒的活动宣传广告于4月15日在《苍梧晚报》A4版刊出，报纸的发行量为6万份。

（二）准备工作评估

整个活动的前期准备工作均依据方案于4月17日活动开展前准时安排到位，包括人员、物资、报媒宣传等；各岗位人员及时到位，除活动执行人临时调整外，可以说活动的准备工作是按照方案百分百执行的，同时华东区副总监刘学兵忙里偷闲亲自前来督战指导，鼓舞了销售人员的士气，增强了客户的信心。前期充分的准备为活动的正常开展提供了坚实的基础。

三、活动执行过程评估

（一）活动执行

1. 人员安排

此次活动8名促销人员负责兑换，每个兑换点2人。市场中心人员负责巡检，销售主任负责货物配送和补给。

2. 物品配送

物品原计划于4月16日活动前一天配送到卖场，后由于和卖场没有协商好，导致配送时间调整为4月17日8:30前。实际执行中，除江苏时代超市按要求到位之外，其他的3个点兑换产品均未及时配送到位。

3. 兑换流程

活动的兑换工作依据流程执行，1人负责登记，1人负责兑换。促销人员按要求填写表格。

4. 活动交接

依据活动的开展情况，为了按时完成兑换工作，销售主任负责活动结束后和促销人员在兑换数量上的核对和报纸广告的回收，整个活动结束时间为19:00。

5. 活动核准

4月18日，市场中心负责整个活动执行的核准工作，包括兑换数量上的核对、表格的审核、报纸广告的回收。

（二）活动执行评估

整个活动的执行过程在细节上出现了很多问题，给活动的顺利开展和活动的效果都产生了不小的影响。首先，兑换产品及条幅、绶带、表格没有在活动开展前配送到位，导致活动无法按报纸广告传达的时间按时开展，使卖场和前来兑换的消费者都产生了一定的不满情绪，造成了一定的负面影响。其次，招聘的促销人员素质、仪容参差不齐，没有经过严格的筛选，导致部分人员在工作期间工作散漫、擅自离岗、形态随意，严重地影响了公司的品牌形象，在消费者心中产生了无法磨灭的不良影响。再次，促销交接工作较为混乱，没能做到清晰明了，严重影响了后期核准的效率。最后，兑换点的安排考虑欠周全，导致中午阳光过强时不得不改变兑换点，改变后的位置在一定程度上影响了宣传的效果。

四、活动费用评估

（一）预算的各项费用

1. 报纸刊登费：3 300 元。

2. 52 克香瓜子：20 000 袋 ×0.72 元/袋 =14 400 元。

3. 登记表：250 张 ×0.2 元/张 =50 元。

4. 宣传横幅：4 条 ×20 元/条 =80 元。

5. 人员工资：8 人 ×40 元/天 ×1 天 =320 元。

6. 绶带：8 条 ×10 元/条 =80 元。

合计：18 230 元。

（二）费用节支

本着节约的原则，为了节约活动费用，条幅和绶带是从济南带运过来进行重复利用，兑换的产品也做到不流失一袋，整个活动的费用节支见下表。

费用节支一览表

费用项目	预算费用（元）	实际费用（元）	节约费用（元）
报纸刊登费	3 300	3 000	300
52 克香瓜子	14 400	1 097	13 303
登记表		50	50
宣传横幅		80	80
人员工资		320	320
绶带		80	80
合计	18 230	4 767	13 463

五、活动效果评估

（一）取得的成绩

1. 影响人数

此次活动参与兑换的消费者为 381 名，合计兑换 52 克香瓜子 1 524 袋。其中男性 145 人，占 38%；女性 236 人，占 62%。按 1 个参与的消费者影响 3 个家人计，活动直接影响人数为1 143人；报纸的发行量为6万份及现场影响人数约2 000人，按一个直接参与的家庭可至少影响1个家庭计，合计活动长期间接影响人数为10万人。

2. 影响范围

此次活动的媒体选择为《苍梧晚报》，其发行可覆盖整个连云港地区。同时，4个兑换点的选择覆盖了连云港的新浦区、连云区、海州区。整个活动的影响范围较大，达到了活动的要求范围。

3. 品牌提升

通过此次活动的开展，对于市场基础一直就较好的连云港来说，无论是对于××品牌在当地的品牌提升还是××品牌的维护，都达到了很好的效果。

4. 促进销售

活动的开展，扩大了影响面，提高了知名度，这些无疑都对销售起到了很好的促进作用，同时也增强了客户的信心。

（二）活动不足

1. 来自江苏分公司的活动方案欠完善

来自江苏分公司的活动方案欠完善，包括活动的前期宣传欠缺、费用预算不合理、人员配给不合理等，这些无疑都影响了活动开展的效果，如没有安排展台，导致只能用瓜子箱堆成台子，严重损害了品牌形象。

2. 宣传不足

对于活动的信息传达，仅在报纸上刊登了1期活动广告，而且版面很小，选择的是价格最便宜的版位。这从传播原理的角度来说，都是无法给受众留下深刻印象的，同时参与卖场没有活动的宣传海报。因此在活动的当天很多消费者说他们不知道有这样的活动。

3. 执行力不强

整个活动的执行过程中出现了很多偏差，包括配送延误，兑换点的安排没有做到定点、明确，聘用人员的素质参差不齐，执行的效率低，客户的配合差等，使活动的效果大打折扣。

（三）问题的原因

（1）执行人员缺乏类似活动的开展经验，导致很多细节没有考虑到。

（2）经销商配合度不够，导致活动开展的效率低下，很多事情就是由经销商这个环节引起的，进而影响整个活动的顺利开展。

（3）执行人力不足。整个活动的执行——江苏分公司只安排销售主任一人，导致很多事情不能得到及时处理。

六、改进建议

1. 活动的方案必须周全、详尽

建议必须在活动正式开展前半个月完成方案草件，以便于领导有充足的时间调整修改。同时完善活动的物资，如统一展台、帷幔、服装等。

2. 类似活动要做到宣传充分

建议依据需要加大广告的版面，选择较好的版位。由于彩版的价格和套红的价格相差不是很大，建议以后活动广告采用彩版。

3. 加强执行力

为了使活动能够很好地执行，建议在以后的活动方案中引进奖惩制度。对于执行较好的给予奖励，反之给予一定的处罚。

资料来源：李童. ××瓜子连云港促销活动评估报告. 中国营销传播网，2004－06－160.（略作修改）

二、启迪与分析

公共关系评估报告是评估工作的最终成果，它主要说明的是“我们做得怎么样？为什么会这样”。在这份《××瓜子连云港促销活动评估报告》中，读者可以清楚地了解到这次促销活动是怎样开展的，做了哪些工作，以及效果如何。通过对促销活动全过程的评估，总结了工作经验，也找出了不足，为以后的工作提供了借鉴。

项目训练

1. 实训内容：对本校近期举行的某次公共关系实施活动进行评估，并撰写评估报告。

2. 实训目的：培养学生综合评估公关活动的能力，掌握公共关系评估报告的写法。

思考练习

1. 公共关系评估有什么作用？
2. 公共关系评估有哪些标准？
3. 简述公共关系评估的程序。
4. 公共关系评估有哪些方法？
5. 撰写公共关系评估报告应注意哪些问题？

项目四　公关危机管理

- 任务一　公关危机概述
- 任务二　公关危机管理
- 任务三　制订危机管理计划

任务一　公关危机概述

知识目标

- 了解公关危机的概念、特征。
- 理解公关危机的成因和发展过程。

能力目标

- 加强对公关危机的认识，为公关危机的处理奠定基础。

任务导入

百度被黑事件真相

2010 年 1 月 12 日上午 7 点钟开始，中国国内最大搜索引擎“百度”遭到黑客攻击，长时间无法正常访问。这次攻击百度的黑客疑似来自境外，利用了 DNS 记录篡改的方式。这是自百度建立以来，所遭遇的持续时间最长、影响最严重的黑客攻击。网民访问百度时，会被定向到一个位于伊朗的 IP 地址，百度旗下所有子域名均无法正常访问。

这几年随着互联网的高速发展，互联网的作用显得越来越重要，而应警惕的是很多国家通过互联网窃取别国的机密文件。

背景事件一：几个月前韩国宣布成立国防网络部，人数有 100 多，韩国的国防网络部成立的实质在于保护本国的网络安全和攻击其他国家的网络。

背景事件二：不仅韩国高度重视，美国和欧洲一些国家网络的安全性更加受到重视，尤其以美国为首的西方国家对伊朗展开了各种信息战，不仅对伊朗展开了媒体攻势，而且还疯狂地展开了网络和信息战术。

背景事件三：2009 年中国成为世界上网民人数最多的国家，中国互联网的高速增长增强了中国经济的生命力，虽然中国互联网高速发展，但是网络安全没有达到非常完善的程度。

综合这些背景事件，中国互联网被黑客攻击的事件就一定会发生，当然黑客的矛头首先指向中国最大的搜索引擎百度。虽然百度被黑后有些网友的页面出现伊朗国旗，但那只是表面现象，黑客的真正目的在于，假手于人把矛头对准伊朗。而真正的黑手不是伊朗本国人，这些黑客是想通过这个手段让中国网民以为是伊朗黑客，其实真正的背后黑手最大可能就是想对伊朗发动制裁的西方国家网络黑客。这就需要我们透过表面现象看到问题的本质。

任务分析

百度被黑事件后的危机公关

百度被黑事件震惊中国互联网行业，我们不仅要看到百度被黑事件的表面现象，而且要通过百度被黑事件看到问题的实质。针对这一事件百度可以采取一系列的公关措施，可以转害为利，化不利因素为有利因素，变得更加卓越。

公关措施一：百度公司应该通过这一事件，把 DNS 根服务器从美国搬到中国。DNS 根服务器全世界只有 13 台，分别放在美国、日本、欧洲一些国家，而中国作为互联网大国竟然还没有自己的 DNS 根服务器，这与中国作为一个互联网大国是极不匹配的。百度公司应该牵头在中国建立起属于本国的 DNS 根服务器。

公关措施二：百度被黑事件，不仅让百度成为最大的受害者，而且让中国成千上万在百度做竞价排名的企业成为最大的受害者。大部分网民对这一事件表示理解和支持，但是也有一些网民提出他们在百度公司的数据受影响。百度公司应该答复他们，让客户放心，告知客户在百度公司的数据是不会受到影响的。也有些客户提出向百度索赔，这些客户提出这样的要求是不合理的，因为百度也是受害者，而且这个事件又不是百度所为，所以百度公司应该发表声明让客户理解这次事件。

公关措施三：百度号召中国互联网对危害网络安全新动向提高警惕。百度公司应该号召中国互联网同仁加强网络安全措施，修补网络存在的漏洞，防止境外黑客再侵入中国的互联网。

公关措施四：百度公司采取各种公关措施化不利为有利，让这次事件成为一个经典的网络营销事件，从而更加树立百度在搜索引擎中的权威地位。

资料来源：网络推手博客：http：//webhealth88. blog. 163. com.

理论要点

一、危机与公关危机

危机的概念可以追溯到古希腊时代。“Crisis” 这个词在希腊文中为“Crimein”，其意义为“决定”（to decide）。所以危机最早是指决定性的、关键性的一刻。1979 年版《辞海》的解释是：危机“指潜伏的祸机，指生死成败的紧要关头”。由此可见，危机是指生死存亡的关键时刻。

公关危机（Public Relations Crisis）是指社会组织在发展过程中，由于管理不善、行为不当、外界突发事件、同行竞争等原因，出现的导致组织形象严重受损、与公众的关系极度紧张甚至对组织生存发展构成威胁的突发事件。

【知识拓展】

国外学者对危机的界定

美国科学哲学家库恩较早使用危机一词。他认为，危机是指常规科学走向科学革命，从旧范式向新范式过渡的一个阶段。当反常增多并发展到一定阶段，范式的调整与同化再三失败时，就构成了对范式的根本威胁，于是，危机来临。

美国词典编纂家韦伯斯特将危机定义为：一个更好的或更坏的转折点，一个决定性的时刻，一段至关重要的时间，而后一个达到危急关头的情景。

巴顿把危机规定为这些特殊的状态：一是惊奇；二是对重要价值的威胁；三是需要在短时间内作出决定。

赫尔曼认为：危机就是一种情景状态，它使决策主体的根本目标受到威胁，在改变决策之前可获得的反应时间有限，其发生也出乎决策主体的意料。

斯格等认为危机是一种能够带来高度不确定性和高度威胁的、特殊的、不可预测的、非常规的事件或一系列事件。

二、公关危机的特征

公关危机作为一种特殊的公关状态，主要的特征有：

1. 突发性

这是指公关危机大多是在人们难以察觉的情况下突然发生的。意想不到的危机爆发及其中许多未知因素往往会令组织措手不及，大受冲击。

2. 紧迫性

对社会组织而言，公关危机的爆发，如同一颗爆炸的“炸弹”，在公众与媒体的高度关注下，其破坏力会迅速蔓延，如果没有完善的预警机制，或控制不力、处理失当，就会导致危机事件恶性发展，这对组织形象会造成严重破坏。因此应对和处理危机行为具有很强的时间限制。

3. 关注性

公关危机所造成的巨大影响，会使组织与危机事件迅速成为社会舆论关注的焦点，成为公众的热门话题，成为新闻媒体争相报道的对象，若控制不力或行动迟缓，必定会造成严重后果，如 2001 年美国的“9·11”事件在非常短的时间内，就成了全球关注的焦点。

4. 破坏性

正是“好事不出门，坏事传千里”，不论何种公关危机，一旦爆发，都会对组织造成不同程度的破坏，如耗费资源、损害组织形象、激化矛盾冲突、恶化组织的公共关系等，如果处理不及时或欠妥当，就会造成组织难以估量的损失，令其长久以来苦心经营的品牌形象和企业信誉毁于一旦，甚至最终为组织带来灭顶之灾，如三鹿奶粉的“三聚氰胺事件”就是典型的例子。

三、公关危机的成因

公关危机令社会组织面临巨大的舆论压力，处理稍有不慎，必定产生严重的后果甚至使其陷入生存的困境。要进行有效的危机公关管理，必须了解公关危机产生的原因。常见的公关危机成因包括内部成因和外部成因。

（一）内部成因

1. 组织自身管理不善

2007 年，辽宁铁岭市清河特殊钢有限责任公司生产车间发生因钢包滑落，导致 32 名职工死亡的恶性生产安全事故，引起了社会的普遍关注。由于内部管理混乱、规章制度不健全、员工行为不规范、管理不科学等，导致组织出现重大安全事故、重大劳资纠纷、管理人员渎职贪污等恶劣事件，这对组织形象产生了严重危害。

2. 人员素质低下

组织人员主要由管理人员和一线员工组成。有些组织的管理人员缺乏管理的知识和技能，思想认识偏激、狭隘，经营理念僵化；在对待外部公众时，更是缺乏组织形象意识和服务意识，置公众利益于不顾，以致引发了组织形象危机。而作为组织的一线员工，其工作成果往往与公众利益直接关联，公众对组织的印象很大程度上来自于他们的表现，所以一线员工业务水平低、工作态度差、缺乏公关意识和质量意识等，都会给组织带来恶劣的影响。

3. 沟通缺乏主动性

主动的沟通应该是及时、客观、全面的。组织的沟通缺乏主动性，就意味着组织的信息传播体系并非正常有序的，组织与其公众之间因为缺乏信息或信息失真而导致误解，组织内部不注重沟通协调，又或者没有建立信息的反馈机制，这些都是组织在信息沟通中存在的问题，处理不当会导致事件恶化，最终令组织陷入危机。

4. 决策缺乏科学性

组织在决策过程中，一味追求自身利益的实现而罔顾社会利益，违背组织与社会、组织与公众共同发展的公关原则，从而引发公众对组织的抵触，使企业陷入危机之中。例如，1984 年美国联合碳化合物公司的印度博帕尔邦毒气渗漏事件、2005 年松花江水体污染事件等，都是由于不注意公众和社会利益的保护，从而引来社会舆论的谴责和惩罚，严重破坏了组织形象，也令社会甚至国家受到重大影响。

【应用例证】

松花江水污染事件

从 2005 年 11 月 20 日中午开始，关于哈尔滨市近期将有地震的说法开始在哈尔滨市的广大市民中流传。21 日上午，哈尔滨市政府发布《关于对市区市政供水管网设施进行全面检修临时停水的公告》，宣布自 2005 年 11 月 22 日中午 12 时起，对哈尔滨市区市政供水管网设施进行全面检修并临时停止供水，检修并停水的时间为 4 天。公告发布后，在地震消息始终未经政府证实的情况下，引发了公众更大的不安情绪。21 日下午，哈尔滨市政府又发布《关于正式停止市区自来水供水的公告》，宣布停水是因为中石油吉化公司双苯厂爆炸后可能造成松花江水体污染，为保证全市供水安全而采取了停水的紧急措施。23 日，国家环保总局发布通报，称受中石油吉化公司双苯厂爆炸事故的影响，监测发现苯类污染物流入松花江，导致重大水污染事件。这次的“松花江水污染事件”，从谣言四起到迅速平息，仅仅 3 天的时间，却一波三折，经历了地震谣言、断水谣言、政府发布检修公告、政府改正错误、公布污染消息五个阶段。同时，掩饰责任的惊慌心态使国家环保总局在危机发生 10 天后才通报俄方，表现了国家环保总局在国家关系层面上与吉林、黑龙江省政府有同样的遮掩事实心态，至少缺乏国际环保责任意识，致使俄罗斯杜马（议会）副主席亚历山大·扩萨里可夫发表声明说，赔偿金额不少于几百万美元，引发了外交危机。

资料来源：唐雁凌，姜国刚．公共关系学．北京：清华大学出版社，2007.

（二）外部成因

1. 不可抗力事件

不可抗力事件主要包括自然灾害和突发性的政权变动、战乱、经济萧条、恐怖活动等。此类事故属于天灾人祸，往往给组织带来意想不到的打击，是对组织应对危机能力的考验。

2. 传媒的负面报道

舆论是公众关于现实社会以及社会中各种现象、问题所形成并表达的各种信念、态度、意见和情绪的互动与整合。传播媒介对舆论有显著的导向作用，在宣传的过程中，往往对公众的评价态度和关注程度有直接的影响。组织爆发危机事件，必然会引起社会舆论的关注，成为传媒争相报道的重大新闻，此时，组织如果忽视对舆论进行及时、正确的引导，将会引起公众的误解，传媒的报道就可能形成不利于组织的负面舆论导向，从而加速危机的蔓延和对组织的破坏，最终导致危机公关失败。

3. 企业间的恶意竞争

在日趋激烈的市场竞争中，有些组织会为获得利益而不择手段地打击竞争对手，如散布谣言恶意中伤对手、损害对手形象令公众对其产生质疑、盗用对手名义生产假冒伪劣产品使其面临严重的信用危机等，这些都可能发展为组织的公关危机。

4. 网络危机

随着互联网在中国的逐渐普及，网络如今已成为企业危机的一个重要来源。组织的每位成员、每个客户，甚至一些不相干的人都可能成为危机的源头。最初的危机隐患或小范围内传播的事件，会通过网络被触发、放大，网络的开放性及其迅速传播的特点，最终可以令事件快速扩散成全民关注的“网络事件”。因此，对企业而言，网络制造的危机与网络在危机事件中的影响绝对不容小觑。

除了上述原因，客户投诉、文化冲突、金融信誉等都可能引发公关危机，组织只有充分了解公关危机的成因，才能防患于未然，作出正确的处理。

四、公关危机的发展

公关危机的发展一般分为潜伏期、爆发期、蔓延期和平息期。每个时期都呈现出不同的特点。

1. 危机潜伏期

任何组织的公关危机总是因为内部经营管理、人事矛盾、员工素质、外部环境等方面存在问题，但未引起足够的重视，这如同一颗定时炸弹，随时可能爆炸。

2. 危机爆发期

公关危机在某种状态下被引发，组织形象受损，公众、媒体及相关组织介入，使组织一时间成为舆论的焦点、公众的话题。

3. 危机蔓延期

危机事件的破坏性能量被迅速释放，越来越多的公众知晓，对组织不利的信息蔓延开来，公众信心动摇，组织因此遭受损害，甚至陷入困境。

4. 危机平息期

面对危机，组织开展一系列的自救行动，努力消除负面影响。其结果要么是组织与公众的矛盾得到化解，冲突得到平息，组织借此重塑形象；要么是危机恶化，最终令组织遭受灭顶之灾。

公关危机的发展过程

分期	发生阶段	状态特征
潜伏期	事前	组织存在可能引发危机的问题
爆发期	事中	矛盾冲突爆发，组织形象受损，公众关注
蔓延期	事中	冲突恶化，危机的破坏性蔓延，组织面临困境，公众信心动摇
平息期	事后	事态平息，组织或在危机中恢复，或受重创

实践启迪

三株口服液危机事件

一、案例回放

在中国企业群雄榜上，三株是一个绕不过去的名字。1994 年 8 月，当吴炳新、吴思伟父子在山东济南创立三株公司的时候，怎么也不会料到自己会创造出中国保健品行业最辉煌的历史。今天，三株的辉煌传奇和其瞬间衰落瓦解的故事一样，仍然为人们津津乐道。

1. 三株的辉煌时刻

在 1994—1996 年的短短三年间，三株销售额从 1 个多亿跃至 80 亿元。从 1993 年底 30 万元的注册资金到 1997 年底 48 亿元的公司净资产，三株在全国所有大城市、省会城市和绝大部分地级市注册了 300 个子公司，在县、乡、镇有 2 000 个办事处，吸纳了 15 万名销售人员。迅速崛起的三株不仅达到了自身发展的顶峰时刻，更创造了中国保健品行业史上的纪录，其年销售额 80 亿元的业绩至今在业内仍然无人可及。

2. 三株帝国的没落

正如其迅速崛起一样，三株的失败，来得是那样突然。时至今日，人们仍然为之唏嘘不已。正如之前我们所提到的那样，危机伴随着任何一个组织的发展和个人的成长，从企业成立之日起它便形影不离。危机管理水平的差异，便导致了不同组织和个人结局的不同。三株的决策失误和管理失控，播下了日后衰落的种子。而在危机事件管理中一味强调自身利益、忽略公众感情和消费者权益的态度和行为，更直接导致了三株帝国的迅速崩溃。

二、启迪与分析

1. 盲目扩张和多元化战略

为了实现20世纪末完成900亿元到1 000亿元销售额，成为中国第一纳税人的理想，三株公司实施全面多元化发展战略，向医疗电子、精细化工、生物工程、材料工程、物理电子及化妆品六个行业渗透。与此同时，三株在全国范围内收购、并购几十家亏损医药企业，令企业担负着严重的债务压力。这种过分乐观的态度和盲目扩张的战略，无疑助长了从管理层到普通员工的骄傲自满情绪，也成为三株危机意识淡薄和忽略公众利益的诱因。

2. 机构的爆炸式膨胀和管理失控

四年间，三株集团及其下属机构的管理层扩大了100倍。到1997年，三株共有300多家子公司，2 000多家县级办事处和13 000多家乡镇工作站。三株所崇尚的高度集权的管理体制造成了种种类似“国企病”的症状，各个部门之间画地为牢，形成壁垒，程序复杂，官僚主义盛行，令企业对市场信号反应严重迟钝。与此同时，机构臃肿和管理失控造成工作效率低下，浪费了1/3的广告投放，基层宣传品投放到位率不足20%。

3. 高速发展阶段的产品虚假宣传

在三株的高速发展阶段，产品宣传开始出现大量冒用专家名义、夸大功效、诋毁同行的言语。种种夸大功效、无中生有、诋毁对手的事件频频发生，总部到最后已疲于奔命，无可奈何。单在1997年上半年，三株公司就因“虚假广告”等原因而遭到起诉十余起。三株也因此被部分地方卫生部门吊销药品批准文号。

4. 忽视公众利益最终导致三株帝国瓦解

（1）成都事件。

成都市场部人员在编写宣传材料时，未经患者同意，就把其作为典型病例进行大范围宣传，结果导致纠纷，并经新闻界曝光，中央电视台《焦点访谈》节目也跟进了报道，事件由成都波及全国，对组织产生了极大的负面影响。

（2）常德事件。

1996年6月，湖南常德汉寿县退休老人陈伯顺在喝完三株口服液后去世，其家属随后向三株公司索赔，财大气粗的三株公司则拒绝给予任何赔偿，坚决声称是消费者自身问题。索赔遭到拒绝后陈伯顺家属一张状纸将三株公司告上法院。1998 年 3 月，法院一审宣判三株败诉后，20 多家媒体炮轰三株，引发了三株口服液的销售地震，4 月份（即审判后的第二个月）三株口服液的销售额就从上年的月销售额 2 亿元下降至几百万元，15 万人的营销大军，被迫削减为不足 2 万人，生产经营陷入空前灾难之中，总裁吴炳新也被重重击倒。据三株公司介绍，官司给三株造成直接经济损失 40 多亿元，国家税收损失了 6 亿元。1999 年 3 月，法院终审判决三株公司获胜，但此时三株帝国已经陷入全面瘫痪状态。三株的 200 多个子公司停止运营，绝大多数工作站和办事处关闭，全国销售基本停止。创造中国保健品奇迹的三株公司，在危机应对中的表现却极其不成熟：就事论事，陷于局部谁是谁非，与消费者争论不休却忽视危机公关。最终三株为其忽视公众利益、不愿主动承担责任而付出了巨大代价。

资料来源：滦福田. 危机管理典型案例. 管理人网.（略作修改）

项目训练

1. 实训内容：某印染厂由于污水排放不当，流入附近的河道，严重影响了附近居民的生活，居民为类似事件已多次找厂方交涉，但问题始终没有得到恰当的处理，近期有人甚至怀疑因此而感染了疾病，病者家属已准备向当地有关部门起诉。

（1）请分析此危机事件的成因。

（2）结合事件谈谈公关危机的特征。

2. 实训目的：加强对公关危机的理解，提高分析能力。

3. 实训组织：教师指导思考讨论，然后学生发言，其他学生可补充。

思考练习

1. 什么是危机？
2. 什么是公关危机？
3. 公关危机的特征有哪些？
4. 公关危机的成因有哪些？
5. 简述公关危机的发展过程。

任务二　公关危机管理

知识目标

◆ 了解公关危机管理的概念原理。

◆ 理解公关危机处理的原则。

能力目标

◆ 掌握危机管理的基本程序和工作方法。

◆ 培养公关危机的预防、应变、处理能力。

任务导入

麦当劳"消毒水事件"

2004年7月12日，广州两消费者到麦当劳用餐，点了两杯红茶后发现其中有极浓的消毒水味道。当时现场副经理解释，可能是由于店员前一天对店里烧开水的大壶进行消毒清洗后，未把残余的消毒水排清所致。该副经理同时表示该消费者可以提出赔偿要求，并在7时15分通知该麦当劳店长和地区督导赶到现场以妥善解决此事。但结果却是店长和督导两人直到9时后才相继出现。而在其长达两个多小时的时间里，麦当劳的员工与两位消费者多次发生争执，即使工商局的工作人员赶到现场进行调停近一个小时，最终仍以双方关系破裂收场，从而导致消费者愤然报警。

两位消费者就此事向麦当劳提出要求，麦当劳应就事件向消费者作出合理的解释、合理的答复和合理的赔偿。麦当劳方面却作出向两人各赔偿500元，如两天内当事人身体不适可以到医院诊治，医药费给予报销，但拒绝作出调查方案的决定。麦当劳的行为引起了消费者的不满，两消费者（同时也是记者）一怒之下，在媒体上将此"消毒水事件"曝光，而某媒体记者在事发两天后与广东三元麦当劳公司取得联系想了解事情的相关情况时，麦当劳公司则保持沉默，表示此事仍在调查之中，不发表任何看法。

事隔一周之后，麦当劳才发表了区区数百字的声明，用主要文字描述事件过程并一再强调两位消费者是媒体记者，同时声明麦当劳一向严格遵守政府有关部门对食品安全的所有规定和要求，并保证麦当劳提供的每一项产品都是高质量的、安全的、有益健康的。整个声明没有提及自己的任何过失，该如何加强管理或向消费者表示歉意，更没有具体的解决事情的办法。

无独有偶，2004年5月，麦当劳某北京分店就已发生过把消毒水当饮料提供给消费者的事情。受害者对得到的回复是失望的：没想到他们的态度特别不好，真是让我特失望。连最起码的医药费他们都不愿意出。店长还跟我说什么，现在是特殊时期，他们的压力特别大，希望我能体谅她等。问题得不到解决，消费者自然会寻求媒体投诉。此外，麦当劳在中国宣布提价的事情也引起了国内诸多媒体的口诛笔伐。

任务分析

麦当劳在处理“消毒水事件”中的危机公关败笔主要是以下三处：

败笔一：处理与受害者（消费者）关系不当。“顾客是上帝”，任何一位做管理与营销的人都明白，但在实际的执行过程中却大相径庭。当“消毒水事件”发生后，麦当劳快餐店的做法有这样几点是值得商榷的：第一，店长和地区督导在事情发生两个小时后才赶到现场，这说明了麦当劳对消费者的漠视与危机处理机制上的欠缺，即使一份以自我为中心的所谓的声明，也是在一周之后才拿出来。第二，麦当劳的员工与两位消费者在此间两个小时内多次发生争执。不管顾客是对还是错，作为强势群体的企业一方都不应该与消费者发生争执。当着其他顾客的面与自己的用户争执，其唯一的结果就是损坏麦当劳的企业和品牌形象，降低其在消费者心目中的好感度。第三，不能满足消费者的合理要求，有把“大事化小，小事化了”的嫌疑。如果麦当劳满足消费者的合理要求，给足消费者“面子”，再辅之以“感情”因素，“消毒水事件”自然可以得到圆满的解决。

败笔二：在处理与公众关系上缺乏有效的机制。广州麦当劳“消毒水事件”发生后，麦当劳对此事三缄其口，直到一周之后才发表了所谓的“声明”，没有向公众作出及时、合理的解释。对于麦当劳这样的食品行业的企业来说，它所生产的产品的卫生与安全将会影响到千千万万的消费者。麦当劳的消费群体是以年轻人为主，而年轻人的消费习惯与消费心理表现为易变性。当公关危机发生后，麦当劳并没有与公众进行良好的沟通，给予公众一个合理的解释与说明，从某种意义上来说是麦当劳对公众的漠视。

败笔三：麦当劳忽视媒体的负面报道所带来的巨大影响。麦当劳“消毒水事件”一经媒体披露，某报记者就与广东三元麦当劳公司联系，所得到的麦当劳方面的回复是：此事仍在调查之中，不便发表看法。而到记者截稿时为止，麦当劳仍然没有任何答复和回应。该记者遂以“麦当劳中国：‘橘淮为枳’?”为题对“消毒水事件”进行了详细大篇幅报道，并对麦当劳的管理、食品的质量等方面进行了质疑与批评。随后，该报又请专业营销人士对麦当劳进行点评。这些内容一经刊出即在公众中引起了较大反响，还被其他媒体转载，以至于麦当劳在整个事件中陷入了相当被动的局面，失去了话语权。而非当事人的消费者通过媒体所得到的关于本次事件的消息对于麦当劳来说则完全是负面的。

资料来源：叶秉喜，庞亚辉．麦当劳危机公关，跨国公司的败笔．http：//www.emkt.com.cn/article/159/15933－2.html，2004－05－28.

问题：

1. 麦当劳面对“消毒水事件”是如何处理的？

2. 以麦当劳“消毒水事件”为例，说明危机中应如何处理企业与受害者、公众与媒体的关系。

理论要点

危机管理又叫风险管理，是专门应对危机事件的管理机制。为了避免或减轻危机事件造成的损害，组织通过科学的预测与决策，制定一系列管理和应对危机的策略，以实现危机的规避和有效的控制、处理及事后形象的重塑。

危机管理通常包括危机的预警与监测、危机的应对与处理以及危机过后的恢复。

一、危机的预警与监测

“预警”即预先告警。原指提前发现、分析和判断敌人的进攻信号，并把这种进攻信号的威胁程度报告给指挥部门，以提前采取应对措施。正所谓“商场如战场”，组织在发展的过程中，会有很多不确定的因素令其经营时而一帆风顺，时而危险迭起，这就要求：即使在顺境时，组织也要有危机意识和紧迫感，居安思危，在思想上做好随时应对危机的准备。英国危机管理专家迈克尔·里杰斯特就曾说过：“预防是解决危机最好的办法。”可见，危机的预警是危机管理的第一道防线。

危机的预警主要就是根据组织过去和现在的数据、情报和信息资料，运用科学的预测技术，对可能出现的危机现象作出科学的估计与推测，并发出确切的警示，以使得组织能及时采取相应策略，防止或减少危机可能产生的不利后果。主要的工作有：

1. 编制危机管理手册，培养危机意识

为了提高员工的危机意识，树立科学的危机应对观念，应让全体员工对危机有透彻深入的认识。为此需要管理者组织编制危机管理手册，专门针对员工对危机的认识和如何处理缺乏经验的问题，进行讲解宣传。其内容主要包括组织历史和现状、危机的预测和应对措施，还有各种主要媒介的通讯，危机管理机构成员的通讯及其职责分工说明等。手册应采用通俗易懂的语言表述和简洁明了的说明方法，印制好后发放给员工，令其对危机的发生和应对有事先的了解。

2. 危机预测分析

为了防患于未然，组织应时刻保持警觉性，通过危机的预测分析做好防范工作。危机预测分析就是要针对组织发展的特点和趋势，进行科学的检测、识别、诊断和评价，及时预测可能发生何种性质、规模的危机以及培养危机可能带来何种影响，以期消除隐患。

3. 成立危机管理专门机构

危机管理专门机构的成员来自组织管理各领域中最权威的人士和相关的决策者，主要职责是制订并执行危机管理计划。在平时，危机管理专门机构是危机预防工作的组织者及管理者；在危机来临时，则是危机的处理及决策者。

4. 制订危机管理计划

危机属于非常态事件，组织不能只依靠现有的常规与制度来应付，必须事先拟订危机事件的管理计划。危机管理计划包括危机的预防和应变两部分，主要是为了平日里能有序地开展各项危机预防监测工作以及危机发生时组织能迅速作出有效反应，减少危害。

5. 搞好内部培训

为使危机发生时组织上下能通力合作、迅速应变，组织还要对员工进行危机应对的培训，包括发放危机管理手册、安排专题讲座、观看录像和幻灯片、模拟演练等。企业除了对全体员工进行常规的危机培训外，还应安排组织领导者及公关人员进行专门训练，提高他们面对危机的反应能力，处理突发事件的能力，面对媒体的态度、技巧和舆论疏导的能力，以及危机处理中良好的心理素质。这些预先的培训对企业日后化解危机将起到重要的作用。

6. 建立处理危机关系网

危机来临，组织必然需要得到社会各界的协助。因此，在平日里就要与处理危机有关的单位相互沟通交流，建立合作网络，如医院、银行、公安部门、新闻单位、邻近驻军、社区政府部门、行业协会等，让他们了解组织的基本情况，以便危机发生后得到他们的合作和支持。

【应用例证】

2008年，在中国汶川发生了震惊中外的“5·12”大地震。紧临着灾情最为惨烈的北川有个安县，在地震中全县大多数房屋损毁，人员伤亡惨重。然而在地震发生的短短1分36秒钟，安县的桑枣中学全校师生全部安全疏散到指定位置，虽然部分教学楼坍塌了，但全校2 200多名学生与上百名老师无一人伤亡！这要归功于桑枣中学的校长——叶志平。叶校长深具避险意识，平日里就注意防患于未然。从2005年开始，每学期都要认真组织一次全校性的紧急疏散的演习，学校事先做好规划，安排固定的紧急情况下的疏散路线、队列、各班级及老师的位置，甚至不同楼层学生逃离的速度。正是平时训练有素的演练，令地震降临时，全校师生用1分多钟的时间安全撤离，避免了伤亡。由此可见，危机的预警是危机管理的关键要素，只有具备未雨绸缪的警惕性，事先培养危机心理并做好防范工作，才能在危机发生之后作出正确、快速的反应，从而为危机的处理赢得先机。

二、危机的应对与处理

（一）危机处理的具体工作

危机来袭时，组织无从躲避，必须遵循有效的程序，冷静、迅速地采取正确的应对策略，努力控制局势，挽回影响。在不同的阶段，其具体工作不同。

1. 危机应对阶段

危机一旦发生，组织的反应越是迅速、恰当，就越能够有效预防危机扩散，将损失控制在最小范围内。通常在这一阶段的工作有：

（1）成立危机处理小组。

成立危机处理小组是组织针对危机事件快速反应、妥善处理的重要保证。该机构通常由企业的高层领导、公关人员、相关的专业人员和专家组成，专门负责处理危机的具体事宜，如确定并培训组织的发言人、制订危机处理方案、加强内外沟通等。

（2）控制现场、了解情况、搜集证据。

危机处理的工作小组要及时果断地采取各种措施控制现场，积极救助伤亡者，安抚伤亡者家属并设法补偿其损失，以防止事件恶化，挽回组织声誉；还要迅速了解事件的起因、现状、各方面的损失等相关情况；与此同时进行的还有同事件见证人保持联系，记下其姓名、单位、地址及证件号码，必要时可请公安机关加以协助；及时搜集物证，组织专家检验、测定。在结果没出来之前，对有引起事故嫌疑的产品应通知销售部门暂停出售。

（3）通报上级主管部门。

在危机发生后，政府主管部门和社区管理部门的态度和意见往往对公众的观点、态度有很大的影响。因此，组织还需要尽快将了解到的所有相关信息向政府主管部门通报，寻求这些权威部门的理解与支持，并努力与之保持良好的沟通。

2. 危机处理阶段

（1）查明事件真相，并公之于众。

对危机事件的正确处理，是基于对事件真相的细致调查和清醒的认识。因此，运用有效的调查方法，深入了解危机事件，并进行准确的分析，是危机处理首先要做的工作。通常这需要组织调查了解事件发生的根本原因、过程、后果及其危害程度，还要明确事件涉及的公众、事件的性质及其在社会上产生的影响。这些信息都是组织预测危机发展趋势、制定危机处理策略的重要依据。需要注意的是，在调查过程中，为了提高信息的可信度，应尽量做到认真、客观、细致，还应邀请技术权威机构介入调查与论证。

另外，做好舆论报道工作，主动地将事件真相告知公众，并澄清事实、消除谣言，也是组织要迅速处理的事情。正如著名危机管理专家诺曼·R. 奥古斯丁所说："我自己对危机的最基本经验，可以用六个字概括：说真话，立刻说。"只有积极主动、坦诚面对公众，才能减轻组织面对的舆论压力。

（2）确定危机处理方案。

在了解清楚危机事件的基础上，危机处理的决策者要尽可能地在事件发展前期就准确判断危机发展态势、影响程度和社会公众的反应，对危机作出准确定位，然后拟订几种处理方案并进行比较，最终选择出最佳方案，以指导危机公关的运作。一般来说，危机会触及不同类型的公众利益，在决策时须采取不同的策略：对内部公众应通告真相，协调行动，追查原因，挽回影响；对受害者及其家属应做好安抚和善后处理；对新闻传播媒介则应注意统一口径、谨慎传播、积极配合、引导舆论；对上级主管部门应及时汇报总结，加强联系沟通；对受影响的社区公众则应真诚致歉、赔偿损失。其中对受害者理赔时，还要认真做好调查分析，了解他们真正的需求并进行差异化的赔偿，只有这样才能真正有效地化解危机。

（3）实施危机处理方案。

当组织制订出危机处理方案后，就要积极、迅速地实施。在实施过程中，应特别注意做好信息传播和形象管理的相关工作，尽可能通过危机公关，改变公众对组织的看法，以达到挽救组织或令组织的损失减小的目的。

【应用例证】

2004 年 2 月，美国州立农业保险公司就丰田汽车在行驶中会突然加速并导致事故的现象向美国公路交通安全监管部门提交专题报告。2009 年 8 月 28 日，美国发生了一起丰田雷克萨斯因加速器失灵造成车毁人亡的惨剧，这一事件成为丰田汽车被召回的触发点。自此至 2010 年 1 月，因为汽车可能由于前排处的脚垫“向前滑动并卡住油门”而引发“只能加速不能刹车”的严重缺陷，以及部分汽车电子油门系统机械方面的原因导致汽车油门踏板在驾驶者脚松开后可能出现自然加速的现象，丰田公司陆续在全球召回或停售了近千万辆汽车，这在汽车工业史上可谓史无前例。

召回事件给丰田公司带来的损失主要有：在经济上，丰田公司将因此损失 3 150 亿日元（约 34 亿美元），此外，诉讼的相关费用预计也将达到 1 000 亿日元（约 11 亿美元）；在销售市场上，丰田公司 2010 年 1 月在美国市场销量同比下降 15.8%，市场份额环比下降 4.1 个百分点；在品牌管理上，召回事件令丰田品牌对消费者的影响力大打折扣，公司原先建立在其产品质量上的良好信誉和形象都因此而面临着严重的危机。

接连不断的召回事件无疑动摇了消费者对丰田的信心，令丰田陷入危机之中。其原因除了产品质量问题，在危机公关管理方面，也有处理不当之处，如危机前期不够重视，缺乏危机意识，行动被动迟缓。从发现汽车有脚垫或油门踏板问题到后来的大量召回，期间丰田公司几乎没有主动开展化解危机的公关活动，错过了危机处理的最佳时机，直到 2010 年 1 月 29 日美国国会宣布对丰田汽车的召回展开调查，丰田公司总裁丰田章男才首次对事件发表致歉声明；丰田公司对此次危机的反应也是滞后的，在 2009 年 8 月 28 日的雷克萨斯车祸惨剧后，美国媒体的陆续报道引起许多消费者的忧虑，但丰田公司对由此带来的负面影响显然是估计不足，并没有作出及时而恰当的处理，以致事态迅速恶化；此外，危机来临时丰田用隐瞒和销毁车祸事故信息、消匿车辆在工程设计与安全测试中的违规行为等手段来刻意隐瞒事实，逃避甚至推卸责任，即使是东窗事发后，丰田公司承认错误的态度也是傲慢而缺乏诚意的，这令其积累数十年的商业信誉一落千丈。至此，丰田在危机公关中的处理不但没有遏制危机的蔓延，反令其陷入更深的危机旋涡之中。

（二）危机的处理原则

危机的发生往往会危及组织的生存和发展，在处理的过程中，会涉及所有的组织成员，这时不仅要求组织成员上下一致、相互配合、共同努力，还要遵循公关危机处理的原则，才可能妥善圆满地渡过难关。通常危机处理应遵循的原则有：

1. 真实坦诚原则

真实坦诚、讲求信用是所有公关工作的信条。尤其在危机来临时，组织向公众表现出充分的坦诚，实事求是地向公众坦言真相，不回避问题，勇于承担责任，这些做法都有助于平稳局势，为赢得公众的谅解和合作、消除误会、化解危机奠定基础。相反，无论是态度暧昧、逃避面对，还是封锁消息、弄虚作假、愚弄公众，最终都会欲盖弥彰，令组织陷入被动，甚至因失信于公众而加剧危机，给组织造成不可挽回的损失。

2. 时间第一原则

危机公关旨在最大限度地控制危机的蔓延，把组织的损失降至最低。危机事件具有突发性、敏感性和破坏性，如果组织反应迟缓，势必造成信息真空，这将导致贻误战机甚至决策错误，而外部则各种揣测和流言四起，其后果很可能令事态进一步恶化，甚至一发不可收拾。因此，应坚持第一时间投入处理，及早向外界发布信息，平息因信息不透明而产生的虚假谣言，迅速与利益相关者沟通，分解组织压力，尽快控制局面，为危机的妥善解决提供有利条件。

3. 公众至上原则

美国著名公关专家康菲尔德说："在所有决策和行为上，均以公众的利益为前提。"在处理危机事件时，公众利益、社会利益、组织利益都要兼顾。相对而言，公众利益更应优先考虑，因为公众对组织形象具有决定性的作用，而公众利益受损会令组织失去公众的信任和支持，成功化解危机也就无从谈起。

另外，公众利益除直接的物质利益外，还有公众心理利益。也就是说，组织除了弥补公众物质上的损失外，还应注意解决由此而引起的心理、情感关系问题，给予相应的安抚和疏导。

4. 积极主动原则

真实坦诚的态度可以令组织迅速稳定局势，而积极主动的处理则是以实际行动来兑现组织的坦诚。危机事件往往会造成组织利益和公众利益的冲突激化，组织对利益的选择态度成为公众关注的焦点。这时切忌搪塞回避或冷漠推诿，无论是何种原因，组织都应主动地承担责任，迅速采取正确措施自查疏漏，消除直接危害，安抚受害者，积极做好善后工作，主动与政府部门、新闻媒体沟通合作等。只有这样，组织才能在危机的劣势中赢得时间和主动权。

5. 权威证实原则

在危机发生后，组织积极主动自查常常是可以发现问题的症结的，但有时会出现组织对事件的解释收效甚微，甚至越描越黑的现象，这主要是因为组织在事件中的言论公信力不足，难以服众。此刻只有第三方权威部门通过客观求证后发布的、具有普遍公信力的数据以及对数据的客观解释性分析，才能有效地消除公众的警戒心理，获得各方的认同和信任。因此，在危机中，组织发布权威的第三方证词对化解危机有着重要的作用。

6. 统一口径原则

在危机事件中，组织处于风口浪尖，成为舆论焦点，社会公众揣测不断，此时组织对事件如有不同的解释、不同的说法，就会令公众对事件的认知更加混乱，所以，必须要有一个对外的声音，代表组织发言。为了避免语言表达的随意性，要做到严谨明确，减少臆测，发言的内容还要经过危机处理专门机构的成员集体讨论、共同思考、字斟句酌，最后统一口径、形成文字。

【知识拓展】

危机处理的“3T”原理

危机处理的“3T”原理是英国危机公关专家里杰斯特提出的。它强调了危机处理时把握信息发布的重要性：

（1）Tell your own tale（以我为主提供情况）——强调了危机处理时组织应牢记掌握信息发布的主动权，应该贯彻“发言人”制度，以确保信息的真实性。

（2）Tell it fast（尽快提供情况）——强调了危机处理时组织应尽快地、不断地发布信息。危机处理小组需要在一个设备齐全的危机控制中心办公。

（3）Tell it all（提供全部情况）——强调了信息发布应全面、真实，而且必须实言相告。越是隐瞒真相越会引起更大的怀疑。

三、危机过后的恢复

在危机被遏制后，组织现实的危机状态已解除，但公关危机的发生总会令组织形象受到损害。要想更彻底地消除危机带来的负面影响，组织还需要积极做好危机过后的恢复工作，令组织的形象和原有的市场得到迅速的恢复和发展。主要的工作有：

（1）积极进行善后的工作，如关怀慰问受害者、广告宣传、产品优惠促销等，以此逐渐消除危机带来的负面影响，安稳人心。

（2）加强与公众的信息沟通，增强管理透明度，努力消除内外公众的信任危机。

（3）恢复正常的经营活动，并针对出现的问题进行规章制度的完善和管理策略的改进。

（4）开展各种公关专题活动，弥补形象的损失，努力改变公众对组织的不良印象，恢复公共关系的良好状态。

（5）引导媒体传播组织的正面信息，增强公众对组织的信心。

只有做好这些工作，组织的危机公关才算真正有效。此外，为了提高组织公关危机管理的能力，还要及时做好危机管理过程的总结和评估，从这些鲜活的“教材”中学习，提高组织应对危机的能力。对危机管理的总结和评估主要是在危机事件平息后，对危机管理进行调查，全面评估危机令组织遭受的实际损害和危机处理措施的合理性和有效性，并总结危机管理工作的经验教训，形成详尽的处理报告。评估应本着客观的态度，以总结经验教训、改进和提高工作效率，避免日后重蹈覆辙为目的，主要的评估内容包括对危机管理基础工作的评估、对危机管理过程的评估、对危机管理结果的评估等。

【知识拓展】

罗伯特·希斯（Robert Heath）用下图来描述完整的危机管理过程：

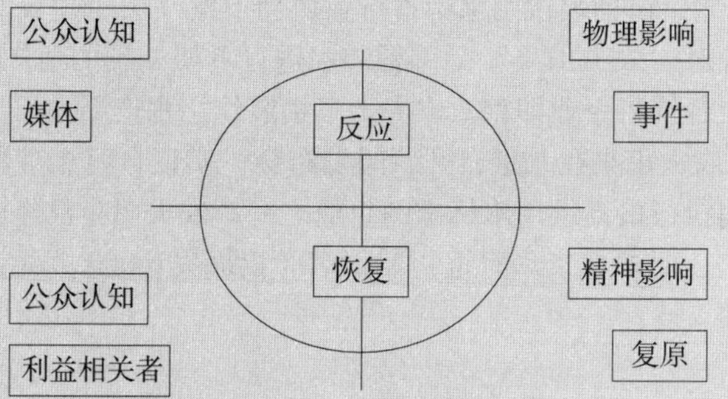

危机管理过程示意图

在危机管理过程示意图中，左边两个象限代表危机管理的沟通活动，而右边两个象限表示危机管理的行为构成。上面两个象限是处理危机事件的初期，以生理上的可见影响为主；下面两个象限反映的是恢复管理时期，以精神影响为主。在管理过程中，应强调公众认知，并针对利益相关者进行分析判断，从总体战略的高度进行危机管理。

资料来源：［澳］罗伯特·希斯．危机管理．王成，宋炳辉，金瑛译．北京：中信出版社，2001．

实践启迪

农夫山泉标准门公关危机

一、案例回放

2013年4月10日，《京华时报》发表题为“农夫山泉被指标准不如自来水”

的文章，文章称农夫山泉执行的产品标准——浙江标准　DB33/383 中镉、砷等毒理性指标均宽松于国家瓶（桶）装水卫生标准和自来水标准。该媒体在随后近一个月，对此进行了大量报道。

4 月 11 日，农夫山泉针对《京华时报》的“标准门”报道在其官方微博作出了“激烈”回应，不仅称其产品品质始终高于国家现有的任何饮用水标准，还远优于现行的自来水标准。

4 月 14 日，农夫山泉公布了多个厂区出产的瓶装水总砷、镉、硒、硝酸盐、溴酸盐五项检测数据。仅从检测数据来看，的确比浙江省天然水标准、瓶装水国家标准、自来水国家标准要严格得多。

5 月 2 日，北京市桶装饮用水销售行业协会下发《关于建议北京市桶装饮用水行业销售企业对“农夫山泉”品牌桶装水进行下架处理的通知》，要求北京市桶装饮用水行业各销售企业即刻对农夫山泉桶装饮用水产品做下架处理。

5 月 6 日，农夫山泉在北京召开新闻发布会。实证自己标准严苛于国标、地标，是目前国内执行最高饮用水标准的企业之一。农夫山泉已经向北京市中级人民法院提起诉讼，要求《京华时报》赔偿名誉权损失 6 000 万元，成为水行业最大的名誉官司案。

二、启迪与分析

针对危机处理，有管理专业人士提出了“5S”原则，而农夫山泉此次的危机处理总体恰恰是和这五个原则背道而驰。

承担责任原则：对于“质量门”、“标准门”的危机公关，首先，农夫山泉只是一味坚称产品生产工艺和水质没有任何问题，水质标准远远优于现行的自来水标准，始终没有正视自身问题。其次，农夫山泉不仅没有正视自身问题，还将矛头指向竞争对手华润怡宝，诉诸“阴谋论”。最后，在华润怡宝表示诉诸法律后，农夫山泉又转而指责媒体以及行业协会，自始至终没有正视自身问题，违背承担责任原则。

真诚沟通原则：在“标准门”的危机公关中，一方面，农夫山泉始终都在指责对方，从竞争对手到媒体，再到行业协会，缺乏与媒体和公众的真诚沟通。另一方面，农夫山泉虽然也公布了瓶装水总砷、镉、硒、硝酸盐、溴酸盐五项检测数据，但从回应来看，农夫山泉只是笼统地说“由第三方检测机构提供检测数据”。至于“第三方”到底是谁，农夫山泉却没有公开，削弱了数据的说服力，让公众看不到其沟通的诚意。

速度第一原则：农夫山泉被媒体曝光后，一直保持沉默，直到近一个月后，才在官方微博作出正式回应，显然延误了危机公关处理的最佳时间。不过在随后的应对中，农夫山泉的反应速度还是比较迅速。

系统运行原则：农夫山泉被曝出“质量门”和“标准门”之后，一方面不断通过官微予以回应，一方面邀请媒体和公众进行实地访问和监督，这一点符合系统运行原则。然而其在整个危机处理过程中，先是将矛头指向竞争对手，继而指责媒体和行业协会，缺乏系统的危机公关策略。

权威证实原则：被质疑后，农夫山泉邀请电视、报纸和网络媒体以及消费者对农夫山泉水源、生产过程和产品品质进行全面的实地访问和监督，符合权威证实原则。但由于其始终没有一个站得住脚的关于标准的解释，效果并不明显。

从农夫山泉应对危机公关中得到的启示：居安思危，未雨绸缪，树立危机意识；明确权责，建立危机指挥体系；调查事实，有效整合各类资源；快速反应，认真化解矛盾；公开坦诚，维护公众利益。

资料来源：从农夫山泉标准门事件看危机公关. http：//wenku. baidu. com/link？url.（略作修改）

项目训练

1. 实训目的：通过实训，掌握公关危机处理方案的制订、处理方法和技巧。

2. 实训步骤：

（1）学生分组轮流扮演组织和公众。

（2）电话铃响，有人自称某报社记者，问询关于本公司被消费者投诉产品质量差、服务态度恶劣的问题。

（3）制定危机处理对策，采取措施，控制事态发展。

（4）对危机进行调查，提出危机公关处理方案。

（5）部署调查（事件产生的原因、涉及的公众对象、对企业的形象影响等）。

（6）落实危机公关工作步骤，全面开展危机公关工作。

（7）解决危机。

3. 实训效果评估：教师根据各组方案和表现综合评价，参考指标包括方案合理、应对及时、态度诚恳（公众利益第一）、公众满意度提升、处理灵活有创意。

思考练习

1. 危机预警与监测通常包括哪些工作？
2. 如何进行危机处理？
3. 危机处理应遵循哪些原则？
4. 危机过后的恢复工作有哪些？

任务三　制订危机管理计划

知识目标

◆ 了解危机管理计划的内容、制订原则和现实意义。

◆ 掌握危机管理计划书的写作内容。

能力目标

◆ 掌握危机管理计划的制订方法及计划书的撰写要求。

任务导入

章光 101 致癌事件：重市场销售，轻危机防范

2009 年 3 月 25 日，广东省食品药品监管局公布消息称“广州市白云区大荣精细化工有限公司生产的标示为‘北京章光 101 科技发展有限公司’的北京章光 101 染发膏涉嫌违法添加致癌物质间苯二胺”。

事件爆发之后，全国媒体都纷纷进行报道。章光 101 染发膏致癌事件一时间成为舆论关注的焦点。3 月 27 日，北京章光 101 科技股份有限公司发布紧急声明，称在广东检查发现含违禁物质的染发膏是仿冒该企业产品的“冒牌货”。

在对外公布的事件说明中，章光 101 对事件的描述一改再改，让人疑云丛生，不少媒体也是抓住此细节大肆批评。此次危机给章光 101 品牌形象蒙上一层阴影，但对市场销售暂未造成严重的影响。

任务分析

事件启示：章光 101 作为中国生发养发行业中的领先者，已经具有很高的知名度，在市场征战中也屡屡获胜，但面对一次危机的打击，似乎显得手足无措，不管是对外对内的应对说辞，还是危机应对的策略，都显得不够成熟，这也反映了许多民营企业共同的弱点：重市场销售，轻危机防范。但是，一次重大危机事件的爆发，可能使企业辛辛苦苦打造的江山瞬间土崩瓦解——三株的悲剧或许永远都是中国民营企业家们的心头之痛。

此次危机对章光101最大的提醒就是：树大招风，企业知名度与危机发生的可能性是成正比的。知名度越高，越应该有危机管理意识。

资料来源：林景新. 2009年上半年十大企业危机管理案例. 中国出口贸易网.

理论要点

公关危机一旦发生，混乱与失控往往就随之而来，组织常规的管理和做法难以应对，因此，预先制订危机管理计划，对于组织应对危机而言十分重要。一项对美国《财富》杂志500强公司的调查发现，不具备危机管理计划的公司，危机所经历的时间及造成的后遗症是具备危机管理计划企业的2.5倍。

危机管理计划是组织为了规避危机的发生或减少危机的发生所造成的损失而事先由危机管理机构制订的关于危机预防、监测、控制和处理的书面计划。它是制定危机管理手册、开展危机管理教育与各项危机管理工作的基本依据和指导方针。

一、制订危机管理计划的内容

制定危机管理计划的内容主要包括预防和应变两部分，具体包括以下六个方面：

（一）建立危机预警系统

（1）确定危机预警系统的专门负责人。

（2）预测组织可能发生的危机及判断危机所属类型。

任何组织都可能面临公关危机，但不同性质特点的组织，不同类型的危机事件出现的概率又有所不同，甚至同一组织，在不同的发展阶段，可能面临的危机也不同。在制订计划时，要根据本组织的特性，搜集、整理危机信息，预测可能发生的危机及其所属类型，分析评估其发生的概率和严重程度，为下一步有针对性地制定应对措施奠定基础。

（3）制定预防措施。

本着防患于未然的态度，针对潜在危机的特点，结合本组织的具体情况，制定预防措施，修订相应的管理制度，培训相关人员，安排危机演练。

（4）制定危机处理策略。

针对潜在危机的特点，制定危机发生后的处理策略，如相关人员的召集、分工、联络方式，不同危机的应急方案，危机处理时的指挥、沟通程序等。

（5）确立危机求助程序。

处理公关危机时，常常需要向社会相关组织求助，寻找权威人士或部门的支持。他们的声音对安抚公众的情绪、争取时间、稳定局面、说明真相等都是很有帮助的。因此，在预警系统中应确立不同危机发生时的求助对象及具体程序。

（二）建立危机管理小组

危机管理小组一般由组织中的最高层领导人负责，由各部门主管、专业技术人员和有经验的危机处理专家组成。小组成员都是兼职，在危机管理中都应有各自的职责、联络方式和工作程序，另外还要为危机管理小组设置专门的办公地点和配备齐全的现代化办公设施，以保证危机处理工作可以迅速、及时地开展。

（三）制定危机处理的原则

危机处理的原则是危机处理时的指导思想，是危机发生时组织各级成员必须遵守的共同准则。危机处理除了应有的基本原则外，还应根据特定的危机情况，制定相应的原则和方法，以使危机的处理更具针对性和实用性。

（四）撰写危机管理计划书

作为危机管理的书面计划，危机管理计划书由危机处理小组负责撰写，计划的写作要求表述准确、简明、扼要，内容完整齐备，并且应时常回顾更新，使计划总能保持其适应性。

（五）危机管理资源的筹备

危机管理还需要充足的资源筹备。一般来说，主要工作有：管理资金的储备；购买和维护必要的应用设备，如电脑、连通内线和外线的多部电话机、摄像机、录音机等；信息资料的准备，如董事会成员、主要客户和供应商、工会领导人、法律顾问、地方官员（包括公安、消防和医疗方面的人士）、社区负责人、主要的传媒联系人等各方关系紧密的人士的住址、电话及传真号码、电子信箱等信息资料，应预先收集并装订成册，以便查询；其他在危机中需用的物资的购买和管理等。

（六）危机管理经费的预算

危机管理的经费主要有危机管理小组日常运转的费用、危机处理设备的购买和维护费用、各种物资的购买和维护费用、危机管理计划实施的各项费用等。

二、危机管理计划的制订原则

（一）具体化原则

危机管理计划的内容必须是具体的、可操作的，不应该有任何模棱两可、含糊不清之处，否则会引起有关人员的误解，造成工作的混乱。

（二）灵活性原则

组织的经营环境多变，危机事件又难以预测，因此危机管理计划应具有纲领性和指导性。其内容的重点应在整体的思想认识、总的原则方针等方面，并保持适度的弹性。务求面对任何危机，危机管理计划都可切合时局和危机的动态变化，为行为提供指导。

（三）系统性原则

危机管理是一个旨在抵御破坏、降低损失的管理机制。用以指导各项工作的危机管理计划因此也应着眼于全局、注重逻辑，保持其系统性、全面性和连续性。完整的危机管理计划书，既有针对各种可能的危机后果进行协调一致、综合应对的计划，也有各种群族性的单元方案。

（四）有序性原则

危机管理涉及多方面的工作，为了做到有条不紊，危机管理计划的内容应是有序的。这主要体现在危机管理目标应排列出优先次序，还有就是危机事件应根据具体情况分类，并按先急后缓、先重后轻进行整理。

（五）成本化原则

危机管理的投入往往很大，如果不注意资源成本的合理预算和有效运用，就难免会带来财务的问题，令组织的状况雪上加霜。所以，危机管理计划的制订必须以组织本身的资源条件为基础，充分评估所面临的危机形势，从成本与效益角度合理预算。

（六）全员参与原则

危机管理不是组织中某些人的事，而是全员参与的结果。只有在决策者充分重视，管理者、执行者全力以赴、积极响应的前提下，危机管理计划才能有效实施。

三、制订危机管理计划的意义

制订危机管理计划可以使组织在危机来临时，能够冷静应对并作出及时而正确的处理，不至于因突然来临的压力而手忙脚乱。具体地说，其意义主要体现在以下六个方面：

（1）使组织在各方面预先做好危机处理的心理准备，培养并强化其危机意识。

（2）让组织在安全时期即充分听取各方面意见，从容计划好危机处理的各项工作。

（3）为组织迅速正确地处理危机提供依据，使危机的处理过程有章可循。

（4）保障危机处理时所需的各种资源供应。

（5）强化和规范危机管理工作，提高危机管理水平，降低成本，减少危机带来的损失。

（6）为事后对危机管理工作的评价提供依据。

四、危机管理计划书的内容

一份完整的危机管理计划书主要由封面、主体和附录三部分构成。

（一）封面

这部分主要有计划名称、生效日期、发文字号、组织最高管理者的授权书、文件的发放层次和范围、计划的有效性等。

（二）主体

1. 前言

（1）危机管理计划制订的指导思想和核心宗旨。

（2）建立危机管理体系的意义。

（3）危机管理的任务。

2. 正文

（1）危机管理的目标和任务。

（2）危机管理的核心价值观及组织的形象定位。

（3）危机管理的基本原则。

（4）危机管理的沟通原则。

（5）危机管理团队的组成人员名单、成员职责描述、人员替补方案。

（6）危机培训及演练的方案。

(7) 危机管理的指挥、沟通与合作程序。
(8) 危机管理的财务物资管理和后勤保障方案。
(9) 紧急状态下在法律和金融方面的求助程序。
(10) 事件全过程应收集的资料。
(11) 危机的识别和分析。
(12) 危机的监控措施。
(13) 危机的预警体系及程序。
(14) 危机的应变指挥程序。
(15) 危机过后的恢复和发展计划。
(16) 危机管理评估。

(三) 附录

(1) 危机管理的各种流程图表。
(2) 程序管理中的各种应用表格和文稿样本。
(3) 内部联络表：危机管理人员的基本信息、联系方式及职责描述。
(4) 外部联络表：与危机处理有关的外部单位的联络方式。

【知识拓展】

五个法则对公关危机管理的启示

一、涟漪效应

涟漪效应亦称"模仿效应"，是由美国教育心理学家杰考白·库宁（Jacob Kounit）提出的，定义为：一群人看到有人破坏规则，而未见对这种不良行为的及时处理，就会模仿破坏规则的行为。这就像往一湖平静的湖水里扔进一块石头，泛起的水波纹会逐渐波及很远的地方。

在社会透明度越来越高、互联网越来越普及的今天，危机事件的发生往往是"一石激起千层浪"，如果不能及时有效地控制，它所释放的负面影响就会逐渐引发更大的麻烦，酿成更严重的危机。为了避免涟漪效应的发生，组织在危机管理中，要反应迅速、恰当，并做好舆情的监测、舆论的引导。

二、蝴蝶效应

蝴蝶效应是指在一个动力系统中，初始条件下微小的变化能带动整个系统的长期的、巨大的连锁反应。对于这个效应最通俗的阐述是：一只南美洲亚马孙河流域热带雨林中的蝴蝶，偶尔扇动几下翅膀，可能在两周后会在美国德克萨斯州引起一场龙卷风。其原因是，当蝴蝶的翅膀进行振动时，会导致其身边的空气系统发生变化，并引起微弱气流的产生，而微弱气流的产生又会引起它四周空气或其他系统产生相应的变化，由此引起连锁反应，最终导致其他系统的巨变。

不能居安思危的企业，随时会面临经营的困境。有危机意识的企业则一定会注意防微杜渐，在平日里就树立危机意识，建立危机预警系统，做好危机管理的一切准备，杜绝看似小问题却可能令企业最终分崩离析的隐患。

三、海恩法则

飞机涡轮发动机的发明者、德国人帕布斯·海恩提出了一个关于飞行安全的海恩法则，具体内容是：每一起严重的飞行事故的背后，必然有29起轻微事故和300起危机先兆以及1 000起事故隐患。其实质是强调两点：一是事故的发生是量的积累的结果；二是再好的技术，再完美的规章，在实际操作层面，也无法取代人自身的素质和责任心。

在组织的危机管理过程中，完善的管理制度、有效的应对手段无疑是必要的，但要避免事故的发生、防止危机的爆发，尤为重要的是对“事故的征兆”和“危机的苗头”进行及时的发现并加以控制，还有就是对组织成员责任心的强化。

四、墨菲定律

墨菲定律的主要内容是：事情如果有变坏的可能，不管这种可能性有多小，它总会发生，并引起最大可能的损失。这最初是美国的一名工程师爱德华·墨菲（Edward A. Murphy）在一次空军的实验后作出的论断，后被广泛应用到其他的领域。

在现代社会，我们并不缺乏严密的危机管理系统，但墨菲定律告诉我们，再严密的管理系统，再高明的方法、手段都会有出现错误并给我们带来灾难和损失的时候，这几乎是难以避免的。所以，我们只能把工作做得更全面、更仔细，尽可能消除隐患，扫清死角，以求降低风险概率。但如果危机无从规避，真的发生了，我们也应该积极应对，并善于总结教训，在纠错中成长，从失败中找到更完善、更正确的方法。

五、破窗效应

破窗效应是关于环境对人们心理造成诱导性影响的一种认识，由此而形成的“破窗效应”理论是指：如果有人打坏了一幢建筑物的窗户玻璃，而这扇窗户又得不到及时的维修，别人就可能受到某些示范性的纵容去打烂更多的窗户，久而久之，这些破窗户就给人造成一种无序的感觉。结果在这种公众麻木不仁的氛围中，犯罪就会滋生、繁荣。所以，发现问题就要及时矫正和补救。

企业的良好形象往往来之不易，须细心维护。对员工在管理中出现的看起来是个别的、轻微的不良行为，对客户反应的似乎是简单的问题或投诉，管理者都应保持高度的警觉，予以足够的重视，及时采取适当的处理措施。否则，这些得不到及时修补的“破窗”就会导致不良现象不断扩散，纵容更多的人去“打烂更多的窗户玻璃”，引起“破窗效应”，而企业最终难免要为“破窗效应”付出惨重的代价。

实践启迪

中美史克“康泰克事件”的危机公关

一、案例回放

（一）祸从天降

2000年11月15日，国家药品监督和管理局发布的《关于暂停使用和销售含苯丙醇胺的药品制剂的通知》，宣布暂停销售含有PPA（苯丙醇胺）的15种药品，而中美史克公司的两个主打产品康泰克（复方盐酸苯丙醇胺缓释胶囊）和康得（复方氨酚美沙芬片）正含有这种成分，它们的名字赫然在榜。

11月16日，该通知通过天津市卫生局转发到中美史克。尽管被叫停者众多，但由于康泰克巨大的品牌效应，中美史克一下子被推到了风口浪尖。

中美史克受到如此多的关注，也是事出有因的。中美史克公司的康泰克和杨森的吗丁啉曾被认为是在中国销量最大的两种OTC药品，在过去的11年间，康泰克的销量达到了51亿粒，占据感冒药OTC市场份额的40%，1999年的销售额更达到7亿元，业内人士对这样的一个市场额度都用同样的词汇形容：“不可思议、不可撼动”。

“康泰克事件”引发了一系列多米诺骨牌效应，康泰克落马之后，三九制药、海王药业纷纷上马感冒药项目，并打出了“不含PPA”的牌。对中美史克而言，更大的压力席卷而来：这么多的库存如何处理？是否接受退货，怎么退？流动资金能否支持企业的发展？如何处理负面影响？如何把负面影响变成正面影响？如何面对股东？如何处理职工与企业之间的关系？

（二）中美史克如何“从危机中获利”

1. 快速反应并公布立场

2000年11月16日，中美史克公司接到《关于暂停使用和销售含苯丙醇胺的药品制剂的通知》后，立即成立危机管理小组。并根据应对对象、职能不同，分为四个部分：领导小组——制定应对危机的立场基调，统一口径，并协调各小组工作；沟通小组——负责信息发布和内、外部的信息沟通；市场小组——负责加快新产品开发；生产小组——负责组织调整生产并处理正在生产线上的中间产品。

与此同时，危机管理小组发布了危机公关纲领：坚决执行政府暂停令，暂停牛产和销售；通知经销商和客户立即停止康泰克和康得的销售，取消相关合同；停止广告宣传和市场推广活动。

2. 不把外部危机转化为内部危机

11 月 17 日中午，中美史克全体员工大会召开。中美史克总经理杨伟强向员工通报了事情的来龙去脉，宣布公司不会裁员。此举赢得了员工空前一致的团结。同日，全国各地的 50 多位销售经理被召回总部，危机管理小组深入其中做思想工作，以保障各项危机应对措施的有效执行。

3. 解决渠道危机

11 月 18 日，被迅速召回天津总部的全国各地 50 多名销售经理，带着中美史克“给医院的信”、“给客户的信”发往全国。应急行动也在全国各地按部就班地展开。在中美史克总部，公司专门培训了数十名专职接线员，专门负责接听来自客户、消费者的询问电话，作出准确统一的回答以消除公众的疑虑。11 月 21 日，15 条消费者热线全面开通。

对于经销商，他们得到了中美史克公司明确的允诺，没有返款的不用再返款，已经返款的以 100% 的比例退款，中美史克在关键时刻以自身的损失换来了经销商的忠诚。

4. 向媒体及公众说明真相

11 月 20 日，中美史克公司在北京召开了新闻媒介恳谈会，会议邀请了多家中央级及地方级媒体。这也是中美史克总经理杨伟强首次在“康泰克事件”后在媒体前露面。

会上，杨伟强透露：16 日接到通告后，中美史克便全力配合国家药政部门的有关工作；“康泰克”和“康得”这两种药品制剂目前已进入停产阶段；新产品开发将按既定计划进行，“康泰克事件”会加快这一进程，消费者无须恐慌；最终，中美史克会提供令用户和政府都满意的解决方案。杨伟强强调“维护广大群众的健康是中美史克公司自始至终坚持的原则”，并表示“不停投资”的决心。面对部分新闻媒体的不客观报道及同行借机的大肆炒作和攻击行为，中美史克保持了应有的冷静，并没有过多追究，只是尽力争取媒体的正面和客观报道。

此后，以杨伟强为首的公司高层不厌其烦地接受国内媒体专访，争取说话机会。

5. 重树信心

中美史克在稳定了消费者、经销商、企业员工关系这三大块后，仍然面临着一个重大问题：如何重树股东们的信心。为了说服公司的大股东恢复对公司的信心，继续向公司投资，中美史克高层把股东请到了生产地点，让他们看到企业的员工都保持着高昂的士气；同时，还从英国和美国的研究总部调来专家论证抗感冒新药的可行性；另外，提出一套完整的解决方案，让总部知道公司将如何处理这些棘手的问题，需要总部提供什么资源，而这一切都有科学数据作为支持。总部在这一番科学论证中，看到了重新获得的商机，同意继续追加投资。

6. 新康泰克复出

PPA 禁令的 292 天后，2001 年 9 月 3 日起，杨伟强率领中美史克研发等一干人员，先后在北京、天津、上海、广州、成都与媒体和客户见面，为“新康泰克”上市再度公关。

中美史克对外宣布，新康泰克获国家药品监督管理局通过，并于即日起开始上市，这一举动标志着中美史克大规模收复失地行动的开始。

据称，为了确定是否使用康泰克商品名，中美史克在全国二十几个大城市做了大规模市场调查，调查结果表明被访者对康泰克的认知度高达 89.6%，而超过 90% 的人愿意考虑重新购买新康泰克。中美史克的决策层据此认为，康泰克仍有巨大的品牌号召力，因而决定新产品依然使用康泰克名称。

二、启迪与分析

中美史克“化险为赢”的经验主要有以下三点：

（一）构建学习型组织

创建学习型组织使中美史克在危机处理中获益匪浅。今天危机可能在中美史克发生，明天、后天可能发生在其他的企业。假如我们能够把危机管理的概念，以及处理危机的一切理论基础和工具用好的话，可以把企业的损失减到最小。

（二）抓重点管理

在“康泰克事件”中，中美史克第一个抓的重点是媒体，首先让媒体对中美史克的产品和企业有一个相对客观和准确的认识，避免一些负面的报道。

中美史克抓的第二个重点是处理好员工关系。但是，面对纷繁复杂的市场情况，如何区分重点和非重点？处理“康泰克事件”的最高决策者杨伟强则有自己的分析之道，他认为：危机管理里你一定要抓危机管理的最核心问题，核心问题抓好了，就不要被边缘问题分散精力。

（三）实施：沟通第一

学习型组织和“抓重点”属于战略层面，落实到实施层面，中美史克的经验是：做好沟通。中美史克在危机处理中把握了五项重要原则：

（1）尽快将真相告诉公众。

（2）在传播沟通中，积极掌握对外报道的主动权，以公司为第一消息发布源，例如，中美史克在11月20日举行媒体恳谈会后，11月21日，15条消费者热线全面开通。

（3）和内部员工的坦诚沟通非常重要，保持内部稳定才会有一个稳固的根基。

（4）善于利用媒体及其他有效渠道，形成强势的声音。

（5）除了告诉公众“事情是怎么样的”，还要告诉他们“事情要怎么解决”，要有付诸行动的解决方案。

杨伟强也认为：沟通是危机管理中最关键的两个字。这种沟通对企业来说应该是个长期的工作，并不是危机来了才开始“临时抱佛脚”，与媒体的、与相关企业的、与政府部门的沟通都是企业不可或缺的功课，当然还有企业内部与员工的沟通，这些沟通对于危机带来的从企业内部到外部的影响有最好的化解作用。处理危机，人的因素是很重要的，危机管理系统中需要团队的协作才能达到预定的效果。团队工作最困难的是使大家对外形成一致的看法和行动，这其中的要诀就是要懂得民主集中制原则，既要发挥集体的智慧，又要有选择地听取意见。

资料来源：金错刀．公司凶猛．西安：陕西师范大学出版社，2003．（整理编写）

项目训练

1. 实训目的：通过实训，掌握公关危机管理计划的制订方法。

2. 实训内容：某人像摄影公司在儿童节时推出一批儿童人像摄影优惠套餐服务，受到广大顾客的欢迎，但事后人们发现，摄影中各项服务质量不够好，而且往往都不能按时交货，对此工作人员的解释是业务太多了，忙不过来，为此很多家长颇多怨言，甚至有不少人要求退货。

3. 实训任务：在这种情形下，如果你是该公司公关部经理，请制订一份公关危机管理计划。

思考练习

1. 危机管理计划通常包括哪些内容？

2. 如何进行危机管理计划的制订？

项目五　公共关系专题活动

◆　任务一　赞助活动
◆　任务二　庆典活动
◆　任务三　新闻发布会
◆　任务四　展览会
◆　任务五　公关联谊活动
◆　任务六　借势与造势

任务一　赞助活动

知识目标

- 了解公关赞助活动的概念、作用和分类。
- 理解公关赞助活动的原则。
- 掌握公关赞助活动策划的基本程序。

能力目标

- 掌握赞助活动的策划技巧。

任务导入

赞助使健力宝插上了腾飞的翅膀

被称为“中国魔水”的健力宝饮料，在中国曾经家喻户晓。它不仅名气大，经济效益更令人吃惊，1991 年上缴利税达 5 亿元人民币。健力宝取得如此好的经济效益，与其采取恰当的公共关系赞助活动密不可分。事实上，健力宝三次大规模的赞助活动，直接促成了经济效益的飞跃。1984 年洛杉矶奥运会，健力宝集团抓住时机开展攻势，以实物赞助的形式，使其成为重返奥运大家庭后，首次参加国际最大规模体育盛会的中国体育代表团的首选运动饮料。十五枚金牌的巨大成功，使健力宝随中国体育走向世界，并确立了其“中国魔水”的地位和美誉。原本只有几百万产值的小饮料厂一举成名，产品供不应求。以此为契机，扩大生产后的健力宝迅速跃入现代化大组织的行列。1987 年的广州第六届全运会，健力宝集团再次以雄厚的经济实力，赞助 250 万元人民币，换取了全运会运动饮料专用权；集团当年的销售额猛增到 3 亿元人民币，产品出口到 9 个国家和地区。1990 年北京亚运会，健力宝以 600 万元人民币赞助，又一次获得指定运动饮料专用权；同时以 260 万元赞助亚运会火炬接力活动。中国首次举办大型国际体育盛会的空前成功，使健力宝再一次腾飞。

巨大的社会效益，直接带动组织经济效益的增长。三次大型体育盛会的成功，使人们认识到健力宝的贡献，也使社会认识到：健力宝是中国体育事业的支持者，健力宝促进了中国体育的发展。健力宝认为，赞助活动达到了社会和经济效益的双丰收。它集公共关系、广告、推销于一体，不仅提高了组织的知名度、信任度和美誉度，而且确立了组织的市场地位。健力宝从赞助体育事业中获得了巨大的经济效益。健力宝选择了中国体育事业为赞助对象，迎合了国人对“增强人民体质，振兴中华体育”的美好愿望。这不仅赢得了公众的好感、信任，增强了健力宝对公众施加影响的广度和深度，并且最终得到了社会的支持与合作，也使消费者的选票（货币）投向了健力宝。

资料来源：http：//blog. tianya. cn/blogger.（略作修改）

任务分析

赞助活动对于健力宝集团的发展起到了重要的促进作用，主要表现在以下三个方面：

（1）从组织的角度分析，赞助活动的主要目的是提高组织的知名度和美誉度，体现组织的社会责任感，证明组织的经济实力，为组织的进一步发展创造良好的社会环境。从这些目的考虑，选择恰当的赞助对象是赞助达到预期目标的前提。作为饮料，健力宝需要尽量争取大多数人的关注。而体育活动一向是最吸引受众的活动之一。

（2）中国参加洛杉矶奥运会，是重返奥运大家庭的第一次亮相，意义远远超过一般的体育活动，不但引起几乎全体中国人的关注，也同时吸引了世界人民的眼球。选择参加奥运会的中国体育代表团为赞助对象，高屋建瓴，事半功倍。健力宝从此走向世界。后来对全运会和亚运会的赞助，一次又一次使健力宝集团成为被瞩目的中心。

（3）采用实物赞助的形式，把产品形象不落痕迹地融入活动之中，消解商业目的，塑造组织形象。此后两次赞助采用的是取得商品专用权的方式，不但提高了自身的知名度和美誉度，还制约了竞争者的行为。

理论要点

一、赞助活动的概念

赞助活动是指社会组织为了树立良好形象、赢得公众的支持，通过无偿提供资金或物质等方式，资助社会福利和慈善等公益活动。公关赞助既可以为社会公益事业的顺利进行提供保障，同时也是组织表明自己回馈社会、承担社会责任、尽到社会义务的方式。所以赞助活动实质上是双方资源或利益的交换和合作，是最常见、最重要的公关专题活动形式之一。

【知识拓展】

赞助与资助的区别

赞助与资助有所不同。资助是一种理想的、无私的方式，并不期望对方以任何交换的行为来回报。赞助通常情况下是一种投资，投资者期望带来收益。在公共关系实践中，除了给客户提供公共关系策略、传播顾问、事件管理等专业服务外，各类大型活动的推广已开始引起一些公关顾问机构的注意，赞助策划开始成为公关顾问公司的一个专业工具和服务手段。赞助作为客户公共关系实践的一个有效手段，在国外早已被广大工商业主所认识，并广泛运用于市场营销和公共关系的实践中。

赞助和捐赠的区别

赞助和捐赠都是客户社会责任的一种体现，都用于社会公益事业，以获取公众的好感。人们经常把它们混为一谈，其实两者有很大的区别。捐赠只是客户或个人为了得到减免税，为社会慈善事业作贡献的一种行为，它不能产生利润，捐赠者可以得到一份捐赠证书和一份慈善税单。而赞助则是指客户为了更大的利益，通过制订富有创意的资助社会公益事业的计划，运用多种传播手段，提高客户知名度、树立客户良好形象从而促销客户产品的一种公关手段。它实际上是一种投资，通过这一手段，客户可以获得意想不到的好处。国外专家常常把“赞助”表述为“一种通过资助文化、艺术、体育、教育等可能产生深远影响的领域”(这些领域可以影响到那些经过选择的客户或公众，并能超越语言、种族、环境、政治的不同）的活动，从而进行真正有效公众传播的行为。它是一种双向的、有效的传播手段，在市场营销方面，它所得到的回报是可以估价的。赞助与捐赠应加以区分，区分的标准是：看客户资助社会公益事业是目的还是手段。

资料来源：中国公关网

二、赞助活动的作用

在现代社会，社会组织慷慨赞助公益事业可以说是十分普遍的，有的为“希望工程”捐款，有的赞助社会文化活动，有的赞助体育事业。社会组织的赞助数量及金额也在日益增加，甚至许多大型的公益活动没有商业赞助几乎无法进行。社会组织积极赞助公益活动，主要是因为这对塑造良好的组织形象具有重要的作用。

（1）通过赞助活动表明组织作为社会的成员勇于承担社会责任，愿意在追求经营效益的同时，也为社会发展作出相应贡献。组织会因此而更能吸引公众，培养政府和民众对组织的好感，树立关心社会的良好形象。

（2）通过赞助活动证明组织的经济实力，既增强了组织广告宣传的说服力，又赢得了社会公众的信任。

（3）通过赞助活动为组织制造了新闻效果，提高了组织在社会公众中的美誉度和知名度。组织的名字与活动一起出现，让公众在关注活动的同时也认识组织、关注组织。

（4）通过赞助活动提高了组织的良好形象，加深了其与公众之间的感情。公众会从对组织的良好印象，联想到组织产品的良好形象，从而有利于产品的销售。

（5）通过赞助活动提高社会资源的利用效率，创造良好的社会效益，同时也融洽了社会关系。组织赞助公益和慈善事业、救灾扶贫等行为，不但是为政府分忧解难、为民众谋福利、在社会上树立良好的榜样，同时也因为组织作出贡献而使得组织与公众的关系更为融洽。

三、赞助活动的分类

从赞助的对象来看，赞助的类型可以分为以下五类：

（一）赞助体育活动

赞助体育活动是一种以赞助体育设施或大型体育比赛为主要内容的赞助活动，如赞助奥运会、世界杯足球赛，承办地方甚至国家的运动会等。常见形式有赞助体育经费，体育器材或服装、运动鞋等用品，设立比赛奖励基金或赞助体育赛事的举行。随着人们生活水平的提高，体育活动越来越受到人们的关注。组织通过这种赞助可以有效地展示自身实力，增强对社会公众的影响，因此，赞助体育活动是最常见的一种公关赞助形式。

【知识拓展】

赞助的发展史

赞助最先开始于体育赞助，所以赞助的历史几乎就是体育赞助的历史。据史料记载，古罗马时期有一位贵族，为了讨好罗马帝王，自愿支付了竞技场一天的奖赏费用。这是关于赞助的最早记录。现代意义上的体育赞助始于19世纪中叶，交通运输业是最早运用现代意义体育赞助的行业。大规模的、正式的体育赞助始于20世纪60年代的英国。随着社会的发展，体育的号召力越来越大，在广告效应和超额利润的刺激下，体育赞助越来越受到重视，并得到了迅速的发展。所以，现在体育赞助还是在所有赞助内容中占了很大的比例，它是商业赞助最主要的形式。

资料来源：中国赞助网

（二）赞助文艺活动

对文艺活动的赞助，既可以是对文化活动本身的赞助，也可以是对文化艺术团体的赞助，如赞助文物古迹保护、生态环境保护、珍贵动物保护、文学艺术创作、摄影绘画评比、电视连续剧、大型演出等。从组织角度看，通过文艺活动的平台来传达信息、理念，塑造品牌，培养与目标公众的良好感情，提高组织的知名度；从活动角度看，因为得到组织的赞助而获得资金的支持，解决了经费的问题；从社会角度看，这还有利于繁荣和发展社会的文化事业，提高民族科学文化素质，具有良好社会效益。

【应用例证】

奥迪全球文化赞助项目介绍

在众多的赞助活动中，奥迪始终把与音乐艺术的结合作为构建品牌文化的重要组成部分，通过积极参与顶级文化盛事，倡导奥迪一贯推崇的高品质生活方式，并不断为用户和公众带来高雅艺术体验。而奥迪与音乐的独特渊源也一直阐释着“进取 尊贵 动感”的品牌价值。

在过去的许多年里，奥迪文化赞助项目支持了全球许多高档次的艺术活动。这个文化赞助项目的主推项目是国际著名音乐节。奥迪把赞助音乐节这种活动视为其组织独特文化的一个重要部分。赞助基金侧重于新作，奥迪特别重视其活动的社会责任，主张产业和文化之间的合作，促进艺术发展但是不影响艺术的内涵。在奥迪文化赞助项目中，特别重视对青年音乐家的支持和培育。这些赞助以奥迪文化基金（Audi Cultural Fund）支持青年音乐家首演的形式，或者多瑙河与阿尔托米尔之间的夏季音乐会获奖人奖金的形式实现。创造性是技术和艺术发展的源泉，所以此赞助活动旨在激发人们的创造力。

资料来源：苏州车网

（三）赞助教育事业

组织主要通过捐赠图书资料、赞助科研项目、设立奖学金、扶助贫困学生、资助学校购建教学设施等方式赞助教育事业。这种赞助活动是一种智力投资，不仅有利于国家教育事业的发展，同时也有利于融洽社会组织与教育单位的关系，为自己日后选拔和培训人才奠定基础，因此，赞助教育事业又是一种有着长远效益的赞助活动。对公关工作而言，组织通过赞助教育事业还可以树立关心教育、重视知识、尊重人才、富有社会责任感的良好形象，从而快速提升自己的知名度和美誉度。

许多经营业绩不菲的大组织在赞助教育事业的活动上都不遗余力，如可口可乐公司已在中国捐建了 60 多所希望小学，100 多个希望书库，使 10 万多名儿童重返校园；可口可乐还捐助成立了两个江西可口可乐希望之星高中班，并捐赠 800 万元支持家庭贫困的第一代农村大学生；可口可乐还启动爱心助学计划，用来帮助广东省各城市的困难家庭儿童重返校园，从活动计划为“爽白酷儿爱心助学”的基金中，拨出10万元，独立设置账户，专项用于爱心档案中贫困少儿助学。其他跨国公司如安利、微软和宝洁等，每年都会向中国科技和教育事业以及贫困灾区慷慨捐赠数额巨大的资金。他们在支持社会教育的同时，得到了消费者的尊敬与认可。

（四）赞助各种社会慈善、福利事业

赞助各种社会慈善、福利事业是指组织通过出资方式参与社区市政建设，或为各种需要社会照顾的人提供物质帮助和开展各种义务服务。这种赞助活动将社会非营利性慈善机构与商业结合到一起，有利于将利己主义色彩浓厚的纯商业行为逐步改变为文明的慈善之举。

现代社会衡量一个好组织的标准，不仅是拥有好的产品与好的营销业绩，承担社会责任与义务、体现良好的道德品质也是组织发展必须兼顾的目标。而赞助社会慈善、福利事业，促进公益事业的发展，则是实现这一目标的重要途径。由于这类赞助是为社会排忧解难，帮助的对象多为一些弱势群体或有需要的社会公众，因此具有社会价值。对组织而言这类赞助则有利于搞好组织与社区、政府等公众的关系，赢得消费者好感，扩大组织的影响。

赞助社会福利和慈善事业的常见形式有资助或捐赠财物给慈善机构、支持市政建设，如修桥补路、美化社区环境、社会救济、赞助残疾人团体等；还有向遭受灾难的单位或地区提供帮助，或设立以此为目的的专项基金会和组织。

总之，赞助各种社会慈善、福利事业如今已成为十分有效的公关手段，英国“国际调研机构”1997年为“社区商务”机构做的研究表明：86%的消费者对那些为使世界更美好而举办公益事业的公司印象比较好。

（五）赞助学术理论研究活动

组织可以自己设立专门机构进行学术理论的研究，也可以长期支持某些学术研究机构的研究活动。由于有些学术理论的研究活动是直接服务于整个社会的，如医学研究，有些是某些社会生产技术的发展战略研究，赞助此类活动，既可以利用学术理论活动在公众中的影响提高自身的知名度，又可以得到专家的咨询和建议，从而改进工作。例如，宝洁公司向清华大学捐款，引进世界最先进的实验仪器，用于承担宝洁与清华大学共同合作的科研项目，帮助完善学校的教学设施及。

此外，组织的社会赞助还包括赞助各类出版物、各种展览、各种竞赛，或其他特殊的活动，如赞助南极科考队、珠峰登山队服装、装备、用品等。总之，赞助活动越来越专业化、多样化，其作用也越来越大。公共关系人员可以根据社会的需要和组织的能力，出奇制胜，争取获得最大的信誉投资效益。

四、赞助活动的原则

赞助是一种技术性和政策性很强的公共关系宣传活动，开展赞助活动必须遵循以下基本原则：

（一）相关原则

相关原则即把握组织品牌与赞助对象独特的、内在的相关性。

每个组织的品牌都有着自己的个性特征及独有的价值趋向，需要消费者认知和理解。公关赞助的时候，组织应明确把握自有品牌的特点，并对赞助对象作深入的了解和分析，找出其与自有品牌的相关点，再有针对性地进行赞助策划。如果赞助只停留在单纯追求产品、品牌曝光率的阶段，将很难取得理想的赞助效益。

【应用例证】

菲利普·莫里斯公司的“万宝路”品牌一直都积极赞助各项国际体育活动，包括汽车赛、摩托车赛、滑雪赛、赛马以及自行车赛等。因为这些活动是挑战性非常强的活动，是能体现英雄本色的活动，是以男人为主体的活动。这与“万宝路”品牌的牛仔形象、真正的男子汉的形象有内在一致性。这种赞助在体现“万宝路”关爱社会、关爱体育事业的同时，突出、强化了“万宝路”品牌的个性与形象。

可见，一个适合品牌形象的活动，可以在公众与品牌之间建立相关联想，在活动中诠释甚至提升组织的品牌声誉与地位。两者协调和谐，才能强化组织的品牌形象，取得公关宣传的良好效果。

（二）双赢原则

双赢原则即在赞助活动中，兼顾社会与组织的效益，实现双赢。

组织确定赞助对象时，一方面，要从社会调查入手，捕捉公关的时机，选择可以为政府分忧、为民众解困、为社会谋福利的活动给予赞助。赞助那些具有强大的社会影响力的活动可以创造良好的社会效益。另一方面，赞助对象还必须是有价值的，能够为组织带来效益的活动。对公关赞助而言，那些市场开发程度高、媒体高度关注、可以带来社会效益的项目，可以较容易获得公众好评，组织“抛头露面”的机会多，从而会在赞助目标受众中留下较为深刻的印象。

组织赞助的目的本来就是树立良好形象，表明其社会责任感，这是一种长期的、综合的收益。当然，再好的赞助策划都需要资金的投入，因此，组织在赞助时，还需要量力而行。高层次的活动，固然其影响面大，回报高，但同时赞助费用多，投资风险大；低层次的活动，费用虽少但影响力弱，赞助效益差。所以，组织必须根据自己的利润额、发展战略等作合理的支出。数额既达到一定程度，形成较大的影响规模，又在经济实力可承受的范围内，切忌为追求社会影响而作盲目的投资，以致威胁组织的发展。

（三）合法原则

合法原则即组织的赞助活动必须遵守国家的政策法规。

首先是指赞助对象合法。组织所赞助的活动必须是经过相关主管部门同意、工商部门审批的活动；活动的举办单位应该有完整的活动计划、费用预算等；活动主题有利于社会主义精神文明建设，坚持四项基本原则，维护社会主义公德，能焕发精神、鼓舞人心、激发民族自尊心；活动内容应真实、健康、清晰、明白，不得违反国家有关法规，不得以任何形式欺骗用户和消费者。

其次是指赞助活动本身合法，也就是说，组织必须取得赞助权才可以参与赞助，否则不宜参与。

（四）诚信原则

诚信原则即组织在赞助活动的全过程中都要保持真诚守信的态度。

赞助活动一旦开始，组织就要按计划去做，不可半途而废，也不要开始许诺，最后却又食言。如巴塞罗那奥运会期间，就有些组织许下了“得金重奖”的诺言，到后来却变成了谎言、空头支票，遭到运动员与社会公众的指责，也损坏了组织的形象。另外，组织在活动中无疑要尽量引起公众注意，但要做到自然、真诚，要注意不能在活动中过于突出品牌或组织而使被赞助方失去本身的意义，让活动“变味”。正确的做法是：保证在活动中发挥组织的应有作用，显现品牌特质，进而使品牌及组织形象得到提升。

【应用例证】

柯达曾经投资200多万元，改造、设计中国张家界的三大景区，并对包括路线与名称标志牌、景点推荐摄影牌、珍贵物种介绍牌、环保公益牌、指路牌等300个设施牌进行改造。这些设施全部取材于自然原料，与自然生态环境融为一体，体现出柯达的环保意识。而每个路牌的柯达标志也与路牌的颜色相一致，并不显得突兀、刺眼，少了商业宣传的味道。在开发景区资源方面，柯达也作了很多细致的策划。通过柯达的设计与改造，每个主要景点都有一块柯达推荐的摄影景点石，这既突出了张家界独具特色的美景，又激发了游客的拍摄欲望，刺激游客在摄影方面的消费。由此可见，柯达在做好公益活动的过程中，注重从细微之处发现市场机会，使消费者在赞叹中提高了对其品牌的认知、理解，使品牌在消费者心目中的地位得到了提升。

五、赞助活动的策划

赞助活动可以由组织主动选择要支持的对象，例如，在2008年“5·12”汶川大地震发生后，有很多组织纷纷主动赞助物资、现金或服务。组织也可以在接到赞助请求后再作出反应。相对而言，后一种赞助的形式较为常见，而前一种由于显得更积极、更主动，效果也可能更好些。无论是哪种赞助形式，要想取得好的信誉和投资效益，组织都必须做好策划工作。具体来说，公关赞助可以分为三个阶段进行。

（一）准备阶段

1. 明确赞助目的

赞助是公关专题活动之一，与公关追求的总目标是一致的，都是为了树立形象、增进沟通。而组织每次的赞助都是围绕一个特定的主题开展，都要确定一个具体的目标，以指导整个赞助的策划工作。

2. 调查研究项目

为了取得良好的信誉，赞助前组织还需要着手进行前期的调查研究工作。主要包括确定组织的经营战略目标、公共关系状况、自有品牌的特点及其独有的价值趋向，了解外部需要赞助的公益事业的情况，考察活动本身的商业价值与沟通的目标受众是否一致，对公众是否有益，对组织是否有益，是否具有社会影响力等，还要进行赞助成本和效益的分析。在调查研究的基础上，再选择赞助的项目。

3. 制订赞助计划

在确定了赞助的项目及相关政策后，即可制订年度赞助计划。赞助计划主要包括赞助目标、赞助对象的范围、赞助形式、赞助宗旨、经费预算等内容。一份严谨、周密、持续的赞助计划是组织赞助活动质量与投资效益的有力保证。需要注意的是，年度赞助计划是指导性的，而具体的赞助项目实施方案则是执行性的，是年度赞助计划的具体化。

【知识拓展】

赞助策划书的格式

1. 活动名称：日期、时间、地点。
2. 组织机构：主办、承办、协办。
3. 以往活动回顾。

4. 活动特性。
5. 活动简介。
6. 活动内容：时间、地点、内容。
7. 宣传计划：周期、日期。
8. 媒体计划：以电视媒体为例，频道、秒数、次数、时段、日期、预估价值。
9. 赞助商回报权益体现。
资料来源：中国赞助网

4. 审核、落实计划

具体的赞助项目实施前，还要结合年度赞助计划，作详细分析，审核评定其必要性、可行性。赞助活动可以安排公关人员负责落实或成立专门的领导机构主持具体的工作，也有些组织为了确保项目顺利开展并取得理想的传播效果，选择委托公关公司的方式来实施赞助计划。

（二）实施阶段

在实施过程中，为了取得良好的传播效果，要根据组织与目标公众的相关点，有针对性地设计及运用组合传播策略，积极主动地创造赞助对象与组织的相关联系，多角度进行宣传。为了保证赞助收益，还要建立经常性的检查制度，对赞助计划的实施进行监控，同时避免费用超预算。

（三）评估阶段

在这个阶段，赞助活动已完成，公关人员要进行两方面的工作：一方面，要跟踪各媒介报道和广告传播的情况，依据抽查结果测定赞助的效果。如果活动已取得较好的收益，公关人员应该及时把此信息传递出去，扩大交流，巩固效果。另一方面，要对照赞助计划，检查完成情况，总结经验教训，并写成文字存档，作为日后工作的参考资料。

六、赞助活动的意义

1. 赞助活动是组织重要的营销手段之一

赞助活动是组织根据目标公众的特点和喜好精心策划的公关活动。与信息单向传输、公众被动接受、有着明显功利性的商业广告相比，组织的信息是在赞助活动中，从不同角度通过多种形式不知不觉地进入公众的视角，并暗示产品与特定事物的某种联系，引导目标公众产生与自身相关的联想。这种联想，潜移默化地影响着公众的购买行为，也更容易得到公众的好感，若再配合其他公关宣传手段，便能够使公众准确地了解组织，认可其产品，从而取得良好的营销效益。

2. 赞助活动是组织塑造品牌形象的重要途径

在当今产品质量越来越同化的社会，品牌对顾客的消费行为有着极为重要的影响，而赞助活动对于组织塑造品牌形象有着重要的意义。通过赞助各种多姿多彩的体育赛事、文艺活动、公益活动等，组织可以有效地吸引社会公众的注意与新闻媒体的广泛报道，获得很多曝光的机会，品牌的知名度因此得到迅速的提高。

仅有曝光率和知名度，对品牌形象的塑造还远远不够，公众对品牌的认知度也很重要。而品牌形象不仅是一些外在的标志或符号，还有沉积其中的文化特质和价值观念，那是品牌的内涵，是抽象的，需要具体的载体来承载及诠释。组织通过赞助活动这一媒介，向目标公众传达品牌的个性特点及精神内涵，令其形成明确的认知。组织利用活动中与公众互动、让公众参与的机会，使其加深这种认知。另外，组织的赞助活动还可以向人们表明其主动承担社会责任的诚意和态度，赢得人们情感上的认可，帮助组织建立起消费者更深层次的品牌忠诚度。

品牌形象的塑造是一种长期的、不断完善、不断提升的过程。而赞助作为一种策略，组织与活动的赞助关系越持久，就越有助于公众记忆的累加和对品牌的肯定，对品牌资产增值的贡献也就越大。可以说，可口可乐作为全球品牌价值最高的公司，与公司自 1928 年来始终如一地赞助奥运会是分不开的。

3. 赞助活动是获得公众支持、消除敌意的有效手段

组织可以通过赞助活动向公众传播有利于组织的信息，用行动表明自己的诚意，用事实证明自己的实力。对公众而言，这种信息传播的手段，比之广告更具有可靠性，因而宣传的效果更好。

4. 赞助活动有利于构建良好的组织内部公共关系

构建良好的内部公共关系是组织塑造良好形象的基础与起点。而组织赞助教育、慈善、公益等活动，在活动中展示自己独有的组织文化，树立自己优秀组织公民的形象，也在公众心目中留下了关心社会的好印象，为组织赢得了良好声誉。作为组织一分子的组织员工，会因此而倍感自豪，从而增强组织内部的凝聚力和归属感。

实践启迪

可口可乐公司与奥运会

一、案例回放

毫不夸张地说，在所有合作对象中，可口可乐公司是奥运会最长期和最坚定的伙伴。自 1928 年阿姆斯特丹奥运会至今，奥运大舞台的周围一直伴随着可口可乐忠实的身影。

1928 年，阿姆斯特丹奥运会上，可口可乐闪亮登场，一艘载着美国奥运代表团及 1 000 箱可口可乐的货轮到达阿姆斯特丹，标志着可口可乐开始了它的奥运之旅。

可口可乐公司继续赞助了 1932 年在洛杉矶举行的奥运会，并且为这届奥运会引进了奥林匹克运动纪录指示器。

可口可乐公司还赞助了 1936 年柏林奥运会。

“二战”后，1948 年，奥运会得以在伦敦恢复举行。可口可乐公司克服了战争留下的阴霾，从格拉斯哥、苏格兰和贝尔法斯特及北爱尔兰运送设备到伦敦来满足运动员和体育观众解渴的需求。1952 年，可口可乐公司的装瓶厂为在奥斯陆举行的奥林匹克运动会提供了直升机服务，使观众可以俯览全景。

在 1960 年举行的罗马奥运会上，意大利可口可乐公司的装瓶厂使用了一种四十五转的唱片为广大的运动员和体育观众播放了当时非常流行的一首歌曲——《再见，罗马》。

赞助了 1964 年奥运会后，1968 年，当莉恩 · 伯克这位 1960 年奥运会游泳冠军出现在可口可乐公司的电视广告上时，可口可乐公司以奥林匹克运动作为主题的电视广告将奥运会的经历送进了千家万户。在 1964 年日本东京奥运会上，可口可乐公司提供了大量的导游图、路标、旅游观光信息和一本日英对照的短语集。这本短语集在当时极受欢迎。

20 世纪七八十年代，可口可乐公司通过建立和支持永久的奥林匹克体制和机构加大了对奥林匹克运动的投入。1979 年，可口可乐公司帮助美国奥林匹克委员会建立了“美国奥林匹克名人堂”用来纪念美国最伟大的奥林匹克运动员以及保存美国奥林匹克艺术品；1982 年，可口可乐公司设立了奥林匹克妇女体育规划；1987 年，可口可乐公司向国际奥林匹克委员会斥资 100 万美元，从而成为创建瑞士洛桑奥林匹克博物馆的首位赞助商。

1992 年夏天，可口可乐公司从 50 个国家挑选了 150 名选手参加当年巴塞罗那奥运会奥林匹克火炬接力。可口可乐公司制订“国际奥林匹克火炬接力计划”，标志着从其他国家来的人首次参加主办国的火炬接力。

1996 年，亚特兰大奥运会适逢奥运百年华诞。可口可乐公司在自己的家乡欢迎来自世界各地的奥运观众且成为该届奥林匹克火炬接力活动的唯一赞助商，承担了从 10 000 名火炬接力选手中选拔 2 500 名的重任，进一步扩大了其“国际奥林匹克火炬接力计划”在全球的影响。

在 2000 年悉尼奥运会上，可口可乐公司坚持了一贯的宗旨，通过奥林匹克纪念章交易、“可口可乐广播站”、全新的奥林匹克俱乐部与全世界的奥林匹克爱好者共同分享奥运精神。事实上，通过 1996 年亚特兰大奥运会上签署的奥林匹克合作伙伴第五协议和第六协议，可口可乐公司和国际奥委会已经建立了全新的、更密切的伙伴关系。可口可乐公司此后以现金和友好服务的形式支持近 200 个国家的运动员和运动队直到 2008 年北京奥运会。作为回报，可口可乐公司成为这期间国际奥委会不含酒精饮料的唯一赞助商家。

二、启迪与分析

可口可乐成功的奥运营销策略告诉我们：

（1）奥运赞助最直接的利益就是能够增强可口可乐的品牌力量，提高产品的销售量。这在可口可乐过去的调研中都得到了证实，每届奥运会结束后，可口可乐的品牌受欢迎程度和产品销售量都有明显增长。同时，通过奥运赞助也可增强与各种客户的关系，还可以加强与员工的沟通，让他们感到可口可乐公司是一个很特殊的工作地方，从而增强他们的自豪感和归属感。

（2）赞助商要找到自己的商品或服务的目标消费者与奥运会的关联性，然后找到一个合适的方案来执行。因为赞助的权利并不会自然而然地变成赞助优势，必须要运用它，而且要运用得非常好，才能有这种效果。

“可口可乐在赞助奥运时主要考虑，可口可乐这个品牌本身代表的价值是什么，奥运能够带给可口可乐的消费者一些什么特殊的东西，消费者又渴望得到什么东西，能不能利用一些很特殊的活动把这三方面结合起来?”可口可乐大中华区副总裁李小筠这样告诉记者。

（3）由于持之以恒的投入以及出色的营销策略，可口可乐公司收到的回报也是惊人的，以 2000 年悉尼奥运会为例，在悉尼奥运会前 11 个月可口可乐就收回了赞助投资，并实现了销售收入增长 58% 的业绩。

资料来源：可口可乐：奥运营销进行到底．中国经济时报，2004－08－13.

项目训练

1. 实训目的：加强对赞助活动的理解，掌握赞助活动的策划技巧。

2. 实训内容：组织学生为学校将要举行的联欢晚会寻找赞助。

3. 实训组织：把全班分成若干小组，分头完成任务。要求各组在开展工作前都要完成一份赞助策划书。

思考练习

1. 什么是赞助活动?
2. 简述赞助活动的分类。
3. 简述赞助活动的作用。
4. 开展赞助活动应遵循哪些原则?
5. 简述赞助活动的意义。

任务二　庆典活动

知识目标

- ◆ 了解庆典活动的类型。
- ◆ 理解庆典活动的原则。
- ◆ 掌握庆典活动策划的基本程序。

能力目标

- ◆ 掌握庆典策划方案的撰写方法。
- ◆ 掌握庆典活动的策划方法和技巧。

任务导入

联想启动20年庆典　五大主力子公司集体亮相

2004年，联想控股有限公司在20周年庆典之际，举办了以“纪念与思考”为主题的“联想二十年”系列活动。这一系列活动包括11月18日针对教育的捐助活动和12月份召开的“联想二十年”内部纪念大会，以纪念联想20年历程、思考组织未来发展、呈现“联想大家庭”全貌为主要目的，并在内部鼓舞和激励员工。

期间，“联想大家庭”内部还将开展围绕“联想二十年”的组织文化宣传与推广，而从11月初开始，围绕“纪念与思考”这个主题的广告已经在中央电视台、一些著名财经和大众媒体上进行投放，为期两个月。

2004年底，联想集团再次斥资12.5亿美元收购IBM全部PC业务，再为自己的20周年庆典添上浓墨重彩的一笔。

资料来源：新浪科技（略作修改）

任务分析

2004年，联想公司为自己举办了20周年庆典活动。深谙整合营销之道的联想人，将广告、事件、庆典紧密结合起来，开展了一系列的活动：为自己打出形象广告，五大主力子公司集体亮相，宣告联想20周年生日的到来；继而出资100万设立“联想进取教育基金”，以社会公益的方式为自己庆祝生日，使联想的组织形象更具亲和力；接着又召开“联想二十年”纪念大会，纪念20年的风雨历程和展望组织的未来，激励人心；2004年底，联想集团再次以斥资12.5亿美元收购IBM全部PC业务成为关注的焦点，联想全球化发展从此揭开了序幕，庆典活动更因此而被推上高潮。聪明的联想人，再一次成功地利用契机宣传了自己的品牌和形象，极大地提高了联想的知名度和美誉度。

理论要点

一、庆典活动的概念

庆典活动是社会组织为了提升公关主体形象，以自身或所处社会环境中的有关重大事件、纪念日、节日为契机，通过举行仪式或庆祝活动来吸引顾客、塑造形象、增进感情、强化影响的公关专题活动，如开业典礼、周年志庆、施工奠基、各种节庆活动等。

二、庆典活动的作用

庆典活动不但可以渲染喜庆的气氛，而且作为一种公关专题活动还有以下作用：

1. 扩大影响力，提高知名度

庆典活动隆重而热烈，容易产生“眼球效应”，吸引社会公众与传播媒体的注意力，从而扩大组织在社会上的影响。

2. 展示综合实力，提升组织形象

庆典活动是一个社会组织展示自我的平台。内外公众都可以通过活动，加深对组织的经营理念、未来发展、组织文化等方面的理解，组织的综合实力、社交水平也可从中得以体现，组织因此获得公众更多的信任与支持，形象得以提升。

3. 加强内外沟通，增进凝聚力与认同感

成功的庆典活动，不仅是一场庆祝，也是一个沟通的良好契机。它对内可以使股东、员工等进一步认识组织的目前市场定位、未来的发展方向以及为持续发展所付出的各种努力，从而鼓舞士气，增强协调性、凝聚力和认同感；对外可以向相关行业人士、舆论领袖、顾客等外部公众传达公司的历史、核心价值观念、组织文化、经营宗旨等信息，赢得更多的理解，进而获得对组织业务更多的支持。

【应用例证】

慕尼黑的啤酒节（又称“十月节”，Oktoberfest）每年九月末到十月初在德国的慕尼黑举行，持续两周，是慕尼黑一年中最盛大的活动，也是世界最大的民族节庆。中国人把这个节日称为啤酒节，因为在节日期间啤酒是主要的饮料，且耗量惊人，而在德国则叫十月节。

慕尼黑啤酒节起源于1810年10月巴伐利亚的王储卢德维希亲王与萨克森·希尔登豪森王国的特蕾泽·夏洛特·戴丽丝公主举行的盛大婚礼。在为期两天的婚礼庆祝活动中，慕尼黑有四个地方向全体平民免费供应饭菜和饮料；王国的骑兵卫队还举行赛马活动和射击比赛。庆典给人们留下了深刻的印象，所以人们就决定以后每年举办一次。

伴随着德国经济的高速发展，慕尼黑啤酒节的规模越来越大。它为人们带来欢乐的同时，也为当地带来巨大的经济效益和社会效益。2002年的慕尼黑啤酒节吸引了超过700万人参加，其直接收益超过十亿欧元，慕尼黑因此而成为欧洲的一颗“明星”。

三、庆典活动的类型

按照活动的内容，可以把庆典分为节庆活动、纪念活动、典礼仪式三大类。

（一）节庆活动

节日与庆典简称为节庆，是组织利用喜庆的节日，通过举办有特定主题的庆祝活动，与公众分享和一同庆祝的公关专题活动，如音乐节、艺术节、社团节、运动会、民族节庆、专题节庆等。不同的国家或地区有不同的节日，但基本上可分为官方节日与民间传统节日两种。在中国，官方节日有妇女节、教师节、劳动节、儿童节等，民间传统节日有元宵节、中秋节、春节、端午节等，另外还有许多带有地方特色的节日，如哈尔滨的冰雪节、广东的荔枝节、山东潍坊的风筝节等。西班牙有极具特色的奔牛节和西红柿节等。无论是哪种节日，组织都可将其作为开展庆祝活动的契机，这不但可以创造经济效益，还可以提高组织的知名度，吸引顾客，以及借此树立形象。

（二）纪念活动

纪念活动就是组织在具有纪念意义的日子里举办的庆祝活动。根据其性质的不同可分为社会性的纪念日和本行业、本组织的周年活动。社会性的纪念日有社会名流、科学家、发明家等的诞辰或逝世纪念日、历史重大事件纪念日等；周年纪念活动有逢五年或逢十年的公司周年纪念活动、公司重要事件的纪念日、重大活动的回顾纪念等。每个组织都可以举办纪念活动，成功的纪念活动不但可以向社会传达组织的经营理念，宣传组织的成就，获得更多的公众支持，而且对内部公众也可以起到展望未来、鼓舞士气的作用。

（三）典礼仪式

典礼仪式就是为重大事项而按礼仪或习俗举行的一系列庆祝仪式，如为庆祝组织成立举行的开业典礼、为庆祝项目工作结束的竣工典礼、为获奖人员颁发奖励的颁奖典礼，还有毕业典礼、就职仪式、授勋仪式、签字仪式、捐赠仪式等。典礼仪式的举行，一方面可以显示自己的郑重、庄严，渲染气氛；另一方面可以引起社会公众的注意和重视，强化宣传的效果。

四、庆典活动的策划

庆典活动花样繁多，要真正取得预期效果，必须进行精心、周密的策划。

（一）确定庆典主题

庆典活动的主题是对一系列庆祝活动内容的高度概括，对整个活动起着指导作用。主题设计得是否精彩、恰当，直接影响着活动的成效。虽然庆典活动总是为某一重大或喜庆的事件而举行，但庆祝只是形式上的主题，是一个契机，作为一项公关的专题活动，庆典不仅是为了庆祝，组织还要通过庆典，向公众传达更多关于组织的信息，加深公众对组织的理解，争取更多的信任与支持。因此，在策划庆典时，公关人员还要在形式的主题下，确定一个真正的主题以达到公关塑造形象的目的。例如，杭州丽晶饭店就借饭店五周年庆典活动之机，举办了以“千叟宴”为主题的活动，邀请了杭州 90 岁以上的千位老人免费参加宴会，结果在整个杭州市引起轰动，成功提升了饭店的知名度。

成功的庆典策划，其主题必须符合以下五项要求：

（1）主题必须与活动目标相一致，并能充分表现目标。

（2）新颖别致、特色鲜明、不落俗套，只有这样才能吸引公众的目光。

（3）具有娱乐性和观赏性。

（4）切实可行，合乎风俗。

（5）适应公众需要的心理，具有强烈的感召力。

（二）选择活动内容和形式

在庆典活动的主题确定之后，还要选择反映和表现主题的活动内容和形式。不同的主题，活动的内容与形式也不同，如周年庆典就可以安排成就展览、联欢会、宴会、表彰大会等活动；开业典礼除了剪彩，还可以安排其他的庆祝节目，如舞龙舞狮、开放参观、邀请重要来宾讲话、名人题词、赠送精美纪念品等。庆典活动是否新颖，取决于策划人员的创造性思维是否活跃，能否设计出既可以充分表现主题，又富有吸引力的活动内容和表现形式。在活动内容的安排上，则要求做到井然有序、重点突出、相互协调。

（三）确定邀请的宾客名单并发出请柬

一般来讲，庆典活动邀请的宾客要具有一定的代表性，如政府官员、社会名流、新闻界人士、社区公众代表、客户代表、同行业代表等。确定来宾名单后，应提前7～10天向宾客发出请柬。请柬的制作要精美、简洁、完备。一般请柬可派出人员送达或函寄，重要来宾的请柬在发放后还要用打电话等方式作双重邀请，以示诚恳和尊重。在庆典举行前一天要电话联系确认。

（四）确定主持人、主要发言人及其他亮相人物

活动的主持人应具有敏锐的观察力和应变能力，懂得适时地调动大众情绪，把气氛推向高潮。活动的主要发言人则应具有一定的社会影响力和代表性。活动中的贺词、答词及其他的致辞都应请发言人提前准备，并在活动之前逐一落实，重要活动还要将发言稿提前印发给与会者。发言稿的内容应简洁、热情，切忌冗长。

（五）做好事前的舆论宣传工作

庆典作为一种公关活动应尽量争取公众的关注，扩大其信息传播的范围，这就需要借助新闻媒介来为组织进行舆论宣传。所以要事先运用传播媒介广泛发布关于庆典活动的广告、告示，还要确定好需要邀请的新闻媒介名单，为记者安排专人接待，并提供庆典主题、背景、活动内容等相关资料，以方便记者写作新闻稿件。大型的庆典活动最好设立新闻中心专门负责新闻发布工作。

（六）拟订活动方案，注意细节安排

庆典活动的工作任务一般都比较繁重，要做到有条不紊、忙而不乱，就需要事前拟订活动的方案，合理分配任务，落实工作职责，然后在相关人员的密切配合下协作完成。庆典活动总体策划很重要，但具体的工作安排及琐碎细节的妥善处理也不能忽视，如对负责签到、接待、摄影、录像、音响、现场布置等人员要明确活动程序、内容、礼节、纪律等方面的要求，准备好要使用或发放的各种材料和礼品，预先仔细检查用具和设备器材等。

（七）设计活动实施程序

不同的庆典活动，具体的实施程序有所不同，但基本包括以下九个方面的

内容：

（1）来宾签到。

（2）主持人宣布庆典开始。

（3）宣布来宾名单。

（4）重要来宾致贺词。

（5）致答词。

（6）举行仪式。

（7）安排助兴活动，如舞龙舞狮、燃放礼花爆竹等以活跃庆典气氛。

（8）组织来宾参观，增加宣传机会。

（9）用安排座谈会、设置留言等形式，搜集来宾意见，并综合整理、总结经验。

庆典是一种规模较大、内容复杂的活动，必须尽量做到安排周密、准备充分、分工明确、沟通畅顺、指挥有序，只有这样才能收到预期效果。

实践启迪

IBM 公司的"金环庆典"

一、案例回放

美国 IBM 公司每年都要举行一次规模盛大的庆功会，对那些在一年中作出过突出贡献的销售人员进行表彰。这种表彰活动被称作"金环庆典"。在庆典中，IBM 公司的高层管理人员始终在场，并主持盛大、庄重的颁奖酒宴，然后放映由公司自己制作的表现那些作出了突出贡献的销售人员工作情况、家庭生活，乃至业务爱好的影片。在被邀请参加庆典的人员中，不仅有股东代表、工人代表、社会名流，还有那些作出了突出贡献的销售人员的家属和亲友。

在庆典活动中，公司主管会同那些常年忙碌、难得一见的销售人员聚在一起，彼此毫无拘束地谈天说地。这种交流无形地加深了彼此心灵的沟通，增强了销售人员对组织的亲密感和责任感。

二、启迪与分析

IBM 公司的"金环庆典"活动属于组织内部的公共关系活动，它对组织公共关系的发展有着极其重要的现实意义。

（1）它可以增强组织内部的凝聚力与向心力，显现组织文化的氛围。通过庆典活动，让员工亲身感受到组织高层主管对他们工作、学习、家庭及个人发展的关心；既表彰了有功人员，又同组织职工联络了感情、增进了友情，体现了大家庭的温暖，并协调了组织内部的人际关系。

（2）它可以使员工家庭和睦、健康。为组织作出突出贡献的销售人员的家属、亲友也被邀请参加庆典活动，会使受表彰者的家属更多地了解自己的亲人在工作中的表现，使其家属在今后的工作中更多地支持亲人的工作，使之多一些理解与关爱，从而保证这些家庭的和谐气氛。

（3）它可以使组织员工的积极性更高，使组织形象更好。在这样的庆典活动中，接受表扬者会产生一种继续奋发向上、为组织多作贡献的决心；同时也会鼓励更多的员工努力工作。在这种组织氛围中，员工们会处处为组织着想，在工作中表现出良好的员工形象，进而展示组织的良好风貌。

（4）它可以使组织的社会效益和经济效益得到同步增长。员工热爱自己的组织，以组织为荣，会自觉地为组织树立良好的形象。这样会使组织在社会公众心目中拥有良好的形象。例如，人们会认定 IBM 公司是一个有文化的公司、一个关爱员工的公司等。社会效益的提高会最终转化为组织经济效益的提高。

资料来源：曾琳智．新编公关案例教程．上海：复旦大学出版社，2006.

项目训练

1. 实训目的：培养公关庆典活动的策划组织能力。

2. 实训内容：就下一个将要来临的节日或纪念日如国庆节、中秋节、校庆等拟订一份策划方案。

思考练习

1. 什么是庆典活动？
2. 简述庆典活动的作用。
3. 庆典活动应如何组织策划？

任务三　新闻发布会

知识目标

- ◆ 了解新闻发布会的概念、特点和作用。
- ◆ 掌握新闻发布会的组织实施策略。

能力目标

- ◆ 培养新闻发布会的策划能力。

任务导入

北京奥运吉祥物发布活动安排新闻发布会实录

（中新网11月4日电）北京奥运会吉祥物发布暨倒计时1 000天活动安排新闻发布会11月3日晚间在北京奥运新闻中心举行，北京奥组委有关官员在会上谈及奥运会吉祥物等热点话题，并回答了媒体的提问。

据北京奥组委官方网站消息，下面为此次新闻发布会的实录（略）。

资料来源：网易体育频道

任务分析

一些重大的活动往往都需要宣传，新闻发布会可以迅速、广泛地扩大影响、传播信息，有利于活动顺利开展。

作为全球最大的体育盛会，奥林匹克运动会万众瞩目，筹办工作更是备受关注。按历届奥运会的惯例和国际奥委会的要求，也为了营造隆重、热烈的奥运气氛，唤起社会各界对奥运日益临近的紧迫感，调动全社会关注和参与奥运筹备工作的积极性，北京奥运会需要举办一系列的活动，为此要召开新闻发布会，向社会发布相关信息。

这次的发布会是在北京奥运会一系列相关活动中，针对吉祥物发布和倒计时1 000天的情况进行的专门的信息发布。这次的新闻发布会具有流程规范、紧凑流畅、准备充分和条理清晰等特点，圆满成功地完成了动员和宣传的任务。

四 理论要点

一、新闻发布会的概念

新闻发布会又称记者招待会，是社会组织或个人主动邀请各新闻机构的相关记者前来，通过会议的形式，集中宣布重要新闻消息、解释重大事件，并让记者就相关消息提问，然后由发布者回答的一种专题公关活动。这是组织向社会公众广泛传播重要信息、扩大影响、搞好媒介关系的重要方法。

【知识拓展】

新闻发言人制度

组织机构的新闻发布制度是从国家的新闻发言人制度中衍生出来的。新闻发言人制度是当今世界大多数国家推行的一种基本的信息发布制度。这项制度的首创者是美国总统富兰克林·罗斯福。1933 年，罗斯福执政后为挽救严重的经济危机而采取了被称为“新政”(The New Deal) 的施政纲领。此后罗斯福为了推动“新政”的顺利实施，就“新政”的推行情况定期约请广播电台的记者到自己的办公室或寓所，以“炉边谈话”的形式向社会发布新闻，从而开创了新闻发言人制度的先河。

我国政府于 1983 年 4 月开始设立新闻发言人制度，国务院设新闻办公室和新闻发言人。此后，每年的全国人大会议和全国政协会议期间和举行其他重大活动时都要举行大规模的中外记者招待会。这一体现公开性和透明度的行之有效的政治制度也在工商组织界和其他社会服务领域得到了普遍的推广。

二、新闻发布会的特点和作用

新闻发布会是组织先将信息向记者发布，再通过记者所属的新闻媒体告知公众。新闻发布会一般具备以下特点：

（1）形式正规隆重、规格档次较高。

（2）通过新闻发布与记者提问，信息可以作双向长时间的互动沟通，因此在信息深度与广度的发掘上更具优越性。

（3）新闻发布会的效果与主持人、发言人的水平有关。成功的新闻发布会要求主持人、发言人必须具备清晰敏捷的思维、严密的逻辑性和较强的应变能力。

（4）可以集中优势媒体，使新闻信息广泛迅速地扩散到社会公众之中，扩大其影响。

（5）相对而言需要耗费更多的组织成本和时间。

（6）面对面的交流方式，可以加强组织与传媒的相互沟通，有利于感情的交流。

（7）在组织急需的情况下进行相关信息的发布，具有较高的新闻价值。

社会组织可以通过新闻发布会达到以下目的：传播信息，满足公众知情权，扩大活动影响力；表明组织在某些事件上的态度；协调公共关系及引导舆论；加强组织与传媒的联系，寻求其支持。这在危机公关中是解释事件、澄清事实、稳定公众情绪的有效途径。

【知识拓展】

新闻发布会的误区

目前存在于新闻发布会活动中的误区主要有以下三种：

误区之一：没话找话，没事找事。有些组织很多时候并没有重大的新闻，但为了保持一定的影响力，证明自己的存在，也要时不时地开个发布会。

误区之二：内容与形式两张皮。新闻性的缺乏使得组织者往往在发布会的形式上挖空心思、绞尽脑汁，“没有做不到，只有想不到”。热闹倒是热闹了，效果却未见得理想，如果过于喧宾夺主，参会者记住了热闹的形式，却忘记了组织者想要表达的内容。

误区之三：什么都想说，什么都说不清。发布会最忌讳重点不突出，眉毛胡子一把抓。

三、新闻发布会的策划

在经济迅速发展的今天，举办新闻发布会已成为组织对外发布信息、增进沟通、扩大影响的重要手段。作为一项大型公关专题活动，新闻发布会要收到预期的效果，必须精心策划，做好每个环节的工作。

（一）准备工作

1. 确定举行新闻发布会的必要性和主题

爱德曼国际公关公司执行副总裁兼总经理嘉斯夫（Joseph B. Mcnamara）认为，是否召开新闻发布会应取决于其是否值得召集各地记者远道而来。也就是说，要使新闻发布会最终不会令记者们感觉是浪费时间，在举办前首先要确定组织将要发布的信息是否很重要且具有广泛传播的新闻价值，是否有发布这些信息的紧迫性，在当前形势下举行新闻发布会是否与整体传播规划相适应，有没有比新闻发布会更合适的形式等。

新闻发布会的主题即其中心议题。主题得当与否，关系到发布会目标能否实现。对传媒而言，重大、新鲜的信息才具有广泛传播的新闻价值，只有这样的主题才最受关注。因此，组织应选择如组织的新产品问世、新项目合作、公司重要的人事变动、组织经营上的重大变更、重要庆典活动、重大事件等作为新闻发布会的主题。同时，要求新闻的主题集中单一，内容简要明了，切忌同一个新闻发布会上发布几个不同的主题新闻。

2. 确定举行新闻发布会的时机和地点

举行新闻发布会的最佳时机即组织的重要信息在最具新闻价值的时候向社会公众进行传播，如公司及其产品成了公众关注问题的一部分、公司或其某些成员成了众矢之的、公司取得了最新纪录的销售业绩、公司发生了重大的危机事件等。

在选择举行新闻发布会的具体时间时，要注意尽量为记者提供方便，选择适合记者的时间，而不是适合组织自己的时间。通常把发布会安排在周二至周四比较合适，此外还应尽量避开节假日和有重要的政治事件和社会事件的日子。对媒体而言，节日或重大活动比新闻发布会更重要，会议当天的时间安排则要根据被邀请媒体的截稿时间来定，如果是早报记者参加，发布会一般安排在中午、下午；如新闻要在当天晚饭或电视晚间新闻报道中出现，则最好安排在上午 10 时或下午 3 时左右。会议总时间 1 小时左右为佳。新闻发布会日程一旦确定，应提前 7 ~ 10 天派遣专人向被邀请者发送请柬。

在地点的选择上主考虑要给记者创造各种方便采访的条件。可以选择在户外（事件发生的现场，便于摄影记者拍照），也可以选择在室内。另外还要考虑地点离主要媒体、重要人物的远近，交通是否便利，会议环境要求安静，有适合记者使用的用具设备等。

3. 确定邀请记者的范围

邀请记者的范围应根据所要发布的信息的重要性、内容特点、影响程度、发布范围等因素来确定。在确定对象后，要提前 7 ~ 10 天发出邀请。使用带有公司标志的邀请信函，表明新闻发布会是很正规、很庄重的。信件中最好不注明会议联系人的全名和个人电话，以防止记者提前采访或提前得到新闻发布会的细节。在开会前还要对被邀请记者作再次落实或适当提醒。

4. 选定主持人和发言人

在新闻发布会上，主持人与发言人是组织形象的代表。尤其是发言人需要应付记者们出于职业要求和习惯而提出的一些尖锐深刻甚至很棘手的问题，其言行对公众认知也会产生重大影响。因此，要求新闻发布会的主持人和发言人除了具备良好的形象、较高的文化修养、专业水平及丰富的经验外，还要思维敏捷、反应灵活、具有较强的沟通能力和现场调控能力。主持人一般由组织公共关系机构的负责人担任，发言人应由身居要职的组织高层领导担任，他们熟悉组织的整体情况和方针、政策，发布消息和回答问题具有权威性。

5. 准备好会议所需的各种资料

会议需要的资料主要包括根据新闻发布会主题准备的主持人讲话提纲、发言人讲稿、新闻通稿、会议主题的相关背景材料、答记者问的备忘提纲，以及有关的图片、实物、影像等辅助材料。新闻通稿和背景材料应提前在签到时发给记者，以便他们能在会议涉及的问题之外挖掘新闻事件，进而扩大报道范围。为了方便记者们边听边看，材料要设计得便于快速阅读，并以广告手提袋或文件袋的形式，整理妥当，按顺序摆放。另外，重要的资料如发言稿、答记者问的备忘提纲等还需要在会前作充分的讨论和内部的通报，以防止与会者认识不同、口径不一而引起不必要的麻烦。

6. 预算新闻发布会的经费

会议经费要根据新闻发布会的规格和规模不同作出预算。预算时应留有余地，以备急需，费用项目通常包括：场租、会场布置费用、印刷费、饮食费、礼品费，还有文书用品、音响器材的费用及邮费、电话费、交通费等。需要用餐时还应加上餐费。

7. 其他的准备工作

除上述的会前准备工作外，还有会场布置、设备调试、礼品准备、对与会人员的系统化培训、会前的彩排等。如需组织记者参观采访，还需要安排好参观路线、范围和接待人员。

（二）实施程序

（1）来宾签到。

在接待处设签到处，并安排一名组织的主要人物出面迎宾。

（2）分发会议资料。

在会议正式开始前，将准备好的资料分发下去，让记者对会议有一个粗略的了解。

（3）主持人宣布会议开始。

由主持人宣布会议开始，介绍发言人、来宾和新闻单位，简要说明召开会议的目的，介绍所要发布的信息和说明有关的情况。

（4）发言人讲话。

发言人就事件的内容进行详细、准确的讲述。

（5）回答记者提问。

（6）接受重点采访。

（7）主持人宣布会议结束。

（8）安排记者参观或其他会后活动。

（三）新闻发布会的会后工作

（1）尽快整理出新闻发布会的记录材料，对本次发布会的各项工作进行总结，写出评估报告并归档备查。

（2）搜集与会记者发表的相关报道，分类登记，并对记者所发稿件的内容及倾向进行定性、定量的分析，认真核实，检查是否达到了举办新闻发布会的预定目标。若有不实报道，须及时澄清，说明真相；若出现不利于本组织的报道，则应作出良好的应对，如向公众表示歉意、承诺改进等。

（3）搜集与会记者及其他来宾对新闻发布会的反应，追踪他们对发布会的接待、服务等方面的工作有什么意见或建议，检查是否存在工作上的疏漏或失误，如有问题，应及时补救。

（4）对已发稿的记者致谢，并统计已发表的新闻稿和记者名字，计算发稿率，作为今后邀请记者的参考数据。

四、举办新闻发布会的注意事项

（1）事前排练好，做到有备无患。

（2）尊重每一位记者。对所有媒体记者要一视同仁，不能厚此薄彼，对记者的提问或发言要认真、耐心地倾听，对带有很强的偏见或挑衅性的提问要表现出应有的涵养，可作冷处理，避免激化矛盾。

（3）作为会议的组织者和主持者，主持人要言谈庄重而富有感染力，既要引导记者踊跃提问，活跃会议气氛，又要控制会议节奏，不偏离主题。

（4）对记者可能的提问要事先做好回答的准备。对于不愿发表的意见和不便透露的信息，不能闪烁其词或干脆拒绝回答，应婉转地向记者作出解释，否则会引起记者猜疑和追问，造成尴尬局面；对回答不了的问题，也不能简单说“不知道”、“不清楚”等，应灵活应对，避免引起记者的反感。

（5）严格掌握好预定的会议时间，控制好会议的进程，不要随意延长。

【知识拓展】

新闻发言人要具备的基本素质

新闻发言人要具备六种素质：一要知晓全局，充分认识全局的形势，善于站在较高的高度与公众对话，对国家、经济等政策了如指掌；二要详知实情，知道新闻事件本身的实际情况，还要知道针对事件的社情民意、舆情动态和可能面临的下一步媒体追踪或传播危机，做到心中有数、随机应变；三要善于应对，把握分寸，讲究艺术，因势利导，努力把希望媒体报道的消息传播出去；四要恪守纪律，把握正确的舆论导向，注意维护国家的、集体的、企业的利益并塑造在社会公众心目中的良好形象；五要精通业务，技巧熟练，心理素质好；六要冷静、理性、坦诚、包容，特别是在电视镜头前要注重自身的形象，注意细节，注意肢体语言。

资料来源：解密新闻发言人的职业生态：刀尖上跳舞. http：//www. medianet. cn/gong-guananli/23938607. htm.（节选）

实践启迪

北京巨能公司针对“双氧水事件”召开新闻发布会

一、案例回放

宁夏新闻网讯：今天（2004 年 11 月 19 日）下午 3 点 30 分，针对媒体报道巨能钙含双氧水事件，北京巨能新技术产业有限公司（以下简称“巨能公司”）在北京数码大厦 3 楼会议室召开新闻发布会，表明态度。该公司董事长李成凤及总工程师刘志革出席并主持会议。

据了解，此次发布会为巨能公司紧急召开，直到接近中午，记者们才获得有关会议具体时间、地点的确切消息。

下午 3 点，各路媒体记者已陆续入场。3 点 10 分，巨能公司董事长李成凤及总工程师刘志革到达现场。

据悉，该发布会本来预计邀请 20 家媒体，但根据我们在现场的统计，最终到达会场的媒体有 50 多家，其中不乏中央电视台、《京华时报》、《新京报》等媒体，并有《深圳商报》、《广州日报》等外地媒体参与。

下午 3 点 30 分，会议室已座无虚席，发布会准时开始。李成凤首先表明：召开此次发布会是希望能够传递巨能公司的观点。针对有关媒体报道巨能钙含有双氧水之事，他首先表态称，巨能公司是有八年历史之久的公司，巨能钙是经卫生部批准后才开始生产经营的，并严格按相关部门规定执行检测程序。

李成凤就巨能钙的属性作了区分：巨能钙属于保健食品，不是药品，必须要经过指定机构的监测。他说：巨能钙通过了毒理实验，最终确定结果为“实际无毒”。

李成凤对相关媒体报道的评语是：“报道完全没有根据。仅凭对部分巨能钙产品的化验结果就做演绎是不科学的。”李成凤称公司将采取法律措施对该媒体提起诉讼。

关于巨能钙生产技术方面的问题，巨能公司总工程师刘志革作了相应说明。刘志革称，巨能钙确实含有双氧水。但双氧水不是毒品，更不是剧毒品，在国际医药卫生领域都被大量使用。人体少量摄入双氧水是没有害的，但具体摄入多少剂量会有毒副作用，这还没有一个相关标准。据刘志革说，人体每天摄入 15 ~ 24 毫克双氧水处于合理范围内，而巨能钙在说明书中规定了服入量，服用 1 ~ 4 片，相当于每天摄入 1.2 ~ 2.0 毫克双氧水。而且这些少量的双氧水在人体内也会被分解。

会议在一个小时内结束。会议中各界媒体记者向巨能公司询问了大量相关问题。

李成凤对未来事件发展的预期结果表示乐观，他相信最终将靠科学来说明一切。李成凤非常肯定地说：“我相信我们的胜算是百分之百。我希望大家拭目以待！”

资料来源：宁夏新闻网

二、启迪与分析

在突发重特大事故后，如何更加及时、准确、全面地同媒体就各种各样的问题进行沟通，这是政府部门同时也是组织及组织主管部门有时必须面对的问题。做好突发事件的新闻发布会主要应从以下三方面着手：

（1）要主动应对突发事件，抢占发言主导权。

遇到重大突发事件，要努力做到迅速反应、及时组织，在第一时间召开新闻发布会，及时发布相关信息，介绍相关情况。如果没有通过正规的渠道及时进行权威的信息发布，信息发布不畅通，来自其他渠道的虚假信息就会出现，所以，遇到突发事件，要有意识地抢占舆论先机，主动及时发布社会关注的重大问题，以引导舆论，抢占话语的主动权，保证公民的知情权。在这一点上，巨能公司应该是在第一时间召开了新闻发布会，通过发布会澄清了事实，争取了主动。

（2）突发事件新闻发布与报道应遵循“快讲事实、慎讲原因”的原则。

对突发事件要积极主动地查清基本事实，力争在第一时间向社会发布，力求先声夺人、以正视听之效果。对突发事件发生的原因，一定要准确把握，在有权威性结论的基础上发布新闻，坚决防止猜测性、歪曲性报道。

争取获得到场媒体记者的配合、支持和理解。从巨能公司的新闻发布会看，我们没有看见第三方的权威人士的证言，因此整个发布会都是巨能公司在“自圆其说”，缺乏公信力。

（3）理性对待媒体批评。

对于发布巨能公司保健品含双氧水消息的《河南商报》，巨能公司没有保持足够的理性，而是以相对傲慢的态度对待媒体的监督，其结果是新一轮的关于巨能钙究竟有没有毒的讨论，使组织再次陷入被动。

资料来源：齐小华，殷娟娟．公共关系案例研究．武汉：武汉大学出版社，2009．（略作修改）．

项目训练

1. 实训内容：策划“校园热点信息”新闻发布会。
2. 实训目的：加强学生对新闻发布会策划工作的理解和掌握。
3. 实训组织：角色扮演。

思考练习

1. 什么是新闻发布会？
2. 新闻发布会有什么特点和作用？
3. 如何策划新闻发布会？
4. 策划新闻发布会应注意哪些问题？
5. 为什么说新闻发布会是组织发布消息最常用的方式？

任务四　展览会

知识目标

- ◆ 了解展览会的概念、特点和类型。
- ◆ 掌握展览会的组织实施策略。

能力目标

- ◆ 培养学生对展览会的组织与实施能力。

任务导入

上海的法国高科技博览会

1997年5月，借法国总统雅克·希拉克访华之际，法国组织和上海市国际展览中心共同组织了法国高科技博览会，在5月17日希拉克总统抵沪当日开幕。希拉克总统亲自为开幕式剪彩并致辞。在博览会上，希拉克总统不仅带来了30家大组织的总裁，更有法国十几个领域的300多家公司在此展示先进科技与实力，如著名的能源组织施耐德电气公司、电信巨人阿尔卡特、建造了新凯旋门并使之成为法国当代建筑典范的布伊格集团等。这个博览会成为中国、法国乃至世界的重要新闻，影响十分广泛而有力。

任务分析

第一，时机、地点适宜。这个博览会是法国在国外举办的最大一次展览活动，众多的法国人云集上海，在极其气派的上海世贸商城举办展览会，不仅是中法友好合作的象征，更是上海多年来与法国成功合作的结果；不仅因为上海是中国第一大城市，更因为上海在经济实力、地理位置、人文环境等方面的综合表现。因此，这个展览会在时机、地点上的选择无疑是适宜的，对上海建设国际大都会、提高知名度起到了积极的宣传作用。

第二，这是实力与规模的最佳展示。法国人希望通过这个博览会让人们了解它作为世界第四经济强国的地位。因此，希拉克总统带来了30家大组织的总裁和展示了十几个领域的300多家公司先进的科技与实力。虽然博览会的参展品种繁多，但布展门类相对集中，一目了然，且布展手段各显神通，引人注目。作为大型的综合性的室内一次性展览会，法国各组织和产品都选择了它的最佳布展方式，达到了最优的展览效果。

第三，素质要求高。这是一次国际性公共关系活动，由于主办单位是法国，展出地点在中国，这必然带来语言交流沟通方式的问题。这意味着对我们从事公共关系工作的人员提出了在举办国际性展览、参加国际性公共关系活动中的更高的素质要求。

四 理论要点

一、展览会的概念和特点

展览会是指组织通过集中展示实物、文字、模型、图片资料和示范表演来宣传组织形象、展示产品成果或经营业绩、促进产品销售的公关宣传活动。

作为一种复合的宣传形式，展览会具有以下特点：

1. 多样性

展览会采用的传播媒介是多种多样的。它通常以实物展出为主，辅以文字媒介（如印刷好的宣传手册、产品说明、活页广告）、声音媒介（如交谈、讲解、广播）、图像媒介（如图片、录像、幻灯片），还有现场示范表演等。综合多种媒介的传播优势，全方位的宣传使展览会具有较强的吸引力和良好的沟通效果。

2. 直观性

展览会的传播方式是直观、形象的。实物的直接展示、现场的示范表演、专业人员的讲解说明，以及各种可以让公众亲自感受或检验产品的活动，使公众在参观的过程中形成较完整的感性认识，获得耳闻目睹的真实感。这不仅会加深参观者的印象，也可以提高组织及其产品的可信度。

3. 双向性

展览会的信息沟通是双向的。在展览会上，组织可以当众展示自身形象、了解行业新动态、搜集公众需求信息、解答公众疑问，人们也可以向组织讲述自己的意见体会，与组织探讨自己感兴趣的东西。直接面对面的交谈、讨论使展览会成为组织与公众双向沟通的良好机会。

4. 高效性

展览会的传播过程是高效的。一次展览会可以集中展示多个行业的不同产品，也可以集中展示同一行业多种品牌的产品。顾客有直接接触组织、多种比较选择、多方咨询了解的机会，从而节省了大量的时间和费用，增加了成交的机会；对组织而言，则可以借此推广新产品，打开展品销路，树立良好形象，加强与公众的沟通，收到公关和促销的双重效果。

5. 新闻性

展览会往往会成为新闻媒体的报道对象。作为一种综合性的大型社会活动，展览会可以吸引新闻媒体的注意，成为媒体追踪的对象。组织可以借此机会制造新闻，扩大影响，提高自己的知名度与美誉度，还可以与新闻记者广泛接触，与媒体搞好关系。

【应用例证】

第十五届中国连锁店展览会在成都举行

有“中国连锁业年会”之称的第十五届中国连锁业会议、第十五届中国连锁店展览会（CHINASHOP 2013）暨中国特许展（成都站）2013 年 11 月 14 日首次在我国西部重镇成都开幕。会议主办方中国连锁经营协会秘书长裴亮表示，中国连锁经营协会首次将年会设在成都，是基于以成都为代表的西部地区正成为中国经济持续增长的新引擎。

第十五届中国连锁店展览会设置了零售、商用设施设备、IT 技术设备、全程冷链、移动支付技术、全渠道商店等八大综合展示区。近 600 家世界顶级的零售解决方案提供商汇聚在 6 万平方米的展馆内，用最新型的技术和产品助力零售商优化流程。

同期举办的中国特许展今年首次增设成都站，得到了众多连锁品牌的热烈响应，咖啡、珠宝、家居用品等近百个特许品牌选择了把成都作为开拓西部市场的桥头堡。

展览会最吸引人眼球的，是中国连锁经营协会联合近 20 家国内外顶尖的商用设备、技术解决方案提供商，打造出的一个现代化“CHINASHOP 全渠道商店”揭开了神秘的面纱。其中由成都 WOWO 便利与微店联手推出的一个现代化的 CHINASHOP 全渠道体验店在展览会上受到众人关注。CHINASHOP 全渠道体验店模拟超市真实场景，消费者只要拿起手机扫描商品二维码，就可以在展览会现场体验真正的“O2O 模式”。

资料来源：叶松. 实体零售业集体反思 要与电商共舞. 上海商报.（略作修改）

二、展览会的分类

展览会有很多，按不同的标准，可以划分不同的类型：

1. 按展览会性质的不同，可分为宣传性展览会和贸易性展览会

宣传性展览会是指通过展品向观众宣传某一思想、观点、信仰，或让观众了解某一史实，或揭露某种骗局。特点是以宣传为目的，没有销售产品之类的商业色彩。其展品通常是照片、资料、图表及有关实物等。

贸易性展览会展出的通常是实物产品或新技术，其目的是做实物广告，开拓

商品市场。在贸易性展览会上，各类展销的商品分类设立专柜，对比陈列，边展边销，以展促销。

2. 按展览规模的不同，可分为大型展览会、小型展览会和微型展览会

大型展览会的规模大、参展单位多、参展项目多、内容涉及面广，因此需要有较高专业技术水平的单位来负责举办，如世界性博览会、全国性展览会等。

小型展览会的规模较小，常常由一个组织独家举办或几个组织联办，展出的内容是组织自己的发展历史或者是自己产品更新换代的情况，内容比较单一。

微型展览会的规模最小，通常是某组织为某种宣传或配合销售而设置的。一般具有引导消费的作用，如商店橱窗的陈列展览或流动的展览车等。

3. 按内容的不同，可分为综合性展览会和专题性展览会

综合性展览会是一种全方位的展示活动，通常由专门性的组织机构或单位负责筹办，通过展览会，综合展示一个国家、地区或一个组织的发展及其成就，其展示的规模大，参展项目多，内容全面系统而又富有概括性，如“广州商品交易会”、“改革开放成果展览会”等。

专业专题性展览会则以介绍某一些专业或专题的情况为目的，内容集中而具有专业性，主题鲜明且有一定深度。例如，我国举办的“中国酒文化博览会”，就是专门以酒为核心，通过酒来展示组织文化和中国传统的酒文化。

4. 按举办场地的不同，分室内展览会和露天展览会

室内展览会可以不受天气影响，展出时间比较灵活，可以进行较复杂的会场布置，所以显得正规而隆重，但同时也有布展费用较高，展出空间受限制等问题。通常用以展出价值较高或比较精致的展品。

露天展览会则是在室外举行，展出空间不受限制，展品大小、数量、摆放，展会的规模等都可灵活处理，会场布置简单，费用也较低，但展出受天气的制约。

5. 按展期的不同，分为长期展览、定期展览和短期展览

长期展览指长期固定在一个地点进行的展出，如故宫博物院、各地的展览中心等，这种形式一般适用于展出比较固定的内容。

定期展览的展出内容需定期进行更换，常用于反映不同时期社会组织的新动态、新变化。

短期展览的展出时间较短，常用于某一主题的宣传。

三、展览会的策划

作为一种大型综合性的公关宣传活动，举办展览会需投入较多的人力、物

力、财力，要想保证活动的顺利进行，达到预期的效果，需要进行精心的策划。

（一）准备阶段

1. 确定展览会的主题与目的

举办展览会前，首先必须明确展出的主题。主题是整个展出活动的焦点，是策划的依据和主线。只有主题明确才能确定适当的传播沟通方式和接待形式，有针对性地收集各种参展资料，并有机地排列组合成一个整体，以达到给公众留下鲜明印象的目的。在主题确定后，还需要设计主题的表现形式，如主题性口号、主题歌曲、展览会徽标、纪念品等，以强化公众对展览会的印象。

2. 确定参展单位、参展项目和展览会类型

根据展览活动主题，确定参展单位、参展项目和展览会类型。举办者可以采取广告或邀请函的方式，向有可能参展的单位发出邀请。广告和邀请函要写清展览会的宗旨、展出项目类型、展览会的要求和费用以及对参观人数和类型的预测等，给潜在参展单位提供决策所需的资料。

3. 选择展览的内容与形式

确定展览的内容实际上就是选择展品。根据展出的主题，选择有个体特色、富有代表性，又能够合理搭配、相互衬托、烘托主题的物品作为展品。

展览的具体形式有实物、图片、音像、文字、示范等。应选择有利于表现展出主题、突出展品特点、强化宣传效果的展览形式。

4. 明确参观者类型

为了保证展览的效果，还需要明确参观者的特点。针对不同类型的参观者，确定展出内容的复杂程度和详细程度，选择适当的沟通方式。例如，参观者以专家学者为主的，要安排专业的解说员和专业化的说明材料，内容要详细深入、学术性强；参观者以普通民众为主的，就可以采取通俗易懂的解说词和直观、具有普及性的宣传。

5. 确定展览会的时间和地点

展览会的时间安排主要是考虑两个方面：一是展出内容是否有季节性和周期性，如花卉、服装、农副产品的展出；二是活动的时间是否会与重大社会活动的时间相冲突。

展览会地点的选择，则需要考虑交通是否便利、环境是否与展览主题协调、场地大小与展览会规模是否相宜、各种辅助的设施是否齐全等问题。

6. 准备各种资料并布置好展览厅

公关人员需要事先根据展览的主题和目的，准备展览会的背景资料、参展品名目录、宣传单、产品技术资料、影视和音响资料以及为精心选择的展品配备文字说明；统筹安排美术、摄影、灯光、装修等方面的工作人员进行展厅布置；在

展厅入口处设置咨询服务台和签到处，并贴出展览会平面图等。

7. 培训工作人员

展览会工作人员的素质和工作技能对展览会的效果有着重要的影响，因此必须对所有展览会工作人员进行培训。培训的内容主要是展览专业知识和专门技能、接待礼仪、营销技能、公关技能等。

8. 做好宣传工作

为了招揽观众，达到传播的目的，组织对展览活动本身要有足够的宣传。为此需要设立专门对外发布新闻的机构，负责与新闻界联系及制订新闻发布的计划并组织实施，挖掘活动中有新闻价值的信息并撰写新闻稿发表或邀请新闻界采访报道，大型的展览会还可以举行记者招待会，以扩大展览会的影响。

9. 安排好相关的配套活动

为了提高展览的效果，在活动过程中，还可以安排一些配套活动，如邀请知名人士出席并请他们签名留念、举行抽奖活动、安排座谈会或问卷调查等。通过这些配套的活动，可以增加展览会的吸引力，活跃气氛，或有助于测定展览活动目标的完成情况。配套活动的安排需注意配合展览目的实现，并且在会前应做好各项准备工作。

10. 制定展览会经费预算

展览会的经费开支要事先做好预算，防止浪费和超支。展览会主要的费用开支一般有：场地和设备使用费、设计费、人工费、交际联络费、宣传费、运输费、保险费、预备金。费用的预算既要注意节约，又要留有余地，防止突发事件的产生。

（二）实施阶段

在展览活动实施的阶段，主要是注意做好以下六个方面的工作：

（1）做好参观人数的统计和分类。

（2）发放展会的相关资料。

（3）做好参观者的接待、对展品的解说、新闻宣传发布、安全保卫等各项工作。

（4）协调组织好展期内的各项会议和活动。

（5）统计成效。

（6）积极收集反馈信息。

（三）结束阶段

这一阶段主要有两部分工作要进行：

1. 撤展

展览会最后一天，要着手进行撤展的各项工作，如要求参展商清理自己的展品、组织参展商有序地撤场、清理会场等。

2. 会后总结

（1）对展览会的效果进行测量和评估。展览会的效果即展览活动所产生的社会效益，主要体现在参观者对展品的反馈、对组织的认识和对整个展览会举办形式和效果的看法等方面。评估工作可以在展览过程中通过参观者留言、观众座谈、记者采访、问卷调查等方式了解公众意见和展览会举办的实际效果。在活动结束后，还需要由公关人员收集新闻媒介对展览活动的有关报道，以及对展览会作出专业的评估。

（2）分析反馈信息，总结经验教训，写出书面报告并存档保留，作为下次举办展览活动的参考依据。

实践启迪

2004 清洗技术国际论坛暨清洗技术装备展览会特色设计策划方案

一、案例回放

2003 年洗净协会成功举办了“2003 清洗技术国际论坛暨清洗技术装备展览会”。清洗行业的这一盛会的举行，不仅扩大了行业内部的交流与合作，同时也将清洗行业的整体形象树立起来。为此，协会为给参展商创造出更大的商业机会，定于 2004 年 8 月 26 ~ 28 日在上海光大会展中心举办“2004 清洗技术国际论坛暨清洗技术装备展览会”。为了办好这次展览会，协会国际合作部精心制订了展览会的特色设计策划方案，并准备在实施的过程中不断改进和完善。

（一）确定展览会的主题

经过研究，确定这次展览会的主题为：进一步促进我国 ODS 清洗剂淘汰工作的深入发展，重点宣传我国在精密工业清洗设备制造和替代清洗剂生产方面的最新成果，同时展示民用清洗技术的新进展。

这次展览会的主题词是：让我们携起手迎接中国清洗行业的灿烂明天。

（二）展览会招展的范围及规模

目前展览会的招展工作已全面展开，已向各类清洗设备和清洗剂生产厂家广泛发了邀请函。这次招展的范围主要包括以下三个方面：

（1）精密工业清洗设备。（略）

（2）ODS 替代清洗剂。（略）

（3）民用清洗设备和民用清洗剂。（略）

（三）展区安排的特色

为了突出展览会的特色，将对展台位置进行精心安排，并计划设立多个特色展区，分别是液晶显示器清洗、电真空清洗、集成电路清洗、汽车及其零部件清洗、民用清洗，适合中小型清洗组织使用的清洗设备、清洗剂，与清洗设备配套的相关设备（如泵、喷嘴、阀门以及纯净水制备、污水处理设备等）。并在展厅的显著位置，设立醒目的导示牌指明各个特色展区的位置，使对此感兴趣的观众能直奔展台以获得更好的观摩学习效果。

（四）认真做好专业观众的参观工作（略）

（五）吸引厂家参展和观众参观准备采取的措施

（1）为了吸引参展商我们准备：（略）

（2）为鼓励观众积极参观我们准备：（略）

资料来源：西安交通大学科技在线.（略作修改）

二、启迪与分析

这是一个成功的展览会策划方案。它体现了组织者举办展览会的目的，成功吸引了广大商家参展，为采购商、经销商和产品使用者提供了一个接触交流的平台。其主要的优点有：

（1）方案主题明确，重点突出，各项活动围绕着主题有序展开。

（2）方案的各项相关信息的介绍简洁明了，措施的拟定考虑周详，讲究效率。

（3）组织文艺演出及抽奖活动的安排，使展会气氛热烈、人气旺盛。

项目训练

1. 实训内容：收集校内同学的书画、摄影作品，筹办一次展览。

2. 实训目的：培养学生组织策划展览活动的能力。

思考练习

1. 展览会的特点是什么？
2. 展览会如何分类？
3. 如何策划展览会？

任务五　公关联谊活动

知识目标

- ◆ 了解联谊活动的概念和分类。
- ◆ 掌握联谊活动的原则。
- ◆ 掌握联谊活动策划和实施工作。

能力目标

- ◆ 培养策划、组织、实施联谊活动的能力。

任务导入

“德国周·菲尼克斯电气希望之行”联谊活动

2007年8月24至26日，由菲尼克斯电气中国公司举办的“德国周·菲尼克斯电气希望之行”联谊会在南京隆重开幕！来自菲尼克斯电气援建的新疆、甘肃、江苏菲尼克斯希望小学，南京外来工子弟学校，西藏在宁大学生代表和公司员工子弟共五十多人，欢聚在菲尼克斯电气中国公司总部，进行为期三天的体验活动。南京市总工会副主席刘颖、江苏省青基会希望办主任魏月清、江宁开发区工委副书记鲁跃东等领导和嘉宾到会祝贺。

“菲尼克斯电气希望之行”活动作为“德国周”的前奏，今在江苏南京举行开幕式，“德国周”始于8月28日，主要活动有德国电影展播、芭蕾舞、交响乐、德国啤酒和展示德国创新精神和能力的“德国大道”等。

“德国周”的口号是“德中同行”，围绕科技、环保、社会责任和创新四个主题展开，旨在加强双边交流。活动源自中国国家主席胡锦涛和德国总统科勒尔的联合倡议，自2007年开始，为期三年，每年的上下半年各选择一个中国中心城市举办“德国周”，三年共有六个城市。南京为六城市的首站。

德国菲尼克斯电气集团成立于1923年，是著名的电子接口供应商，菲尼克斯电气中国公司是其在中国的子公司，始建于1993年，总部位于南京。作为重要的德资组织，该公司和巴斯夫、西门子、博世等公司一道，应邀参加多个主要活动。基于菲尼克斯电气中国公司在自动化领域的影响和优势，公司总裁李慕松决定利用暑假的时间，请中小学生来公司总部参加以“小小自动化工程师”为核心的“菲尼克斯电气希望之行”活动。

借“德国”周活动之机，本次活动以“与希望同行，触摸未来”为主旨，将通过南北学子的交流联谊、“小小自动化工程师”等系列活动，让不同地域的学子们相互交流，建立友谊，尤其是让城里条件优越的学子，了解和学习贫困偏远山区的孩子们在艰苦环境下发奋学习的精神。

在“小小自动化工程师”的活动中，菲尼克斯电气中国公司专程从德国运来目前世界上最前沿的自动化科技设备——月球车和智能机器人，让每一个孩子观看演示活动，并动手参与机器人的编程，触摸世界前沿高科技，体验全球最为先进的自动化技术，做一回小自动化工程师，激发创新激情。该活动是菲尼克斯电气中国公司参与德国文化周的专题活动之一，将于今年十月在“德国”周活动期间公开展示。

资料来源：中国组织新闻网

任务分析

菲尼克斯电气中国公司举办的“德国周·菲尼克斯电气希望之行”联谊活动主旨明确、形式多样、内容丰富。活动既增进了南北学子的交流，令孩子们体验了全球最为先进的自动化技术，同时也展现了公司在自动化领域的影响和优势，树立了公司回报社会、勇于承担社会责任的良好形象。

理论要点

一、联谊活动的概念

联谊活动是指组织为了与目标公众合作而举办的各种增进了解、交流感情、沟通信息的公关专题活动。联谊活动的形式主要有联欢会、联谊会、文艺演出、交际舞会等。

二、联谊活动的原则

1. 互惠原则

在符合法规和社会道德规范的前提下，联谊各方都有联谊的要求和能力，通过联谊活动使各方都能获益。

2. 真诚原则

举办联谊活动的组织应本着真诚的态度，通过联谊活动与公众建立良好的关系或加强相互之间的沟通，这是各方合作的基础。

3. 效益原则

联谊活动不是一般的社交活动，它是以合作为目标，追求良好的社会效益和经济效益的公关专题活动。

三、联谊活动的类型

1. 舞会

作为一种社交活动，舞会使人们在享受娱乐的过程中，建立友好的关系，加深相互的了解。组织通过举办舞会，可以促进管理者与普通员工之间的联谊、组织员工与社会公众之间的联谊。

2. 晚会

晚会是通过邀请来宾参加文艺、游戏、竞赛等活动，使与会者互相交流、共同参与、丰富生活。其类型主要有节日联欢晚会、组织的庆祝晚会、游艺会、文艺晚会等。

3. 宴请活动

组织为庆祝纪念日、表彰庆功、答谢合作者的支持而举办宴请活动。作为最常见的交际活动，各国宴请都有自己国家或民族的特点与习惯。国际上通用的宴请形式有宴会、酒会、招待会、茶会、工作餐等。

4. 沙龙

沙龙是法文“Salon”的音译，即“会客室”和“客厅”之意。从 17 世纪起，西欧贵族和资产阶级知识分子常借某些私人客厅谈论文学、艺术和政治问题，这实际上是社交集会的一种形式。

其特点主要有：定期举行（常是晚上）、人数不多、自愿组合、自由谈论、各抒己见。

四、联谊活动的策划和组织

（一）选择联谊的对象

组织需求不同，公关目标不同，联谊的对象就会不同。公关人员在选择联谊对象时要遵循互惠原则，考虑联谊的各方都有联谊的要求、内容和能力。

（二）选择联谊的形式

一般的联谊活动以某一种形式举行，如舞会、茶话会、联欢晚会等。大型的联谊活动则常常是几种形式综合使用，如宴请活动后观看文艺晚会，还可以结合其他的公关活动一起进行，如新闻发布会后举行宴请活动、展览会期间组织座谈会或晚会等。

（三）确定联谊的层次

联谊活动由低到高有以下三个层次：

1. 联络感情型

此类联谊活动往往是利用节假日、厂庆、重大活动等机会，通过举办如文艺晚会、宴请来宾等活动，使组织者和参与者从中联络感情、增进了解、建立良好印象，为今后进一步团结合作奠定基础。

2. 沟通信息型

此类联谊活动是为了双方在市场变动中能够保持联系并共同获利，就各自所掌握的相关信息进行沟通交流。例如，许多同行组成俱乐部或联谊组织，定期举行聚会等。

3. 促进合作型

此类联谊活动以经贸合作为主要内容，是高层次的联谊。组织可以在活动中公开答谢合作商、表彰有突出贡献者，或通过各方互动交流，进一步拓展对外联络的渠道，增进彼此的了解，创造更多的合作机会。

为了提高联谊活动的有效性，公关人员要精心策划并周密组织，努力使三种层次的联谊作用得以综合体现。

（四）应用联谊的技巧

联谊活动要达到预期的效果，公关人员需要掌握组织的技巧和一定的礼仪。例如，仪容服饰除了遵循整洁端庄、美观和谐的原则外，还应与活动场合相宜；选择主宾双方都适宜的时间，以示尊重；地点则可依据活动目的、规模、形式和经费，还有宾主熟悉程度、关系深浅来确定；及早发送正式请柬和通知，事先口头约定的或电话通知的，也应补发；根据活动性质、形式、内容，精心布置联谊场所；安排好接待服务和保安工作，要求职责分明、周密细致、热情周到；对于为外宾举行的联谊活动，特别要注意符合联谊对象的国家或民族的文化背景、民俗风情等。

（五）做好联谊的组织工作

联谊活动的组织工作主要有：

（1）明确联谊目的，围绕目的去策划活动。

（2）提出活动预算，筹措必需的经费。

（3）根据场地、交通、气象、设备等条件，确定活动的时间、地点和场所。

（4）确定应邀对象，发出请柬。

（5）安排活动程序，并印刷成节目单。

（6）布置活动场地，并安排专人负责接待。

实践启迪

商会迎新春联谊会策划方案

一、案例回放

方案如下：

一、主题：大连总商会海参商会20××年迎新春联谊会。

二、地点：大连伽利亚大酒店（沙河口区中长街2号）。

三、时间：20××年1月19日17点整。

四、人员：总商会领导和全体海参商会会员单位，60人左右。

五、内容：

1. 商会领导致迎新春祝酒词。

2. 文艺表演：要求商会领导每人表演一个节目，各会员单位表演两个节目。

3. 抽奖：分设4个级别奖品，分别是纪念奖150个（每个价值40元左右）、幸运奖12个（每个价值300元左右）、幸运之星奖1～3个（每个价值500元左右）、大连海参杯非凡奖1个（价值1 000元左右）。

4. 灯谜竞猜（纪念奖）。

六、费用预算：

1. 用餐标准：每桌1 500元，共7桌，计10 500元，酒水2 000元。

（14道菜——精美六味凉碟、海参捞饭、清蒸鲍鱼、蛋黄炬飞蟹、大虾白菜、金牌炭烧肉、夷贝小炒黄、干椒玉女菇、红烧猪手、白灼西生菜、鱼头泡饼、韭菜盒、美点双辉、鸿运果盘）

2. 奖品总金额为12 000元左右。

3. 照相、摄像等机动资金：500元；多功能厅使用及音响师免费。

总费用预算合计：25 000元。

七、游戏规则：

1. 各奖项不兼得。

2. 每人发一个号码（各单位司机除外）。

3. 抽到无效号码和重号再重抓。

4. 纪念奖只发给表演者和灯谜猜中者。

5. 为节省时间会后到领奖处领奖（纪念奖除外）。

八、联谊会运作步骤：

1. 秘书长宣读大连总商会海参商会20××年迎新春联谊会现在开始，并请领导上台致辞。

2. 三巡后，主持人出场：公布文艺演出开始。

3. 第一个节目表演完后第一次抽奖开始并公布抽奖规则，请6家会长单位领导上台抽取幸运奖12个。

4. 继续表演节目30分钟，每个节目后加一个猜谜活动（2分钟时间）。

5. 第二次抽奖：请6家会长单位领导上台抽取幸运奖12个。

6. 继续表演节目30分钟。

7. 抽奖：请总商会领导抽取幸运之星奖1~3个。

8. 继续表演节目30分钟。

9. 请会长抽取大连海参杯非凡奖1个。

10. 现场采访获奖者。

11. 主持人公布全体人员同唱一首歌。（歌名待定）

12. 结束（时间在21点30分左右）。

资料来源：中国文秘站

二、启迪与分析

要使联谊活动达到预期的效果，公关人员除了要掌握一定的组织技巧外，还要做好活动策划方案的撰写。作为事先的谋划安排，策划方案将是活动的实践指导，一份好的策划方案是活动顺利有效地开展的前提。

这份商会迎新春联谊会的策划方案结构完整，活动围绕主题开展，主次分明，安排周全，具有较高的可行性。

项目训练

1. 实训内容：让本班学生组织策划一次与其他班级的联谊活动。
2. 实训目的：加强学生对联谊活动的了解，培养学生策划活动的能力。

思考练习

1. 什么是联谊活动？
2. 简述联谊活动的原则。
3. 如何组织策划联谊活动？

任务六　借势与造势

知识目标

- ◆ 了解借势与造势的概念、特点。
- ◆ 掌握借势的方法与技巧。

能力目标

- ◆ 培养运用恰当方法借势、造势的能力。

任务导入

通用汽车：让美国继续转动

"9·11"恐怖袭击是美国人民的一个灾难，也是美国组织的一个灾难。恐怖袭击发生后，人们对美国经济前景的信心一落千丈。据资料显示，袭击当天，通用汽车在北美的销售下降40%，个别地区达到50%，在灾难发生地纽约则无一人买车。通用汽车的财务压力空前加大。

通过缜密思考和讨论，通用美国最终选择了一个主题为"让美国继续转动"（Keep America Rolling）的促销方案。方案的核心其实并没有什么新意，就是对通用所有车型实施贷款购车零利息。

但在具体操作上，通用汽车却选择了一条打破传统的道路。9月18日，也就是恐怖袭击发生一周后，通用公司与美国工业领袖们及商务部长、劳务部长在通用公司的底特律哈姆特拉姆克组装厂举行了"9·11"事件追思纪念仪式，通过此举，通用和美国政府向外界表达了工业界和政府对经济复苏的信心。

在具体宣传上，广告画面确定为一条高速公路，文字则以画外音形式嵌入。"让美国继续转动！"言简意赅，但极富冲击力和鼓动性，很容易激发人们的热情。同时，为了避免刺激消费者感情，广告画面竭力避免采用国旗或其他能够直接和"9·11"联系起来的图片。

9月20日，广告播出后，反响极其强烈。"让美国继续转动"的呼声激发了公众对未来的信心，让消费者感到自己购车是在为国家经济复苏出力，不仅没有了享受的羞愧感，相反增添了共渡难关的豪情，申请购车贷款的数字翻番，并直接促使美国汽车工业在当年第四季度增长了14.4%。虽然选择了零利息方案的人不到30%，但是“让美国继续转动”的呼声还是起到了让人们在汽车展厅前驻留的效果，显示了持久的效力和感染力。

资料来源：灾后重建案例．金融界网

任务分析

2001年9月11日，是一个让美国人终生都难以忘记的日子，这一天，恐怖分子袭击了美国。美国的标志性建筑世界贸易大厦被撞，导致许多社会精英丧生。“9·11”恐怖袭击发生后，人们对美国经济前景的信心一落千丈，连日来美国的经济贸易活动几乎完全停止。在这种情况下，人们对购买新车有了心理上的负罪感。这时，通用汽车公司通过恰当宣传，呼吁“Keep America Rolling”（让美国继续转动），激发了消费者的信心，鼓励消费者为国家经济的复苏努力。同时，通用汽车紧急推出事件营销策略，为购车者实施贷款零利息优惠，结果促使2001年申购车贷款数字翻番，美国汽车工业在第四季度增长了14.4%，拉动了美国经济发展。

理论要点

一、借势与造势的基本含义

（一）借势的含义

荀子在《劝学》中说：“登高而招，臂非加长也，而见者远；顺风而呼，声非加疾也，而闻者彰。假舆马者，非利足也，而至千里；假舟楫者，非能水也，而绝江河。君子生非异也，善假于物也。”

“善假于物”就是“借势”。

组织的借势就是借助具有相当社会影响力的人物、事件、产品、影视作品，市场消费的主流趋势、社会的热点、人所共知的社会资源等，策划出对自己有利的新闻事件，以扩大组织知名度、提升组织形象、促进产品销售，从而实现快速发展。

【应用例证】

书商巧借总统评语推销产品

一位出版商手头积压了一批书卖不出去，眼看就要大亏本了。情急之下，出版商想了一个点子：给总统送去一本，并频频联系征求意见。忙得不可开交的总统随便回了一句："这书不错。"这一来出版商如获至宝，大做宣传："现有总统喜爱的书出售。"还把"这书不错"四个字印在封面上。于是，手头的书很快被抢购一空。不久，这个出版商又有一批书，便照方抓药，给总统送去一本，总统有了上次的教训，想借机奚落一番，就在送来的书上写道："这书糟透了。"总统还是上了套儿，书商又大肆做宣传："现有总统讨厌的书出售。"人们出于好奇争相抢购，书很快便全部卖掉了。第三次，出版商再次把书送给总统，总统有了前两次被利用的教训，干脆紧闭金口，不理不睬。然而出版商还有话说。这次他的宣传词是："现有令总统难以下结论的书，欲购从速。"结果，书还是被抢购一空。

故事的真实性我们无从考究，但从中我们可以看到，出版商多次借总统之势，凭着有巨大影响力的总统的"评价"，成功地把书都卖出去了。可见借势往往可以令经营事半功倍。

在现代商业竞争中，组织所借之势，即身边发生的各种大事或各种趋势，组织只要能认识它、利用它、驾驭它，即可顺势而起，快速达成经营目标。

（二）造势的含义

《三国演义》中有这样一则故事：刘备赴江东招亲时，赵云令荆州随行兵士俱披红挂彩入南徐。这就是孔明造势之计，通过制造出一种热热闹闹办喜事的舆论声势来表明来意且广而告之。制造轰动效应的结果是惊动了乔国老和吴国太，孙权和周瑜被逼假戏真做，最后，刘备得了孙夫人又保住了荆州。

组织的造势，就是围绕着经营目标，整合自身的资源，制造吸引目标公众关注的新闻事件、社会活动和舆论等，主动营造出有利于自身发展的态势、格局和趋向。

突发事件、社会新闻、公益事业和组织内部特殊事件等都可以成为造势的题材。造势的方法也多种多样，如公关活动、广告宣传、营销活动、CI 策划等。

【应用例证】

中国有历史悠久的酒文化，中国名酒厂家林立，中国喜爱杯中之物的大有人在，但是对洋酒却鲜有人尝。法国轩尼诗公司认为中国酒品种多、产量大，引进白兰地并不会对中国名酒厂家造成威胁，反而能起到调剂酒类市场的作用，于是以公关活动为方式大造声势。1991 年 6 月，轩尼诗公司装有 5 箱白兰地的四桅白帆船历经 8 个月的海上航行，到达上海客运码头。在上海，他们请了中国传统的舞狮和鼓乐队开道，并在码头和五星级花园饭店举行了爵士乐队和时装模特献技的宣传活动，为此花费了1 200万美元。从此，这种昂贵的酒敲开了中国酒市场的大门，并摆在了遍及各城市酒家的酒柜上。

二、借势造势

“站在巨人的肩膀上向大家招手的效果会远远好于只站在巨人肩膀上或者只招手。”借势造势正是组织借社会热点事件、时尚潮流、重大活动等，主动把自己与公众关注的主体（人、事、物）联系起来，通过精心策划，制造新闻，快速增加组织的曝光率，引起目标公众的注意，进而提升组织的知名度和美誉度，树立良好的组织形象，获得“站在巨人的肩膀上向大家招手”的效果。

借势造势的方法很多，常用的有：

1. 借热点事件造势

借热点事件造势即组织借助媒体与公众都关注的热点事件制造新闻，使良好形象信息得以迅速传播。其中要点是找一个有势可借的主体——“热点事件”。心理学上认为，人们都有“羊群效应”，即对热点事件会分外关注，所以组织可利用这些事件的发生及其广泛的影响力，通过策划发挥、延伸实施，制造出可以抓住公众眼球，同时也有利于组织的新闻，以实现自己的经营目标。例如，韩国三星借奥运之势走向辉煌，海尔借申奥成功巩固品牌地位，威露士洗手液借SARS危机成为行业第一品牌等就是成功例子。一般来说，体育赛事、娱乐事件、社会新闻性事件等都是较好的借势对象，但选择危机事件借势时，则要格外慎重，特别要注意把握好分寸尺度，否则很容易被公众认为是“发灾难财”，这样不仅不能达到组织借势发展的目的，反而会造成不良的影响，损害组织的形象。

2. 借社会时尚造势

社会时尚是一种与现实生活紧密联系的社会文化，是一段时期内流行的生活态度和生活方式，反映着时代大众的精神诉求。组织可以借助社会时尚，策划大型活动，吸引追求时尚的年轻人参与，引起媒体的关注，打造符合时尚文化的现代组织形象。例如，中国移动的“动感地带”上市通过“街舞挑战赛”、“周杰伦演唱会”、“结盟麦当劳”等一系列活动使这一品牌深入人心，引起了年轻消费者的高度共鸣；奇瑞QQ的上市促销则借上海车展引发第一轮报道，其网上价格竞猜、“奇瑞QQ网络Flash设计大赛”、“奇瑞QQ冬季暖心服务大行动”、“奇瑞QQ个性汽车装饰大赛”等都是针对目标公众年轻时尚的特点策划的造势活动。

3. 借公益活动造势

借助公益活动造势是指社会组织通过参与公益活动，建立消费者对其品牌的正面联想，表达组织的社会使命感和责任心，扩大组织的社会影响力，为其产品营销或品牌形象的建立造势。例如，创维集团通过开展“西部健康光明行工程”、“创维情 文化行”和“创维新农村影院工程”三项大型公益活动，取得了良好的社会效应和品牌效应。

2006年，为积极响应温总理在视察乳业工作时留下的“让每个孩子每天都能喝上一斤奶”的梦想，蒙牛投资一亿多元发起了“每天一斤奶，强壮中国人”的大型公益活动，让全国500所贫困小学的学生，在一年时间内，每天都能喝上一包免费的蒙牛爱心牛奶。2008年，蒙牛再次出资一亿元，至此受益于这次活动的小学总数达1 000所。除此之外，在抗击“非典”、“神五”上天、北京奥运等重大事件中，蒙牛都是不遗余力，积极参与。通过对这些公益和慈善活动的赞助，蒙牛不但展示了组织雄厚的实力，而且有效地提升了组织负责任的社会形象。

4. 借议题造势

议题是指会引起社会公众关注和议论的话题，如环保议题、世博会议题、反腐议题、食品安全议题等。社会组织抓住这些备受关注的议题策划相关的活动，从而把自己带入议题的中心，由此引起媒体和公众的关注，又或者是组织自己制造议题来吸引公众的注意力。这两者殊途同归，都是通过议题造势，提升组织形象或促进产品销售。例如，凭借社会公众关注的产品质量议题，海尔首席执行官张瑞敏利用砸冰箱事件，将过硬质量的产品和良好的服务推向社会。随着社会的发展，人们越来越关注健康和环保的议题，在营销活动中，富亚公司老总自己把涂料喝了下去，成为轰动一时的新闻事件，此后，富亚的业务量猛增。这些都是利用议题作文章，吸引目标公众和媒体的注意力，为组织经营造势的典型例子。

总之，在激烈的市场竞争中，拥有优势、抢占先机对于组织而言意义重大。借势造势就是组织通过积极主动地对所处的环境、时局进行判断，捕捉对自己有利的信息并善加运用，为组织的经营“推波助澜”，为发展创造优势。

实践启迪

双喜的世纪婚礼

一、案例回放

对于营销向来处于尴尬和无奈境地的烟草行业来说，借势营销手法为许多烟草组织频繁运用。以双喜世纪婚礼为例，此项系列活动不仅为中国烟草组织开创了一条营销新路，而且作为一个标志性的事件，印证了中国组织的营销水平达到了一个新的高度。

2006 年，在举世瞩目的青藏铁路开通之际，第一届双喜世纪婚礼借势举办。借助这样一件让全中国甚至全世界瞩目的大事，“缘定天路，喜传天下”双喜世纪婚礼受到了全国乃至全球公众的关注，此次活动不仅满足了活动参与者（新郎、新娘）进入西藏神圣净土的心愿，也为西藏的贫困儿童送去了爱心和帮助，将爱和喜悦的气息洒满青藏铁路沿线，在公众的心目中留下正面、积极的印象。

2007 年，在北京奥运会举行的前一年，针对中国人热切盼望奥运的喜悦心情，双喜世纪婚礼以“喜缘盛会，喜传天下”为主题，组织新郎、新娘走进几个举办、协办奥运会的城市，包括北京、香港、青岛、秦皇岛等。新郎、新娘在北京等奥运城市参与了一系列与奥运有关的活动，加深了对奥运会及奥运精神的领悟，同时也为北京奥运会送上了最诚挚的祝福。“喜缘盛会，喜传天下”双喜世纪婚礼引起的社会反响与前一届一样轰动，无论是参与的新郎、新娘还是其他民众，都从此次活动中收获了前所未有的喜悦感和成就感，营造了全民共迎北京奥运会的喜庆氛围。

2008 年的双喜世纪婚礼则是在两岸“大三通”成为现实的大好形势下“诞生”的。海基会、海协会互访，两岸“大三通”，台湾游向内地民众开放，好消息不断传来，让两岸关系成为 2008 年国内最热门的话题之一。双喜紧扣两岸关系这一社会热点，借势举办“日月同喜，喜传天下”双喜世纪婚礼，组织中国大陆和台湾地区的 30 对新人，举办了台湾新人游北京和大陆新人游台湾两个阶段的活动，学唱京剧、布袋戏，逛北京故宫、台北故宫，包饺子、逛夜市，在你来我往之间，实现了大陆和台湾文化的交融和传递，谱写了两岸文化交流的一段传世佳话。

二、启迪与分析

显而易见，尽管主题不一，但双喜世纪婚礼举办的背景，都是当下中国人最为关心的热点新闻事件。如此借势营销，双喜世纪婚礼不仅赢得公众的赞誉，还收获了可观的经济效益。

双喜世纪婚礼的借势营销无疑是成功的，借助社会热点事件的号召力和吸引力，自第一届双喜世纪婚礼举办以来，双喜世纪婚礼在许多新婚夫妻心目中树立了象征性的形象，每年都有数以万计的新婚夫妻关注双喜世纪婚礼。据悉，许多新婚夫妻不但参与，而且为下一届双喜世纪婚礼应该与哪些社会热点相结合出谋划策。与社会热点事件相结合的营销手法，让双喜世纪婚礼赢得了越来越多的追随者。据相关数据显示，每一次双喜世纪婚礼的举行，都会吸引上万名新郎、新娘关注和报名，活动涉及的网站浏览量平均超过了3 000万次。得益于居高不下的网络人气，双喜世纪婚礼的影响力不断扩大，品牌知名度得以迅速提高。

组织在事件营销的过程中，不仅要制定新颖的广告策略和创新传播方式，以展示组织形象，还要注重品牌文化和事件选择上的相关性和一致性。以双喜世纪婚礼为例，其所传播的品牌文化主要为“喜传天下，人人欢喜”，品牌传递的内容是欢喜、喜悦、美好的愿望，以及对构建和谐社会的殷切希望，“喜文化”是历届双喜世纪婚礼传播的主线。

无论是青藏铁路开通背景下的“缘定天路，喜传天下”、北京奥运会开幕前夕的“喜缘盛会，喜传天下”，还是两岸三通大好形势下的“日月同喜，喜传天下”，以及设立关爱青少年成长的“为了明天，人人欢喜”的喜愿基金，“喜文化”传承和传递的内容都贯穿于相关活动的始终。参与双喜世纪婚礼活动的新人们感受到了“喜文化”的内涵，并把这种“喜文化”气息传递给身边每一位关注、关心他们的人，“喜文化”就在口口相传中被传递和传承。

事实证明，事件营销在如今这个媒体市场高度成熟、极端发达的时代，仍然是一个十分有效的营销手段。但这种利用借势借力策略的营销手段，其“事件热点”的东风不仅要借得及时，而且还要借得巧妙。组织要将品牌活动与事件热点完美结合，首先要有敏锐的触觉，其次要有强大的实力，两者缺一不可。

资料来源：管理人网

项目训练

1. 实训内容：让学生举行一次模拟的班干部竞选活动，在活动过程中要求参选者运用借势造势的方法为自己争取选票，提高支持率。

2. 实训目的：加强学生对借势造势的理解。

思考练习

1. 什么是借势？什么是造势？

2. 组织应该如何借势造势？

项目六　现代企业组织形象设计——CIS战略

◆ 任务一　CI与CIS概述

◆ 任务二　CIS的系统构成要素及MI、BI系统的设计

◆ 任务三　VI系统设计

任务一　CI 与 CIS 概述

知识目标

◆ 认识 CI 与 CIS 的概念及主要观点。

◆ 明确企业形象策划兴起的社会背景及其内涵。

能力目标

◆ 提高学生对企业形象策划重要性的认识。

◆ 掌握企业导入 CIS 的不同时机、背景及途径，提高学生对中国导入 CIS 的必要性的认识。

任务导入

IBM 的 CIS 战略

CI 战略是 20 世纪初期社会进入工业时代的产物。CI 设计起源于德国和英国的工业设计，而有意识地把 CI 作为企业识别策略的是美国。1956 年，美国 IBM 公司（国际商业机器公司）率先导入 CI。20 世纪 50 年代初，IBM 公司经过 40 多年的经营，已经成为电脑的代名词，宣传及知名度的诉求已无必要，但如何才能使 IBM 公司跻身于世界性大企业之列？当时的继任总裁小托马斯·瓦特逊（Thomas Watson Jr.）认为，必须在世界计算机行列中树立一个引人注目的 IBM 形象。当时公司的首席设计顾问是艾略特·诺伊斯（E. Noyes）。诺伊斯是著名的工业设计权威，他认为，公司应该在世界市场竞争中，有意识地在顾客心目中留下一个具有视觉冲击力的形象标志，这一标志能体现公司的服务精神、创新精神和独特个性。"应通过一切设计来传达公司的优点和特色，并使公司的设计应用统一化。"诺伊斯把设计师波尔·兰德介绍给总裁，波尔·兰德把既长又难于记忆的公司全称"International Business Machines"缩写成"IBM"，成为一直沿用至今的八条纹的具有个性的标准字体，并且选用了象征高科技的蓝色为公司的标准色，通过整体设计，塑造出一个全新的 IBM 企业形象，鲜明地表现了 IBM 的经营哲学——"品质感与时代感"，可谓是"前卫、科技、智慧"的代名词。IBM 成为美国公众信任的"蓝色巨人"。

IBM 公司通过 CIS 设计塑造企业形象的经营手法，使 IBM 公司在美国计算机行业中占据霸主地位。随着IBM公司导入CI的成功，美国的许多公司纷纷效仿。企业形象设计在美国得到迅速发展和普及。

任务分析

随着国际经济的不断发展，企业的经营朝着多角化、国际化方向发展，国际市场竞争越来越激烈。传统的竞争方式——“硬的竞争”，如数量竞争、产品竞争、价格竞争、质量竞争、资源竞争、资金竞争、人才竞争、技术竞争、信息竞争等已经无法凸显企业各自的优势。具有远见卓识的企业家们，在企业经营管理实践中清晰地认识到“软的竞争”的重要性，即企业形象竞争的重要性。只有树立良好的企业整体形象，才能在国际市场竞争中求得生存和发展。通过实施一套完整的具有统一性、组织性的企业识别系统（CIS），来传达企业的理念、企业精神、经营哲学、经营宗旨、经营方针等方面的信息，提高企业的知名度与美誉度，从而达到有效地塑造良好的企业整体形象的目的。

IBM公司通过CIS战略的导入塑造了企业形象，使之成为美国公众心目中信任的“蓝色巨人”。而且，更值得关注的是，IBM公司成为世界计算机行业中首屈一指的霸主，不仅仅是因为它有一个良好的视觉形象，还由于IBM公司树立了以“IBM就是服务”为宗旨的理念，并自始至终为之奋斗不息。应该说，这才是IBM公司能够真正成为“蓝色巨人”的秘密所在。所以，IBM公司的成功告诉我们，导入CIS战略，建立视觉识别固然重要，但更重要的还是树立正确的理念。

理论要点

一、CI与CIS概念辨析

（一）CI的概念

CI作为一套在企业的精神、行为和视觉形象上系统地塑造企业形象的方法，是20世纪以来，现代管理学、市场学、营销学、公共关系学、广告学、组织行为学和社会心理学成果的运用，也是许多企业家经营实践和平面视觉设计师们智慧的结晶。CI在不同时代、不同国别、不同文化的企业中的运用，经历了一个由浅入深、由单薄到厚实的过程。

那么，什么是CI？我们有必要先了解其概念。

CI，是英文“Corporate Identity”的缩写。直译为“企业自我同一化”，我们称之为企业识别标志。

什么叫作“Identity”？在字典上，“Identity”的意思是“同一、绝对相同、本体、身份、识别”等。其实只要能辨识出“本体”，就叫作“Identity”，就好像身份证代表一个人，拥有奔驰车的人就可能是事业有成的人一样。

对于Identity，我们作出进一步的结构分解，包含以下三层值得注意的方面：

第一，既然是身份、识别，就强调找出定位，依据环境、竞争、目标对象等优劣性定出自己的地位（Position），澄清自我存在的主体性。

第二，将其符号化，转换成一套能代表定位，具有亲和力、辨识力及延长力的符号系统。

第三，应用上要不断要求其一致性、标准性。如果在应用时不加以管制，将会因人、因地、因时而异，从而逐渐变形，失去其代表性。

因而，我们对CI的定义为：CI是指运用统一的视觉识别系统将企业经营观念与精神文化传达给公众，提升和突出同一化企业形象和个性，从而使社会公众产生认同感和共同价值观的一种战略性活动和职能。

CI的层次分解为：从目标看，CI是为塑造组织（企业）形象服务的；从职能看，CI要处理好企业与内外公众之间的关系，使公众产生认同感；从运用的手段和方式看，CI是利用整体传达沟通系统进行信息传播，“传播”意味着“存在”，通过有效的传播得到公众的认可，而内部的传播是标准化管理的关键；从活动效果看，CI的表现是长期的、全局的、战略性的。

【知识拓展】

CI的不同界定

对于企业识别，还有多种不同的解释，有的侧重企业差异说，有的强调经营技法，也有的认为视觉设计应为企业识别的中心，以下五种代表性观念可供参考：

中西元男：“有意识地、有计划地、有战略地展现出企业所希望的形象，通过公司内外产生最佳的经营环境，这种观念和手法就叫CI。”

罗伯特·D. 罗斯：“CI应由企业性质、一贯作风、经营或作业上看出，而非局限于企业的标准字体、造型、标志或车辆等表面设计上。”

黑木靖夫：“我认为CI应该是‘企业差别化战略’。”

林磐耸：“CI是将企业经营理念与精神文化，运用整体传达系统（特别是视觉传达系统）传达给企业周围关系者或团体，也就是结合现代设计观念与企业管理理论的整体运作，刻画企业个性，突出企业精神，使消费者产生认同感而达到促销目的的设计系统。”

中村秀一郎：“在企业经营活动的一环中，应把眼光放在视觉设计的技能上，统合企业内外的所有设计活动时，其中心概念和作业就叫作CI。”

【应用例证】

中国联通的公司标志是由中国古代吉祥图形“盘长”纹样演变而来的。回环贯通的线条，象征着中国联通作为现代电信企业的井然有序、迅达畅通以及联通事业的无以穷尽，日久天长。

标志造型有两个明显的上下相连的“心”，它形象地展示了中国联通的通信、通心的服务宗旨，将永远为用户着想，与用户心连着心。

中国红：红色中国结是国旗色，代表热情、奔放、有活力，是中国情结最具代表性的颜色。象征快乐与好运的红色增加了企业形象的亲和力，并给人强烈的视觉冲击感，与活力、创新、时尚的企业定位相吻合。

水墨黑：字体采用水墨黑这种最具包容力与凝聚力的颜色，是高贵与稳重的象征。红色和黑色搭配具有稳定、和谐与张力的视觉美感。

红色双“i”是点睛之笔，既像两个人在随时随地沟通，突出了“让一切自由连通”的品牌精神，又在竖式组合中巧妙地构成了吉祥穗造型，强化了联通在客户心中吉祥、幸福的形象。

“i”与“爱”同音，延伸“心心相连，息息相通”的品牌理念；英文释义“我 - i”、“信息 - information”，迎合“以客户为中心”的营销模式以及“向客户提供一体化的通信与信息服务”的品牌营销总体思路。

资料来源：http：//www. ifengwo. com/xinwenzhongxin/tongxun.（略作修改）

（二）CIS 的概念

CIS，是英文“Corporate Identity System”的简称或缩写，直译为“企业识别系统”，也有专家将其翻译为“企业形象战略”。

CIS 是运用视觉设计，将企业的经营理念、价值观念与特性予以视觉化、格式化、系统化、规范化，以塑造企业的具体形象及规范企业内部的制度和结构，发挥企业组织整体效能的一套完整的体系。

CIS 是以标志的设计（即 VI 设计）为核心，将企业的经营理念、经营宗旨、管理特色、社会使命感、商标设计、包装设计、产销策略、广告策略等的含义，以整体传播系统的方式，将信息系统传达给企业内外部公众，以塑造良好的企业形象，使公众对企业产生一致的认同感，以进一步取得公众的信赖与肯定。

CIS 从功能的角度划分为理念、行为、视觉识别三个子系统，它们各自承担着不同的功能。

MI：“Mind Identity”，理念识别系统。理念识别可以重塑企业理念，改造企业风格，提高企业员工的价值观念，振奋企业精神。

BI：“Behavior Identity”，行为识别系统。行为识别可以改善企业的内外部环境，规范企业员工的行为，疏通企业内外部的关系，提高企业的行为档次。

VI：“Visual Identity”，视觉识别系统。视觉识别主要是通过对企业外观要素的形式化改造，赋予其反映企业特质的标志，使人们能够通过形象视觉接触而认识企业，扩大企业的知名度。

CIS 的功能正是通过理念识别系统、行为识别系统和视觉识别系统的联动作用而产生和释放出来的。整个 CIS 的构成要素如下图所示：

CIS 的构成要素

CI 与 CIS 的区别

CI	CIS
侧重于企业及其产品的整体识别统一性，强调企业标志的标准化，即图案、文字、颜色、组合均要标准化	侧重于企业及其产品整体识别同一性的网络组合系统性

然而，CI 与 CIS 者之间又存在着密切的联系，相辅相成。一方面，CI 只有通过 CIS 才能贯穿和渗透于企业生产经营的各个方面、一切环节、整体过程之中，否则，企业识别就无法时时处处表现出企业及其产品的整体识别性；另一方面，企业识别系统只有以企业识别标志为中心，才能把理念识别系统、视觉识别系统、行为识别系统组成纵横交错的网络结构，成为一个完整的识别体系。

（三）正确把握 CI 须澄清的问题

CI 这个舶来品，得到了社会，尤其是企业界的广泛认同和接纳。但是，从目前我国企业导入 CI 的运作情况及企业对 CI 的认识来看，对 CI 还存在着许多误解，CI 的导入也并不乐观，所以，导入 CI 必须先认清以下六个问题：

1. CI≠“劳民伤财”

有些人认为，CI 导入时间长，投入大，收效小，它只是一种时髦，是大企业的事情，中小企业没有必要搞，不实用。

那么，导入 CI 果真是“劳民伤财”吗？不是！无数事实证明，企业导入 CI 是一种投资，而绝不是“劳民伤财”。

以我国的太阳神集团为例，其前身是广东东莞黄岗保健饮料厂，成立于 20 世纪 80 年代初期，在当时是一家很小的乡镇企业。1988 年，该厂组建集团时，年销售额仅为 520 多万元。但由于该年导入了 CI，其 1990 年的产值就猛增到 4 000 万元，1991 年又一跃窜到 8.5 亿元，1992 年竟狂飙达 12 亿元。导入 CI 仅 4 年，太阳神的产值翻了 200 倍。而该公司实施 CI 的活动投资，仅占其销售额的 5% ~8%。

2. CI ≠ VI

VI 是企业视觉识别系统，它是 CI 工程中形象性最鲜明的一部分，以至于很多人会错误地把 VI 当作 CI 的主体。

有人说，CI 就是设计企业名称、标准字、标准色（VI），我们公司早就完成了。这种说法是不对的。企业识别不等于视觉识别，而是企业理念识别、行为识别、视觉识别的整合。

3. CI ≠ MI

MI 是 CI 中的理念识别，也是整个 CI 工程的核心与灵魂，在结构图的“品”字排序中处在上方位置，它统领着整个 CI 工程的走向与日后的发展，视觉识别与行为识别都是它的外在表现。但这并不意味着 CI = MI，理论界有人把 MI、BI、VI 比喻成一个人的心脏、手和脸，比喻成一棵树的根、枝、叶，也就是说，CI 是个互相联系的、密切配合的整体结构。

4. CI 不是一次性的活动

CI 是组织性、系统化作业的定期督导管理，“冰冻三尺，非一日之寒”，CI

的建设亦然，它是一项长期的工程。

5. CI 不是总经理、董事长或 CEO 的命令

CI 策划的目标在于提高企业的认知度、知名度，从而提高市场占有率，增加营业额。而这些活动都需要公司全体动员，如果没有员工及中、高层领导的积极参与，那么，提升企业形象就成为一句空话。因此，如果只有董事长宣布实行 CI 策划，而职员及中、高层领导对 CI 的含义、内容认识模糊，对经营方针不了解，甚至连企业理念、口号、标语都一问三不知，那么，尽管董事长宣布导入了 CI，也是没有什么效果的。

6. CI 不是企业形象本身

CI 与企业形象紧密相关，但并不等于企业形象本身。CI 是企业或组织的一种战略性活动和职能，是塑造企业形象最快捷的一种方式和手段，是企业经营的有力助手，比起营销、公关、广告来说更具有系统性。但是，CI 并非万能的形象手段，更不是企业形象经营本身，两者并非同一概念。

二、CIS 的产生与发展

（一）商品标志的产生——企业视觉形象统一化的起源

1851 年，美国宝龄公司的老板威廉·宝特先生发现负责运货的人总是在装有蜡烛的箱子上画上黑叉叉，经询问才知道是为了使那些目不识丁的码头工人能分辨哪些是蜡烛、哪些是肥皂。后来，有位聪明的工人把难看的“叉叉”改为“星星”，以后又有一些人用一群星星与月亮取代了原有的孤零零的“星星”，并且这一组合图案成为经常出现的符号。后来，当宝龄公司用别的东西取代这些符号时，新奥尔良的一位经销商却拒绝接受这些没有星星、月亮符号的蜡烛，认为是冒牌货，宝龄公司由此认识到这些符号的重要性，于是申请了注册商标使用。可以说，商标在当时的市场竞争中发挥着主要作用，是区别企业与产品，特别是同类产品的重要标志。

而且，随着产品设计开发的日新月异，产品种类的日渐增多，为了避免企业多个商标分散，弱化消费者对企业及其产品的记忆力的状况，便产生了通过统一化设计传播商标品牌和企业形象的客观需要。

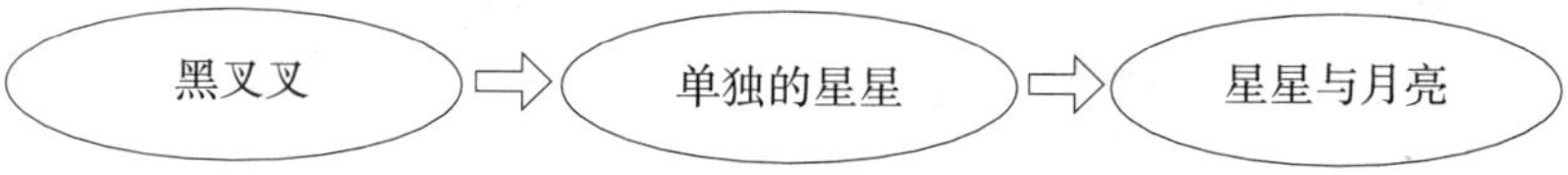

1851 年美国宝龄公司商标的产生

（二）德国、英国等欧洲国家的工业设计——CIS 雏形的产生

第一次世界大战前，德国的 AEG 公司最早将 CI 引入企业，当时公司采用设计师彼德·贝汉斯所设计的 AEG 三个字母形象的图案作为企业标志，不仅把商标用在其系列化产品上，还用到包装、海报、便笺、信封、橱面上，形成整体形象识别，从而开创了企业实施统一的视觉识别系统的先河。

视觉识别设计的萌芽

1933—1940 年，英国“工业设计协会”会长兼伦敦交通营业集团副总裁佛兰克·毕克（Frank Pick）负责规划伦敦地铁的设计任务，他聘请爱德华·琼斯顿（Edward Johnston）负责规划伦敦地铁活字印刷体的改良设计，以便应用在小至车票，大至站牌、指示牌的字体统一上。这一套被人称为“铁路体”（Railway Type）的字体是世界上第一个正式在公共场所应用的无装饰线字体，由于力求清晰、明确、规范统一，“铁路体”的识别性非常强，应用效果很好。此举激发了英国各界对字体改良与统一的热烈响应，推动通用字体的造型向明视易读的方向发展，导致字体造型趋向统一化。伦敦地铁的规划与设计，具备了建筑景观与运输机能统一的设计形态，堪称现代工业设计的经典之作。

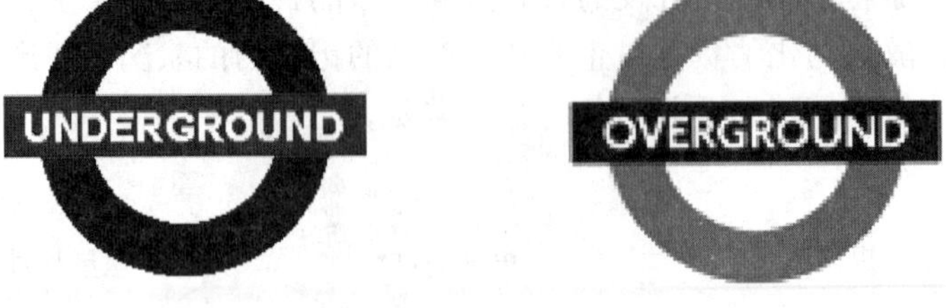

伦敦地铁标志

（三）现代意义上的企业识别观念产生

第二次世界大战之后，随着国际经济的复苏及工商业迅速发展，市场竞争激烈，企业经营朝着多元化、国际化的发展方向。企业产品视觉形象统一化也不能不适应企业发展的需要，为了强调自己的企业与竞争对手之间的差别与个性特点，塑造独特的经营理念，统一化、组织化、系统化的视觉传达设计就越来越受到广泛的重视，

约在1930年，美国著名设计家雷蒙特·罗维、保罗·兰德等最早提出CIS这一用语，即“Corporate Identity System”。

1950年，美国专业设计刊物《图案》杂志首次使用“Corporate Identity”这一术语。

（四）IBM公司开创了CI设计先河，标志着“企业识别系统”被正式提升到企业经营的战略层面

1956年美国的IBM（国际商业机器公司）率先实施CIS，把既长又难以记忆的公司全称“International Business Machines”缩写成为IBM，设计成八条纹的具有个性的标准字体，选用象征高科技的蓝色为公司的标准色，通过整体设计，从此以“组织制度健全、充满自信、永远走在电脑科技尖端的国际公司”的印象，成功地建立起IBM高科技“蓝色巨人”的企业形象，雄霸于世界计算机行业之首，成为CIS开发最成功、最典型的例子。之后，被誉为“美国国民共有财产”的可口可乐公司，在1970年以崭新的企业标志为核心，展开CIS的规则行为，强烈生动的视觉形象深深打动着每一位消费者，从而奠定了长盛不衰的企业形象。

简明醒目而具有个性的标准字体

三、CIS在各国的发展模式

（一）美国式的发展模式

美国有意识地把CI作为企业识别策略。美国是个讲究效率的国家，美国的思想、文化处处体现着实用主义，以效益为价值标准，特别强调生产效率、利润指标。从企业管理方面，偏重于理性制度条规的管理，比较系统化、规则化，便于操作。所以，美国式的CIS战略是以企业识别标志为先导，以视觉识别标志为核心，集理念识别、行为识别于一体，以设计和塑造自身形象为宗旨的一种经营技法。

美国式的CIS战略具有以下显著特点：

1. 鲜明的视觉化

注重从视觉系统入手，强调视觉识别标志的统一性和标准化，色彩、标志、图案全世界一样，这与美国思维模式源于唯物，习惯于从实验室找真理很一致。它是西方工业标准化的具体表现。美国国际商业机器公司（IBM）率先导入CI，诺伊斯首先将公司全称浓缩为IBM，同时请著名的平面设计师波儿·兰德设计出一直沿用至今的清晰易读且造型优美的IBM标志。诺伊斯等人为IBM所开发的CIS设计和一般商用设计完全不同，他们的作品是为了表现企业特征，设计中强调一致性和连续性，以形成统一风格，在国际市场上树立了鲜明的IBM形象。

随着IBM公司导入CI的成功，欧美的许多公司纷纷效仿，初期导入CI的企业如美孚石油公司、东方航空公司、西屋电气公司、3M公司、德国西门子公司、法国航空公司等。其中，可口可乐公司的标志最具有代表性。可口可乐公司采用红白相间的波纹标志，以英文“Coca-Cola”的手写体为标准，富有流动感，引人入胜，具有十分强烈的视觉效果，给人以“挡不住的感觉”。可口可乐公司成功的设计，导致世界各地掀起一股企业形象设计新热潮。如此，1950年才出现的企业形象设计在美国得到迅速发展和普及。

从实际操作而言，欧美的CI设计侧重于VI部分，强调视觉传达设计的标准化，力求设计要素与传达媒体的统一性，使得企业标志、标准字体、标准色能充分运用在整个企业体系中，从而塑造别具一格的良好的企业形象。欧美CI战略自创立起，就一直把它定义为：“是以标准字体和商标作为沟通企业理念与企业文化的工具。”

2. 突出的个性化

由于西方文化崇尚自由、个性、独立、竞争，因此，CIS战略无不打上西方文化的烙印，具有突出的个性化特点。

美国是一个移民国家，素有“民族熔炉”之称，多民族、多文化、多种语言并存是其国情的主要特征，所以，美国非常重视个人能力的发挥和个人创造力的表现。美国讲个人自由，把个人创造力看成是个人自由的发展动力。美国的CIS战略深受美国文化的影响，呈现出显著的个性化特点，我们以美国可乐市场的两大巨头——可口可乐公司和百事可乐公司的标志为例加以说明。

可口可乐是世界公认的第一饮品品牌。一百年来其标志形象已深入人心，令人瞬间产生清醇的味觉与流畅活泼的感受。可口可乐的标志识别中不可缺少的几个要素如下：

Coca-Cola的书写字体：可口可乐发明人佩姆伯顿当年直接采用账房先生罗宾逊在账本中书写的潇洒飘逸的字体，尔后在草体下加了一条颇具韵律感的波纹线，处理成呈“S”形的飘带，仿佛乘风破浪前进中的帆船，异常醒目，充满激情与活力，在消费者脑海中烙下深刻的印记。将字体与曲线结合在一起，更增强了标志的联想性和象征性，可成为“瞬间的动态”。这种“瞬间的动态”在观者的视觉与感觉中，由于联想的作用，显示出与众不同和难以言传的魅力。

Coca-Cola的品牌名称：“Coca-Cola”读音清晰、朗朗上口，它既与汉语“可口”的发音相似，又与英语Cool（凉爽、清凉）语音相近，“可口又可乐”能迅速激发人的味觉和愉快的心情，更容易使人联想到“可口”的色与味。

红色的标准色：红底白字，红白相间的波纹，产生强烈的视觉冲击力，突出了可口可乐“挡不住的感觉”之个性。

可口可乐公司标志

百事可乐是继可口可乐之后美国第二个饮料品牌。近一个世纪以来，两打巨头在世界饮料舞台上进行着一场没有硝烟的战争。百事可乐的标志识别也形成了自己独特的个性，主要特点如下：

首先，百事可乐以名取胜，在品名上毫不逊色于可口可乐。中国人崇尚万事如意，译成“百事可乐”，更有一种心想事成、梦想成真的好兆头。

其次，精心打扮，在包装上采用装啤酒的350毫升瓶子，与可口可乐的曲线玻璃瓶大打擂台。在标志设计中，以雄健的“PEPSI”字体为视觉中心，以方和圆的有机组合为标准图案，映衬出品牌文字，并形成一个整体。

1996年，公司又对标志进行了更独特的改进，抛弃以往百事可乐的红、白、蓝三色，改用清一色的“百事蓝”作为公司的新形象，掀起了一股“蓝色风暴”，并以红色作为辅助色，形成继往开来的风格，以期向“红色”的可口可乐发起猛烈进攻。标志对比强烈，形成律动感，具有柔美、轻快、自命不凡的气质。

百事可乐公司标志

【知识拓展】

“车辆文化”的背景下产生的美国式CIS

由于CIS产生在“车辆文化”的背景下，所以美国对CIS的理解比较偏向于视觉识别，也就是说，它把标准字、标准色以及商标作为CIS战略的核心，十分注重视觉的统一，强调视觉系统在世界各地的一致，其CIS主要用于外部宣传。强调以视觉设计来沟通企业一方面具有理念和文化，便于操作，另一方面也限制了CIS的发展。

标准字

标准色（统一的黄色）

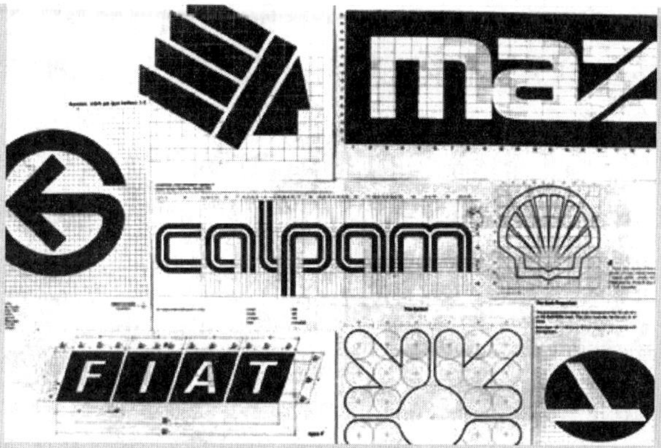

便于识别与操作的形象识别标志

（二）日本式的发展模式

在亚洲，日本企业是最早引进欧美 CI 设计的实践者。20 世纪 60 年代是日本广泛传播 CIS 计划的时代。中西元男成立了 PAOS（Progressive Artiste Open System）设计事务所，他首先把 CIS 引进日本并加以改造，撰写了 *DECOMAS* 一书，详细介绍了美国可口可乐公司、无线电公司、IBM 公司、3M 公司、哥伦比亚公司的 CIS 计划，引起了巨大的反响。

从 20 世纪 70 年代开始，日本进入经济腾飞的时期。自 1970 年马自达（东洋工业 MAZDA）汽车导入 CIS 后，也逐渐掀起了热潮。第一劝业银行、伊藤百货公司、大荣百货、伊势丹百货、松屋百货、小岩井乳业、麒麟啤酒、亚瑟士体育用品、三井银行、白鹤清酒等纷纷导入 CIS。

但是，日本的 CIS 战略是 MI、BI、VI 三者并举，明显有别于欧美的 CIS 战略。日本是一个善于模仿和吸取他人优点的国家，并能将外来文化与本国文化创造性地结合起来。日本企业在 CI 战略导入时，在借鉴美国 CI 模式的同时，结合日本的国情和企业文化传统，特别强调企业形象的一致性和整体性，反对只模仿美国人注重表面视觉设计和信息传达的偏向，把 CI 视为“问题解决学”。通过导入 CI 来认识自我、改造自我、超越自我，促进企业自身的完善，形成独特的重理念、重行为、重企业文化的日本的 CI 模式。

所以，学术界普遍认为：日本式的 CIS 战略是企业文化型的 CIS 战略。

日本式的 CIS 战略具有以下两个显著特点：

1. 强调企业理念与企业文化的深层次修炼，坚持以认知企业理念为核心的原则

日本人把认知企业理念作为导入 CIS 的战略核心，企业界认为企业不仅销售

物质的商品，企业形象也应一起被推销，要让社会强烈感受到企业的精神、独特的产品品格。日本型CI大多不像美国那样停留在标志、标准字及相关设计系统上，而是深入到企业经营的价值观深处，落实到企业的差别化上。在统一理念的指导下，对内整合、强化全体员工的归属意识；对外整合、传播企业良好的整体形象。同时，日本人认为企业的经营者可以改变，但是企业的理念、经营宗旨和具有特色的企业文化的优良传统是不能改变的。因此，日本企业在导入CIS战略时，十分重视企业理念和文化的塑造和传达。

2. 注重人性化的管理方式和人际关系的和谐，坚持以人为本的原则

日本独特的地理环境和历史文化共同塑造了日本的文化特征：

第一，永不满足的学习精神，民族昌盛的强烈愿望。日本是个狭小的岛国，长期孤立。现代工业对外的依赖使日本人形成了强烈的危机感，为了摆脱危机，日本人形成了惊人的广采博取的学习精神。如唐朝时学习中国，明清时学习荷兰，近代学习英、法，“二战”以后学习美国等。

第二，外来文化与民族特性的兼容并蓄。日本在接受外来文化的同时也很好地保持了民族的特点，使现代文明与优良传统和谐共处。比如，西服与和服、西餐餐具和日式餐具的共存。

第三，“家族”意识和强烈的团队精神。日本是世界上由最单纯的民族组成的国家，几乎不存在民族之间的纷争，这正是其大和精神形成的原因。在大和精神的熏陶下，日本的民族文化明显地体现出“家”的意识，家是东方文化的基质，社会是家的放大体，是一个纵式组织形式。员工竭尽全力也是为了避免因未好好工作而受到社会道德的指责——忘恩负义。由家族意识决定，日本民族有一种强烈的团队精神，愿与公司荣辱与共。而且，日本人明白，要充分发挥集体的力量，就必须以和为贵，这形成了日本人珍视和谐一致、提倡自我约束、宽厚待人的精神风貌。

日本的企业文化深深地打上了日本民族文化的烙印，所以，十分注重人性化的管理方式和人际关系的和谐。客观上它要求企业员工能与企业同甘共苦，一起创业，以团队精神来克服种种困难；另外，从经济大战前景看，由于国内市场狭小，导致回旋余地小，因此，企业只能向外寻找生存和发展的空间。要达到这一目标，企业必须依靠加强企业文化建设和塑造良好的企业形象来增强凝聚力，以企业的理念来刺激、影响员工的行为，使员工树立“以企业为家”的思想。同时坚持“以人为本”的原则，造就员工对企业的归属感和家族意识，使员工与企业形成“命运共同体”、“利益共同体”、“生活共同体”。因此，“以人为本”，“以企业为家”，“对企业忠诚、敬业乐业”的精神是日本企业的精神支柱，是日本企业文化的源泉。

日本第一劝业银行的标志体现企业理念：“爱心”

（三）中国的CIS发展

我国台湾地区最早引进了CIS。继日本兴起了CI热潮之后，韩国和我国台湾也相继引入CI，而且我国台湾地区在综合程度上更优于韩国。台湾地区引进的CI观念主要源自日本，在CI形成之初，聘请了许多日本专家参与指导，理论体系亦大体随日本CI理论而发展，所以，在观念和做法上，与日本CI有许多相似之处，把经营理念作为CI的原动力。

台湾地区最早实施CI战略的企业是台塑集团。董事长王永庆高瞻远瞩、独具慧眼，采纳郭叔雄“多角经营的设计策略”，成为台湾地区创企业形象之先驱。其波浪形、延伸式的企业标志，将所有各关系企业的标志结合在一起，充分表现了台塑集团的产业特色，并且象征着整个企业连绵不断、蓬勃发展。

随后，味全食品公司聘请日本设计名家大智浩为设计顾问，全面开展味全CI计划，以W字母造型的五圆标志，统一了原有各部门产品的视觉形象，树立了台湾企业形象的典范。味全标志的具体含义是：五个圆点构成味全英文名（Wei－Chuan）首字母“W”的造型，也是中文味全（Wei－Chuan）和五味俱全（wu wei ju quan）中“味”和“五”汉语拼音的首写字母。既象征食品圆润可口的行业特征，又寓意中国美食五味俱全的悠久历史；既揭示出企业经营系列化产品的理念，又表现出中华民族传统文化。

“味全”标志

中国大陆CIS起步较晚，改革开放后的20世纪80年代末，社会主义市场经济模式确定后，CIS才逐渐引入和盛行。广州市首家以CIS战略为经营理念的设计机构广东新境界设计公司接受广东太阳神集团公司的委托，负责总体策划、设计并导入CIS。太阳神集团公司一开始就实施企业名称、商标、产品名称三位一体的策略，获得了巨大的成功。太阳神的成功，使得地处改革开放前沿的珠江三角洲地区很快就掀起了导入CIS的热潮，一大批经过CIS策划包装的新品牌、新企业，包括健力宝饮料、金利来领带、容声冰箱、美的风扇、三九胃泰等强有力地冲击市场，这股热潮迅速由南向北发展，由东向西扩大，影响全国。

时至今日，中国的CI战略正在日益走向发展、成熟和完善。但是，毕竟中国大陆CIS导入的时间不长，还存在一些应该注意的问题：

（1）不能有效地利用自己的企业形象和产品形象去参与竞争和占领市场。一些公司只凭借国有企业的实力、雄厚的资源、低廉的价格、国家的优惠政策去参与市场竞争。

（2）由于体制的原因，那些长期处于垄断经营地位的企业往往忽视了自身形象的塑造与传播。

（3）重形式，轻内容。缺乏对企业形象的整合，忽略了企业行为准则和视觉设计传达的统一性，过分关注表面的“轰动效应”，企业的运营模式依旧。

（4）重设计，轻实施。对CIS的精髓缺乏深刻的领悟。大部分导入了CIS的企业，只重视“看得见”的视觉系统的设计，而忽视对企业整体形象的塑造，理念缺乏个性，或忽视对企业理念的整体理解和具体落实。

所以，中国CIS模式的发展，既要学会洋为中用，借鉴国际先进的经验，参与到国际竞争中去；也要做到古为今用，从中国的国情和文化背景出发，从企业的实际出发，充分运用中国悠久的哲学智慧来构建企业理念“灵魂”，并且与时俱进，开拓创新，以此引起广大公众的共鸣。当然也要把BI和VI建立在个性化理论的基础上，开拓出绚丽多彩的行为识别和视觉识别的各种图画，将具有中国民族文化特色的CIS战略展示在世界面前。

实践启迪

太阳神的成功昭示着中国企业“形象导向时代”的来临

一、案例回放

太阳神集团的前身是民营乡镇企业广东东莞黄岗保健饮料厂，1985 年，投入资金仅 5 万元的保健饮料厂，推出了新一代生物健口服液，具有双向调节和增强免疫功能的作用。企业使出浑身解数，年销售总额才达到 500 多万元。1988 年，企业尝试导入并实施 CI 战略，委托广州市首家以 CIS 战略为经营理念的设计机构广东新境界设计公司进行总体策划。

太阳神集团公司一开始就实施企业名称、商标、产品名称三位一体的策略。

先将“生物健”改为“太阳神”，太阳是生物有机体的终极能源，万物生长离不开太阳。以“太阳神”来命名企业生产经营的营养液产品和企业自身，既通俗又高雅，既具有国际化、现代化特征又不失民族精神和传统风情，同时能够诱发消费者及社会公众普遍的基本一致的心理联想，诸如生命的美好、青春的活力、健康的保障、事业的灿烂等，是一个非常容易为中外消费者接受、感知、辨识和认定的品牌。

其商标的图案以简练、强烈的圆形与三角形构成基本定格。用与三角形构成对比、力求和谐的形态圆形象征太阳，代表健康、上的商品功能与企业经营宗旨。三角形的放置呈向上趋势，是 APOLLO 的首写字母，又具有“人”的象征，体现企业不甘现状、以人为本、奋发向上的整体精神风貌。红黑白三种强烈、鲜明的色彩，具有很强的视觉冲击力，给人一种明快健康的视觉与心理感受。

公司在推进 CIS 的过程中，还进行了大量卓有成效的公关活动，如赞助教育、文化、体育事业，宣传独特的企业文化，这迅速提高了企业的知名度，在全国公众心目中树立了良好的企业形象，赢得了消费者的信任。

二、启迪与分析

CIS 的导入创造出了“太阳神”神话。太阳神集团在导入 CIS 后仅用四年的时间，以惊人的速度占领并覆盖了市场，将销售收入提高了 200 倍以上，公司在短短的五年内由一个普通专业厂发展为产品多元化、经营多角化的跨国企业集团。太阳神集团公司导入 CIS 成功的探索，被理论界称赞为“中国特色的 CIS 经典”，是中国企业 CIS 运动史上的先驱者，起到风向标作用。

项目训练

1. 试分析案例中企业实施 CIS 未能取得成功的原因。

某企业是北方的一家市级百货商场，在进行了深入研究之后，该企业决定实施 CIS。该企业首先为自己更换了名字，决定以全新的形象出现在公众的面前。它们专门找了一家较为有名的 CI 设计公司为其设计了商场的徽标，重新制作了商场的铭牌，并在商场内各处都挂上一些服务理念和准则。企业将“顾客至上”定位为其经营理念，同时还制定了一些行为规范，在员工大会上作了宣读。至此，企业认为其 CIS 的导入工作已经全部完成。但由于缺乏相应的落实措施，在实施了一段时间之后，并未收到预期的效果。

2. 请在网上收集三个企业形象策划案分析其中富有特点的创意实例。

思考练习

1. 如何理解“理念识别（MI）是 CIS 的核心和基本精神之所在”这句话？
2. 企业如何确定导入 CI 的时机？
3. CIS 为什么先在美国兴起？
4. 试论述 CIS 在中国兴起的必要性和必然性，并指出目前我国企业在导入 CIS 过程中存在的问题及中国应采取的应对措施。
5. 试联系实际阐述企业为什么要树立良好的形象？

任务二　CIS的系统构成要素及MI、BI系统的设计

知识目标

◆ 通过学习，使学生熟悉CIS的构成要素。

◆ 使学生明确企业理念识别系统在CIS系统中的核心地位，掌握理念识别系统的各个子系统的内涵。

能力目标

◆ 具备进行理念识别系统设计的技能和能力。

◆ 通过学习，掌握企业内部管理行为策划的基本内容，并能参照本节内容，结合企业实际，进行局部或整体的企业内部管理行为的策划。

任务导入

荣事达集团的CI战略

荣事达集团公司成立于1994年1月。1997年导入CI战略后，洗衣机产量达175万台，产销率99.7%，实现销售收入18亿元，利税1.83亿元。产值、销售收入和利税分别比上年增长31%、13%和18.8%。

1997年5月18日，荣事达集团推出了中国第一部《企业竞争自律宣言》（以下简称《宣言》），奏响荣事达CI导入的序曲。荣事达集团会同中国企业管理研究会CI导入课题组进行了周密的策划，决定将推出《宣言》作为荣事达导入CI的切入点。接着，集团在钓鱼台国宾馆举行了新闻发布会，中央电视台进行了实况转播；《焦点访谈》节目作了追踪报道；新华社向全国报纸发出了通告；中央人民广播电台也作了相应的报道。一时间《宣言》的推出成为全国各大新闻热点。

导入CI是一项系统工程，仅仅找准一个切入点是不够的。还需对MI、BI、VI进行系统化的设计。荣事达在中国企业管理研究会CI导入课题组的协助下，共同策划了以理念为中心的一系列活动。

(1) 企业理念。将荣事达在长期经营实践中形成的“和商”理念归纳为“互相尊重、相互平等、互利互惠、共同发展、诚信至上、文明经营、以义生利、以德兴企”32个字，以此作为处理企业与消费者、企业与商界、企业与企业之间，以及企业与员工之间关系的基本准则。

(2) 策划“5·18宣言”和“5·18计划”，即准备在5月18日推出《宣言》，将《宣言》精炼为5章18条，包括“企业竞争自律准则”、“企业竞争道德”、“企业对外行为自律准则”、“企业对内行为自律准则”、“企业自律准则的检查与监督”。

(3) 举行由在京的一些专家、学者和中国轻工总会有关部门负责人及企业界代表共50多人参加的“市场经济与企业自律”专题研讨会。《经济日报》为此发表了题为“为荣事达的自律叫好”的社论。

任务分析

企业形象策划是个系统、长期、复杂的工程。其中，企业理念识别系统往往是企业所处的社会地位和经济实力的体现，也是企业发展指向、运行轨迹的前瞻性的体现。成功的企业必须具有一种有价值的目标，这种目标不仅是经济目标，更重要的是经济价值与社会价值的统一。企业应该为消费者创造真正的财富，以提供优质服务为目的，体现人类自身的价值。当企业实现主要目标时，财务目标也就实现了，两者并不矛盾。荣事达的32字理念恰好将企业自身的经济目标与企业应负的社会责任感、企业的社会价值融于一体，所以，《经济日报》在题为“为荣事达的自律叫好”的社论中，称荣事达为全国企业界带了一个好头，为中国市场经济走向规范化作出了重要贡献，指出这是呼唤市场经济有序化的一大突破，对规范各行各业、规范各企业的行为有重要意义。

理论要点

CIS作为一个系统，它由三个子系统所构成，即MIS（企业理念识别系统）、BIS（企业行为识别系统）和VIS（企业视觉识别系统）。同时，它也具有许多自身的特征，从而形成了非常丰富的内涵。其中，理念识别处于主宰和支配地位，是整个形象识别的关键，而行为识别和视觉识别是理念识别的延展和推广。三者的结构关系及与企业文化的联系如下图所示：

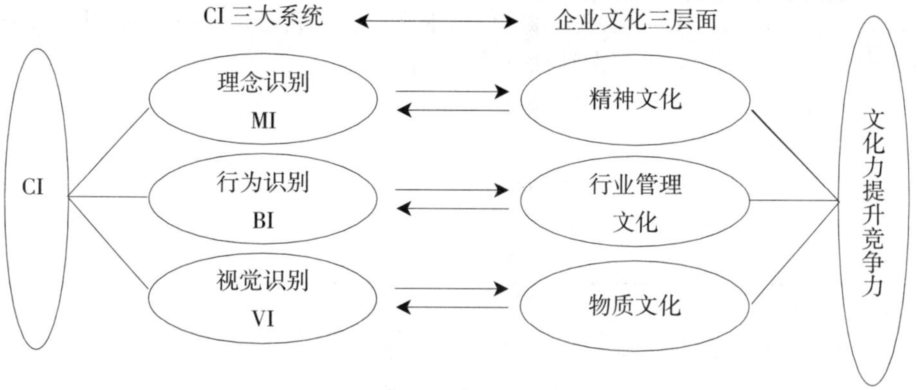

CIS 系统结构

本节我们主要介绍 MIS、BIS 两个具体的系统。VIS 内容相对复杂，我们将在下一任务中单独学习。

一、MIS（企业理念识别系统）

（一）企业的 MIS 概述

1. 企业 MIS 的内涵

CIS 策划开始于 MIS，MIS 是 BIS 和 VIS 的基础，也就是说，BIS 和 VIS 都是在 MIS 的基础上设计与实施的。MIS 是英文“Mind Identity System”的简称，是指理念识别系统。

有关企业理念的定义，一般有如下的一些说法：

（1）企业理念是企业经营管理的观念或指导思想。

（2）企业经营理念是整个企业识别系统运作的原动力。

（3）企业理念识别是企业全部精神现象和精神活力。

（4）企业理念是公司和从业人员之间必须培养的一体的共识意念。

这些观点均有其正确性，揭示出企业理念的内涵及特征，归纳起来，现代企业理念识别的含义概括为：得到社会普遍认同的、体现企业自身个性特征的、促使并保持企业正常运作以及长足发展而构建的反映整个企业明确的经营意识的价值体系。

要正确把握 MI，应明确三点：

（1）MI 是企业的灵魂与宗旨，是企业赖以生存的原动力。MI 不仅是企业经营的宗旨与方针，还应包括一种鲜明的文化价值观。

（2）MI 是当代企业信息传播识别性的内核，对内表现为企业内在的凝聚

力，它是企业内部员工明确并掌握的行为准则；对外它是企业识别的尺度，通过传媒向社会公众宣传，希望得到社会公众认同

（3）MI 应该是一个永远开放的体系，融入文化，适应文化。

2. 企业 MIS 的功能

企业 MIS 的功能如下表所示。

MIS 的功能

MIS 的功能	具体体现
导向功能	MI 是包括企业使命、经营哲学、行为基准、社会责任等内容的一整套理论体系。故其必将对企业经营管理活动起到导向作用，具体表现在以下三个方面：规定了企业行为的价值取向；可以给企业确立企业宗旨、经营目标；作为指导思想是企业各项规章制度建立的依据和理论基础
渗透功能	CI 是一种意识、一种文化、一种战略，具有很强的渗透力和影响力，而这两种力量主要是指 MI 在组织中的传播程度和达成共识的程度。一般来说，体现在视觉渗透、意识渗透和战略渗透三方面
凝聚功能	MI 包含着企业使命、宗旨、精神、价值观等内涵，是对员工进行教育的重要内容，通过各种活动教育、感染、影响，使员工增强主人翁意识，使其在精神和感情上与企业结下牢固的关系
激励功能	美国学者劳伦斯·米勒说："未来企业的成功需要看能否聚集创意、是否员工和管理人员一起从事创造性的思考而定，而企业员工积极性、创造性的根源又在于能否树立起正确的经营理念。"
辐射功能	成功的企业理念具有强烈的时代性和社会性，它不但对本企业发挥巨大作用，而且会通过各种传媒渗透和影响其他企业乃至整个社会
识别功能	MI 的同一性、统一性特点使得企业内外、上下都保持着经营上、姿态上、形象上的一致和协调

（二）企业 MIS 的设计要素

企业理念识别系统属于企业精神文化的范畴，一个企业的 MI 系统通常包括企业哲学、企业宗旨、企业精神、企业经营方针、企业作风设计等基本内容。其具体的表现形式为：信念、口号、标语、守则、歌曲、警语、座右铭以及企业高层人员的精神和讲话。

1. 企业哲学

企业哲学是以企业家文化为主导的企业核心群体对于企业如何生存和发展的

哲理性思维，它是一种人本哲学，是企业解决如何在外部生存以及企业内部如何共同生活的哲学，是企业对内外部的一种辩证式的哲学思考，这种哲学思考又决定了企业对于各种事物的偏好，所以企业文化是个性化的，这就是其根本原因所在。

企业哲学是企业家文化与企业文化的转化器，基于两个主要原因：一是企业哲学应该是一个群体的思维，而不是某一个企业家的思维，它可能是对几任企业家文化的高度提炼；二是企业哲学不只是停留在企业家阶层，也包括了企业核心团队的智慧。

企业哲学的三大命题："为什么存在"、"成为什么"、"如何存在"

企业哲学三大层次			
层次	内涵	名称	包含的内容
第一层	Who 企业存在的意义	使命 Mission	为了谁而存在——民族、股东、顾客、员工
第二层	What 企业发展的目标	愿景 Vision	什么是最重要的—— 产品、技术、人才、市场份额、顾客满意
第三层	How 企业如何生存	核心理念 Motto	价值观—— 对市场、客户、员工、产品、管理意识等方面的价值观

第一层（核心层）是"企业存在的意义"。是解决企业存在的价值，即"我是谁"（Who）的问题，就是企业的使命（Mission）、企业生存的价值或者说意义。它与企业的发展阶段、企业家的精神密切相关。这个结论跟马斯洛的需求层次论是相吻合的。当一个企业刚刚成立时，要更多地考虑企业的生存问题，就是如何去赚钱，即需求层次中最底层的生存需要；随着企业规模的扩大，企业的生存价值也就慢慢提升，到了最高一层，自我价值的实现，就是我们这里所讲的企业的哲学境界了。

企业哲学的第二层是"企业发展的目标"，就是"成为什么"（What），即愿景的问题。一个公司的愿景（Vision）是全体人员为之奋斗的目标，它必须是前瞻性的、挑战性的，而且又必须是宏伟的，就是说它具有艰苦性又具备可操作性，也是激励人心的，有"气吞山河"的功效。

企业哲学的第三层是"企业如何生存"，即"怎样"（How），即经营理念（Motto）的问题，这一层次涉及的内容最为广泛，它因企业所处的行业、地域，关注点的不同而不同，大致上可包括对市场、客户、员工、产品、管理意识等方面的内容。

【应用例证】

企业哲学范例

(1) 松下经营哲学二十条

树立正确的经营理念
对人要有正确的看法
顺应自然的规律
贯彻共存共荣的思想
树立一定成功的坚定信念
实行“水库式的经营管理”
贯彻专业化
集思广益
企业的经营管理是一种艺术
要关心政治
用生成发展的观点看待一切事物
正确地认识企业的使命
利润就是报酬
应该认为社会大众是公正的
时刻不忘自主经营
进行适度经营
造就人才
既对立又协调
要顺应时代的变化
要心地坦诚。

(2) 广州本田的企业哲学

以人为本，尊重个性

(3) 日本丰田公司企业哲学

以科学技术为经，以合理管理为纬

(4) IBM 公司企业哲学

“尊重个人、服务、追求卓越”

(5) 河北新华物资总公司的企业哲学

让我们所能获得的每一份资源，都流动到最佳位置

2. 企业宗旨

企业的宗旨是指企业经营活动的主要目的和意图，是企业所认定的追求境界、发展方向和信念目标。从长期发展上看，表现为企业目标；从短期的阶段性看，表现为一定时期企业所欲达到的目的。它表明企业依据何种思想观念来确定企业的行为和开展企业的各项生产经营活动。

一般包含三个层面：经济目标、社会目标和文化目标。这就要求企业在追求经济利益与社会利益的同时，必须注重企业文化的建设。

企业宗旨是理念组成的重要因素之一，一般具有统领性、识别性、高品位和服务性的特征。

宗旨定位要明确，才能实现其目标。经营宗旨的定位其实就是对公司的“事业领域”加以确认，要解决的问题很单一，即明确企业究竟要“干什么”。

【应用举例】

企业宗旨范例

海尔集团为自己的企业规定的宗旨：

质量宗旨：高标准、精细化、零缺陷；科研开发宗旨：立足创新、用户为师、永远改进、追求完美；服务宗旨：用户永远是对的。

香港瑞兴百货公司经营宗旨：百货百种，牵动百行。

上海锦江旅游公司经营宗旨：搞旅游就是交朋友。

美国波音航空公司经营宗旨：让人们走到一起来。

汇源果汁集团经营宗旨：喝汇源果汁，走健康之路。

大众汽车公司经营宗旨：用户愿望高于一切。

北京同仁堂的企业宗旨：同修仁德，济世养生。

3. 企业经营方针

经营方针是指以企业的经营思想为基础，根据实际情况为企业实现经营目标而提出的一种指导方针。

企业经营方针是企业经营宗旨的明细化和具体化，也是企业一切经营活动都必须遵守的最高准则和战略方针，是企业运行的最高原则。如果说经营宗旨的定位是解决“干什么”的问题，那么经营方针的定位是解决“怎么干”的问题。

企业经营方针的制定必须考虑行业的特点，不同行业有不同的个性要求，同时要了解公众的需求，并以此需求为基础来进行设计。经营方针设计风格必须简洁明了，便于传达和记忆。

如济南商界的经营方针是“零点工程”，具体内容为零风险、零遗憾、零距离、零起点、零环节。

日本日立公司的经营方针是：以消费者为本，以技术为本，以诚实为本。

4. 企业精神

企业精神是指一个企业全体（或大部分）职工共同一致、彼此共鸣的内心态度、意志状况和思想境界。它是随着企业的发展而逐渐形成并固定下来的，经过有意识的概括、总结、提炼而得到确立的思想成果和精神力量。

因此，设计企业精神时首先要体现的是全体员工共同拥有、普遍掌握的理念，恪守企业的共同价值观和最高目标；其次，要有鲜明的社会责任感，坚定企业的追求；再次，不能背离企业哲学的主要原则，要具有时代精神、务实精神、求精精神，以保证企业的社会地位、经营层次和可持续发展。

例如，随着历史的发展，我国不同时期的民族精神的内涵不断丰富。我们伟大的民族先后培育了井冈山精神、长征精神、延安精神、大庆精神、“两弹一星”精神、“98抗洪”精神、齐心协力抗击“非典”精神等，正是在这些精神的鼓舞下，我们取得了一个又一个胜利。

【应用例证】

企业精神范例

上海宝钢集团的“四精精神”：精诚、精简、精进、精捷。

中国联通的“四气精神”：必胜的志气、蓬勃的朝气、开拓的锐气、高昂的士气。

常州林业机械厂的“三气精神”：工厂有名气、队伍有士气、职工有志气。

日本佳能公司的“三自精神”：自发、自治、自觉。

台湾统一企业的“三好一道精神”：信誉好、品质好、服务好、价格公道。

海尔精神：敬业报国，追求卓越。

美国IBM公司企业精神：IBM就是最佳服务。

青岛啤酒集团公司的企业精神：超越自我，追求卓越。

5. 企业风格

风格是指人们在工作、学习和生活中表现出来的态度。企业风格（Enterprise Style）是企业在各种活动中所表现出来的一贯态度和行为处事风格，是全体员工在企业发展过程中长期积累并形成的精神风貌，是企业内质的外在表现，也是企业理念的要素之一。

企业风格具有两方面的主要特征：

（1）企业风格具有个性化特征。任何一个企业都有它自身的特点，这种特点的形成可能是源于企业管理人员的风格特征，如果企业经理人员对自己的要求与对下属的要求具有一致性，下属就要按照企业经理人员的工作作风要求自己；每一位企业经理人员和每一位自然人一样，都有自己的个性特征和行为特征，因此，对下属的要求和影响自然也带有一种他自身所特有的个性特征和行为特征。这种特征影响着一个企业的风格。

（2）企业风格具有历史性特征。企业风格的形成主要依赖于企业自身的特点，但还可能受企业发展过程中发生过的事件的影响，并使企业能够在教训中崛起，扭转自己的工作作风。如万宝集团在历史上曾发生过万宝风波，这对万宝公司的产品在市场上的发展形成了阻力，对万宝的震动很大，由此万宝提出了“质量是企业的生命”的口号，并将事件发生日定为“万宝质量日”，从而形成了公司上下一致的质量意识。

【应用例证】

企业作风范例

海尔作风：迅速反映，马上行动，现改为：人单合一，速决速胜。

长虹作风：团结、勤奋、民主、文明。

中国石化作风：精细严谨，务实创新。

长安集团作风：今天的事今天完，明天的事今天想。

中国人寿作风：严谨高效，热情周到。

【知识拓展】

中国国际航空公司 MI 精髓

国航 MI 系统的鲜明特色是：建立以“爱心服务”为轴心，以顾客满意为目标的品牌形象，以提升竞争优势为目的，充分体现国航的行业地位和企业品位。

国航 MI 现已全面贯彻执行，成为国航创新企业文化建设的核心部分。其中，“服务至高境界”的价值观、“爱心服务世界”的经营理念，被广泛地用为户外广告和杂志、电视、报纸的广告语。

国航精神：创新导航未来

国航价值观：服务至高境界

国航经营理念：爱心服务世界

二、BIS（企业行为识别系统）

（一）企业的 BIS 概述

1. 企业 BIS 的内涵

BIS 是英文“Behavior Identity System”的简称，是指企业行为识别系统。企业行为识别系统的含义是：以企业精神和经营思想为内在动力而逐渐培养起来的、全体员工自觉遵守的行为方式和工作方法。它是企业所有工作者行为表现的综合，是企业制度对所有员工的要求及各项生产经营活动的再现等，显现出企业内部的管理方法、组织建设、教育培训、公共关系、经营制度等方面的创新活动，最后达到塑造企业良好形象的目的。

2. 企业行为识别的意义

通过企业内部的制度、管理与教育训练，使员工行为规范化。

企业在处理对内、对外关系的活动中，体现出一定的准则和规范，并以实实在在的行动体现出企业的理念精神和经营价值观。

通过有利于社会大众和消费者的认知，识别企业的有特色的活动，确保企业理念和企业行为的统一和完整，从而形成有特色的企业行为形象。

3. 企业 BIS 的构成

如果说 MI 是 CI 的“想法”，那么 BI 就是 CI 的“做法”，BI 是企业的动态传播方式。BI 有对外、对内两类活动。对内就是建立完善的组织、管理、教育培训、福利制度、行为规范、工作环境、开发研究等，从而增强企业内部的凝聚力和向心力；对外则通过市场营销、产品开发、公共关系、流通对策、公益性、文化性活动等传达企业理念，从而提高企业知名度和美誉度。

从传播学角度讲，企业对内行为识别是对外行为识别的基础；对外行为识别是对内行为识别的延伸和扩展。企业内部行为识别是通过对员工的教育、关心，使员工对 MI 达成共识，从而增强企业的凝聚力和向心力。

（二）企业内部行为识别子系统的构建

企业内部行为识别主要涉及企业内部组织传播与行为规范两个大的范畴，具体可再进一步细分，我们主要分析以下四个细化方面：

1. 企业组织管理策划

企业组织管理策划是指企业的组织机构的设置、规章制度的制定和管理方法的运用等内容，卓越的管理是行为识别系统顺利实施的基础、保障。BI 规范化管理是 CI 导入过程中关键的环节，同时也是最难把握的一环。理念可以树立确定，视觉符号可以设计，而人的行为却难以理想化地进行统一。因此，BI 系统的顺利实施，需要有效的管理手段作为保证。

例如：组织机构——精简、高效、职权对等；规章制度——规范、合理。

2. 制度和规范的建立

制度和规范的建立是行为识别系统的有力工具。制度和规范使企业和员工的行为有章可循、规范划一，它具有一定的强制性。对员工而言，制度和规范是一种约束，但也是其顺利完成工作的保证。制度和规范的设计必须以正确的企业理念为指导，必须有助于员工在一种宽松的环境中准确无误、积极主动地完成自身的工作。制度和规范的内容如果偏离了企业理念，将会造成员工思想与行为的不协调、不统一，直接影响员工的积极性和创造性的发挥，给企业管理带来失误和损失。

3. 干部教育

子曰："其身正，不令而行；其身不正，虽令不从。"

这里所说的干部，是指企业中担任一定的领导工作或管理工作的人员。也就是说，干部的含义，一是指领导者，二是指管理者。其实领导者也是管理者，只不过是最高层的管理者，即厂长、经理、总裁等，又称为企业家。

如果把企业比喻成金字塔，那么企业家即为金字塔的塔尖，企业家这种特殊、极重要的角色，其定位就显得十分重要。一个优秀的企业家对于企业的意义在于：

（1）企业家是企业形象的主要代表者。

应该说，一个优秀企业形象的塑造，是企业家与企业所有员工共同努力的结果，企业的每一个人都与之息息相关。然而，对外界来说，只有企业家能够代表这个企业。事实上，一些著名的企业和卓越的企业形象，都是和领导者的名字紧紧联系在一起的，有的企业干脆直接冠之以企业家的大名，如日本的松下电器公司，美国的玛丽·凯化妆品公司、耐克运动鞋，中国的李宁运动服等。

（2）企业家是企业精神的主要塑造者。

企业家和一般管理者的重要区别之一，就是企业家要负责提炼和锻造企业的共同语言。就是说，企业的领导者从本企业的特点出发，结合自己独特的思路和见解，以自己特有的价值观、道德观、个人素质影响并决定着企业精神。而且它一旦为全体员工所认同，就会产生强大的精神力量，为企业的发展提供生生不息的原动力。

（3）企业家是企业兴衰的主要决定者。

企业能否在激烈的市场竞争中生存、发展、壮大，领导者的因素具有决定性的作用。不论是什么样的企业，最能左右资本的动作，并使之不断增值，对企业实行有效管理的第一人，即企业领导者、带头人。他们的状况直接影响企业的盛衰兴亡。

4. 员工培训

员工教育是将企业理念贯穿于行为的基础。企业员工是企业形象的活化和外部传达的重要媒体，他们素质的高低以及是否能够具体表现企业的经营理念、方针和价值观，将给企业的整体形象带来影响。因此，企业 CI 的实施，不仅需要全体员工的协助，而且需要激发他们积极参与的热情。必须开展多种形式的教育培训，让全体员工知道本企业导入 CIS 的目的、意义和背景，了解甚至参与企业识别系统的设计，熟悉并认同企业的理念，清楚地认识到企业内每一位员工都是企业形象的塑造者。员工教育主要包括企业理念和企业文化方面的内容。通过教育培训，使员工从知识的接受到情感的内化，最终落实到行为的贯彻。

除以上四个主要方面外，企业内部行为识别还涉及员工选聘、员工考评、员工激励、环境策划、内部沟通等内容。

【知识拓展】

《日本型CI战略》中将理念的行为实施总结为以下五种价值共有化的构筑方式：

其一，反复法。主要是通过诸如唱公司歌、升旗、老员工讲述创业史及广播音像等形式传播。

其二，翻译法。主要是指将抽象的理念识别结合各自切身体验进行解释，形成员工真实的理解，并付诸工作实践。常常通过部门内部发表感想、小组讨论、征文活动等传播形式对理念进行生动具体、深入浅出的解释。

其三，环境法。以图案等视觉化方式如条幅、海报、橱窗、匾额、壁画等易懂直观的形式来表达企业理念，并设置在办公室、生活区、工作场所等环境之中。

其四，仪式及游戏法。通过各种庆典仪式、娱乐游戏和运动项目等形成气氛，增强对理念的理解。

其五，英雄式的领导法。企业领导人以身作则，带头实践企业理念。并树立工作楷模和实践榜样，影响并感化后进。

资料来源：http：//student. zjzk. cn/course_ware .

【应用例证】

金利来行为规范：爱国家、爱公司、爱家庭、爱自己。

爱国家：关心国家大事、民族兴衰，明确肩上责任；

爱公司：忠诚服务于金利来，做一名优秀员工；

爱家庭：不给社会添麻烦，创建文明家庭；

爱自己：珍惜人生，做一个力求上进、事业有成的人。

（三）企业外部行为识别子系统的构建

在设计和导入BIS过程中，企业不仅要重视规范其内部行为，更应重视规范其外部行为，即市场行为，包括竞争行为、服务行为、促销行为、创新行为、交易行为、公益性活动、文化性活动等。

企业外部行为识别是针对整个社会公众的，它比较广泛，具有一定灵活性，又很不系统，今天可能是公益性活动，明天可能是其他的行为活动，而且，这种活动与另一活动之间并不存在一定的联系或并不衔接。因此，公共关系部门在进行外部行为识别系统构建时，首先要有明确、具体的目的，只有具体确定目标，才能进行切实可行和有效的操作。其次，企业外部行为识别系统的塑造要求具有整体性、总体性，把方方面面的社会活动都融汇到企业形象的塑造之中，各项活动之间要适当考虑如何有机地衔接或者配合。

总之，导入 CIS 成功的关键，是要全体成员“活”起来、“动”起来，为企业注入新鲜活力和创造力。这正是活动识别（BI）设计的使命和目标所在。

【知识拓展】

（1）公司职员的行为和公司的活动是企业信誉和各方面素质的最直接、最深刻的体现。

（2）企业内部人员众多，活动复杂，要真正实现 BI 的一致性和有效性，领导者必须以身作则对员工进行培训。但首要的是在 MI 的指导下，各层次、各部门对相应的决策原则和行为原则的思考、确定和沟通。

（3）领导者的示范和表率，以及对其他职员行为的认可与反对、赞许与批评、鼓励与惩戒，在企业行为塑造中起着主导的作用。

（4）在一家公司中 BI 的表现应当是不同的，依据公司各岗位的岗位说明——包括权限与责任、工作原则与内容、技能要求等。

——孙同海．威海 HIT.

实践启迪

理念在视觉识别系统中的渗透

一、案例回放

上海市第一百货公司早在 1985 年就开始了企业形象导入。它的经营理念是“商品第一流、环境第一流、服务第一流”。为了体现这一理念，上海“一百”先在店内美工人员中征求视觉设计方案，虽然征得了 20 多个方案，但都不尽如人意；后来在全店征求方案，一下子征得 60 多份方案，经店内评选，选出 5 个候选方案。但几经推敲，仍觉得不能很好地传达出理念的内涵，又缺乏美感，于是该店第三次向全社会征集设计方案，后经反复遴选，最后确定了一份类似现在标志的方案，几经斟酌，修改成现在的设计：在一个绿色的圆中有一笔白色的

“1”。这个简洁的标志说明了三点：①绿圆中的白柱，像一幢大楼的外形，同时又是一个1字，即可说明企业是第一百货，又可体现“永葆第一”的主题，与企业精神很吻合，而且它还是一个柜台的象征。②这个柜台把圆分割成两部分，圆的左半边象征顾客，右半边表示商店员工的服务内容。③其中的一个缺口，也可作“无绝对圆满”的解释，综合起来，就是追求上进、永无止境的含义，与企业的精神也是一致的。

二、启迪与分析

企业形象的策划是企业形象各个子系统进行综合又彼此渗透的过程。理念识别系统要与视觉识别系统、行为识别系统综合，才能形成完整的企业形象识别系统。同时，这种综合不是拼凑，而是彼此渗透、融合。就是说，理念是无形的，理念的表达必须通过渗透到视觉、行为中才得以完成；反过来，视觉、行为只有灌输了企业理念才富有内涵。

理念识别系统向视觉识别系统渗透，就是以理念为核心，按照理念系统的内涵去寻找视觉形象的构图、色彩和表现方法。

上海第一百货公司的这个具有企业文化深刻含义的企业标志被制作成巨牌，屹立在企业大楼的顶部，天天宣传着，十分醒目。它还在其他视觉识别的应用系统中，如柜台装饰、商品包装纸、包装拎袋等上面显示出来，随时向人们传播。至于企业员工出色的服务态度这一行为识别，更是不断地向来自全国各地的顾客具体地宣传着这个全国一流企业的文化。

项目训练

1. 谈谈你对下面这段话的看法：

“领导行为是企业行为识别系统的有机组成部分，而且，领导行为的科学与否在很大程度上决定着BIS是否能得到长期的贯彻与执行。”

2. 为什么说推行CIS是企业从内在理论到外在形象的一场变革？

思考练习

1. 什么是CIS？它由哪几个要素构成？

2. 简述企业在进行理念开发中应遵循的原则。

3. 在网上收集3~5个中外著名企业的营销理念。

4. 简述企业在设计企业标志时应注意的问题以及应遵循的原则。

5. 请结合实例，分析为什么MIS是CIS之“心”、“脑”，BIS是CIS之“手”、“身”，VIS是CIS之“脸”、“形”。

6. 为什么说推行CIS实质上是企业从内在理念到外在形象的一场变革？

任务三　VI 系统设计

知识目标

◆ 在 MI、BI、VI 当中重点理解 VI，要把握 MI 与 VI 的关系并参照 MI 进行 VI 设计。

◆ 掌握视觉符号设计的构成原理、视觉识别系统的基本要素及设计运作。

能力目标

◆ 能够根据设计的理念，初步确定 VI 形象系统的设计风格和系统目录。

◆ 能够根据 VI 系统的设计风格，进行标志基础要素及应用要素的设计。

◆ 能够对自己设计的 VI 系统进行演示讲解，并编制相关使用规定。

任务导入

麦当劳的标志

麦当劳的案例被日本人收进他们的 CI 专著《日本型 CI 战略》（台湾风堂出版社），因为麦当劳的理念、行为、视觉识别均很出色，不过从未见麦当劳从整体 CI 的角度标榜过自己，麦当劳的初衷和思路，恐怕主要是在连锁经营的概念上。麦当劳无心插柳，却成了日本人认同的 CI 典范，这说明 CI 与经营、管理在某种意义上是殊途同归的。

麦当劳的企业识别有三大特点：第一，企业理念很明确；第二，企业行动和企业理念具有一贯性；第三，企业外观设计的统一化。

麦当劳企业在美国现代社会中具有强烈的存在意义，其企业理念是“Q、S、C、V”，即优质（Quality）、服务（Service）、清洁（Clean）和价值（Value）。

优质。麦当劳的品质管理十分严格，食品制作后超过一定时限就舍弃不卖，这并非是因为食品腐烂或食品缺陷，而是麦当劳的经营方针是坚持不卖味道差的食品，这种重视品质管理的做法，才能使顾客安心享用，从而赢得公众的信任，建立起高度的信誉。

服务。包括店铺建筑的舒适感、营业时间的设定、销售人员的服务态度等。在美国，麦当劳的连锁店和住宅区邻接时，就会设置小型的游园地，让孩子们和家长在此休息。“微笑”是麦当劳的特色，所有的店员都活泼开朗，面带微笑地与顾客交谈、做事，让顾客在就餐时觉得亲切，忘记了一天的辛劳。

清洁。麦当劳要求员工要维护清洁，并以此作为考察各连锁店成绩的一项标准，树立麦当劳“清洁”的良好形象。

麦当劳的企业理念一度只采用Q、S、C三字，后又加了V，即价值，它表达了麦当劳“提供更有价值的高品质物品给顾客”的理念。现代社会逐渐形成商品品质化的需求标准，而且消费者的喜好也趋于多样化。如果企业只提供一种模式的商品，消费者很快就会对其失去新鲜感。麦当劳虽已被认为是世界第一大企业，但它仍需适应社会环境和需求的变化，否则也无法继续生存。麦当劳强调价值，即要附加新的价值。

麦当劳的视觉传达也独具特色，企业标志是弧形的M字，以黄色为标准色，稍暗的红色为辅助色，标准字设计得简明易读，宣传标语是“世界通用的语言：麦当劳”。这个标语没有设计成“美国口味，麦当劳”，这实在是麦当劳的成功之处。

麦当劳的视觉识别中，最优秀的是黄色标准色和M字形的企业标志。黄色让人联想到价格普及的企业，而且在任何气象状况或时间里黄色的辨认性都很高。M形的弧形图案设计非常柔和，和店铺大门的形象搭配起来，令人产生走进店里的欲望。从图形上来说，M形标志是很单纯的设计，无论大小均能再现，而且从很远的地方就能识别出来。

麦当劳企业识别的优越性就在于企业理念实施得非常彻底，为了达到这个目的，麦当劳进行员工的教育，发行编制相当完备的行动手册，同时，还完成了非常优秀的视觉识别设计。

资料来源：http：//www. artist. org. cn/student/1/1/200512/36493. html.

任务分析

从以上案例可以看出，几十年来，麦当劳自始至终恪守着“Q、S、C、V”的信条，并且把这种经营理念贯穿在CIS战略的所有活动识别和视觉识别之中。此外，麦当劳在其连锁经营中也能充分发挥CIS战略的作用。由于麦当劳是快餐店，因此它是以分散的、多地点化的经营为特点的。作为同一类型的服务，一个重要的问题就是必须保持其质量与服务的一致性。因为只有保持其一致性，才能给顾客以信心，才能增加企业的可信度，才能显示出企业的整体形象，CIS 战略的特点就是要强调树立“独立性”和“统一性”的企业形象。由于导入了 CIS 战略，分散在世界任何一个角落的麦当劳分店都与麦当劳总店保持和谐一致，视觉、理念等方面均传达出麦当劳是“世界通用的语言”，而非仅仅是“美国口味”，从而大大增强了麦当劳集团的整体实力。这无疑也是麦当劳成功的重要原因。

四 理论要点

一、企业 VIS 概述

1. VIS 的内涵

心理科学认为：在人类接受的信息总和中，由视觉器官获得的占 83%，因此，通过 VI 设计，最能传达公司的理念、宗旨，VI 是树立企业形象，提升企业知名度最有效的、最直接的、最具冲击力的方法。因此，视觉识别（VI）是 CI 策划的静态识别符号，是企业视觉的传递形式，其设计项目最多，效果最直接。

对 VI 的基本概念，我们作出以下概括：视觉识别（VI）是以企业标志、标准字体、标准色彩等为核心展开的象征化、同一化、标准化、系统化的视觉符号传达体系。VIS 是指将企业的经营理念、战略构想、文化特质等抽象语意转化为静态的视觉识别符号，从而展示企业独特形象的设计系统。

【应用举例】

Audi

奥迪轿车的标志

奥迪以四个连环圆圈的最简洁的标志，象征着公司是由霍赫、奥迪、DKW 和旺德诺四家公司合并而成的。

2. VIS 的系统构成

视觉识别系统分为基本要素系统和应用要素系统两方面。

视觉识别系统

	基本要素	应用要素
视觉识别VI（视觉化）	1. 企业名称 2. 企业、品牌标志 3. 企业、品牌标准字体 4. 企业标准色 5. 企业专用印刷字体 6. 企业造型、象征图案 7. 企业宣传标语、口号 8. 市场行销报告书等	1. 办公事务用品 2. 办公器具、设备 3. 招牌、旗帜、标牌 4. 建筑外观、橱窗 5. 展示、陈列规划 6. 衣着制服 7. 交通工具 8. 产品包装设计 9. 大众传播识别、出版物等

3. 理解 VI 应明确的问题

（1）企业视觉识别应以 MI 为基础。

（2）企业视觉识别系统设计不是单纯的美术设计。

（3）VI 并非简单的视觉表现手段。

（4）VI 的关键和基础性工作是将企业信息进行概括、提炼、抽象，将其转化为企业视觉设计符码。

（5）VI 必须带有鲜明的个性特征。

（6）成功的 VI 还在于选择合适的设计题材和造型要素，形成有生命力的设计系统，制定严格的管理措施和科学的媒体策略，并做有效、长期的传播。

二、VI 设计的基本原则

1. 有效地传达企业理念

企业视觉识别系统的各种要素都是向社会公众传达企业理念的重要载体，脱离企业理念的视觉识别设计只是一些没有生命力的视觉符号而已。最有效、最直接地传达企业理念和突出企业个性是企业视觉识别设计的核心原则。

【应用例证】

同济大学百年校庆标志以垂直的阿拉伯数字“100”形成汉字“百”，配以校徽中的三人划船造型，以红色为基调渲染百年校庆的喜庆气氛。

以垂直的阿拉伯数字“100”形成汉字“百”的造型，融合在圆形里，突出百年庆典的特殊意义。原校徽中的三人划船造型完美地诠释了“同舟共济，自强不息”的精神理念，将其完整保留应用于“百”字之上，与原校徽形象统一，强化了精神理念，在视觉形象上与学校形象保持关联。标志简洁庄重，体现了百年名校的厚重和博大，以红色为基调渲染百年校庆的喜庆气氛。

资料来源：http：//www.4a98.com/data/uploadfile/200603/20060330011829931.jpg.

2. 突出人性化

现代工业设计越来越重视人性设计，以消除现代工业所带来的人性异化。与人产生关系，使人感到被关心，创造出互相信任、彼此融洽的亲和感和人文环境，是企业视觉识别设计应追求的目标。

例如，著名的Apple标志，在设计上就表现出一个充满人性的动态画面。

苹果标志

3. 产生强烈的视觉冲击力

企业视觉识别设计所要做的是通过设计，使社会公众对企业产生鲜明、深刻的印象。因此，所设计的视觉形象必须给人以强烈的视觉冲击力和感染力，达到引人注目和有效传播的目的。

4. 具有艺术表现力

视觉符号是一种视觉艺术，而接收者进行识别的过程同时也是审美过程，因此，企业视觉识别设计必须具有强烈的美学特性，既符合实用要求，又符合美学原则，给人以美感，是对其艺术性的基本要求。一般来说，艺术性强的标志更能吸引和感染人，给人以强烈和深刻的印象，德国自然出版社的标志便是如此。

德国自然出版社标志

三、VI基本要素的设计要领

（一）企业名称

企业名称是企业树立形象的一个载体，是企业与公众交往时的第一个接触点。所以，许多企业都在名称的确定上煞费苦心。一个悦耳动听、朗朗上口、寓意深刻的名称无疑会为企业的成功增加一个重要的砝码。

金利来是服装和领带产品中的名牌，它原名“金狮”，但是销路并不好。原来港语中“狮”与“输”同音，“金狮尽输，全输光了”，是港人忌讳的。后来，企业根据“金狮”的英文词组 Gold Lion，用意译加音译的方法，将其改为“金利来”（英文中 Gold 是金子的意思，Lion 是狮子的意思，其音近于“利来”）。金利来，金利滚滚而来，讨了口彩，又加祝福，顿时“金利来”成了受大家欢迎的品牌。

1. 企业取名的基本原则

（1）凸显个性。

有个性、有特点、新颖的东西往往会吸引公众的注意，因此取名时首先要考虑与众不同，如天津的狗不理包子、青岛的摸错门饮食文化有限公司、七匹狼西服等均蕴含着个性的表达。

（2）易读、易记原则，统一音、形、意。

易读、易记才能高效地发挥它的识别功能和传播功能。这就要求大家在为品牌取名时做到简洁、独特、响亮、高气魄。

例如，麦当劳、奔驰、大众、丰田、海尔、联想、茅台、五粮液等均为两字至三字，通俗易懂；四字或四字以上的不多，如果四字以上，一般均具有自己的特色，如可口可乐、丽珠得乐等。

（3）把握民族文化特征。

因为各地文化、风俗的不同，对同一事物，也许不同民族、不同地域有不同的看法，因此，一般要求尊重各国的风土人情，创造出适合当地文化特色的名称。美国的“Coca-Cola”翻译成中文是“可口可乐”，既符合我们的审美情趣，又给人以快乐、轻松之感，这样的翻译是非常完美的。

（4）名实相符，寓意丰富。

成功的品牌名称往往能启发人们丰富的想象力，带给人们美好的联想或与产品本身的功能相符合。例如，作为中国市场洗发水第一品牌的飘柔，其品牌命名为品牌的成功奠定了很好的基础。从语言学角度看，飘柔是一个动词，其柔性、女性、动感以及相关性等特征使得飘柔在语义传播上占尽了先机。同时，飘柔相对泛化的人群特征使得其在品牌覆盖上不会产生天然区隔。而且，飘柔的品牌名称很容易给人以美丽的印象，词义想象的空间巨大，综观上述因素，飘柔在品牌命名上的巧妙恐怕是国内日化企业难以复制的。

【知识拓展】

对于企业品牌的命名，有的学者作出了以下归纳：

尊重中国消费者的阅读习惯，在文字上选择字节洪亮的名称。

与行业属性关联，形成产品行业属性的基本认知。

功能复杂的日化产品选择神似的务虚命名策略。

对于功能比较简单的产品，最好选择策略裸露，直接命名，最大限度节约传播资源；

对于高端品牌，选择务虚与务实兼容的命名策略，通过品牌命名传递品牌价值。

2. 企业取名的基本方法

（1）以地名命名：如青岛啤酒、日立公司、武汉钢铁公司等。

（2）以企业创始人人名命名：如松下电器、李宁运动服、福特汽车公司等。

（3）以企业的事业内容命名：如健力宝集团、威士忌公司、海尔集团等。

（4）以抽象的文字为企业命名：如 TCL 公司、IBM 公司、999、太阳神、555 牌香烟等。

（二）标志

标志是企业抽象的理念精神的形象表达，即运用特定的造型、图案、文字、色彩等视觉语言来表达或象征某一企业（产品）的形象，传达特定的信息。

1. 标志的种类

一般来说，根据标志的使用目的和不同特征，主要分为以下三种：

（1）企业、团体、活动标志。

企业标志是用于区别不同产品的制造商和代表企业、事业单位形象的象征符号。

团体标志包括各政府机构、各组织的标志，包括各种徽标。国旗、国徽、城市标志、联合国标志等都属于此类标志。

活动标志是指重大会议、演出、节目等活动的象征符号，体现其性质、主张和精神。例如，历届奥运会、世博会等标志。

（2）公共识别标志。

公共识别标志包括公共指示、公共识别、警示、命令等。它们的特点是不需要深刻的内涵，直接表现要识别的内容，用概括简洁的造型和色彩达到清晰易辨的效果。它具有超越语言、超越地区的通用性。

（3）商标。

商标在某些情况下等同于企业标志，我们先进行简要的辨析：

企业标志是以特定的、明确的造型、图案、文字、色彩来表示某种事物或象征某种事物，即将事物本身抽象的内涵以具体可见的形式表现出来。一般分为企业自身的标志和商品标志两种。

企业标志是指代表企业形象、特征、信誉、文化的一种特定符号。

商标标志是产品的品牌、标记，是用于区别不同生产者、经营者的商品和劳务的标志。

商标可以是和企业一致的，也可以是不一样的，有的企业有多个商品标志。国外的企业常将商标和企业标志合二为一，两者均受法律保护。

谷歌商标　　奇强商标

2. 标志设计的基本原则

（1）形象生动，易于识别。

方便阅读和易于理解的标志具有简洁明了的图形和色彩，以及令人一目了然的表述含义的能力。具有视觉冲击力、色彩强烈、醒目的构图易于记忆。例如，国家节水标志用色单纯、绿白相间，绿色是生态组成的一部分，水也是生态组成的一部分。强烈、醒目的色彩衬托出生态平衡的至关重要。

国家节水标志

（2）表意准确、深刻领会其功能性。

标志应能准确传递自身的整体形象、宗旨和理念，准确传达标志所代表的独特特征。标志的形式必须符合其内涵、个性，并且在情感表述方面也应该能准确地反映自身的情感，给受众以正确的心理感受。例如，美国空间通用公司标志，利用强烈对比的黑白圆（地）球的倾斜角度，构成一种旋转不息的运动感，象征着和宇宙航行相联系的活动，从而把无形的提供空间设

美国空间通用公司标志

备和技术的内容，转化为可视的艺术特征。

（3）原创和独特性令其独具一格。

各种标志直接关系到国家、集团乃至个人的根本利益，绝不能相互雷同、混淆，以免造成错觉。因此，标志必须是特征鲜明、与众不同的，构思须慎重推敲。独特、新颖才能经受住时间的考验，令人一眼即可识别，并过目不忘。例如，上海永久自行车厂标志。“永久”两字组成自行车，象征“永久耐用”之意，体现了商品性质与效用，具有简洁、鲜明的艺术魅力。从1960年至今该标志一直是如此。

上海永久自行车厂标志

（4）概括，又要讲究艺术性。

构图紧凑、图形简练，是标志艺术必须遵循的结构美原则。标志不仅单独使用，而且经常用于各种文件、宣传品、广告、影像等视觉传播物之中。具有凝练美的标志，不仅在任何视觉传播物中（不论放得多大或缩得多小）都能显现出自身独立完整的符号美，而且还对视觉传播物产生强烈的装饰美感。凝练不是简单，凝练的结构美只有经过精心的艺术提炼和概括才能获得。例如，日本京津高速电气化铁路标志，运用直线带有箭头指示方向的快速往返为特征，象征了火车交通的具体内容。外形达到了简练、概括的艺术性。

日本京津高速电气化铁路标志

（5）符合审美法则，运用通用的语言。

遵循标志设计的艺术规律，创造性地探求恰当的艺术表现形式和手法，锤炼出精当的艺术语言，使所设计的标志具有高度的整体美感，从而获得最佳视觉效果。标志艺术除具有一般的设计艺术规律（如装饰美、秩序美等）之外，还有其独特的艺术规律，如图形的比例分配关系、尺度的统一与变化关系、均衡与稳定的关系、对比与协调的关系等。例如，德国北国运输公司标志，以一群大雁编队成行、远走高飞，显示出有条不紊的组织能力，象征南来北往的货运业务。它有秩序的复现形成多数，显示出高度功率化的运输内含。

德国北国运输公司标志

3. 标志设计的分类

(1) 文字标志。

文字标志是指以文字、名称为表现主题的标志。文字标志又分汉字形式的、拉丁字母形式的，以及数字或其他文字形式的。

文字标志设计的特点有：独具个性的单个字或组字造型，使标志既一目了然，又个性鲜明；作为视觉图形符号的同时，又具有语言功能和语音功能，它有可发音的功能，便于记忆，但其识别性、记忆性不及图形标志；一般采用企业、组织的相关文字，如名称、简称、首字或缩写等，也可抽取个别有趣的字设计成标志。

①汉字标志。

汉字是以图形、象形文字为基础，进而发展成为音、形、义三位一体的文字系统，其作为当今世界唯一仍在使用的图形文字，影响深远。汉字的图形表意功能有着概括、提炼意念以及美学方面的优势，是很有效的设计元素。

汉字标志在选择时应注意是否具有企业的代表性，是否具备普遍性与个性并重的特点。汉字中值得研究的有很多，如甲骨文、小篆等，以及现代图形化的字体。

汉字使用要求：准确形象地传达信息和意念；文字的装饰与美化。

【应用例证】

我国日月牌灯具的商标，“日”用阳文字体代表白天，“月”用阴文字体代表黑夜。日、月二字组成汉字“明”统一在圆形中，说明了商品的功能。设计手法简洁大方，具有现代形式美感；内涵丰富，紧扣主题。

中国茶叶的出口商标，用八个美术字“中”组成一个圆形周边图案，一个黑变体美术字“茶”置于圆形中央，主体突出，立意鲜明，造型丰富而不烦琐，并具有中华式的装饰效果，能在国际市场中树立鲜明的中华民族风格。

日本著名“日立”电器的商标以“日”和“立”相互叠加组成一个浑然一体的造型，既具现代形式美感，又有鲜明的日本民族风格。

北京大学的校徽是我国著名的文学家鲁迅先生设计的。这个校徽设计用篆字“北大”二字组合在一起，用中国印章的格式构图，使“北大”二字嵌合在圆形中。这里篆字“北大”已经过加工变化，字的笔画安排均匀合理，排列整齐统一，减少了书法中篆书用笔的随意性。整个造型结构紧凑、明快有力、朴素大方，透出浓厚的书卷气和文人风格。

②拉丁字母商标。

拉丁文是国际社会通用的一种文字形式。世界上很多国家用拉丁字母作为组成自己文字的元素，很多种语言亦由此派生出来。拉丁文的商标可以被世界上大多数国家所接受，因而非常流行和通用。

拉丁字母标志设计分两类：以文字字首或以单词、造词（连接字首）设计标志和字母单词结合抽象、具象形象的设计。

拉丁字母标志的设计应避免过于简单化的现象，以免出现相似或混淆。

【应用例证】

瑞士 METILER 纺织公司的商标，将首写字母“M”的笔画作条纹状几何处理。造型看起来像一块折叠起来的条纹布，而条纹不同方向的交织处理又给人以经纬编织的感觉。设计切合公司和商品内涵。

澳大利亚“小天鹅”出版社商标，将首写字母“C”变化成天鹅形象，起笔处变为钢笔尖，替代天鹅头部。通过整个笔画的粗细弯曲变化形成长颈、垂头天鹅的优美姿态，表达了品牌名称与业务内容的有机联系。这个标志着墨不多，只在起笔处和笔画粗细方面小作变化，却能达到形神兼备的境界，反映了设计家深厚的艺术功底和驾驭设计语言的能力。

英国一家环保公司的商标，利用字母“B”所形成的包围空间进行了鸟形处理。

③综合文字标志。

综合文字标志是综合文字、拉丁文或阿拉伯数字等而成的标志。综合文字标志体现的是文化融合的现象，它综合了各种文字的优势和特点。汉字具有象形、会意、表音三位一体的优势，几何化的拉丁文简洁、规范，图案归纳、推广性强，具有极强的国际化优势。

文字综合的设计方案，要求汉字、拉丁文的设计成分的创意要精妙，主次关系得当，应避免故意扭曲文字形象以适应某种形态。

请看下列的综合文字标志案例：

（2）数字类商标。

数字类商标标志的设计是根据特定的名称，由单个或多个数字组合而成的商标。人们对数字的敏锐度很高，数字没有语言的障碍，较图形语言更为直观，因此数字标志能给人以深刻的印象。设计这类商标标志，同样应在字音的和谐、字形的选择装饰上下攻夫。

【应用例证】

我国广州著名的南方制药厂生产的药品“三九胃泰”以“999”为商标，以3个黑体字母“9”在一起组成商标，并取中国农历冬季“三九天”的谐音，说明药的功能。这个品牌深入人心，一出世便为广大消费者所接受。

著名的“555”牌香烟的商标运用三个数字“5”的罗马体组成商标，结合外圆的装饰花纹图案，织成了一个造型古拙、美观大方的标志。

(3) 图形标志。

①具象图形商标标志。

具象图形标志是以具体事物的形象加工设计而成的标志。具象图形来源于现实，又高于现实。具象图形标志的具象形一般都是与企业或组织机构有关联的具象图形，并对它进行概括、提炼、夸张、拟人等设计处理。在设计中通常运用表象性方法和意象性方法，这两种表现方法同样也适用于文字类、综合类商标标志的设计。

表象性方法是以明显的感性形象来直接反映事物为目的的，创造出的艺术形象表明商品或企业团体的性质。

【应用例证】

上图为澳大利亚天鹅航运商标和德国 ROTWILD MTB 自行车的商标。这类商标按照企业品牌名称的字面含义转化为具体的图形，使人一目了然。

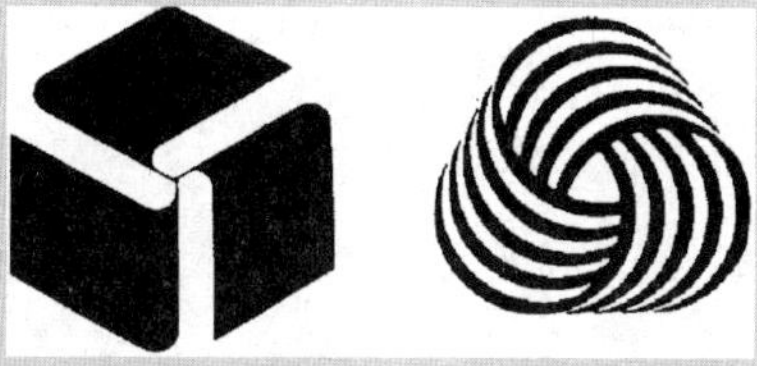

上图（左）为美国霍顿密夫林出版商的标志，用三本不同方向的书的形象表明出版社的业务内容。上图（右）国际羊毛局的纯羊毛标志以一团毛线说明这个单位的性质。

意象性方法是用想象出来的某种与之相联系的事物来象征商品或企业的经营理念。通常用比喻、形容、暗示等方式来表达商标标志的内容。

【应用例证】

上图（左）为美国一家储蓄银行的标志，用两只手形相合，组成“树”的形象，象征双方诚心合作必然有所建树。1977 年全波兰和平委员会用手拿橄榄枝的形象来说明团体的性质，如上图（右）所示。

②抽象图形标志。

所谓抽象图形是指不代表任何物象的几何图形，抽象图形标志是以抽象的图形语言来表达标志的含义，抽象相对于具象而言，更具有规范、整洁和秩序的感觉。抽象图形没有具象图形直观，但它能引起人们广泛的联想，有鲜明的形式感和现代感。

抽象图形标志具体表现为对超脱于具象事物的几何形、色块、线条等视觉元素的运用。

【应用例证】

右图为英国惠立斯实验室标志，它的焦点聚集在这个小圆点上，说明这是试样样品所取得的成果。抓住以少胜多的艺术特征说明复杂的内容，形象地揭示对象的隐秘；运用以小见大的艺术处理，赋予其新的生命。

左图为富士公司的企业标志，利用透视原理，将二维平面造型转化为三度空间的幻象表现。在转化过程中原有单纯的标志图案可以产生立体空间的实在感与压迫感，形成强烈的视觉诉求效果。这样的标志，可以是题材本身的转折、相交、组合而构成的立体感，也可以是在题材的侧面通过阴影处理制造厚度和深度来产生立体感。

右图为英国国有铁路标志，以并行直线带有相反箭头指示方向的快速往返为特征，象征了火车交通的具体内容；以其抽象的图案形式，展现真实可感的形象。将图形位置上下左右正反颠倒、错位后构成特殊空间，给人以新颖感。

（4）图文组合标志。

图文组合标志是文字标志与图形标志优势互补的产物。这种形式的标志图文并茂，各显其能，相互衬托，又相互补充。所表现的内涵丰富、容量大、定位准确，由于有文字说明，不易产生歧义。表现手法与形式更多样化，应用范围也更广泛。图文组合标志的形式大致有：文字的局部以图形代替，由文字构成图形，由图形构成文字，图形为文字的背景或底纹，文字与图形互为正负形，文字与图形并列安排等。

图文组合标志要注意以下设计规律：

①造型语言的统一性。

文字与图形结合构成的综合类商标标志，由于文字与图形是两种造型语言，而文字分为汉字、拉丁文、阿拉伯数字，图形又分为自然形和抽象形，因此造型语言多种多样。要将两者完美地结合在一起，相辅相成，必须考虑造型语言的统一性。

【应用例证】

著名的可口可乐公司的商标，文字和造型全部用曲线形元素组合而成，因而整体形象统一和谐，具有运动感。

我国广东的太阳神商标，标志中三角形和半圆形形成弱对比，汉字“太阳神”用圆形美术字和上面的圆弧形相呼应。这样，对比中有呼应，协调中有对比，整个标志的造型浑然一体，刚柔相济，具有很强的视觉冲击力。

②文字与图形的主辅性。

文字与图形在综合类商标标志的设计中应主次分明。在一个标志中，如果文字和图形在面积和分量上相同，会在视觉上产生分离感。因此，在设计中处理图形和文字的关系应有所偏重，分清主辅。

【应用例证】

上图（在）为美国棉花种植、销售、研究机构的标志，以丰满、单纯的棉花形象为主，以棉花的英文字“COTTON”为辅，主次分明，相辅相成，给人以清新、悦目的美感。这一黑白对比的形象表现了强烈醒目的个性特征。

美国著名的百事可乐商标，以“PEPSI”字作为视觉中心，周围的抽象几何形作为载体，衬托出品牌文字，使文字成为主体。正负形设计合理，显示了强烈对比和动感，具有柔和、轻快和醒目的艺术特征。

（三）企业标准色

标志色彩设计的前提是前期市场调查与定位分析。根据企业、团体的经营哲学、理念、精神、核心价值观等，选择适合的色彩以表达出企业的可信赖性以及商品的优良品质与企业的发展前途等方面的内容，准确传达企业的经营理念。

1. 标准色的设计要领

（1）传达理念、精神。

例如，日本大阪煤气公司的标志色彩是蓝色。我们知道煤气是一种潜在的危险品，公司和消费者都希望有安全感。蓝色是沉静色，能使人联想到水，而水具有灭火的功能，从心理上给消费者间接传达了安全信息；同时优质煤气的燃烧火焰应该是蓝色的，这同时又传达了品质优良的信息。因此，这家公司的色彩选择是非常到位的。

（2）吻合公众心理、情趣，充分利用色彩本身的寓意及联想功能。

我们提到某一特定色彩时，就会与某个机构、企业产生联想，这是色彩给我们的视觉记忆和视觉联想。下表列出了与色彩相关的联想及感觉，可供设计企业标准色时参考。

与色彩相关的联想及感觉

色彩	具体的联想	抽象的联想（寓意）	感觉
红	太阳、热血、火焰、红十字等	热烈、刺激、活力、激动、温暖、革命、积极、危险、警告、青春等	暖、刺激

（续上表）

色彩	具体的联想	抽象的联想（寓意）	感觉
黑	黑夜、墨水、毛发、炭、丧服等	寂静、庄重、深沉、肃穆、恐怖、死亡、刚毅、绝望、罪恶等	冷、刺激
白	雪、白云、医院、纸张等	单纯、洁白无瑕、干净、神圣、光明、安静、明快等	中性、较刺激
黄	稻谷、黄金、灯光、闪电、柠檬等	权威、希望、快乐、富贵、智慧、病态、发展等	中性、较安静
绿	草木、树林、大地、原野、草原等	自然、生命、健康、和平、新鲜、久远等	清凉、安静
青（蓝）	湖泊、海洋、天空等	广阔、平静、悠久、理智、深远、未来、速度、科技、诚实、沉着、消极等	较冷、较刺激
橙	灯火、橘子、秋叶等	温和、健康、欢喜、和谐、温暖、欺诈、阳气、云气等	暖、较刺激
紫	葡萄、紫罗兰	优雅、高贵、庄重、细腻、壮丽、神秘、永久、不安等	较冷、较刺激
灰	水泥、灰、云等	平凡、谦和、不安、谦逊、中庸、温和等	中性、较刺激

（3）注意色彩与行业特色的联系。

红色系——食品业、药品业、百货业、交通业、石化业等；

橙色系——食品业、石化业、建筑业、百货业等；

黄色系——电器业、化工业、照明业、食品业等；

绿色系——金融业、林业、蔬果业、建筑业、百货业等；

蓝色系——交通业、体育用品业、药品业、化工业、电子业等；

紫色系——化妆品、装饰品、服饰业、出版社等。

（4）基于成本和技术性。

企业标准色大多选用单一的色彩，当然也可以选用两种或两种以上的颜色，如太阳神就采用了红色与黑色。很少企业采用多色套印技术或特殊色彩（如金、银等），因为套色或特殊色彩势必会涉及很多分色、套色的技术程序，增加成本。因此，商标标志的色彩与种类的选择应根据企业的经营范围、事务性用品的涉及面、传媒方式以及企业的经济实力与利润的回报率等方面综合考虑。

（5）考虑色彩的民族性禁忌。

色彩的选择要考虑不同国家、不同地区、不同民族对颜色的爱好与禁忌。北欧人喜爱冷色，南欧人偏爱暖色，而中欧人却爱好淡雅的中色色调，东欧人尤爱红色，美国人欣赏白色等。企业已经日益国际化，设定企业标准色不仅要考虑本国、本地区、本民族对颜色的喜好，还应该考虑到企业标准色在更大范围内的适用性。

2. 设定标准色的几种形式

设定标准色的形式如下表所示。

设定标准色的形式

单色标准色	多色标准色	标准色 + 辅助色（多色类组合）
单色标准色是最为常用的企业标准色形式，如可口可乐的红色、IBM 的蓝色、顶新集团的绿色等	为追求强烈的对比感受和律动及闪耀的视觉效果，为表现企业特性的需求，许多企业采用两种以上的色彩，像中国东方航空的蓝色 + 红色、杉杉集团的蓝色 + 绿色、百事可乐的红色 + 蓝色等，但标准色的设定也不宜太多，以三色以内为佳	运用标准色加辅助色的色彩形式，其目的主要是区别集团公司的下属公司以及公司内的各个部门。对于各种品牌、产品品种的分类，也可运用辅助色来加以区分，以达到识别的目的。像日本的大荣百货，就规划了多达 78 色的色彩系统

（四）企业标准字体

标准字，又称组合字体，是指以特定的、明确的、一致的经过专门设计的专用于表现企业名称或品牌的字体，它的主要作用是通过文字传递企业形象。与一般文字不同的是，标准字在文字的配置关系上，经过对文字的夸张、简化、变形等艺术处理，达到了空间均衡与结构和谐，具有独特的美感和造型效果。

美国无线电公司

3M 公司

1. 标准字设计的一般特性

（1）醒目易读。标准字必须具备明确的信息传递功能和易读效果，才能富有高速快捷的时代特征。

（2）风格独特。只有具备独特的风格，才会给社会公众留下深刻的印象。例如前文案例中提及的可口可乐标志，其风格独特，整体造型和谐，令人过目不忘。

（3）设计造型。标准字的设计成功与否，造型表现占决定性的因素。英文字母的各种形式会产生不同的含义，而中文汉字字体的造型就更加丰富。

宝洁公司

苹果公司

（4）连贯统一。例如，IBM 公司醒目、简洁的标准字，长期以来作为企业的形象标志，深深地打动了每一位消费者，奠定了企业的良好形象。

2. 标准字的设计应该注意的问题

（1）凡企业名、品牌名和产品名等，均应特别设计标准专用字体，原则上不得使用非专用化的通用字体。

（2）慎用斜体字。

（3）少用连体字。

（五）企业吉祥物

企业吉祥物是指借助于适宜的人物、动物、植物的具体视觉效果来强化企业性格，诉求产品特征，塑造组织形象的造型符号。

1. 企业吉祥物设计的构思方向一般遵循的原则

（1）故事性。从家喻户晓、耳熟能详的童话故事、民间传说或典故中选择富有个性特征、符合企业经营理念的角色充当吉祥物，是设计师常用的思维路径之一。

日本运动港标志的龟兔

（2）历史性。利用人们对历史人物和代表的喜爱、崇敬情感，可以选择企业或行业创始者、文物作为企业吉祥物，以塑造传统文化、老牌风味的权威感。

创业者的肖像作为企业造型——肯德基公司的山德士先生

（3）根据人物、动植物的特点、习惯塑造造型。企业可根据公司性格、品牌印象、产品特点等从人物、动植物中选择符合其精神表现的吉祥物题材，形象而具体地说明企业的经营内容。

日本大荣百货的“冬冬”

（4）材料性。即以企业生产产品的材料或产品的内容作为企业吉祥物的题材。

米其林轮胎公司的轮胎汉

2. 企业吉祥物在设计中应注意的问题

（1）宗教信仰的忌讳和风俗习惯的好恶。

（2）企业经营的内容和产品特性问题。例如，食品业常以创业者肖像作为传统风味的老牌象征，而化妆品则多用植物或动物来表现女性温柔典雅的风格。

【应用例证】

2008 年中国北京第 29 届奥运会吉祥物

五福：长寿、富贵、康宁、好德和善终；祝愿：繁荣、欢乐、激情、健康与好运。

【知识拓展】

VI 精彩个案赏析

2008 年北京奥运会会徽阐释：里程碑（THE JOURNEY）；承诺（THE PROMISE）；形象（THE IMAGE）；美丽（THE BEAUTY）；英雄（THE HERO）；精神（THE SPIRIT）；邀请（THE INVITATION）。

中国银行整个标志造型浓厚、大方、庄重，充分表现了中国银行的雄厚实力，以及中国银行服务周到的企业个性和内涵；以中文标准字体为中介，把中国风格的标准形象图形与国际认同的标准英文字体有机地组合起来；融中国文化的传统民族精神与形象营销的市场战略于一体，展现了中国银行走向世界、再创辉煌的企业风貌。

成功的公司往往规模日益扩大，但商标却变得越来越简单。3M 公司及其标志就是这样的一个例子，设计结果是简化到极点的字母组合 3M。美国明尼苏达州采矿制造公司是世界闻名的通信系统与设备制造公司，在 1938 年公司创立 5 周年时，公司开始使用 3M 标志 。3M 公司使用大胆的红色，鲜艳的色彩，使标志令人难忘。

实践启迪

海尔集团 CIS 战略

一、案例回放

海尔集团创立于 1984 年，30 年来持续稳定发展，已成为在海内外享有较高美誉的大型国际化企业集团。其产品从 1984 年的单一冰箱发展到拥有白色家电、黑色家电、米色家电在内的 96 大门类 15 100 多个规格的产品群，并出口到世界 100 多个国家和地区。2004 年，海尔全球营业额突破 1 016 亿元。

海尔集团总结出了一套具有较强的哲理性和实用性的经营管理理念。

企业管理模式主要体现在以下两点：

第一，海尔定律（斜坡球体论）：企业如同爬坡的一个球，受到来自外部市场竞争和内部职工惰性形成的压力，如果没有一个止动力它就会下滑，这个止动力就是基础管理。以这一理念为依据，海尔集团创造了“OEC 管理”即海尔模式。

第二，80/20 原则：管理人员与员工责任分配的 80/20——“关键的少数制约次要的多数”。

其 CIS 体系主要由以下三个方面构成：

1. 企业理念识别（MI）

海尔精神：敬业报国，追求卓越。

海尔作风：迅速反应，马上行动。

经营理念：真诚到永远。

市场信誉：用户是海尔的衣食父母。

管理理念：管理是海尔腾飞之魂。

管理模式：日清日高，日事日毕，全员自我管理。

质量观念：质量是海尔生存之本。

战略思想："三大、一活、统一"的大集团战略，即大品牌、大科研、大市场、资本活、企业文化统一。

品牌战略：海尔总目标下的名牌产品群战略，企业牌—产品牌—行销牌……

2. 企业行为识别（BI）

（1）海尔集团坚持全面实施国际化战略，已建立起一个具有国际竞争力的全球设计网络、制造网络、营销网络与服务网络。

（2）在国内市场，海尔冰箱、冷柜、空调、洗衣机四大主导产品的市场份额均为30%左右；在海外市场，海尔产品已进入欧洲15家大连锁店的12家、美国10家大连锁店的9家。

（3）海尔的发展主题：创新、速度、SBU。

3. 企业视觉识别（VI）

（1）商标说明。海尔是海，追求的是海尔像海一样得到永恒的存在。

（2）海尔集团形象用语。真诚到永远。

（3）产品形象用语。

海尔冰箱　为您着想

海尔空调　永创新高

海尔冷柜　创造品位

海尔洗衣机　专为您设计

海尔电脑　为您创造

海尔彩电　风光无限

……

（4）海尔中英文标准字样。

海尔标志由中英文（汉语拼音）组成，中文"海尔"，英文" Haier "，作为标志，与国际接轨，设计上简洁、稳重、大气，延续了海尔30年发展形成的品牌文化；同时，强调了时代感。

英文（汉语拼音）每笔的笔画简洁，共9画。"a"减少了一个弯，表示海尔人认准目标不回头，"r"减少了一个分支，表示海尔人向上、向前的决心不动摇；英文（汉语拼音）海尔标志的设计核心是速度。在信息化时代，组织的速度、个人的速度都要求更快，因而其风格简约、活力、向上。英文（汉语拼音）标志整体结构简约，显示出海尔组织结构更加扁平化，每个人更加充满活力，对全球市场有更快的反应速度。

汉字海尔的标志，是中国传统的书法字体，它的设计核心是动态与平衡；风格是变中有稳。这两个书法字体的海尔，每一笔，都蕴含着勃勃生机，视觉上有强烈的飞翔动感，充满了活力，寓意着海尔人为了实现创世界名牌的目标，不拘一格，勇于创新。

（5）海尔旗。

公司旗帜以企业英文标准字、象征图案、企业色为基本要素设计。海尔方圆标志为象征图案，意即“思方行圆”。“方块”放在阵中的排头是以它为基础向纵深发展的意思，它在这里代表着海尔的思想、理念、文化，它是一个中心。它指导着周边圆点的组合，体现了“思方行圆”的思想，即在工作中要将原则性和灵活性有机地结合起来，以达到预定的目标和效果。同时也有发展无止境的寓意。在中国，人们愿意把三视为上升，把六视为顺利，而三十六又暗含着足智多谋的意思，方与圆的排列组合是三十六，意味着海尔不断上升、不断发展。

在使用上，海尔蓝色旗作为企业形象用旗，海尔红色旗和白色旗则在展览会等进行市场宣传时使用。

（6）海尔吉祥物。

两个小孩是海尔的吉祥物，一个是中国的小孩，一个是外国的小孩。它的使用始于建厂初期，当时海尔与德国利勃海尔公司合作，此标志寓意中德双方的合作如同这两个小孩一样充满朝气和拥有无限美好的未来。

二、启迪与分析

海尔集团是由两家小厂组合而成的，仅 10 年后这家厂就已成为全球著名的企业，拥有员工近万人，业务涉及家电、电脑、小家电、通信等行业。海尔集团的迅速发展与企业实施名牌战略，通过导入 CIS，借以提高企业形象是分不开的。

海尔集团 CIS 的成功根本在于它抓住了 CIS 的实质，CIS 本身并非仙丹妙药，CIS 的成功必须根植于理念的先进、管理的到位、产品的质量。CIS 是一项投资，而这场投资实际上是在营造企业“自身营销”的氛围，在一个有益的可信赖环境之中，增强消费者的信心。形象的关键在于产品质量，管理规范、理念准确、产品质量过硬，再加上 CIS 的宣传、系统化、一体化，企业形象就可以真正得到提升。如果 CIS 光是作视觉形象识别，究其实质，产品仍不过关，那是徒劳而不能长久的。

海尔将英文“Haier”作为主识别文字标志，集商标标志、企业简称于一身，信息更加简洁直接，这种抛开抽象、具象图形符号标志，追求高度简洁的超前做法，顺应了世界设计趋势，为企业国际化发展奠定了形象基础。

所以，海尔集团很实在、很现实，他们并没有把 CIS 装扮得花里胡哨，而是实实在在地看到 CIS 是一项投资。这场投资是明智的、有巨大成效的。

资料来源：http：//www. gdfs. edu. cn/pr/ggbbs/context. asp？id = 596.（略作修改）

项目训练

实训项目一

实训设计：学生以宿舍为单位分类型进行 VI 设计的收集，并撰写 500 字左右的分析报告，以宿舍为单位进行交流。

实训要求：学生分小组进行市场调查，采用数码拍照或速写的形式收集相关 VI 设计图片、文字信息，教师与每个小组进行面对面的交流沟通，然后在课堂上展开作业展览教学活动，要求学生以美学的语言，描述自己精心挑选的十个 VI 设计榜样（必须从已收集的至少 100 个案例中选出），阐述这些作品的基础部分、应用部分的特点状况，学生进行朋辈评估，教师点评，指导学生理性分析 VI 设计。

实训目的：通过收集 VI 设计案例，让学生大量查阅书籍并进行市场调查，正确理解并掌握 VI 设计的概念，能从市场的角度出发，对 VI 设计的作用进行分析与把握，调动起学生的学习兴趣，使学生打下坚实的理论基础。

实训项目二

实训设计：请为你所在的学校进行 CI 策划，设计理念、员工行为规范、标志（包括基本要素：图案、标准字、标准色）、应用要素（包括服装、办公用品、环境要素设计等）。

实训要求：对于标志部分的设计，具体要求分两个阶段进行：

第一阶段：以黑白形式，徒手绘画，不要限制标志设计的定位点，尽量开拓思路，运用本章学习的标志设计方法。作业量：标志发散不少于 20 个图形。

第二阶段：从之前设计的 20 个标志图形中再选出 5 个图形，根据这 5 个图形的方向再进行发散，尽量开拓思路。作业量：每个标志发散不少于 2 个图形。最后选出一个标志进行彩稿绘制或电脑制作，定稿。

实训目的：根据课程学习，掌握标志设计的创意方法及表现手段，运用实例，由浅入深，层层分析，引导学生进入标志方案设计实践。

实训项目三

实训设计：商业性标志“贝儿”幼儿用品标志设计。宣传语：Natural & Comfortable；Nice & Clean。

实训要求：要求标志符合行业特点，符合企业名称，图形醒目，含义贴切。训练阶段设计同“实训项目二”中的具体要求。

实训目的：认识商业标志设计与一般组织标志设计的异同，把握诉求重点。

思考练习

1. 企业视觉识别基本要素设计的主要原则是什么？
2. 标志设计的分类有多少种？
3. 标志设计的视觉传达作用是什么？
4. 标准字的设计应注意什么问题？
5. 吉祥物的设计应遵循什么原则？

参考文献

1. 周朝霞．公共关系——理论与实务．北京：高等教育出版社，2005.
2. 粟玉香．公共关系教程．北京：经济科学出版社，2002.
3. 张岩松．公共关系案例精选精析（第三版）．北京：中国社会科学出版社，2006.
4. 张岩松．新型现代交际礼仪实用教程．北京：清华大学出版社，2008.
5. 杜创国．公共关系实用教程．北京：清华大学出版社，2007.
6. 熊源伟．公共关系案例．合肥：安徽人民出版社，1993.
7. 杨丽萍．公共关系理论与实务．北京：科学出版社，2008.
8. 杨丽萍．公共关系原理与实务．北京：高等教育出版社，2004.
9. 曾琳智．新编公关案例教程．上海：复旦大学出版社，2006.
10. 韩永昌．心理学（修订版）．上海：华东师范大学出版社，1993.
11. 邱伟光．公共关系．北京：中国财政经济出版社，2001.
12. 周朝霞．企业形象策划实务．北京：机械工业出版社，2005.
13. 廖为建．公共关系学．北京：高等教育出版社，2000.
14. 任焕琴．商务公共关系学．北京：清华大学出版社，2007.
15. 谢红霞．公关实训．大连：东北财经大学出版社，2008.
16. 段京肃．二十一世纪公关蓝皮书．兰州：兰州大学出版社，1996.
17. 吴友富．中国公共关系20年发展报告（中英文版）．上海：上海外语教育出版社，2007.
18. 徐刚．现代公共关系实务教程．北京：科学出版社，2006.
19. 冯兰．公关实训．武汉：武汉大学出版社，2003.
20. 杨眉．现代商务礼仪．大连：东北财经大学出版社，2005.
21. 赵驹，王小玲．公关策划．北京：北京大学出版社，2006.
22. 魏翠芬，王连廷．公共关系理论与实务．北京：清华大学出版社，北京大学出版社，2007.
23. 唐雁凌，姜国刚．公共关系学．北京：清华大学出版社，2007.
24. 齐小华，殷娟娟．公共关系案例研究．武汉：武汉大学出版社，2009.
25. 刘强，彭洪峰．公关经理MBA强化教程．北京：中国经济出版社，2002.
26. 金正昆．商务礼仪．北京：北京大学出版社，2004.
27. 黄曼青．社交礼仪教程．广州：广东高等教育出版社，2005.
28. 郭炎武，黄曼青．企业秘书礼仪．广州：暨南大学出版社，2009.
29. ［澳］罗伯特·希斯．危机管理．王成，宋炳辉，金瑛译．北京：中信出版社，2001.